·格隆投资札记精选·

通往自由之路

格隆疫情三年投研札记

格　隆　著

上海财经大学出版社
SHANGHAI UNIVERSITY OF FINANCE & ECONOMICS PRESS

图书在版编目(CIP)数据

通往自由之路：格隆疫情三年投研札记 / 格隆著.
—上海：上海财经大学出版社，2023.4
(格隆投资札记精选)
ISBN 978-7-5642-4131-5/F·4131

Ⅰ.①通… Ⅱ.①格… Ⅲ.①海外投资—研究—中国 Ⅳ.①F832.6

中国国家版本馆 CIP 数据核字(2023)第 034489 号

□ 责任编辑　刘　兵
□ 封面设计　贺加贝

通往自由之路

——格隆疫情三年投研札记

格　隆　著

上海财经大学出版社出版发行
(上海市中山北一路 369 号　邮编 200083)
网　　址：http://www.sufep.com
电子邮箱：webmaster@sufep.com
全国新华书店经销
江苏苏中印刷有限公司印刷装订
2023 年 4 月第 1 版　2023 年 5 月第 2 次印刷

710mm×1000mm　1/16　29.75 印张(插页：2)　486 千字
定价：158.00 元

献给生我养我的江汉平原

献给 Lucia、Leo、Ivan——你们是我的全部

作者简介

格 隆

原名陈守红。金融学博士，独立经济学者，多家报社专栏财经作家，亦同时为多家知名大学及商学院之客座教授，中国最大海外投研平台“格隆汇”创始人。生长于江汉平原，长居香港、深圳。

撰写了“在自己祖先的土地上流浪”“盛世的蝼蚁”“长安不见使人愁——帝国的斜阳与转机”“究竟什么样的远方，才配得上这一路的颠沛流离”“借江山一用，转回身百年——在时代窗口与经济周期的轮回里”“离开了牛市，你什么也不是”“戊戌 120 年祭”等诸多全网刷屏文章，同时创作出版有《可转换债券投融资—理论与实务》《关于投资 关于家国》《H 股投资指南》《猎庄说》等专著。

首届新财富大中华区最佳研究员，第十五届新财富“行业典范奖”。中国首批出海的机构投资代表，拥有 25 年美股、港股、A 股跨市场投资经验，先后主管三大国内公募基金公司及中国最大海外保险公司的资管业务，管理资产过千亿元，伴随并见证了中国资本市场的一路成长。

格隆汇APP

格隆汇VIP会员小助手

目录 | Contents

第二部分　关于行业

第三部分　关于公司

第四部分 关于城市

第五部分 关于人

第六部分　关于人性

第七部分　关于人生

第八部分　关于财富

第九部分 关于经济

第十部分 关于社会与族群

自序一
格隆经典哲思撷英

1. 一个人的认知和眼界，往往决定了一个人看待问题的高度，决定了一个人视野的广度，决定了一个人人生的宽度、厚度和气度。而这，就是一个人的格局。

2. 事实上，投资简单，但不容易。市场经常会重奖错误的行为，以鼓励他们下一次慷慨赴死。而坚持做，且只做正确的事，并愿意为此放弃市场先生颁发给错误行为的奖金，这才是通向成功的唯一路径。

3. 投机本质上是对时间的一种苛责和压榨，是一种悬崖边的行走。你或许能很长时间都不失足，但你不会永远这么幸运。这就是为何投机者的坟场永远拥挤的原因。

4. 在中国股市，一年五倍者比比皆是，五年一倍者寥若晨星。做投资，长期主义者从来都拥有比机会主义者近乎碾压的胜率。

5. 投资并不复杂：与时间站在一边，与常识站在一边，与谦卑站在一边，无往而不胜。

6. 某种意义上讲，科技不是第一生产力，自由才是。

7. 如果用一个词来概括文明，那就是康德的那四个字：人即目的。人类所有努力，都只是为了让每一个个体活得更富足、更有尊严。任何宏大叙事，引导个体以集体为荣，或者宣扬仇恨，鼓励个体为集体牺牲的，要么是别有用心，要么就是邪恶。

8. 有没有一句话就能解答改革开放前30年的全民族的艰辛探索？有的。用一个外人，也是全球最著名汉学家费正清的那句话就好了：从1950年到1971年，华盛顿送上月球的人，比派往中国的人还多。虽然后者离我们更近，旅途也更为安全和省钱。

9. 多难可能兴邦，但多难未必兴邦。兴邦的前提条件是，这个民族，至少是其中的大部分人，能够吸取历史的教训，认识普遍的常识，尊重普遍的规律，设置合理的规则。

10. 如果一个族群里没有一些仰望星空的人，那这可能就算不上一个族群，最多只能算一个部落。

11. 于散户而言，股市的操作难度，不是骄傲地赚钱，而是如何谦卑地全身而退，把赚的钱落袋并锁定。在 A 股，多数情况下，机构会允许散户先跑 39 米，再掏出 40 米长的镰刀。

12. 先让自己立于不败之地，是战争的第一要诀，也是投资的第一要诀：如果你没有做好防守，你前期挖掘出的所有十倍股，只是为了给未来某一天一次性亏掉做好买单准备而已。

13. 在股市，长期主义的重要性，与美好婚姻中的忠诚一样重要。我们这个市场，绝大多数人，不是没有发现过好股票，也不是没赚到过钱。他们只是把自己好不容易赚到的几个钱，以“嫖客”的心态和玩法，重新都折腾光了而已。

14. 多数投资者往往会把估值模型做得艰深复杂，却对商业模式懒于挖掘、疏于理解，结果大概率赚不到大钱——没有透彻理解商业模式，不可能成为信仰。没有信仰支撑的投资，怎可能重仓？怎堪长久？

15. 我从来都相信，事物的发展是粗糙的，是有棱角的。任何过于圆润，甚至神话的人和事，你要做的第一件事就是怀疑。而所有这些怀疑，事后都会被证明是值得的。

16. 多数人做投资，背其道而行之，刻意放弃确定性，刻意寻找不确定性，寻找心惊肉跳，把证券市场当野外探险，各种杂耍，各种涉险，总以为别人都比自己笨，最终多数尸骨无存。

17. 做股票，却喜欢央行放水，绝对是一种病。我们这块土地上的每次大水漫灌，从来都不是均匀分布到每个人头上，或者每项资产头上的。恰恰相反，每次灌水，都是基尼系数的一次狂欢，更是对资产估值体系和定价体系的野蛮干预与冲击。

18. 市场流行一句话：悲观的人睿智，乐观的人赚钱。这句话荒谬之极。我做投资这么多年,身边能一直活下来的,都是高度强调安全边际的。而那些盲目乐观的,基本全部被埋了。

19. 泡沫化投资,比的不是客观严格的估值分析能力,而是泡沫产生初期敏锐的嗅觉与感知能力,泡沫形成中期出色的市场情绪引导能力与高估值恐惧的自我安慰说服能力,泡沫吹大后期的冷静、决绝、果断退出和终止游戏的能力。

20. 投资的超额收益基本都来自因研究差异而形成的市场预期差。对于一家潜力公司,你比别人发现得早,你可以早买。在大家都发现了的时候,你比别人研究得更深更透,你可以重买。

21. 长期投资者都会有一个误区:只盯着 α 赚钱。但除非是美国这种两百多年国运一路昂扬向上的国家,否则,在大多数环境不算稳定、财富创造和分配容易陷入轮回的环境里,β 其实远比 α 重要。经济上行期,你要赚 α+β 的钱。经济下行时,你的策略则需要调整为 α−β。

22. 资产配置是股市唯一的免费午餐。几乎对所有优秀基金经理的归因分析都显示,对他们的收益贡献度最高的,既不是择股,也不是择时,而是资产配置。当然,资产配置并非简单的分散投资,过度分散本质上是一种无知。你需要对纳入组合的各类资产种类与比例做翔实的风险收益配比测算比较。但很遗憾的是,我们绝大多数基金经理的数学能力只局限于四则运算,他们连一阶导数和期望值都不会算。

23. 财富最大秘诀之一,就是资产本身会自我创造财富。有钱人其实是用钱在赚钱。很多人并没有理解这个最浅显的财富原理。恰恰相反,他还会刻意仇富。好像诅咒富人,钱就能到自己口袋里来一样。这堪称愚蠢。

24. 财富,说白了,还是一种认知能力的变现。人类的优胜劣汰,越来越从肉体转向财富,从体力转向脑力。缺乏鉴别力和自我控制能力的人,会被各种洗脑、诱惑迅速地筛选出来,然后予以收割和淘汰。虽然残酷,但这就是天道。

25. 仇富是最愚蠢的行为,没有之一。有钱并不可耻。甘于贫穷,甚至引以为荣,就不单可耻,简直是无耻。

26. 未来可预见的相当长时间,经济与社会层级,会从原来混沌式的抱团相拥前行,越来越转向落差、割裂与分级。这种大环境变化,会令投资的框架与逻辑发生翻天覆地的变化。可以预期的是，一大批投资人会被淘汰掉。在动荡的时代，最大的投资风险，不是动荡本身，而是延续过往的行为逻辑。

27. 伊斯兰教圣书《古兰经》有一句名言：愚昧是最卑贱的贫穷。其大意是：贫穷的原因多种多样，但愚昧必然导致贫穷，且是那种最令人瞧不起的贫穷。

28. 世界是一套烦琐的框架。绝大多数人都只是其中的沙子与填充物，平庸而琐碎，终其一生为框架所缚，如蝼蚁般悄然一生。只有极少数人，他们代表着人类骨子里的激情、想象力、创造力、不羁与自由，无视框架，特立独行，打破所有规则、禁锢与约束。这个世界能够进步，全赖他们所赐，而非框架本身。如果你要投资的公司的创始人是这类人，不用在意它的估值，买就对了。

29. 在中国股市，“节制”是一种美德。如果你把一年的目标收益率锁定在5～6个点，然后花一整年时间只为这个目标努力，该卖时坚决卖，该等时坚决等，你99%能年复一年完成目标——中国股市的魅力在于，有一堆贪婪无度、不知所谓的蠢人，哪怕是在熊市，他们的穷折腾，都会为你提供足够的机会完成你需要的收益率。

30. 做投资，固守自己的能力圈非常重要。但这种固守，绝非两耳不闻窗外事。恰恰相反，其他领域和行业的新东西，你一定要去学习和理解。投资最大的误区，就是过早在低层次上形成了自己的认知闭环。闭环给人安全感。但认知闭锁，就关闭了与这个世界的认知升级与交换，最终你所谓的“能力圈”老化和崩溃是必然的。

31. 投资中最困难的事情不是下注，而是下注之后怎么办？强调坚持的人看重的是沉没成本，强调放弃的人看重的是机会成本。坚持不代表优雅。放弃不代表狼狈。投资中，重要的，从来不是决心，而是判断力。

32. A股市场或是中国最大的知识付费平台。做过美股的都知道，关注GDP、非农就业、物价指数、美联储议息几个数据，基本就八九不离十了。但在A股，从能繁母猪的产后护理到人口饱和生育率，从7纳米光刻机到高铁齿轮传动系统，从光伏产业链博弈到刀片电池黑科技，从机器人技术分解到大宗商品周期，从外卖骑手数量到电单车需求变化，从医药集采到国际海运价格，从国际冲突到国内政策，你都得学、都得懂。最后钱多半是赚不到的，但至少落得了满身才华：张口宏观大势闭口十年国运，左手人口走势右手景气空间，上知天文下知地理——而你在股市亏的钱，就是为学这些知识而付的费。

33. 于绝大多数天生没有资源的普通人而言，投资不是一种职业，而是唯一正确的思考方式与生活方式。你要花一辈子的时间，在每一个时点，每一件事上，以投资的思维，做资产配置：读什么大学、学什么专业、找女朋友看相貌还是对方家境、毕业留内陆城市还是去沿海城市、买房还是买股票、是在北京深圳买房还是在成都武汉买房、要不要移民……绝大多数人之所以一辈子了了，只是因为他们在众多事情上的选择，毫无投资配置思维，堪称随意和随性。于普通人而言，努力从来都不是阶层跃迁的第一路径，投资才是。

34. 绝大多数人是没有投资体系的，这是他们长期输钱的原因。投资不是几个技巧或招数，更不是几句箴言或偈语，而是一个逻辑自洽、相互勾稽、相互校验的框架体系。投资体系的三个层级是研究体系＋交易体系＋退出策略，其中研究体系的核心是赛道、赛马、骑手和定价，交易体系的核心是概率、安全边际和预期差。以上诸要素是七个同心椭圆行星轨道，共同的圆心则是企业价值。

35. 一项投资策略真正的考验不是如何开场，而是如何收场（The test of policy is how it ends, not how it begins）。以退为进，以终为始，把赚到的钱落袋并锁定，才是投资最重要的环节和素质。遗憾的是，绝大多数人头脑中从无这个念头。他们从进入股市开始，就从未想过退出，无论利润，还是本金。被收割也就成了他们逃不脱的宿命。

36. 我越来越感受到蠢的好，也开始能理解为何那么多人愿意拥抱愚蠢。如果你太清醒，而又无力改变任何事，你会很痛苦，甚至绝望。这个时候，蠢会显出它的优势——它至少能让普通人抱有幻想，更有力量活下去。所以福楼拜的《包法利夫人》有这样一句经典：愚蠢、自私、身体好，是快乐的三要素。不过，最重要的，是愚蠢。没有了愚蠢，什么快乐都不会有。

不用担心你的蠢给他人带去烦恼。费曼教授说过一句话：你死的时候，你并不知道你已经死了。这只是别人的痛苦。你蠢的时候，也一样。

37. 我为什么坚持发声：因为我不愿把世界留给我鄙视的人。

38. 为什么人们聊天的内容热衷于吃喝玩乐、婚外“劈腿”、婚内出轨之类？

因为真正有价值的话题都很沉重。大多数人并不具备面对沉重和深刻的能力，因此越肤浅越轻松，越庸俗越安全。

39. 真正的悲悯是，无论不合理的伤害发生在谁身上，你都能感觉到疼，而不是庆幸不是自己。

40. 文化和文明是两码事。以一个比喻，可能有助理解：知道屎有五十种吃法是文化，知道屎不能吃才是文明。文明有两千年，还是两百年，其实一点也不重要。重要的是，当下，文明进化到了什么程度和温度。

41. 把年轻等同于未来与希望，可能只是我们的另一种虚妄和自我安慰。我从不觉得年轻就代表着希望。事实上，不少的年轻人，在进入大学前，可能没有读过一本教材以外的书。而毕业之后，他们可能再也不读一本书。他们所有的知识、认知与价值观，只是来自他们初中、高中的那几本教科书而已。不少年轻人的价值判断标准已一路混沌，一路后退，唯剩本能。既有本能的疾恶如仇、义愤填膺，又有本能的趋利避害、精致利己。刀枪剑戟，该用哪个用哪个，一点也不违和。

42. 认知于人生究竟有多重要？平民子弟，真正明白社会真相，普遍已40岁左右了，已经进不了圈子，挤不上桌子了。富贵子弟25岁上下就多已洞若观火，杀伐果断。人生最大的浪费，不是金钱，而是奋斗了半生，发现自己拼命趟的路错了，方向偏了。再回头，为时已晚。普通人走弯路，还是因为自己认知局限，包括身边能影响和帮助自己的人认知也存在局限。

43. 即使是从最利己的角度考虑，也要让自己充满良知、爱和正义感。你不为正义站出来，迟早有一天你得为邪恶陪葬——因为你不可能永远强势。

自序二
为何多数人过不好这一生

曾与一位智慧长者探讨，同一片天地之下，个体命运为何天壤云泥？

长者的回答是：因为这块土地上绝大多数人，都精于算计，却耽于思考。

格隆认同“耽于思考”的判断，但对“精于算计”，却持绝对的保留意见。

在我看来，诸多国人之所以一生草草，乃至卑微沉沦，恰恰是因为不懂计算，用错了分布。

一个未经证实，但极可能成立的判断是：多数国人的数学知识，尤其与统治人类的概率相关的知识，堪称贫乏——而概率是上帝能听得懂的唯一人类语言——假如上帝真的存在的话。

格隆当年在中国最大海外保险公司管投资时，每次面试基金经理，一般都会问两个数学问题：

1. 如果你的投资每年40%的盈利，多少年可以翻1 000倍？要求10秒内回答；

2. 美国股市过去200年的全部市值增长，大概由多大比例的公司贡献？要求5秒内回答。

第一个问题不难回答，多数应试者的回答都八九不离十。因为2(也即每年翻倍)的10次方是1 024，1.4的平方是1.96，约等于2。那也就意味着每年40%的收益率，20～21年会到1 000倍。这个问题考察的是应试者对数字敏感与否，以及是否具备复利概念。没有复利概念的人，绝不会愿意慢慢变富，永远妄想的是一口吃个胖子，是不大可能做好投资的。

第二个问题有一定难度，考察的是应试者是否具备概率思维，尤其思维模式偏向何种分布。

绝大多数普通人是没有概率思维的。对他们，非黑即白。他们希望，也笃信，世间万物（尤其股市）都有一个确定的方向与结果。他们要做的，只是去预测（蒙）这个结果而已。

概率与其说是一种数学能力，不如说是一种思维模式，一种上帝区分穷人和富人、选择保佑谁和放弃谁的密码。上帝并不在意任一个体的生死荣辱，他只是制定一套概率的游戏规则，这套规则会遴选出谁灿烂若星辰，谁卑微到尘埃。

脱颖而出者的思维，是把每一个具体的选择抽象为概率，然后选择优势概率路径，坚持下注。

沉沦下僚者不同。多数穷人为实现自己的发财梦，会根本放弃概率思维，仅仅依靠直觉甚至情绪去下注一个他们认为存在的确定结果。或者，扎堆小概率事件不挪窝。

有关概率思维，在格隆的那篇"为何多数人摆脱不了韭菜的命运：来自概率的诅咒与惩罚"中有详细阐述，这里不展开。

有了概率思维就够了吗？

不够。你还得用对分布。

回到格隆刚才说的第二个面试题：美国股市过去 200 年的全部市值增长，大概由多大比例的公司贡献？

对这个问题的回答，可谓五花八门。

正确答案是 4%——创造美国股市这 200 年来增量市值的只有前 4%的股票，4%的公司创造了 200 年来股市所有市值的增长。

只要你的答案在个位数以内，你的思维都应属于幂律分布思维。如果是双位数，乃至 20%或以上的答案，你的思维模式属于高斯分布无疑。

上帝用概率与人类对话，并用两个（生存）法则治理世界：高斯分布与幂律分布——这也是世间万物的唯二生存法则。

高斯分布，绝大多数人都很熟悉，俗称正态分布，由德国数学家高斯奠定，是一种统计与概率学里常见的离散概率分布，也是金融交易中最经常用到的一个统计分布假设。

这个分布假设是建立在"中心极限定理"基础上的。如果用数学语言阐述该定理的内容，就是假设我们从任意一个总体中抽取样本量为 n 的样本，当 n 充分大时，样本均值的抽样分布近似服从均值为 μ、方差为 σ^2/n 的一个两头低、中间高、左右接近对称的倒扣钟形分布。也就是德国 10 马克纸币上高斯头像旁边的那张图。

正态分布的特点，是大部分(样本)数据集中在中间，少部分分散在两边，曲线两边衰减得极快，以一个平均值就能表征出整个群体特性的分布——比如成人的身高，多数都会分布在 1.5～2 米的中间区间内，我们会鲜见 1 米以下的或 2.5 米以上的。

这个分布是如此通俗易懂且符合人性骨子里天然的懈怠特质(反正努不努力，最后人群都会归集扎堆，那何必还劳神费力折腾呢)，以至于多数人都以为这是统治世界的完美的、唯一法则与规律，并在潜移默化中不自觉地用这个法则去指导自身行为，从而形成我们日常所见的羊群化、从众化、平均化、中庸化……诸如此类。

但我们的教科书忘了提醒一下，上述分布的实现，有一个必需的隐含条件，就是这些抽样结果彼此之间应该是相互独立的，前一次抽样不影响下一次抽样的结果：最具代表性的独立抽样过程就是丢硬币，无论上一次丢硬币的结果是正面还是反面，都不会影响下一枚硬币的可能性。

一旦我们观测的变量彼此不独立呢，会出现什么结果？

上述的正态分布就会不成立，而是会演变成幂律分布或指数分布(两者本质是一回事，只是幂律分布的前后分布更为平均，数值下降速度更为缓慢)。

所谓幂律分布，是指样本变量的分布密度函数是幂函数的分布，其在对数坐标上画出来会得到一条斜向下、内凹的、拖着长长尾巴的月牙形曲线。这种分布的特征是，系统中个体的尺度相差悬殊，绝大多数个体的尺度很小，而只有少数个体的尺度相当大，前半段的变动幅度较高但是样本较少，后半段的变动幅度低，但是样本极多，俗称“长尾分布”“二八分布”（图中黄色部分）。

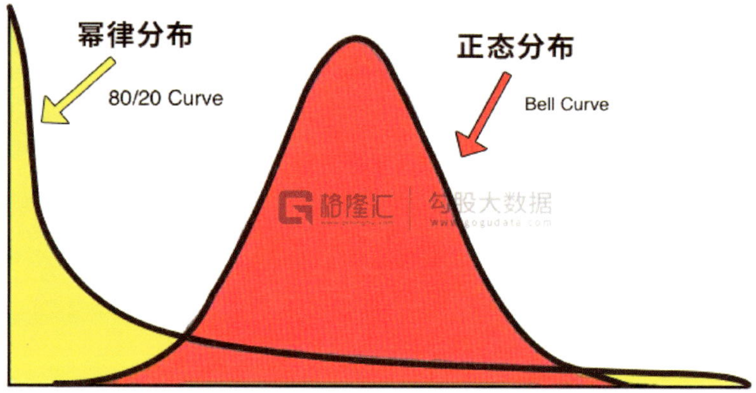

幂律分布强调了重要的少数与琐碎的多数。比如20%的人口拥有80%的财富，80%的利润来自20%的顾客，20%的应用占有80%的流量等。

在高斯法则生效的领域，平均值可以代表整体。但是在幂律法则统治的世界，平均值毫无意义。高斯法则和幂律法则的典型代表分别是身高和财富。把姚明放到100个人中，并不会显著改变平均身高，但把贝佐斯放到100个人中，就会极大改变平均财富。

现实生活中，但凡和人类活动相关的变量，在时间序列上都存在一定的相关性。所以类似地震规模大小的分布（古登堡-里希特定律）、月球表面上月坑直径的分布、行星间碎片大小的分布、太阳耀斑强度的分布、计算机文件大小的分布、战争规模的分布、人类语言中单词频率的分布、大多数国家姓氏的分布、学者撰写的论文数及其被引用的次数的分布、网页被点击次数的分布、书籍及唱片的销售册数或张数的分布、每类生物中物种数的分布等，都是典型的幂律分布。

事实上，凡有生命、有进化、有博弈、有竞争的地方，基本都服从幂律分布。

幂律分布，远比岁月静好的正态分布更普遍、现实、坚硬和冰冷（见下页图）。

股票表现长期来看更是一个典型的幂律分布。在美国200年的股市中间，

招行金葵花客户数及资产占比 15年变迁

截至2020年年底，招商银行零售客户总数**1.58亿**，占中国人口比重的**11.29%**。其中金葵花客户在总的零售客户中的占比由2007年的**0.9%**缓慢升至2020年的**1.9%**，但金葵花客户资产占比由2007年的**55.1%**大幅提升至2020年的**82.1%**，不到**2%**的客户占有了资产总额的**82.1%**，**财富的马太效应进一步凸显**。

注：金葵花指招行月日均总资产在50万元及以上的零售客户
金葵花客户占比=金葵花客户数/零售客户数
金葵花客户资产占比=金葵花客户总资产/零售客户总资产

数据来源：历年招商银行年报，勾股大数据整理。

创造美国股市这 200 年来增量市值的只有前 4%的股票，4%的公司创造了 200 年来股市所有市值的增长。这意味着长期来看，如果你做分散投资，匀着买 100 个股票，其中 96 个股票其实都是错的，只有那 4 只股票是对的。

中国呢？

中国有 6 600 多家上市公司。以 1978 年 12 月十一届三中全会为起点，过去 42 年，中国 M2 年复合增速 19.93%。

这 6 600 多家公司里，上市超过 10 年，市值过千亿元，股价年复合涨幅跑赢这个印钞速度的，有几只呢？港股、A 股、中概股全算上，只有 57 家。

占中国上市公司总数，仅 0.81%(见下页图)：

之所以长期来看会呈现如此规律，其实从多维竞争规则来看，是一种必然。能长期增长的企业，必然都是在激烈的竞争中从死人堆里爬出来的，必定要同时符合比较多的假设条件。假设 a\b\c\d 四个条件，每个条件将淘汰 80%的公司，那么同时符合四个条件的公司的概率，将会几何级数下降到 1.6‰。

也就是千里挑一。

6 600 只股票里，真正值得你去关注、下注的，60 只，不得了了。

但遗憾的是，绝大多数人的投资习惯与幂律分布恰恰相反。他们做投资，如同刘姥姥进大观园，满眼放光，觉得这个股票挺好，那个也不错，哪个也不想放弃，哪个都想试试。

与上帝扳手腕，死何足惜？

不单投资，要在这个世上生存，如果你的思维模式、行为方式不是幂律分布，从概率学上，你就已经天然划入失败者范畴了。

只有真正懂得了幂律分布，才不会有那么多蠢而不自知的思维与行为。你会明白，我们的一切都不是平等的，也不可能平等，因为我们的存在不是随机的，而是互相竞争与制约的。凡是少的，就连他所有的，也要夺过来。凡是多的，还要给他，叫他多多益善。弱者将艰难维持现状，强者将大概率恒强。你会明白，仇富是愚蠢的，因为那样根本不会改变你这个样本的分布区间；你会明白，逆袭不是没有可能，但逆袭确实是小概率事件，属于概率分布的长尾；你会明白，《国际歌》是对的，从来就没有什么救世主。能救你的，唯有你自己。你从人群中脱颖而出的唯一机会，是严格遵循概率思维，拥抱幂律分布。

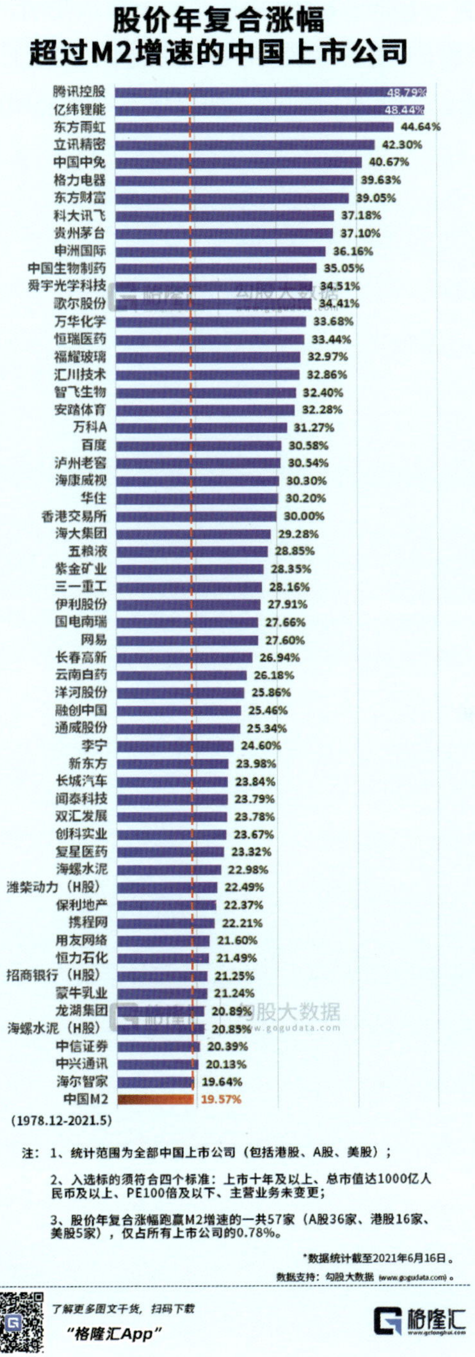
股价年复合涨幅
超过M2增速的中国上市公司
腾讯控股 48.79%
亿纬锂能 48.44%
东方雨虹 44.64%
立讯精密 42.30%
中国中免 40.67%
格力电器 39.63%
东方财富 39.05%
科大讯飞 37.18%
贵州茅台 37.10%
申洲国际 36.16%
中国生物制药 35.05%
舜宇光学科技 34.51%
歌尔股份 34.41%
万华化学 33.68%
恒瑞医药 33.44%
福耀玻璃 32.97%
汇川技术 32.86%
智飞生物 32.40%
安踏体育 32.28%
万科A 31.27%
百度 30.58%
泸州老窖 30.54%
海康威视 30.30%
华住 30.20%
香港交易所 30.00%
海大集团 29.28%
五粮液 28.85%
紫金矿业 28.35%
三一重工 28.16%
伊利股份 27.91%
国电南瑞 27.66%
网易 27.60%
长春高新 26.94%
云南白药 26.18%
洋河股份 25.86%
融创中国 25.46%
通威股份 25.34%
李宁 24.60%
新东方 23.98%
长城汽车 23.84%
闻泰科技 23.79%
双汇发展 23.78%
创科实业 23.67%
复星医药 23.32%
海螺水泥 22.98%
潍柴动力（H股） 22.49%
保利地产 22.37%
携程网 22.21%
用友网络 21.60%
恒力石化 21.49%
招商银行（H股） 21.25%
蒙牛乳业 21.24%
龙湖集团 20.89%
海螺水泥（H股） 20.85%
中信证券 20.39%
中兴通讯 20.13%
海尔智家 19.64%
中国M2 19.57%
(1978.12-2021.5)
注：1、统计范围为全部中国上市公司（包括港股、A股、美股）；
2、入选标的须符合四个标准：上市十年及以上、总市值达1000亿人民币及以上、PE100倍及以下、主营业务未变更；
3、股价年复合涨幅跑赢M2增速的一共57家（A股36家、港股16家、美股5家），仅占所有上市公司的0.78%。
*数据统计截至2021年6月16日。
数据支持：勾股大数据（www.gogudata.com）。
了解更多图文干货，扫码下载
“格隆汇App”
格隆汇

而那些凡是相信人生而平等的，凡是相信大数定律的，凡是相信热力学第一定律的，就不要去赌博，不要去炒股，不要去进行任何投机，而应该去打天下、开赌场，自己当上帝，自己定游戏规则——如果你有这个能耐的话。

自序三

苍天在上

大家好，我是格隆。长久未见。

2022 年终于要过去，2023 年在我们面前徐徐展开。我不会违心祝你幸福。因为我知道过去三年，诸多人的身体和精神或都经历了重创。尤其是那些有亲朋离世、生意破产的人。没有亲身经历过的人，根本就无法体会他们承受过什么。岁月如别人，或如水淌过。于他们，则变成夹带着碎石和泥沙的浊流，每前进一步，都疼痛、缓慢而艰难。

但，我还是要求您保持必要的力量和疼痛的清醒，去努力维持您自己在这个现世中最底限的宁静与尊严。

我已很少出来讲什么了。一是很多东西不能讲，二是该讲的东西其实早讲得很清楚了，大家不妨再去读读我 2018 年、2019 年写的“在自己祖先的土地上流浪”、“盛世的蝼蚁”、“长安不见使人愁——帝国的斜阳与转机”、“究竟什么样的远方，才配得上这一路的颠沛流离”、“借江山一用，转回身百年——在时代窗口与经济周期的轮回里”、“戊戌 120 年祭”等那些文章。

问题在于，对很多群体来说，讲再多也没用。有些群体，就根本不配得到救赎。对于那些长期相信谎言的庞大人群来说，你告诉他真相，并不会让他幡然清醒和改弦更张，恰恰相反，这会让你自己处在危险之中——他会想办法把你和真相一起摧毁。

但今天这场讲座，我犹豫再三，还是来了，因为在座诸位都是我们这个国家财富创造和经济动力源泉的上市公司、企业家。我很害怕你们这个特殊群体也放弃，也躺平。我知道，过去几年发生了很多事情，我也知道过去几年，绝大多数企业、企业家都过得不容易，各种焦虑，各种惶恐不安，各种窝心扎心，各种心神憔悴，你们远比普通人有更充足的理由去躺平。

但，一个社会，一个族群，总要有些风骨和脊梁？总要有人去担当和负重前行？否则，与一个部落何异？如果我们这个社会，最具智慧、创造力、执行力、最有资源优势的企业家群体，也放弃，也不作为，也事不关己，隔岸观火，那我们这个族群未来还有什么未来？我们的孩子辈能看到什么希望？

一个社会，5%的人是精英，5%的人是“人渣”，剩下90%的人都只是“乌合之众”。社会往哪里走，完全取决于精英和“人渣”的较力。好社会，“乌合之众”跟着精英走。烂社会，“乌合之众”跟着“人渣”走。

所以，除非你准备去国离乡，否则，在再艰难的时候，诸位都请作为，永不放弃。抓住每一个看似不是机会的机会，卡住每一个稍纵即逝的时间窗口，充分利用上苍赐予你的智慧、见识、认知，去整合资源，去创造财富、税收和就业，为了你自己，为了你的企业，为了你的孩子，也为了这块土地和土地上那剩余的90%的芸芸众生。上苍赐予了你远高于普通人的认知、智慧、财富，你天然就应该比普通人承担更多的对社会的担当、对族群的责任，你天然就不应该独善其身，你天经地义就该兼济天下，天经地义就该为生民立命。

至于结果，世事我曾努力，成败不必在我。就像《万历十五年》作者黄仁宇说的：如果你相信历史长期发展的必然性，那么当你经历了种种失败，年老时回望自己人生，才能平静地接受命运，体会其中的必然，然后静静地等待隧道的尽头开始展现一丝曙光，证明那些企图逆转命运的努力，并非无谓和徒劳。

当然，我不是来鼓励你贸然为任何的集体或集体的荣耀去慷慨赴死，甚至充当炮灰的。我从来都坚信，人类所有努力的目的，都只是为了每一个个体生活得更加自由、富足且有尊严。我从来不屑那些所谓的宏大叙事。所以，我会讲成绩讲机会，也会讲问题讲风险。一个社会，知识分子的职责就是去发现和直面问题。那些只会歌功颂德者，大概率只是一群猥琐的投机者而已。

一旦真有国难，他们变脸变节的速度，会比新冠的变异速度还快。

你可以不听我的演讲，但务必远离这种人。

一

我先谈谈“苍天在上”这个题目。

今天我选这个演讲题目，想表达两层含义：

1. 没有人能超越或凌驾于上天——这个天，是天道，是自然法则，是经济规律，是人类进化与发展的大趋势与大方向。顺之则昌；逆之则亡。最生动的诠释，是总理说过的那句话“长江黄河不会倒流”。

2. 人在做，天在看。如果强行逆天道一意孤行，中国有一句古偈语：善恶终有报，天道好轮回。不信抬头看，苍天饶过谁。

格隆在大学学了十年的经济学，我复盘了这个星球上几乎所有有代表性经济体的经济史。经济的理性、经济的逻辑和经济的力量，比任何组织或者个人的权力任性、傲慢及意志，都要强大得多。原因很简单，经济服从的是最赤裸的利益计算，是最基本的市场规则，是人性的最底层逻辑。这个星球上，从来没有人——哪怕号称伟大先知或者领袖——与经济规律对抗而不一败涂地的。

这方面我们付出过很多代价。苏联时期生灵涂炭的超级大饥荒，60 年时间发生了 8 次，分别是 1920\1924\1936\1946\1972\1979\1981\1984 年。但 1991 年之后，再无饥荒。

我们是一个很有意思的族群，在对自身的评判上，经常会往两个极端摇摆。有时候，我们会非常敏感、脆弱和自卑，非常玻璃心，很容易就感觉受到了冒犯。但多数时候，我们又非常没来由地迷之自信。在这种自信支配下的言行，有时候会出格到我们自己回过头看都出冷汗、都后怕的程度。

只要多放眼全球，客观评价自己并不难。当公元前2800年，古埃及人已经造出需要足够高度的社会组织、发达的几何学、天文学、建筑学、工程机械学才能完成的金字塔时，我们还处在神话传说的女娲补天、夸父逐日的原始部落时期。大约公元前1776年古巴比伦人已构建了人类历史上第一部完备的成文法典《汉谟拉比法典》（在人类进化史上，其分量仅次于200万年前人类进化出与其他手指不同方向、完全不同于其他哺乳或灵长动物的大拇指）时，我们还处在既无文字，也无文物能证明存在过的夏朝。

至于最近两百年，在人类文明中那些举足轻重的发明创造中有多少我们的身影，是一个更容易厘清的课题。

我们无疑也创造了足够灿烂的文明。但我们必须承认，这个星球有80亿人，别人家一点也不差。我们只是这个星球上的普通一群。我们并不比其他族群更聪明，当然，也不比他们更蠢笨。不比他们更勤劳善良，当然，也不比他们狡诈邪恶。不比他们更高尚清廉，当然，也不比他们更卑贱和贪婪。我们并未得到上苍的额外赐福，也不具备超人的能力。我们一样逃不脱万有引力的牵扯。

如果我们循天道，尊重自然和经济规律，我们会逐步过上富足和有尊严的生活，一如这个星球上一些土地上已经达此目标的幸运儿。但如果我们相信人定胜天，各种有形之手的任性与傲慢，各种作，各种折腾，各种逆自然规律而行，各种与经济规律扳手腕，我们最终或只会自取其辱，在苦难的沼泽里一遍遍轮回。

这一如投资领域。绝大多数普通投资人在其投资史上，不是没有发现过好股票，也不是没赚过钱。恰恰相反，他们在某些时间段取得的投资业绩，能惊艳到连那些专业的投资豪门也惊叹艳羡的程度。但用不了多久，他们就会被打回原形。他们骨子里的那些恶习，令他们前期赚到再多的钱，也只是为将来某个时间一次还回去打下基础。

用经济学术语来说，他们的“商业模式”，不循天道与正道，天然不具备可持续性与可复制性。

多数不研究经济史的人可能会不了解，早在1975年，苏联的工业总产值就达到了美国工业总产值的80％以上，农业总产值更甚，达到美国的85％以上。

但四十年后的今天，俄罗斯的GDP还不如中国的一个广东省或江苏省。与美国比，更只是一个零头都不到。

二

我再谈谈第二个课题，关于疫情。

你们有没有发现，那个折腾了 14 亿人整整三年的梦魇，突然一夜之间彻底消失了。再也没人提起，如同它从没有发生过一样。我一度以为，这个东西会永无止日，陪伴我的余生。然后，在某一个清晨，没做任何知会，云淡风轻，它走了。

之所以说是一场梦魇，是因为这个深度侵蚀和影响我生活方方面面的东西，以及它背后的无形之手，是留，还是走，都与我完全无关。在如此深度攸关我个人利害的事情面前，我只是一个旁观者、服从者和执行者。这种无力、无奈和某种程度的屈辱感，才是整个疫情防控期间对我伤害最深的东西。

好在，终究过去了。

我们该感谢谁？

那些勇敢依法依据为大众争取权益的人，当然是最应该感谢的对象。但核心要感谢的，是经济数据。如果我的宏观模型没错，则四季度数据大概率不乐观，糟到了我们不得不在封禁与流动之间，重新做一个取舍与平衡。

"笨蛋，这是经济问题。"(Its the economy, stupid)这是克林顿在当年总统竞选中干翻挟海湾战争大胜、苏联解体之威的布什而当选时说的一句话。

经济是根本，这话对任何政府都适用。

对经济形势的具体分析，我下一个话题聊。

就疫情本身，我说四句话。

1. 第一句话，天灾要防，但人为次生灾害更须防。

因为天灾可防，人为次生灾害防不胜防，且某种程度上危害更大。

中国有一句民间谚语："大灾不过三年，过三年必为人祸。"这句民谚，总结得很粗糙，但非常符合基础科学逻辑。任何天灾，在其爆发前，都会有足够的信号和线索，都有迹可循，只要你有专业和科学的预警机制及防范机制，其爆发大都是可预、可控、可防的。就算某天灾过于新鲜、过于突然，猝不及防，令人群初期措手不及，损失不小，但人是一种善于学习善于思考善于总结的动物，凭借人类的科研智慧、群体组织能力、资源统筹与调配能力，任何天灾也没有肆虐三年还束手无策、无法终结的可能。

除非，有人不希望它结束。

哪怕是在人类组织能力、科研能力都不发达的时候，曾经令中世纪欧洲人口减少三分之一的黑死病，其正儿八经的肆虐时间，满打满算，也就三年（1347—1350年）。

印度首位诺贝尔经济学奖获得者阿马蒂亚·森在其划时代巨著《贫困与饥荒：论权利与剥夺》中，研究了地球一个多世纪以来几乎所有大饥荒历史后，说过这样一句话："发生大饥荒的地方，没有一次是因为粮食不足。"

真正导致饥荒灾难的，是人为的财产剥夺与重新分配不均，是对社会预警与自我救助机制的扼杀与破坏，是信息的刻意封锁与屏蔽。

我们的政府在这次疫情防控中无疑做得很好，交出了一份靓丽的答卷。

但疫情中一小部分执行者曲解上意，恣意妄为，还是一次次刷新了我对人性的理解与认知。

2. 第二句话，疫情威胁了生命，但对整个社会造成的更严重、可能短时间都无法平复的伤害，是对财富、人性、人心的伤害。很多伤害可能要到很久很久以后，我们才会知道有多么不可弥补。

人性的和人心的伤害不难理解。这次疫情，既是一次天灾，也是一次全社会的组织动员运动。运动中有诸多无私奉献者，但也跳出了一批吃相难看的"跳梁小丑"。他们在运动中拥有相当的话语权、执行权与曝光权，且恣意妄为，完全无惧对公序良俗的高调踩踏，完全无惧在大众面前暴露自己对大众利益和社会良知的无视与羞辱。

他们中有那些原本底层，一旦得到一点小权力就要最大限度刁难他人的人——人性之恶，莫过于此。他们中也有很多饱读诗书的这"士"那"士"，但很遗憾，仗义每多屠狗辈，负心多是读书人（特别说一下，我特别厌恶知识分子的堕落与卑躬屈膝）。此辈的嚣张和如鱼得水，给运动中大多数沉默大众的暗示与示范是：你如果足够暗黑，足够没有底线，你或会更容易胜出。

这种暗示对大众人性的扭曲与伤害，才是我们这个族群未来需要面对的长久伤痕。

所谓此心安处是吾乡。家、人、财产的不受控、不安全，会严重侵蚀个体对族群的认同感。

至于财富的破坏，显而易见。整个社会都停滞了（静默）。根本不用学习任何高深的经济学，就能知道“不生产，无财富”，以及“坐吃山空”这种最浅显的常识道理。几乎所有市场主体的资产负债表，无论政府的、企业的还是家庭的，都千疮百孔，受到不同程度的破坏。

具体被破坏到什么程度，现在官方数据越来越难找，我也没有权威的全景统计图。我可以列一些边缘数据一窥端倪。

比如企业，但凡他们的资产负债表还看得过去，他们一定会扩张，会上杠杆，这是任何企业的内在冲动与基因。但 DR001（银行间隔夜回购利率）一度跌破 1，DR007（银行间 7 天回购利率）堪堪 1.5 个点，十年期国债不到 2.8%，一度比一年期的“麻辣粉”（MLF，央行向商业银行提供的中期借贷便利）还低，是倒挂的。这说明什么？企业一丁点扩张的欲望都没有。

再比如家庭。凭我直觉，家庭的资产负债表是被破坏得最严重的。我们可以看看最新的上市公司财报。绝大多数上市公司报表都在滑坡，但少数企业逆势大幅增长。比如，拼多多。前三季度营收增长超过 36%，利润增长 4.1 倍。第三季单季度营收增长更是达到了惊人的 65%，利润则增长 545%。它不是政策扶持和补贴的所谓风口行业，它完全是靠普罗大众的消费降级，硬生生被托举起来的。

但疫情最大的后遗症，不是对当下财富的毁损，而是对整个社会财富生产机制的破坏。

美国著名经济学家托马斯·索维尔说过这样一句话：“20 世纪充斥着这样的案例：许多国家，始于均富，终于均贫。”

道理很简单。你能处置、损害、剥夺的财富，只能是当下已经生产出来的财富，而无法对未来尚未生产出来的财富做同样的事。而一旦你开始对存量财富这么做了，生产者将不会再有动力去生产任何新的财富。他们会一起躺平。

那时，不会再有穷人和富人之分。大家绝对平等，贫穷的平等。

3. 关于疫情的第三句话：如果我们依然不能从这场灾难里总结出经验与教训，那我们所有经历的苦难，或许都是我们应得的。

之所以用“依然”两个字，是因为我们这些年在人心头烙上深刻伤痕且经久不去的灾难，不可谓不多，不可谓不频。这极不正常。

所谓“多难兴邦”的前提，是族群里有相当数量的清醒者，会从历史苦难中吸取经验教训，并在未来不再重蹈覆辙。如果一个族群，如同受到诅咒一样，灾难如影随形，那可能只是证明了群体的低劣。

我总认为，受过苦的人，和读过书的人一样，是值得给予尊敬的。因为苦难像书籍一样，会给他增加生命的厚度。但事实并非如此。我发现，太多的人，对不起他读过的书。太多的人，对不起他经受过的苦难。

4. 陀思妥耶夫斯基说过一句话：我唯一担心的，是我配不上我经历的苦难。

多难未必兴邦。

我宁愿我们这个族群里的每一个个体的生活，都是平凡而快乐的事，也不愿他们从更多的苦难中体悟到什么深刻的哲学道理。

三

疫情我就说这么多，接下来我聊聊宏观经济。说五句话。

1. 第一句话：宏观错配红利期彻底结束，后面会面临诸多的反噬、挑战与艰难。

“宏观错配”是我自己在2021年造出来的一个词，是指的中国与全球其他国家，尤其欧美发达国家，因为在疫情应对上的不同路径，而导致的经济错位与填空效应。

欧美对疫情基本是不干涉，放任共存。所以在最开始病毒毒性强的时候，几乎导致了欧美整个产业链的停摆与生产事实上的停滞。我们不一样，我们从一开始就采取了严厉的封控措施。这在初期很好地抑制了病毒的蔓延与传播，也保证了我们绝大多数城市、绝大多数生产线的正常运转。欧美停摆让出的市场，我们顺势填补是必然的，也是各方的共同需求。这就是为何 2020 年疫情开始后，我们的出口除了最开始短暂下跌，之后迅速恢复的原因。

但经过长达三年的压力测试、调整与重构，以及自身疫情的彻底消散，欧美停下的生产线开始重新作为竞争者进入市场，去填我们的空。而且他们的交易对手盘，在做最大幅度的刻意调整。

换句话说，我们还活着，他们也活过来了。但双方从原来的交易对手，变成了竞争敌手。这种状况，在未来大概率会持续甚至强化。

这从 2022 年 11 月最新的进出口数据可以看得非常清晰。11 月出口同比下降 8.7%，而 10 月份的跌幅只有 0.3%。进口则大幅下降了 10.6%，而十月份降幅仅为 0.7%。当月进出口总额大幅下降了 9.5%。这些都堪称断崖下跌，也都是 2020 年 2 月份以来的最糟表现。其中对美国出口下降尤其惊人，同比下降了 25.4%。

净出口一度占到我们 GDP 的 50%以上，现在仍超过 30%。而且，净出口背后的贸易顺差，代表着基础货币投放里的外汇占款。这就是为什么我们的净出口额，或者贸易顺差额走势，与我们股市的走势如此同步拟合的原因。

这就是我说的宏观错配反噬。如果你认为这些进出口数据只是暂时的，后面订单会重新蜂拥而来，我不会与你争辩，但我会认为你的假设与研究是不专业和不严谨的。

2. 第二句话，“以经济建设为中心”……这个研究课题，留作作业，我不展开。

3. 第三句话，最有利于我们的“全球化”，也已事实结束。

过去 200 年，人类创造的财富，比他们全部祖先过去从有人类直立行走以来创造的所有财富，都要多得多。这一切都拜全球化所赐：人们从封闭的、以邻为壑、自给自足的小农经济、庄园经济、诸侯国经济，过渡到市场共通、产品互换、技术共享的全球化大市场经济。

这个财富创造过程，在过去 30 年得到了更进一步的强化，核心是因为中俄资源的加入。

(1)廉价的俄罗斯能源为欧洲工业体系提供原料，维持了欧洲的竞争力和低通胀水平。

(2)廉价的中国劳动力及制造的便宜商品，提高了美国实际工资的购买力与消费力。

过去，德国用来自俄罗斯的200亿美元的天然气进口支撑起了该国2万亿美元的工业增加值。德国对于俄罗斯天然气的杠杆是100倍。美国则用来自中国的5 700亿美元商品进口支撑起了该国16.1万亿美元的消费总额。美国对于中国商品的杠杆是28倍。

随着去全球化下两大基石的逐步瓦解，在劳动生产率没有大幅提高之前，我们将看到痛苦的“去杠杆化”进程，即全球经济增长率水平的下降和通货膨胀水平的抬升——这种“去杠杆化”，对过去最受益全球化的那些国家和地区，比如中国，影响尤其深远。

世界的打散与重新编(站)队、环球贸易的萎缩及全球经济增速的下降，是正在进行时，而非将来时。

这里格隆尤其想提醒一下俄乌战争对全球化的撕裂与最后一击。

绝大多数人都严重低估了俄乌战争对世界地缘格局断代式、颠覆式的影响，以及对普通个体命运可能伤筋动骨的冲击。

乌克兰这场地缘冲突，已经事实上演变成了全球的一场世纪轮盘赌。下注的双方，一方是撑乌的欧美，以及被形势所逼而放弃左右逢源平衡策略，开始明确站队的亚太国家。另一方，则是俄罗斯，以及站俄的国家。这是一场世纪豪赌，已没有人可以置身事外，双方压上的都是自己国家和族群的命运。输者，或将很久很久，都没有未来。

它早已不是我们旁观或者嬉笑闲聊的茶余话题。它攸关每一个普通人的切身利益。再怎么高估它对你和你家庭、你孩子的影响，可能都不过分。

4. 第四句话，我们必须接受未来我们经济增长及增速的泯然众人。

这不是什么坏事。我们并非上天的宠儿，我们不能一直指望维持双位数经济增长。回归正常而已。

具体分析我不展开，去看看经济学入门课里的柯布—道格拉斯增长模型就好了。模型里包括人口、资本、土地、技术等几乎所有支撑经济增长的核心长期因子，都已辉煌不再。我们必须接受未来长期潜在经济增速回到3%～4%区间的现实，而实业领域所有商业模式、投资领域所有的估值模型，收益预期，都必须以此大趋势、大背景做调整。

有人说这不会是趋势，而是一个经济周期而已。未来我们还会回到7%、8%，乃至双位数的增长。

好吧。

我只能说，我研究了三十年经济学，我从未见过长达40个季度的下行经济周期。

你见过吗？

我说这些，并不是告诉大家长期已不可为。不是的。经济增速下台阶并不可怕，没有任何国家能长期保持我们这样的经济增速，包括我们自己。我只是想告诉大家真实在发生什么，不要掩耳盗铃，继续重复过去的一些行为模式。你得分清楚，过去哪些钱是你凭本事赚的，哪些只是因为时代列车高速前行对你的赐予。至少，原来因为时代大风口的"快钱"(quick money，easy money)，你不要再去赚了，否则你过去凭幸运赚来的钱，未来极大概率都会被你凭本事亏光。

你得真刀实枪，扎扎实实去赚钱。

未来可预见的相当长时间，经济与社会层级，会从原来混沌式的抱团相拥前行，越来越转向落差、割裂与分级。这种大环境变化，会令实业经营路径、投资的框架与逻辑都发生翻天覆地的变化。可以预期的是，一批人会被淘汰掉。在动荡的时代，最大的投资风险，不是动荡本身，而是延续过往的行为逻辑。

但，我依然看好长期，虽然"长期我们(可能)都死了"——凯恩斯。

逻辑并不复杂。基于人类骨子里对美好生活的向往与追求，基于人类虽缓慢甚至反复，却足够强大和确定的进化力量。

这些才是最长期决定族群、社会走向的原动力。没有人不愿过富足和有尊严的生活，没有人不愿享受自由。

我们可以简单问自己一个问题：四十年前的改革开放，如果没有邓小平的出现，还会必然发生吗？

答案是肯定的。

我们的改革开放，看似有相当的偶然性，其实却有相当的必然性：那三十年的苦日子，真的把人穷怕了，把人苦怕了，没有一个人愿意再过那样的日子——这才有了小岗村的承包到户，这才是开放的底层推动力。

改革开放，并不是自上而下的天才设计，而是底层人性使然。

更何况，经过了三十年改革开放的洗礼与熏陶，我们已有了高达100万亿元、关联到全球几乎每一个角落的 GDP，我们有了饱受市场经济滋养和培灌的 7 000 多家上市公司，我们有接受现代金融资本体系磨合与锻造的高达 150 万亿元的资本市场市值，我们有这三十年培育出来的高达 5 亿的中产，我们有 5 000 多万接受过高等教育、看过世界的大学生，而且这个群体还以每年 1 000 万的速度在增长，其中超过六成是理科生……

所有这一切，都是开放三十年生长出来的力量。他们看似分散，但却如此的强大，生命力是如此的旺盛蓬勃，以至于他们根本不可能消失，更不可能被消灭。他们最多只是“在冬天像冰一样凝结，而有一天会像花一样重开——戴望舒《偶成》”。

所以，短期的艰辛，哪怕再苦，都一定要扛住，并扛过去。想想胡适博士在 20 世纪 30 年代末那近乎绝望岁月里的泣血忠告：“苦撑待变”！

稚嫩的理想主义者会为了理想悲壮地死去，而成熟的理想主义者，会为了理想，苟且甚至屈辱地活着。

5. 第五句话，最简单地说一下，不展开：2023 年各方面，无论需求、经济增速、资产（房子、股票）价格，都会明显好过 2022 年。有句流行的话说，现在的每一年，都是未来十年最好的一年。这句话不对。至少不全对。至少，2023 年，会好过 2022 年。

四

该谈谈投资了。我说三句话。

1. 第一句话，疫情结束，经济将回复正常轨道增长，这必然、确定会有一波行情。但这个行情，主线是“物极必反”的回光行情，核心逻辑是制度修复。空间有，但无法支撑一波牛市。

逻辑并不复杂。多数做投资的人，一跨出学堂，就会一头扎进 P/E、P/B、P/S、现金流折现等估值方法，而把投资学里入门级的经典估值模型忘个干净。任何一门投资学入门书籍里，都会告诉你，经典估值公式是这样的：

$$V=D\cdot(1+g)\cdot R/(r-g)$$

V 代表企业价值，D 为股息，g 为股息率（一般用潜在经济增长率代表），r 为折现率，为社会利率水平，一般用代表无风险收益率的十年期国债收益率代替。R 为主权风险系数，数值在 0～1 之间波动。

绝大多数人会把主权风险系数视作常量而忽略。其实不是。它的波动，对估值影响巨大。在我们十月的模型里，这个数值是 0.56。因为疫情政策松动预期，11 月我们把该数据调整为了 0.67——这意味着，哪怕社会利率水平、企业盈利水平不出现任何变化，股市的估值水平也会整体有 20％的空间。

这就是为何我们在 2022 年 10 月底公开说一旦疫情松动，指数会有不低于 20％涨幅的原因。

至于未来能不能政策、流动性、公司业绩轮番驱动、共振，形成牛市，这个需要观察。

但至少目前的数据及模型，完全不支持牛市结论。

2. 第二句话，可预见时间内，暂看不到下注国运的机会。

从投资角度，新中国成立 70 余年，可以称得上下注国运的机会有两个。一个是 1979 年改革开放，一个是 2001 年加入 WTO。前者让我们经济从近乎崩溃，恢复到吃饱穿暖；而后者，则让我们一跃成为世界第二大经济体。

改革开放并不是一个严谨的词。事实上也从来没有什么天才式的改革。每次下注国运的机会，核心逻辑，都只是开放：融入全球市场，分享全球科技进步红利及产业分工红利。如果我们去开放化，回归封闭，我们重新变穷，或许连 20 年都不要。

新中国成立后的前三十年，经历"文革"肆虐之后，国民经济为何接近崩溃，从最知名的汉学研究专家费正清的一句话即可见端倪："从 1950 年到 1971 年，华盛顿送上月球的人，比派往中国的人还多。虽然后者离我们更近，旅途也更为安全和省钱。"

我说的第二句话意味着，那种坐一部大电梯同上同下的捞钱机会，会一去不返。我们都需要很严肃地回答和评估一个问题：过去赚的钱，有多少来自自身的聪慧与勤勉，有多少来自时代的馈赠？

未来的投资要开始要真正比实力，比眼光，比拼专业水准、慢工细活的时候。很多人过去凭运气赚来的钱，未来大概率都会凭实力亏回去。

3. 第三句话，动荡时代最大的风险，不是动荡本身，而是延续过往的行为逻辑。

未来可预见的相当长时间，经济与社会层级，会从原来混沌式的抱团相拥前行,越来越转向落差、割裂与分级。这种大环境变化,会令投资的框架与逻辑发生翻天覆地的变化。可以预期的是,一大批投资人会被淘汰掉。

对具体操作,我做几个基本的提醒:

(1)高度重视政策研究。它不仅决定投资的收益率,甚至可以决定投资的生死。

做投资就是买企业,做企业就是做生意。做生意,本质就是一个资源的调配与重组。未来我们这个社会资源的集中度会更加集中。你必须知道资源何去何从,从哪里抽离,向何处倾斜?

(2)高度重视政策风口行业的风险。政策红利是有有效期的。政策给力的另一面,往往是政策的傲慢与自负。我极少见到由政策扶持而成长起来的一个大行业。相反,因为政策的盲目钦点与催肥,最终一地鸡毛的案例,却是比比皆是。当下一些蒙泽雨露、春风得意的所谓风口行业,未来是不是个投资大坑,套一堆人,我不知道,但至少它们的价格与市值,于长期投资而言,已远谈不上友好。

(3)如果能做短赚到钱,那就做短吧。积少成多,积小胜为大胜,这样至少能保证,如果某一天大家都要死,你会比别人晚一些死去。尽量不要做长期投资了。在一个规则不断改变的环境里做长期投资,难度太大了,风险也太大了。你过去积累的经验与优势,不但会失效,甚至会成为障碍或陷阱。努力做规则的朋友,而不是时间的朋友。

(4)从需求三驾马车而言,消费的复苏与增长是最确定的。多在这里下功夫。出口拉动和投资拉动的行业与领域,能不看就不看吧,除非你精力过于旺盛。

当然,也属于投资驱动的房地产行业,会略有不同。它太特殊了。地产上下游贡献了我们 GDP 的 25%,从来都干了最多的活,却总是被敲打,总是不受待见。它是一个牧羊犬。你会需要宠物波斯猫。但一旦要干活,你根本离不开牧羊犬。2023 年房地产注定是一个不能忽视的政策风口。

(5)节制。节制买卖的频率,节制期望收益率的设定。大幅调低未来投资的年度收益率目标。十年期国债收益率的两倍,也即 5%～6%区间,或是未来一个长期可持续的合理目标。大环境已完全变了。赚快钱,赚容易的钱的时代或已一去不返了。

在当下这种大环境里，“节制”是一种再怎么强调重要性都不为过的投资美德。如果你把一年的目标收益率锁定在5～6个点，然后花一整年时间只为这个目标努力，该卖时坚决卖，该等时坚决等，你99%能年复一年完成目标——中国股市的魅力在于，有一堆贪婪无匹、不知所谓的蠢人，哪怕是在熊市，他们的穷折腾，都会为你提供足够的机会完成你需要的收益率。

千万不要小看每年6%。从1900年1月1日到1999年12月31日，一个世纪的时间，道琼斯指数从65.73点涨到了11 497.12点，100年里，足足涨了176倍，是不是很牛？

但它的年复合增长率是多少呢？

答案并不让人钦佩，才仅仅5.3%。

五

没时间聊实业经营的商业模式了，下次找个时间再讲。最后一点时间，格隆简单聊聊关于族群。

独行者速，众行者远。人类之所以远比其他生物强大，是因为他们不是靠个体的天赋，而是强大的组织和协作能力。

没有一个人能单身去往月球。

我想问大家一个问题：以俄罗斯之大，为何落得如今这番境地？

俄罗斯拥有广袤的资源，其近代化与意大利、德国的统一和日本的明治维新在同一个年代。在此之前，俄罗斯已经有两百年向欧洲学习的基础。十二月党人、普希金、陀思妥耶夫斯基、托尔斯泰、柴可夫斯基……哪怕是20世纪，依然有帕斯捷尔纳克，索尔仁尼琴，还有不逊于爱因斯坦的科学与思想巨人萨哈罗夫。

这些灿若星辰的巨匠，让俄罗斯足以媲美世界上任何一个伟大民族，也足以证明俄罗斯有身列世界伟大民族行列的资本。按理说，这样的国家，没有不成为发达国家的理由。俄罗斯拥有成为文明国家的最好条件，它本来可以成为另一个“美帝”，但是它没有。相反，它走向另一个极端——2021年，俄罗斯的GDP还不如中国的一个广东省，或者一个江苏省。

你抱着金砖把自己混成了二流，如何让人瞧得上？

从维京人在基辅罗斯对东斯拉夫人的统治，到蒙古鞑靼人对俄罗斯、克里米亚的残酷奴役，再到希特勒的战争和斯大林的统治，在几个世纪里，俄罗斯民族承受了一个民族所能承受的一切苦难。

他们的苦难，源于这个族群中的一部分人，迷信丛林法则，崇拜强权、肌肉和枪杆子，媚上奴下，贪婪野蛮。在他们眼里，为了集体，任何一个个体，包括他们自己在内，都只是一个可以使用的工具，一个可以随时牺牲的数字。他们的文化里，从来没有一丝一毫的以人为本的思想。

哲学家罗素在去考察完所谓“苏联奇迹”后，写下了这样一段话：我渴望任何一个国家、种族或主义，都屈服于每一个生命个体的自由、价值与尊严之下。

有些族群，当你越深入了解这块土地上的人们时，你越会发现，他们的思想，他们的做派，配得上所有他们所受的所有苦难。

用一句英文谚语：They deserve nothing less for what they are.

回到我们自己。

没有人愿意重复俄罗斯民族的苦难征程。但我们凭什么就有自信，我们一定会避免他们的覆辙？我们凭什么自信，我们整个族群会紧跟人类文明的进化而一起进化和成长？

如果一个族群，多数人都在算计，都在尔虞我诈；如果一个族群没有一批仰望星空的人，那它就不是一个族群，而是一个部落。

疫情让我们见识了很多善良与美好，也见识了很多的腌臜与不堪。

但我们还是要走下去。

用自己的烛幽之光，去尽量照亮和温暖某一个小的角落。

用我今天演讲最开始的那段话：我还是要求您保持必要的力量和疼痛的清醒，以去努力维持您自己在这个世道中最底限的宁静与尊严。

我们都是小人物，但不能活成了小人。

格隆把自己很喜欢的苏东坡的 8 个字送给诸君：群居不倚，独立不惧。我自己再加一句：不与美好和善良为敌。

好莱坞大片《七宗罪》中有句台词：“这个世界如此美好，值得人们为它奋斗。我只同意后半句。”

有记者问香港四大才子之一的蔡澜：“这个世界会好吗？”

蔡澜的回答极具韵味：“不会。但，要相信会！”

你没有如期归来，而这正是离别的意义。世界并不完美，而这正是你来到这个世界的意义。

无论多么艰难，对未来，我们始终充满期待。演讲最后，格隆把自己微信头像签名的那句话送给大家："这个世界，我来过，我奋战过，我深爱过，我不在乎结局！"

祝福大家，祝福我们自己，更祝福我们这个民族，我们这块土地！

再见！

2023 年 3 月 18 日

第一部分

关于股市

你为什么成不了巴菲特?

阿里、腾讯等互联网龙头股,最近的涨势,一涨再涨,堪称惊艳!

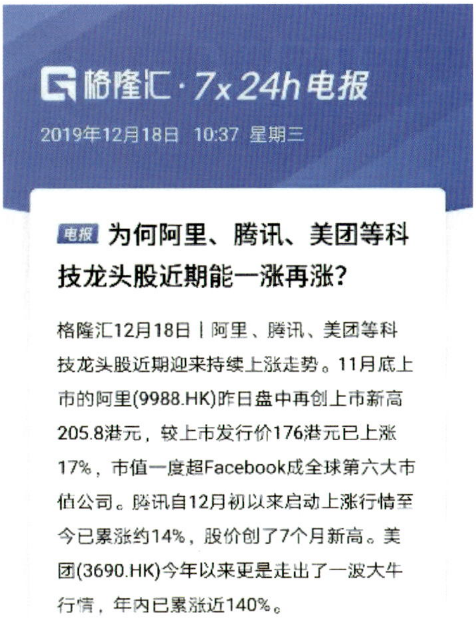

多数时候,投资其实都没有多么复杂。如果说投资,或者说价值投资,有一个唯一原则的话,那就是买入一流的好公司,尤其是那些从全球视野来看,代表着人类进化趋势与方向的一流公司。至于要不要做择时交易,则是可以商榷的。

逻辑并不复杂。投资者面对的永远是一个随机因素诸多的混沌系统。你首先要假设你并不够聪明,无法驾驭和控制这种复杂局面,并没有能力获取超额收益,而只会用最笨的方法获取确定的基本受益。

符合这种确定原则的,就是一流公司——因为谁是一流公司,是一眼就能看出来的。哪怕你确实很笨,你在这个上面犯错的机会,也微乎其微。

一旦你放松标准,觉得一流公司太少了,还有点小贵,下不了手,试图退一步,去往数量更多的1.5流公司里,甚至二流、三流公司里,寻找价格短期看起来更有折让与吸引力的,你的投资风险就会几何级数放大——因为不像一流公司一眼可以确定,一旦你退一步,1.5流,或者二流公司,会是过江之鲫,且各有优势、各有瑕疵,你并不能轻松确认谁更优秀,无论是当下,还是未来。

几何学上有一个简单算术:圆的半径扩1倍,圆的面积扩大4倍。

而一旦你开始放低标准，你前期无数次的利润，也就只是为未来某次巨亏做好了准备而已。

绝大多数投资者，并不是没有遇到好公司。这就像绝大多数单身者，并不是没有遇到过爱情(——他们之所以单身，只是因为他们滥情而已)。

阿里香港上市第一天，一个上市公司的朋友问我，买不买？

我的回答是：除非出现了不可控的经营之外的风险，在当下中国，如果阿里你买不下手，还有哪家公司，你下得去手？

2019年12月18日

怎么会有那么多的投资者去买军工这个 ROE 如此低的小行业?

阿里港股上市时,格隆调侃说投资其实并不复杂,买入这种一流好公司,投资的绝大部分工作就已经完成了。昨天格隆也谈了谈对 VIPKID、滴滴、小米、美团等核心互联网公司商业模式的看法与优劣比较(参见本书关于行业部分的文章“风投行业的资本恐吓主义,无论在幼教还是 K12,大概率都行不通”)。一个实力派朋友追问一个问题:到底什么是一流好公司?他说他能用 750 亿美元的估值拿到今日头条的股权,那头条算不算好公司?能不能买?

其实谁是好公司,是非常容易甄别的,因为时间多半已经回答了这个问题。那些久经考验,穿越牛熊,穿越经济周期的幸存者,就是好公司。这样的公司屈指可数,找出来并不难——而一旦它们能够穿越,哪怕它每年带给你的只是很平庸的收益率,但长期会是惊人的复合回报。

中国改革开放 40 年,GDP 增速是 9.8%,但货币(M2)发行年均复合增速是 21%(见下图)。

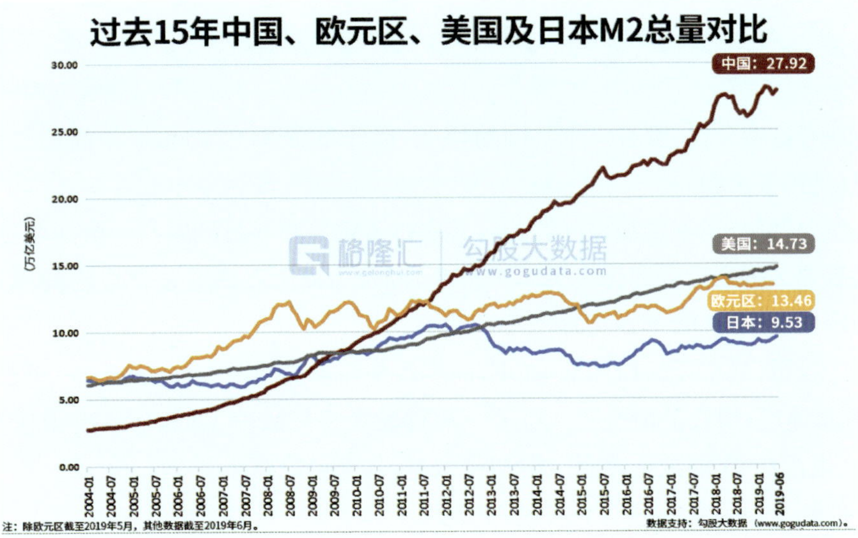

注:除欧元区截至2019年5月,其他数据截至2019年6月。
数据支持:勾股大数据(www.gogudata.com)。

货币发行超过 GDP 增速的部分，本质上是一种税收。如果你配置的资产价格增速无法填补这个“鸿沟”(gap)，你就是被征税的那批人。事实上，这些年来跑赢货币发行速度的资产屈指可数。如果不算杠杆，就算人人艳羡的房子也没有跑赢。

事实上，截至 2019 年，总市值过千亿元的 A 股公司里，投入资本回报率(ROIC)超过 21%的只有 13 家(见右页图)。

而所有中国上市公司里，上市超过 10 年，股价年复合涨幅超过 21%的，也只有区区 18 家(见下图)。

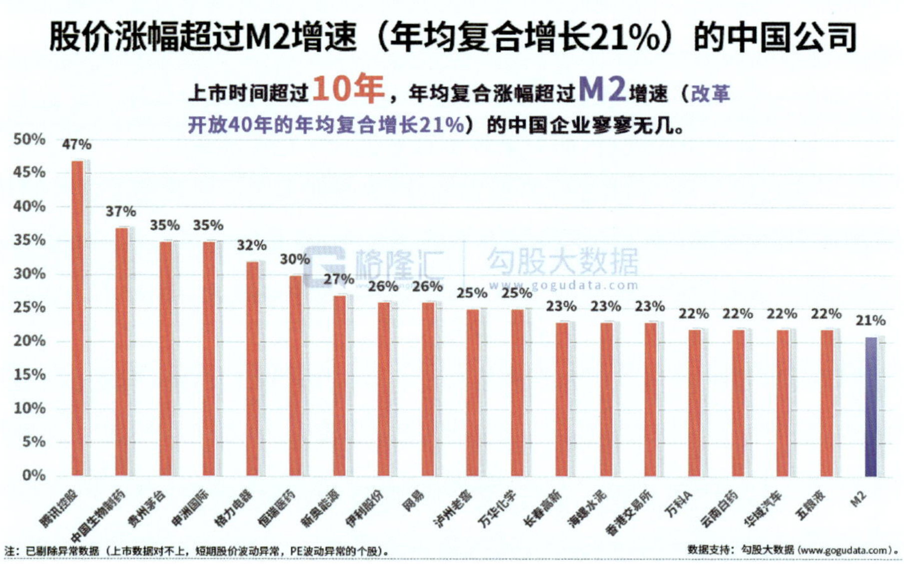

所有这些公司，都有一个共同的特点：都分布在 ROE 回报率最高的几个行业里(见第 8 页图)。

所以，好公司不难找，好的行业，其实也不难。我一直纳闷的一个问题是，为什么有那么多的投资者会去买军工行业，以及为何会有研究员把自己的职业生涯锁定在一个 ROE 如此可怜的小行业上。

于投资，最重要的指标是 ROE，而不是华而不实的增长(growth)。于投资，ROE 是速度，增长是加速度。对于一辆行驶在京广高速上的汽车，哪怕速度只有 20 迈，也一定能抵达北京。但胡乱加速，却极可能翻车。

回到上面朋友的第二个问题：字节跳动算不算一流好公司？

A股上市公司投入资本回报率TOP30

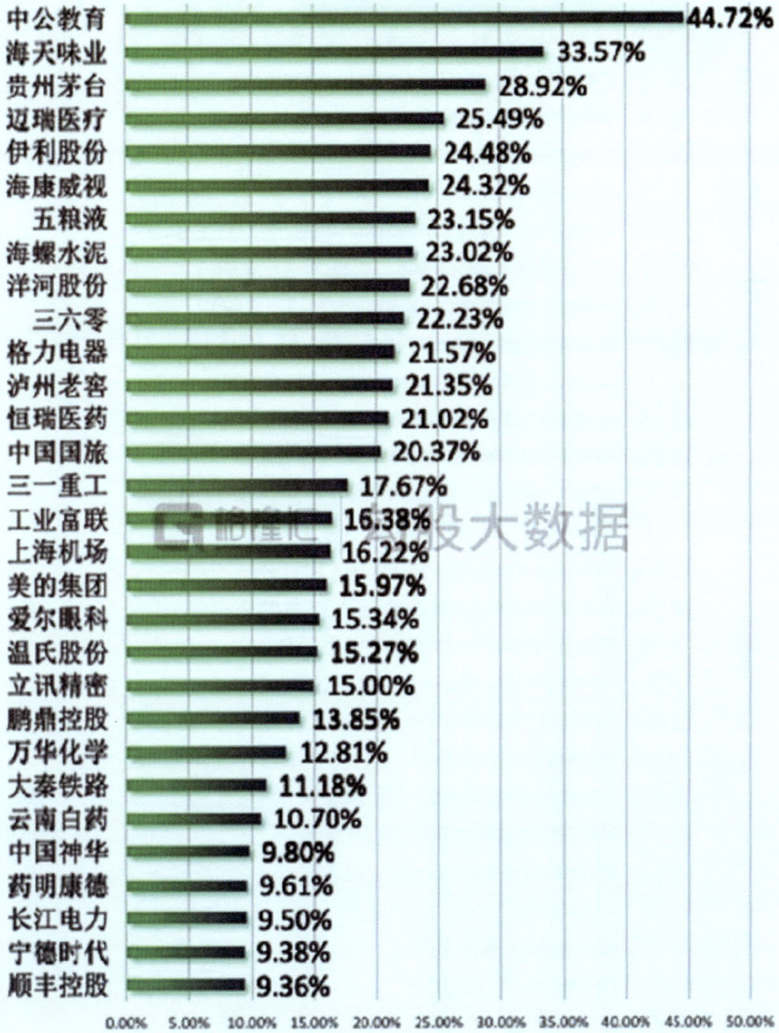

注：统计样本为总市值超千亿的上市公司，投入资本回报率(ROIC)指上市公司经营活动中所投入资本获得的收益率，投入资本包括权益和负债，选取2019年Q3(TTM)数据进行排序。

数据支持：勾股大数据。

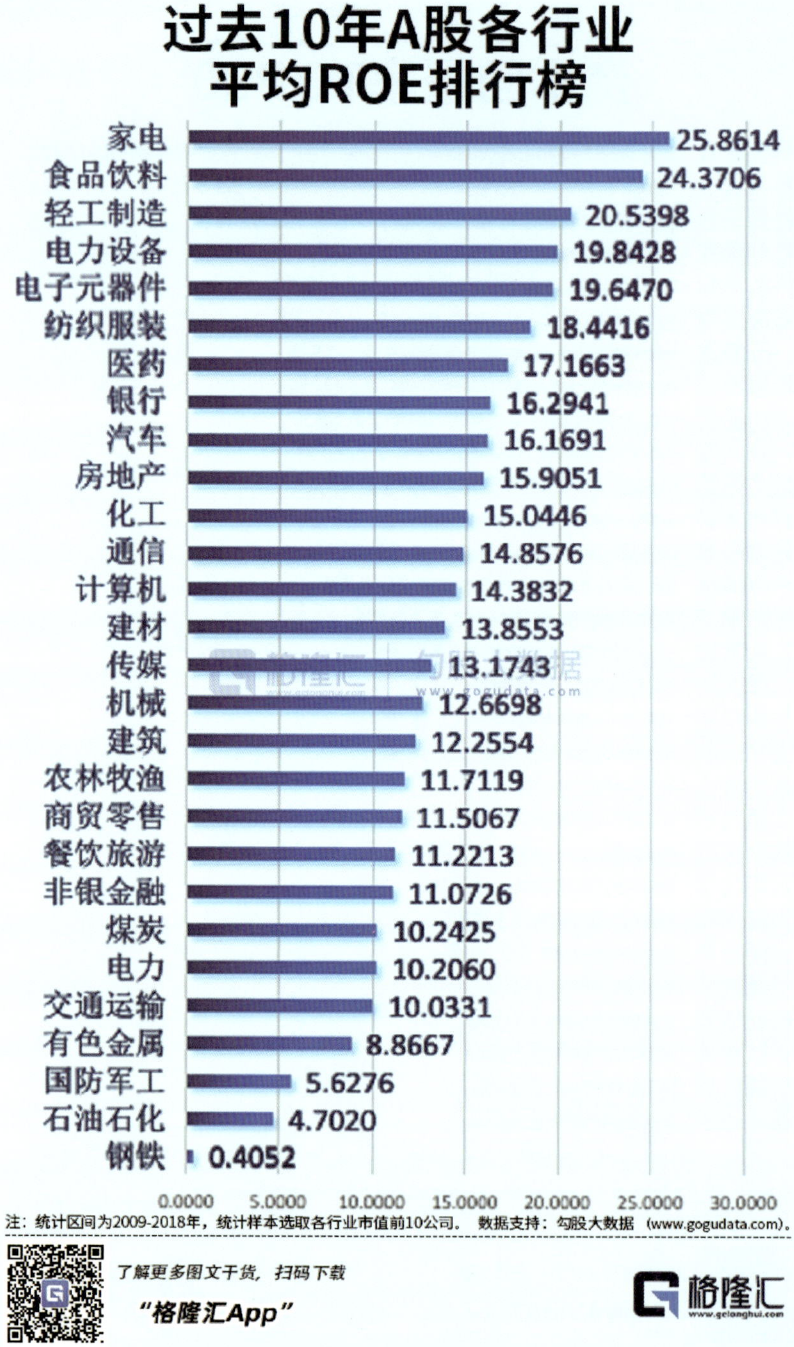
过去10年A股各行业
平均ROE排行榜
家电 25.8614
食品饮料 24.3706
轻工制造 20.5398
电力设备 19.8428
电子元器件 19.6470
纺织服装 18.4416
医药 17.1663
银行 16.2941
汽车 16.1691
房地产 15.9051
化工 15.0446
通信 14.8576
计算机 14.3832
建材 13.8553
传媒 13.1743
机械 12.6698
建筑 12.2554
农林牧渔 11.7119
商贸零售 11.5067
餐饮旅游 11.2213
非银金融 11.0726
煤炭 10.2425
电力 10.2060
交通运输 10.0331
有色金属 8.8667
国防军工 5.6276
石油石化 4.7020
钢铁 0.4052
0.0000
5.0000
10.0000
15.0000
20.0000
25.0000
30.0000
注：统计区间为2009-2018年，统计样本选取各行业市值前10公司。 数据支持：勾股大数据（www.gogudata.com）。
了解更多图文干货，扫码下载
"格隆汇App"
格隆汇
www.gelonghui.com

格隆的看法是，字节会是一家超级能赚钱的好公司，但至少很长时间内，可能达不到一流。这是由这家公司的商业路径与价值观决定的。

张一鸣说过一句话：“很多人人生中一半的问题都是这个原因造成的——没有延迟满足感。”

推崇“延迟满足感”最讲究的是自律。但头条（抖音）这个产品，却千方百计地把人圈养在舒适区，让人丧失独立思考能力，让人马上满足，让人失去自制，让人沉迷。

很明显，“头条系”知道延迟满足感，只有极少数人才能做到，所以创造出一片欢乐的信息王国，让绝大部分人围着打转，两耳不闻窗外事。

这个从商业上无可指责。恰如张一鸣说的：“大部分人是需要围绕一个东西转的，不管这些东西是宗教、小说、爱情还是今日头条。用户是需要一些沉迷的，我不认为打德州扑克、喝红酒和看八卦、视频有多大区别。”

但这对全社会的价值，无疑是个令人冒冷汗的坏消息（bad news），尤其当它试图把这种信息孤岛和封锁效应做到极致的时候。

加重我这种担忧的，是前不久同时发生的两件小事。

前不久，格隆突发奇想，让秘书去头条为我开了一个个人号。格隆还算小有知名度，所以头条很快开通。我当天发了一篇用数据解剖经济的短文。半小时后看，阅读量 7。去询问头条的工作人员，对方回复：这篇文章根本没有放出去。因为他们审查后认为这篇文章唱空中国。

这个罪名很大。好在同一篇文章，在微博、微信朋友圈、微信公众号等诸多渠道，都发了出来。非常有意思的一个巧合是，格隆很推崇的一个券商首席做了一篇“知止不殆”的演讲。这是一篇说实话的演讲，数据与逻辑都足够强大。但第二天，这篇演讲消失了。与此同时，头条在显要位置推了一篇针对这篇演讲的“骂街文”（见右图）。

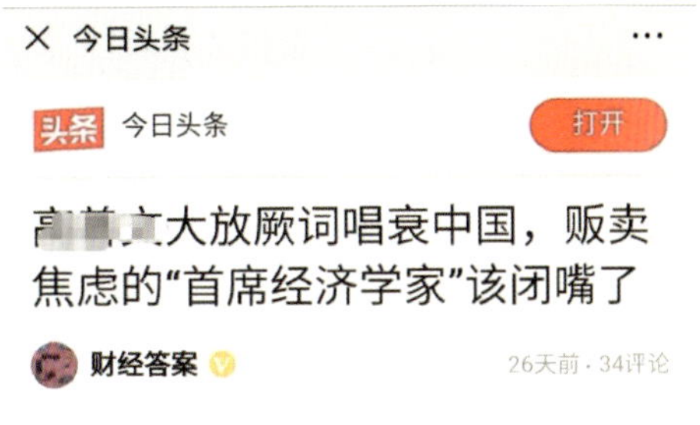

这个社会有很多糊涂蛋，这个我可以理解。但头条选择释放哪些信息和不释放哪些信息，还是刷新了我的认知界线。

某种意义上来讲，头条的商业模式，几乎全压在了人性的赌桌上——把人性糟糕和不堪的一面，充分挖掘、引导、圈养和放大。

这会令头条很容易赚到钱，且极大可能赚到大钱——因为这个世界上的大多数人，真的就是扛不过人性弱点的。

但赚钱不意味着一流，至少目前不是。

2019 年 12 月 24 日

究竟如何践行价值投资

注：本文是格隆博士为但斌先生的著作《时间的玫瑰》写的序，阐述的是对价值投资的理解，参考价值显而易见，故共飨于此。

一

证券市场颇类似巍峨的珠峰，风光无限，但高处不胜寒，越往上攀爬，难度越大。无数人来了又去，鲜有人能长期驻足。至于珠峰顶，则更是绝大多数人的生命禁区，只有极少数人能够享受登顶的荣耀，且还依然活着。

但斌先生无疑是极少数人之一。他身上有很多的标签，诸如理想主义、爱国、价值投资、中国巴菲特等。在我看来，他能跻身这个少数人圈子，无他，只是因为他是一个堪称完美的价值投资践行者。

价值投资并不难，至少看起来没那么难。所以自从巴菲特的投资理念被引入国内之后，声称自己是价值投资者的人非常、非常、非常多。然而不幸的是，在这些自称价值投资者的人中，赚钱的非常、非常、非常少。关键原因在于，他们并不具有对价值的信仰，他们会在短短一周或者至多一个月内改变对价值股或者行业的看法，他们绝大多数时候只是在打着价值投资的名义做投机而已。

对价值近乎虔诚的信仰，是一个价值投资者最核心的基础要件。

所谓对价值的信仰，简而言之，是无论风雨，都首先坚信价值的存在。

坚信整个人类进步的力量与财富创造力，坚信国家和民族的未来。这种信仰必须深入骨髓。做投资，我们绝大多数时候是在对一个国家、一个民族下注，赚的是一个大趋势的钱。没有美国两百多年不断上升的国运，断没有巴菲特的投资奇迹。正如巴菲特某年一月份在“选择美国”投资峰会（Select USA Investment Summit）上的讲话：“尽管我们也经常在海外投资，但美国才是最大的淘金乐土。我知道,我们能成功,很大一部分原因是我们是在美国经营生意。实际上,在美国244年的历史中,那些看空的人谁最终受益了? ……获取利润从来不会是一件一帆风顺的事情。有时候我们会对我们的政府有所抱怨,但几乎可以肯定的是,美国的未来会更加光明。"

所以,但斌一再强调"我们更应该对自己的国家有信心",他会旗帜鲜明地鼓励长期做多中国:"如果你不敢在中国长期投资,到了美国你更不敢……巴菲特所经历的沧桑岁月里面有什么? 当然有人类的巨大进步,但也有战争、世界的动荡。至少四次经济危机、两次石油危机,数不胜数的社会动荡。我们看今天的中国,除了一些波折以外,20年来其经济是一路向上的,如果在今天的中国你都不敢长期投资,你到当年巴菲特时代的美国怎么可能敢?"

换言之,任何一块土地上的价值投资者,首先必须骨子里是一个爱国者,他必须对这块土地爱得深沉,不离不弃。仅此一点,实际就已经过滤掉了90%以上自我"标榜"为价值投资者的人。

我对但斌先生的一句话记忆犹新:在我自己的国家里,40年的艰辛岁月告诉我——如果你真的有才华,有广阔的胸襟,愿意努力奋斗,不忌妒他人的财富,不无所事事,不整天抱怨自己的生活,不找理由逃避责任,就有可能改变自己的命运与现状。

这是一句令人热泪盈眶的诤言,其中饱含的是对家国未来的信心以及对自身的期许。这或许就是但斌在中国做价值投资的路上,虽然也历经曲折,但大方向从未偏差,业绩也始终螺旋攀升的核心原因。

虽然,个人的沉浮在时代的潮流中显得微不足道,经历其间,无法彻底做到举重若轻,但却能够让人明白,生如夏花般绚烂,走如秋叶般淡然,需要的不是聪明或者狡黠,而是近乎笨拙的信仰。是信仰,让我们接受,却从不妥协于现实的重量。

二

但仅有价值信仰是不够的,成败在细节。令人钦佩的是,但斌先生在价值投资的细节把握上也处理得足够好。

从1896年开始,陆续有1 584名登山运动者相继登珠峰,结果有395名遇难，其中有些还是运动员，死亡率高达25%左右。为何死亡率如此高？

两个原因：

(1)攀登珠峰，看似简单，珠峰永远都在那里，无论昼夜晨昏。在珠峰大本营宿营的时候，你会发现珠峰几乎触手可及。

(2)攀登珠峰的路上有无数的“坑”：可能是一块松动的岩石，可能是一道窄窄的冰裂缝，可能是一场意外的雪崩，也可能是同伴一次微小的失误引致的滑坠……这些都可能让你丢掉性命。

这与价值投资非常相似，因为价值投资的逻辑堪称完美，貌似执行起来也非常简单。

价值投资有且只有4个核心理念，这4个核心理念堪称简单、完美：

(1)股票是对公司的部分所有权。

(2)市场只会告诉你价格是什么，而不会告诉你价值是什么。

(3)投资本质上是对未来进行预测，预测结果不可能100%正确，因此要有安全边际，安全边际主要源自买得便宜和低预期。

(4)通过长时间的努力可以形成自己的能力圈，能力圈的边界比大小重要。

理念如此简单完美，那为什么这么多人赚不了钱呢？

攀登珠峰，无论从南坡还是北坡上，路线都是固定的。这类似于价值投资的路径，看似简单一致，但攀登路上坑洼无数，哪怕最微小的失误或者陷阱，都可能让你丢掉性命。

所以，完美践行价值投资，除了要有价值信仰，还需要两个非常重要的细节特质：不从众和耐心。

不从众和耐心，这特征基本就直接排除掉了95%的“价值”投资者。而在我见过的投资人里，但斌在这两个细节特质上是践行得最彻底的人之一。

不从众非常容易理解。选择价值投资就意味着你要常常站在大众的对立面，你要坚信你是对的，同时在发现自己错的时候快速认错。人在感受到焦虑或者危险的时候，本能做的第一件事就是去靠近另一个人。不从众是反人性的要求，也注定了大多数人无法从事价值投资。

但斌最成功的投资之一是重仓茅台，长期坚守。2012年末开始，茅台股价因为塑化剂事件出现大幅下跌，但斌承受了来自投资人及市场的巨大压力，在终于熬过那段风雨后，但斌如是总结：有的人从来没有真正坚定过，因为他们从来没有真正思考过。投资，最难的事是什么？我的阅历告诉我，就是在最艰难的时刻、在正确的方向上坚持！我们只需要做正确的事情，余下的交由上帝来完成！

在最艰难的时刻、在正确的方向上坚持——这几乎代表了价值投资的核心精髓。

人生就得有所坚守。你不能总是流浪。

至于另一个特质——耐心，能跋涉到此处的，基本就已经把这个市场上99%的“价值”投资者过滤掉了。

投资圈事关金钱，所以从来都是一个欲望泛滥之地。绝大多数人追求的是要么一把搞定，要么早死早超生，愿意“像孤独的乌龟在与时间竞赛”，愿意过“从前的日色变得慢/车，马，邮件都慢/一生只够爱一个人”生活的，凤毛麟角。

问题在于，价值恰恰是时间的玫瑰，而不是催熟的草莓。

在2000年的一个早上，杰夫·贝佐斯给巴菲特打电话，问巴菲特：“你的投资体系这么简单，为什么你是全世界第二富有的人，别人却不和你做一样的事情？”

巴菲特回答说：“因为没人愿意慢慢地变富。”

三

格隆很欣赏一句话：投资是一场修行。

价值投资本身是一种生命方式。生命诚然让人敬畏，生命的方式更需要维护和坚守。

这个市场，无数人一夜暴富，或一贫如洗。繁华落尽后，剩下的只是故事和江湖传说。十年牛熊梦，夏蝉冬雪，不过轮回一瞥。

坚守住那些你的生命中不应该丢弃和流失的东西，比如对家国的热爱、对时间的尊重、对市场的敬畏、对亲友的忠诚、良知、原则、人格……这些都是时间的玫瑰，会随着岁月的流逝而更加灿烂。

这个世界，看似周遭复杂，各色人等，泥沙俱下，本质上，还是你一个人的世界。你若澄澈，世界就干净。你若简单，世界就不会复杂。你不去苟且，世界就没有暧昧。你没有半推半就，世界就不会为你半黑半白。有些底线是必须坚守的，你失守得越多，人生就沦陷得越多。

真正的坚守，是没有人给予你任何承诺的，就如同价值投资，它极可能是一种苍凉中的无望守候，维系意志的只有一往无前的心。

与但斌兄及所有在价值投资之路上的耕耘者共勉。

2019 年 12 月

骰子已经掷下

很多朋友问：这几天发布了那么多宏观数据，格隆你怎么不点评了？

喏，近期数据都在这。大伙自个看吧。

如果疫情后，全球营商环境与游戏规则发生翻天覆地的变化，我们所有宏观模型的底层架构与假设，都得修改。

2019 年初的时候，我给商学院讲课，用的标题是："多歧路，今安在？"

标题已表明了我彼时对大趋势的判断：我认为，在大方向、大道路上，仍存有相当调和、转圜、弹性与可为之处。相应地，投资的选择、空间、弹性，也会大很多。更直白点说，你会放宽你的风险偏好区间，去尝试做一些风险回报率看起来略向风险倾斜的动作和组合。

这会增加投资的有趣度，甚至回报率，但也会令投资变得复杂一些，操作难度也会大一些。

现在不是了。一年多点时间，沧海桑田。

上周我给某大型银行全国高管做了一场内部培训，我用的标题是《骰子已经掷下》。

这句话来自罗马凯撒大帝。英文原文是：The die is cast。

公元前 49 年 1 月 10 日，面对逼其交出兵权的庞培与元老院，凯撒选择了不计代价，放手一搏。在对高卢军团说完上面那句话后，凯撒带兵渡过了卢比孔河。

这是一场豪赌。如果成功，凯撒将君临罗马；失败，他将作为叛国者被永远钉在历史的耻辱柱上。

标题大概表明了我对大趋势的判断：路已选好，不可逆，亦已无法调和。如真有修昔底德陷阱，躲也躲不过。于普通个体，除了被动顺从和接受，能做的事并不多。

为应对挑战，生意会越来越难做。大家伙要做好今年、明年都是“填坑”时间的准备。

但这于投资反而简单了：集中，再集中。

所以我在朋友圈提出了集中下注“最后的幸存者”(the last survivor)的投资原则。

此时继续做分散组合投资是愚蠢的。你需要做的，是两个高度：高度风险厌恶，把你所有资产，高度集中配置在“最后的幸存者”(the last survivor)上。

很多朋友问什么是“最后的幸存者”(the last survivor)，这个很难一句话说清，大致就是，站在全人类的范围，站在人类进化的视角与规律，那些最具生命力的资产，就是我说的“最后的幸存者”(the last survivor)。

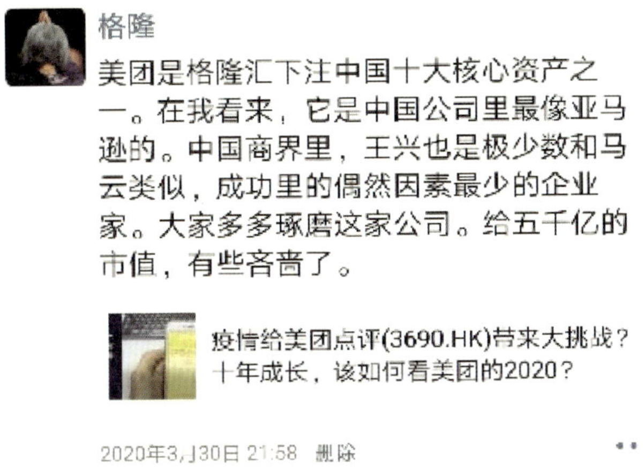

如果实在要举例，比如美国的国债，比如深圳的房子，比如亚马逊、微软、苹果、特斯拉这些优秀的公司。当然，中国范围内也存在不少类似不错的公司。比如，格隆在两个月前特别重点提醒过的美团。

2020 年 5 月 13 日

你见过普天之下贪婪者有好下场的吗？

这是几个极其有意义的数据——如果你准备一直在股市混下去的话。

下图以 2015 年 1 月 1 日为基点，5 年半的时间，S&P 5/S&P 495（苹果＋微软＋谷歌＋亚马逊＋Facebook 与其余 495 只成分股总市值比率）从 1 一路昂扬攀升至 3 以上，意味着五大科技股总市值攀升速度远远高于其余 495 只成分股市值总和的增长速度。

标普 500 指数是唯一一个囊括和涵盖美股三大市场所有优质公司的指数，它事实上就代表着美利坚。过去 10 年，这个指数涨了超过 3 倍，但 500 只成分股里，涨幅超过指数的，寥寥无几。

下图以 2015 年 1 月 1 日各自的总市值＝1 为基准，过去 5 年半，标普 500 五大科技股（苹果、微软、谷歌、亚马逊、Facebook）总市值累计涨幅超 2.5 倍，同期其余 495 只成分股总市值几乎没有明显变化。

换句话说，标普 500 指数，在你眼里，有 500 只股票。

但在真正的投资人眼里，其实，有且只有 5 只股票。

剩下的 495 只，都只是空气而已。

同样的故事也在最性感的纳斯达克市场上演。过去十一年，以科技股为主的纳斯达克指数上涨了超过十倍。但同期纳斯达克市场上跑赢了纳斯达克指数的公司，不到 10%。

见下页图，经济学里有个常识：如果你的资产增长速度，低于货币发行速度，你就是这个社会里不断被摊薄和边缘化的个体之一。

以 1978 年改革开放为起点，截至 2002 年 6 月，中国 M2（印钞速度），年复合增速 19.86%。

中国 A 股＋港股＋美国中概股，一共 6 500 多只股票里，上市超过十年，股价年复合涨幅超过 M2 增速的，总共只有 50 家。

其中 A 股 33 家，港股 14 家，美股 3 家，占总上市公司家数的比例，不到 1%（0.77%）。

这个市场，真正值得你去关注和买的股票，最多、最多、最多，也就 1%。

5 只。

股价年复合涨幅
超过M2增速的中国上市公司

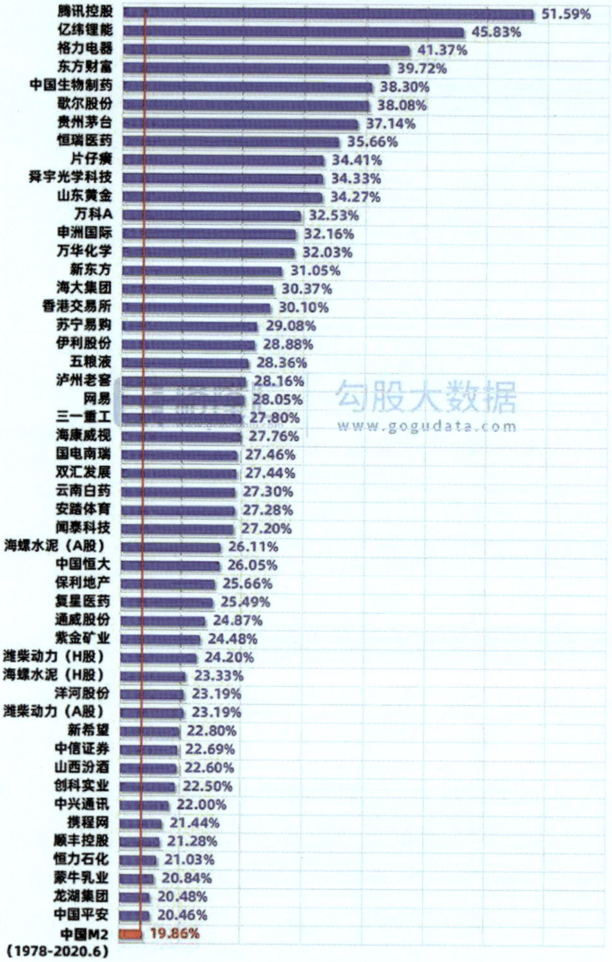

注：1、统计范围为全部中国上市公司（包括港股、A股、美股）；
2、入选标的须符合四个标准：上市十年及以上、总市值达1000亿人民币及以上、PE100倍及以下、主营业务未变更；
3、股价年复合涨幅跑赢M2增速的一共50家（A股33家、港股14家、美股3家），仅占所有上市公司的0.73%。

*数据统计截至2020年8月5日收盘。

数据支持：勾股大数据（www.gogudata.com）。

或者，50 只，到顶了。

其他 99%的股票，都是要你命的利器。

但很遗憾，来到 A 股的绝大多数人，与其说是投资者，毋宁说更像一个贪婪的人，每一只股票，他们都能看出一些“姿色”，每一只股票，他们都不想放过，都想尝尝滋味。

你见过普天之下贪婪的人，有好下场的吗？

2020 年 8 月 5 日

投资也好，实业也罢，系统性风险将是未来相当长时间的最大风险

全球处在经济停滞、民粹泛滥、族群对峙、威权崛起的混乱、无序关口，极少有人真正深刻认识到了这一点。

上一次面临这种情况，是在 20 世纪的 30 年代，后来发生了什么，我们都已看到。

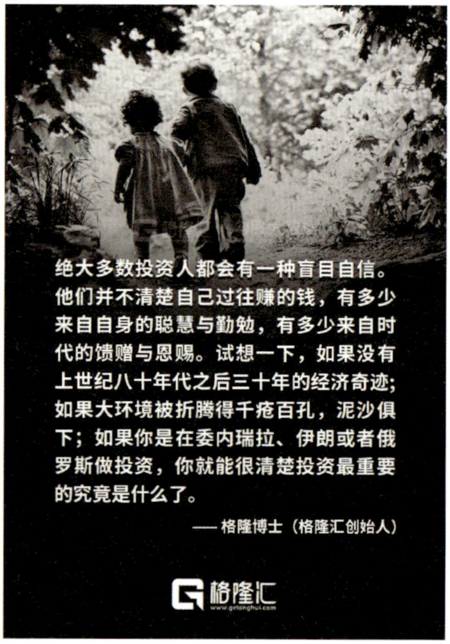

战后延续了七十多年的“美国治下的和平”（Pax America）在走向终结，我们未来会看到越来越多的无序、摩擦、暴力、地缘冲突，乃至成规模的国家战争。

我们赚的永远是一个时代大趋势的钱。但以一代人的周期为限，无论是做实业，还是做投资，最舒适的时间段，或已一去难返。赚“快钱”（quick money\easy money）的时代确定过去了。系统性风险，将是未来相当长时间投资面临的最大风险。宏观层面的大方向研究，比任何时候都显得更为重要。未来投资上更多要强调的可能不是智慧，而是更长的投资周期规划、更多的耐心、等待与隐忍，更多的吝啬、锱铢必较、积小胜为大胜。

这是一个诗与酒的时代，也是一个剑与火的时代；一个诗礼传家、世代簪缨的时代，也是一个命运流转、聚散无常的时代；这是一个甘贫苦节、傲然风骨的时代，也是一个寡廉鲜耻、黄钟毁弃的时代……

诸君保重。

2020 年 12 月 30 日

在中国股市,“节制”是一种美德

在中国股市,“节制”是一种美德。

如果你把一年的目标收益率锁定在 5 ~ 6 个点,然后花一整年时间,只为这个目标努力,该卖时坚决卖,该等时坚决等,你 99%能年复一年完成目标——中国股市的魅力在于,有一堆贪婪无度、不知所谓的蠢人,哪怕是在熊市,他们的穷折腾,都会为你提供足够的机会,完成你需要的收益率。

千万不要小看每年 10%,这是一种最可能长期实现,却又不过于风险敞口暴露的均衡收益率。如果你每年 10%,坚持 30 年,你的投资可以翻 17 倍。坚持 40 年呢? 45 倍,相当于每年一倍多。要知道,A 股这个市场上,99%的人,别看他平时叫得欢,终其一生,他的投资可能一倍的收益率都没有。很多人,不亏钱就不错了。

全球顶级的投资大师,能坚持 30 年每年 10%以上收益率的,都寥寥无几。

从 1900 年 1 月 1 日到 1999 年 12 月 31 日,一个世纪的时间,道琼斯指数从 65.73 点涨到了 11 497.12 点,一百年,足足涨了 176 倍,是不是很牛? 但它的年复合增长率是多少呢?

答案并不让人钦佩,才仅仅 5.3%。

事实上,就如同格隆在很多年前说过的那句话:在中国股市,一年五倍者比比皆是,五年一倍者寥若晨星。做投资,长期主义者从来都拥有比机会主义者近乎碾压的胜率。

全球顶级投资大师职业生涯收益率排行榜

姓名	管理基金或公司	年化收益率	统计区间	年限
詹姆斯·西蒙斯	文艺复兴基金	35.0%	1989-2009年	20
朱利安·罗伯逊	老虎基金	31.7%	1980-1998年	18
乔治·索罗斯	量子基金	>30.0%	1969-1998年	29
彼得·林奇	麦哲伦基金	29.0%	1977-1990年	13
戴维斯家族	戴维斯基金	23.0%	1947-1994年	47
安东尼·波顿	富达特殊情况基金	20.3%	1979-2007年	28
沃伦·巴菲特	伯克希尔哈撒韦	20.0%	1965-2020年	55
本杰明·格雷厄姆	格雷厄姆-纽曼公司	20.0%	1926-1956年	30
塞思·卡拉曼	Baupost Group	19.0%	1982-2009年	27
大卫·史文森	耶鲁捐赠基金	16.1%	1985-2009年	24
约翰·涅夫	温莎基金	13.8%	1964-1995年	31

数据支持：勾股大数据（www.gogudata.com）。

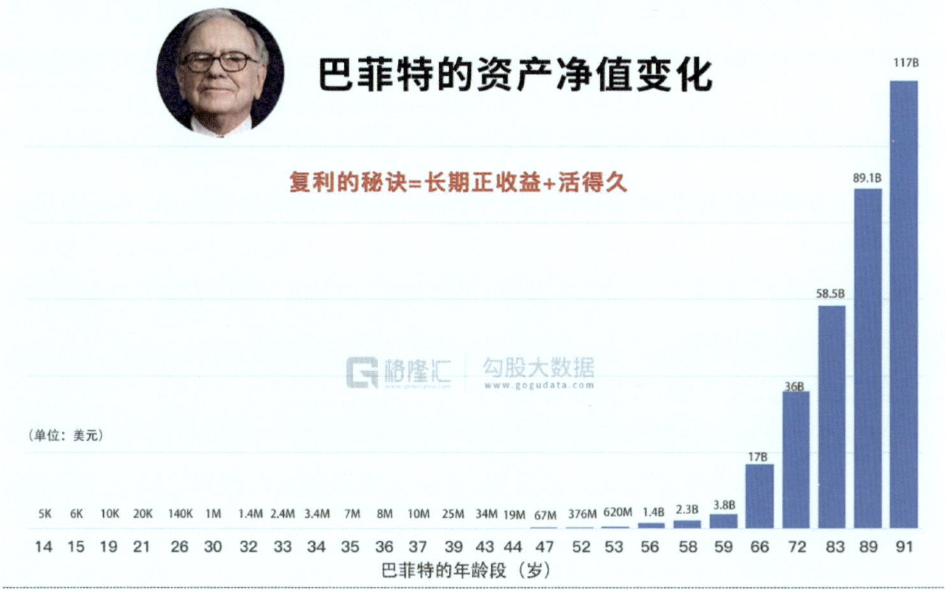

2021年1月10日

如何在一只票上赚到大钱？

很多人都遇到过，也发现过好股票，但多半露水情缘，浅尝辄止，赚了个针头线脑的钱。

格隆前面说过，节制能帮你在股市赚到钱，但并不保证赚大钱。如果要赚大钱，须做到另外两个字：信仰。

此处所言，不是那种对宗教、对主义的信仰，是对投资对象底层商业模式的高度理解与认可。这样才能令你不会为短期波动或者涨跌幅困扰，而敢于和勇于长期重注一家公司。

这个市场上绝大多数（专业）投资者，一分析公司就扎进财务报表，估值模型做得越来越精致，却疏于或惮于去理解和解剖公司的底层商业模式。这样的人，看似聪慧，实是狡黠，鸡鸣狗盗，就算偶然找到了大牛股，也很容易被中途的震荡，或者看似不小的涨幅吓走，最后赚些小钱而已。

经常有朋友问，格隆你在什么时候会去卖一家公司？我说只有一种情况：当我已不再认同这家公司的商业模式的时候。这里没有估值什么事，也与涨幅无关。

印象最深的一个案例是，我曾经在身边朋友圈评述说，市场只给某家公司3 000亿元市值，太吝啬了。很多朋友关注到了，问我说，不就是一家做外卖的吗？给3 000亿元都嫌贵了啊。我说你完全没理解它在干什么。你以为它在做外卖，但实际它在用最高频的需求（外卖点餐）切入本地生活服务这个数万亿元的大市场，占有消费者，然后用狂烧钱建重资产的电动车外卖队伍来堆砌业务的护城河，最后以高频打低频，顺手就切入那些订酒店、旅游、看电影等所有低频本地生活服务。有了庞大重资产的配送小哥队伍，以及最高频的外卖建立起来的用户黏性优势，其他本地生活细分低频市场只有乖乖缴械的份。你不应该只用外卖算它的市值，你应该把外卖，加上携程，加上猫眼、加上淘票票，把这些的市值都加起来，才是它的市值。

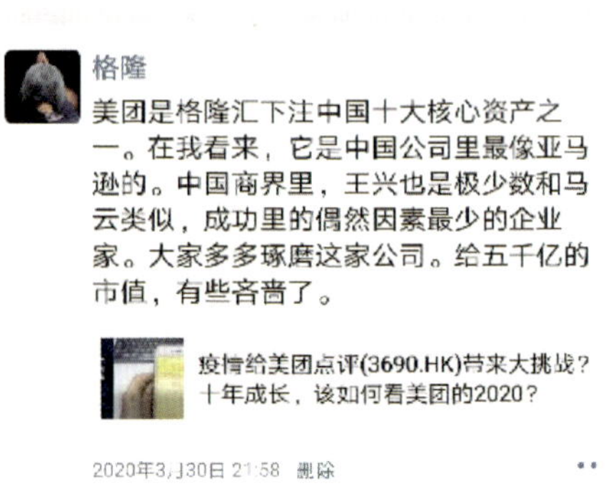

后来这公司很快干到了 6 000 亿元，9 000 亿元，10 000 亿元，涨幅巨大。然后就不断有朋友不停问怎么办啊怎么办啊，涨太多了吧？

如果你不是基于对公司底层商业模式的信仰，一只股从 3 000 亿元干到了 9 000 亿元，涨这么多，你确实会慌的。然后 1.2 万亿元呢？你绝对拿不住了。你哪可能看它到涨到 1.8 万亿元市值的那一天呢？如果有一天，它到了 5 万亿元呢？

有一次我和一个据说很牛的基金经理聊天，说起格隆汇每年的十大核心资产都跑得很好，他不以为然，说那些股票大家都知道，都耳熟能详都很了解很熟悉，你们弄那个有什么用啊？

这个市场上很多人都是这种认识：他以为他经常听那个公司的名字，看过它的财务报表，买过它的股票，就是了解了。

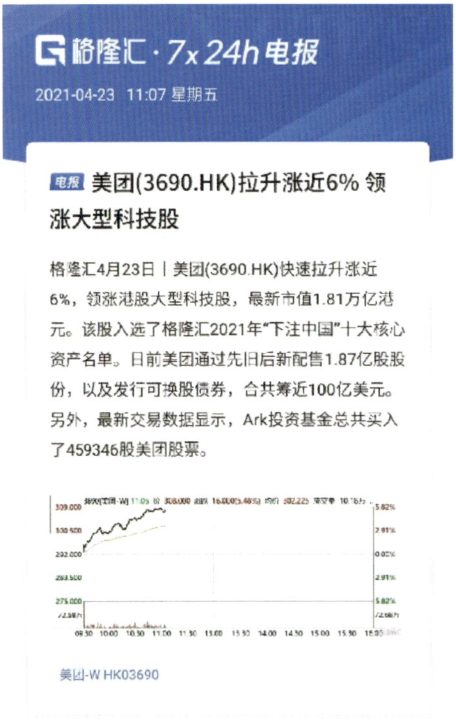

问题是，我可能是在 100 块钱买的茅台，且买了很多，一直没动，我是真了解茅台，基于它的商业模式下注。你呢？你是在 1 700 块才下手买的茅台，还只是象征性买了 2 000 股玩玩，你也能说你了解它，熟悉它？

当然，解剖商业模式需要相当的灵性阅历与智慧，这个有机会了，格隆再给大伙慢慢聊。

2021 年 4 月 23 日

如果再给我一次机会，我还是会错过蔚来

与几个圈内投资大佬品茶聊特斯拉。其中一个哥们带有挑衅地问我，格隆，还记不记得你十个月前怎么评价蔚来汽车？

我很惭愧。2020 年的投资，于我如有什么特别需要检讨的地方，那一定是因何完美错过了蔚来汽车？

这个股票，十个月前，我在朋友圈发文，把它与瑞幸咖啡并列为中概股里最应该被做空的两只股票。我的基本结论是，如没有背后的一些特殊支撑因素，蔚来早应该死一百遍了。

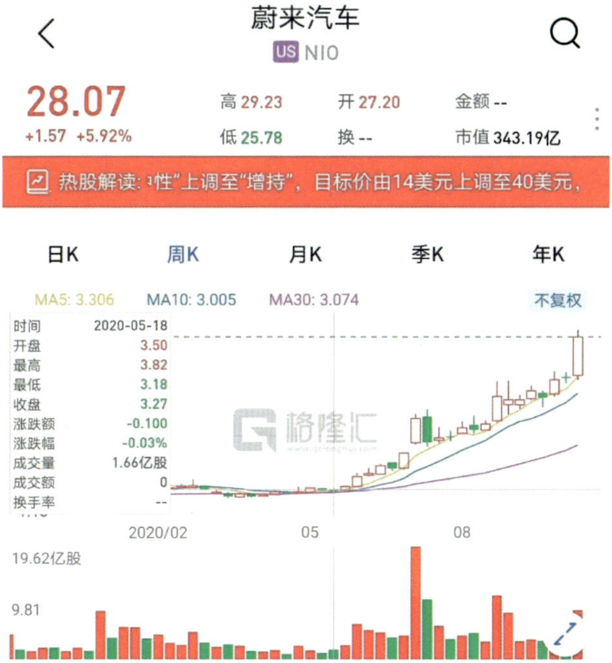

过去这些年，在选择做空对象上，我几乎不会失手。瑞幸无疑判断对了。但蔚来，则完输。

过去半年，蔚来涨了 11.7 倍。过去五个月，涨了 7.58 倍——而这是一家十个月前我认为会（应该）倒闭的公司。

半年时间，天翻地覆。

不得不说，这是一块能够产生奇迹的神奇土地。

但没有办法，我的投资模型里，从不为奇迹留下位置。我盯长期的确定性。

如果一家公司从长周期来看是看不到确定未来的，那短期也就不应该下注——你当然可能会因此错过它突然的奇迹。

犹记得去年刷屏的科技事件是一张距离我们 5 500 万光年的黑洞照片。这是人类第一次看到黑洞，朋友圈都脑洞大开，纷纷感叹宇宙之无限，以及人类认知的有限，并担忧人类有没有可能被更高文明的生物所侵扰和攻击。

这种忧虑不无道理。或许这只是杞人忧天，但或许也会一语成谶。站在人类的角度，所有的苦恼、恐惧、不快，其实都来自认知的时间期限和回报的时间期限的不匹配。如果这种不匹配在一辈子的时长都无法解决，那唯有寄望来世，这也是佛教这样的宗教产生的思想基础。

投资也是如此。如果 3 年 1 倍的回报，不足以弥补在几个月内的波动带来的心理的巨大落差，那 6 个月 15%的回报就会是更可取的、更加游刃有余的一种投资方法。巴菲特之所以说多数宏观的波动都是扰动，那是因为他的认知期限和回报期限是匹配的。在新经济时代，很多声音说巴菲特过时了。但是，用中国历史里最简单的一个例子打比方的话，就是诸葛亮再聪明也没用，真正厉害的是熬死一堆人、特别能忍耐的司马懿。

如果距离我们 5 500 万光年的某个星球真的有高度文明的生物，而且他们能够用高科技的光学望远镜看到我们这个星球，那他们看到的是什么？

没错，他们看到的，不是我们人类，而是恐龙刚刚灭绝后，一些在地下蛰伏躲过行星撞击浩劫的小型哺乳动物——就像老鼠一样——它们就是开启我们哺乳动物"新生代"的元祖。如果我们从地球的诞生算起，从早先出现老鼠款的猴子到现在拿着手机的你我，也只不过是一眨眼的工夫而已。

人类确实很渺小。我们哪怕穷尽我们的一生，也不可能认知世界的十之一二，自然也不大可能做出完美的投资决策。投资并不是一个和他人比拼的过程。找到与自身认知的时间期限相匹配的回报，就够了。没必要成为所谓的投资大家。极致的回报，本质都是在透支自己的身体，其实并无快乐可言。

蔚来并不落在我认知期限与回报期限的匹配区间内。

所以，如果有下次，我大概率还是会完美错过。

汉高祖刘邦的二哥为人精明，自幼即能多占小便宜，刘父甚喜欢，常批评好结友疏财的刘邦愚笨木讷，以后不会成大事。当了皇帝后的刘邦为父祝寿，说了一句很经典的话：

"始大人常以臣无赖，不能治产业，不如仲力。今某之业所就，孰与仲多？"

2020 年 10 月 16 日

投资者大多是愚蠢的，但市场却是有效的

有句话是这么说的：作为个体而言，股票投资者经常会犯愚蠢的错误。但作为一个整体，他们可一点也不蠢。

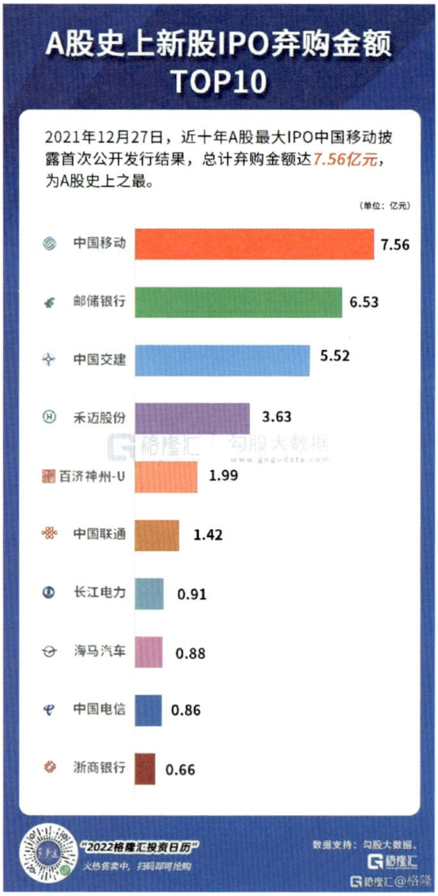

2021 年 12 月 29 日

我们的股市赚钱为何如此之难?

昨天格隆汇勾股大数据做了一张中美股市十年涨幅的对比图。

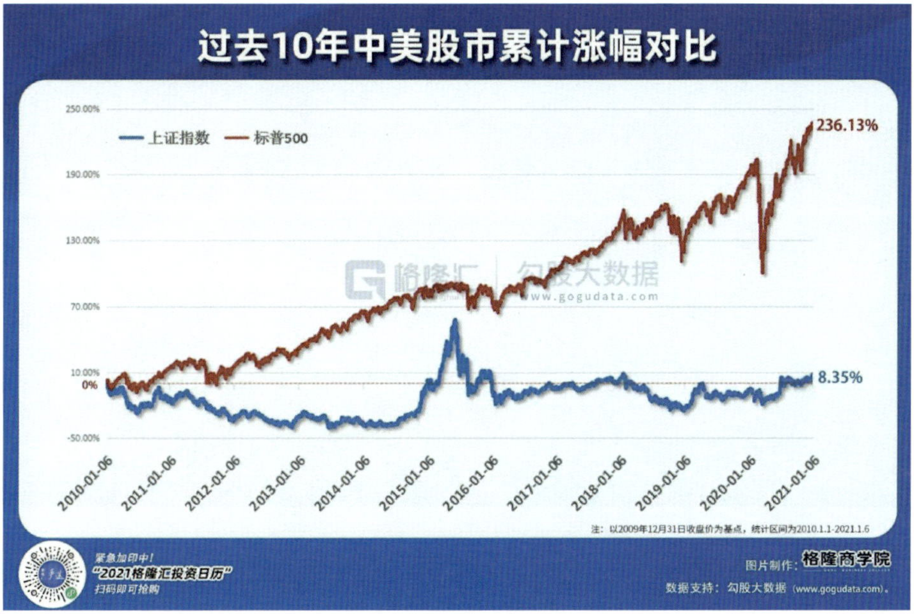

很多人非常惊讶,问格隆是不是数据出错了,A 股怎么可能十年原地踏步?不是经常隔几年就一波轰轰烈烈的行情吗?

很遗憾,数据没有错。

这个世界的股市(财富效应)有两种:一种是保持一个斜率,一路向上。这意味着所有参与者,都会从中分到一杯羹,区别只是大小而已。另一种,隔几年偶然来波(脉冲)行情,但月线拉长了看,是一条原地踏步的水平线。

从投资学角度,任何资产,其月线拉长了是水平线的,无疑是需要追问背后的原因的。

那么为什么也会隔三岔五有一波行情？用一句英文谚语，“Every dog has its day”，翻译成中文，大意是“穷人也得过个年”。

至于为何会有这两种不同的股市，原因并不复杂，主要取决于你整个市场机制在奖励(追逐)什么，在惩罚(冷落)什么。用一句形象的英文谚语：“Garbage in，garbage out”。我不知道怎么生动翻译过来，但字面意思已足够你理解：放进去的是垃圾，出来的肯定还是垃圾。

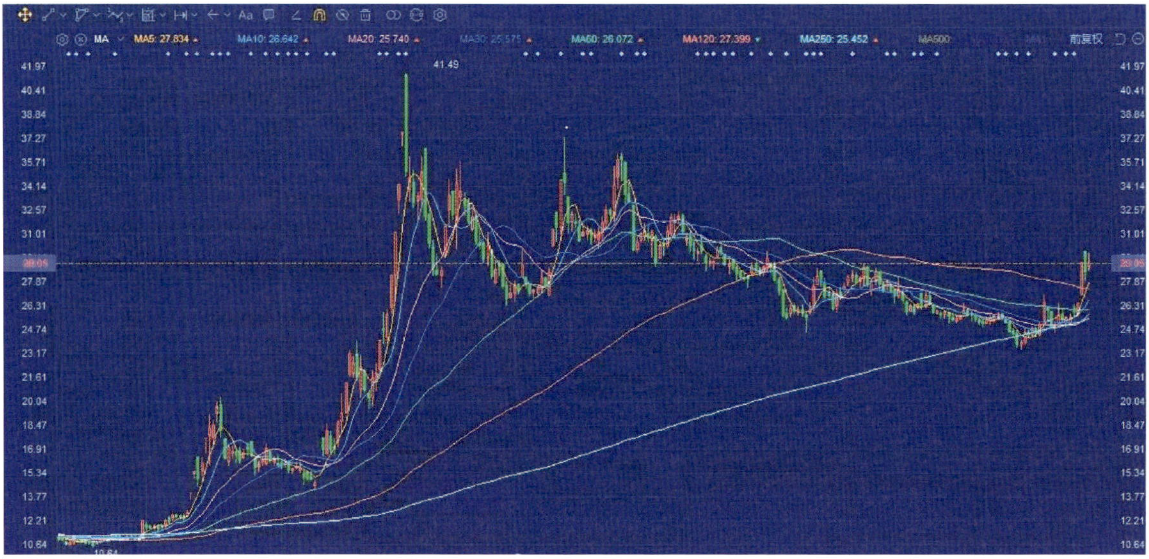

人必辱人，而后人辱之。如果一个市场沾沾自喜、沆瀣一气于这种鸡鸣狗盗的财富之术，你怎么可能指望出特斯拉，出马斯克？

不解决这种底层价值观与游戏规则问题，我们的股市就一个纯博弈市场而已。

会富一批人，但会埋掉更多人。

这么多年了，有改变吗？所有人都在随风争食(垃圾)。从机构到散户，墙上坐着上亿人！

2021年1月8日

买獐子岛股票的，与买彩票的，极可能是同一群人

ST 獐子岛这事，如果只是编的段子，会挺好玩。但如果就是真实发生的事，你只会满心的滑稽悲哀——为这种屡教不改、记吃不记打的市场，为这群击鼓传花的人。

这次又会埋掉多少人？

但凡有过几年驾龄的老司机，都一定有一个行为黑名单。比如说，投资不过山海关，那儿黑灯瞎火拿棍子的多。比如说，某养海鲜的，通人性、听人话的扇贝根据主人指令需要游走又游来的闹剧已经三番五次上演了，在成熟市场上，但凡有过这种劣迹的公司，只要大股东和管理层没有彻底更换，就会被市场永远纳入黑名单，从此无人问津。

但大 A 不。不但不，还乐此不疲互相忽悠互相挖坑，大家心照不宣，把一个极其严肃和专业的投资，硬生生弄成了击鼓传花的江湖骗局游戏。

最关键，没人觉得不正常。大家都习以为常，并乐在其中。

当然，这不违法。反正钱是你自个儿的，爱怎么糟践就怎么糟践。所有人都以为自己比别人聪明，都以为自己可以火中取栗，自己不会是接最后一棒的倒霉蛋。

资本市场上，绝大多数挂掉的人，最后其实都死在自己认不清自己几斤几两。其实有个很简单粗暴的办法让你认清自己：自己回溯一下，当年自己考没考上大学？如果考上了，是不是 985？如果是 985，是不是“清北浙复交”这几所头部的？

高考其实是中国最公平也最有效的淘汰筛选甄别机制。剔除极个别特殊案例，从大样本概率学上，考得上大学，和考不上大学，质素是真的差别云泥的。而

考上大学，考的是985，还是普通院校，也是有明显和确定差距的。就算考上了985，和清北比起来，又是一个确定层级差。我们地区当年一个学霸朋友，特自信特牛的一哥们，考上清华学数学，报到一个星期之后，跟格隆说他想退学。我问原因，他说在宿舍实在待不下去。原以为自己多么聪明，但在宿舍待了一个星期、聊了一个星期后，感觉自己在他们面前，就像个笨蛋。

现在这个市场上的机构投资者，有几个不是最牛院校的硕士博士？他们哪一个不比你聪明十倍？你一个每天只看中文一种文字信息，当年高考也只是勉强考上的，你哪来的自信去从赌桌上捞别人口袋里的钱？就这样你还乐此不疲去玩ST獐子岛，你不被埋，天理何在？

格隆顺便给所有养有女儿的朋友提一个建议：务必让你的女儿到大学了再谈恋爱。早恋的，用棍子狠狠地打，也要打回来。

因为你并不确定你的孩子，包括你自己，有能力从芸芸众生中找到一个好的女婿。

但高考这个天然遴选机制在一定程度上可以——那些不够聪明的，缺乏自控力的人，高考已经帮你提前“淘汰”了。

以上，完全是从概率学角度在探讨问题，无任何歧视。

2022年1月19日

在炮火轰隆隆声中买进，在小提琴悠扬声中卖出

在炮火轰隆隆声中买进，在小提琴悠扬声中卖出。在投资中坚持这一点，一般不会犯大错。

过去 15 个月，多数投资者收获的可能是绝望，能赚到钱的寥寥。发生了太多根本不可预、不可控、也不可对冲的系统性风险——各种民粹泛滥，各种地缘摩擦，各种政客的疯作——俄乌战争只是其中之一。

但我仍然相信人类进化的力量与纠错能力，我毫不怀疑，人类不会毁灭，灾难过后，一轮新的经济复苏就在不远的将来；我毫不怀疑，连绵的下跌后，一波耀眼的行情就在离我们很近很近的地方。

疫情一定会过去。俄乌战事也一定会过去。我毫不怀疑，仍会有糟糕的消息传来。但对股票市场而言，只要不是更糟糕的消息，就可能都是好消息。

以我的视野观察，很多优质公司（无论美股、A 股还是港股）的商业底层逻辑并未受到破坏，而长期估值却令人垂涎。它们完全可能继续下跌，这个谁也无法预测。我们能预测的是，在这个时点，再后推 9～18 个月，我们能否大概率获取 15%，乃至以上的收益率？

历史上英国股票指数的最低点出现在 1940 年 4 月敦刻尔克大撤退的时候。紧随其后的，就是伦敦大轰炸，国家存亡悬而未决，之后英国被轰炸了一整年。但它的股票指数在那一年里涨了 25%。

在大西洋的另一边，1941 年 12 月珍珠港事件，美国太平洋舰队几乎全军覆没。4 个月后，也即 1942 年 4 月，道琼斯指数见到了最低点 92.7，比惨烈的中途岛海战还早了两个月。见底之后，美股指数不仅走出了 1929 年股灾引发的大萧条，走向复苏，还出现了长达几十年的长牛市。

不要浪费任何一次危机。

在最黑暗的时候，人们会看到星星。它们一直都在，只是你要抬起头，往上看。

2022 年 3 月 10 日

这不是股市，是地狱级的大屠杀

昨天一个主仓为中概股的投资圈老朋友给我发了一段看似平淡的文字：

爆仓了。熬了这么久，终究还是没能熬过去。也好，一下子轻松了。从此以后，再也没有那么多焦虑了。

短短15个月时间，中概股跌去了近10万亿元人民币（1.37万亿美元）的市值（见下图）。

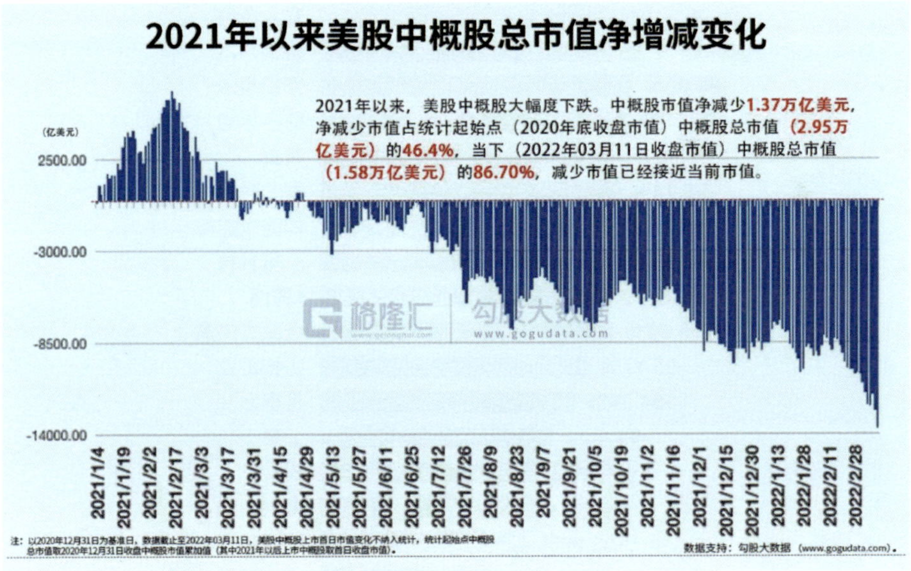

相当于世界第二经济体（中国）GDP的10%。所有中概股接近腰斩，股价跌幅超过90%的，比比皆是（见下两页图）。

美股中概股较历史最高价回撤幅度TOP30

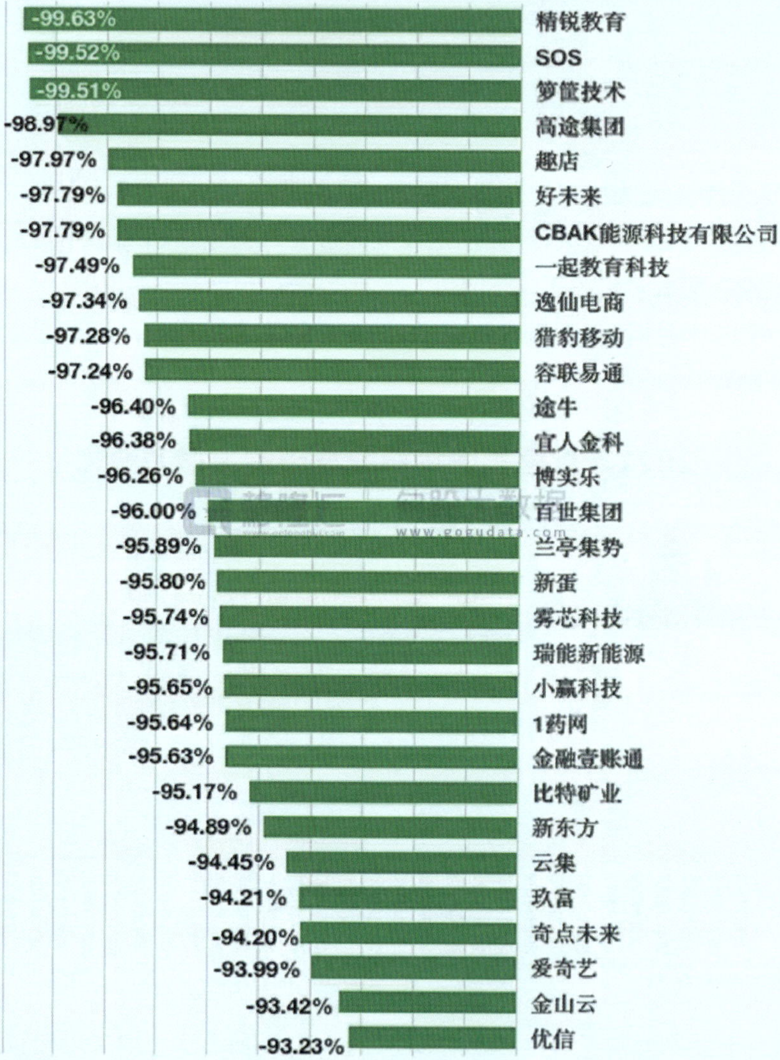

注：统计范围为市值≥1亿美元的个股，统计截至2022/3/11收盘。 数据支持：勾股大数据（www.gogudata.com）。

美股中概股较历史最高点市值蒸发TOP30

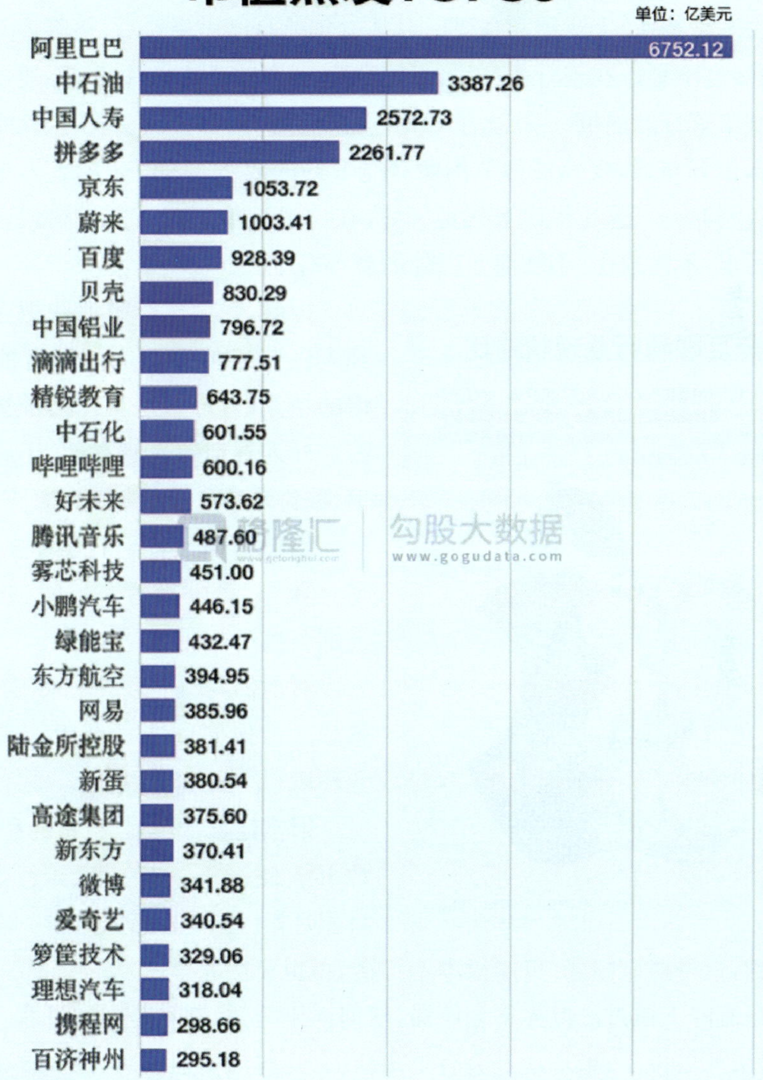

注：统计截至2022/3/11 收盘。　　数据支持：勾股大数据（www.gogudata.com）。

这不是股市，是“地狱级的大屠杀”。

在这种泥沙俱下的系统性风险面前，个人再多的折腾，也是螳臂当车。你越努力、越勤勉，死得可能越快。

过去不做企业，无法感同身受。自从七年前自己做企业后，格隆才知创业之艰难，赚钱之不易。在现行繁杂税制体系下，一个数百人的企业，要通过无数次见不到城市落日的加班、一次次争吵得面红耳赤的内部会议、一次次几乎没有自尊的外部市场拓展，抠抠搜搜节约所有能节约的成本，一年辛辛苦苦，或许勉强百万元级利润——这还得你运气足够好，在这过程中不犯方向性错误，不死掉，不被泼污水，不被攻击，不被商业以外的麻烦盯上……

因此，我无比尊敬那些把企业从小到大做起来的企业家。所有能做到上市的企业，肯定都是从死人堆里爬出来的。外人看到的光鲜亮丽，于经营者内里，或许千疮百孔，满身疲惫。

创造财富、社会进化的核心力量，是企业家，而非政客。但很遗憾，很多人都会搞反。

对他们，我们要怜惜、体恤、赞赏和感激。为他们创造一个无惊无扰的创业环境，是全社会的本分。

财富建难，毁易。财富的积累，需要数十年如一日、一点一滴、苦行僧一样的日积月累。但，被敲碎，只需一瞬间。

关键，这种财富损毁，可能根本不可逆，再也无法完全恢复。

沉舟侧畔千帆过。世界不会停滞，任何人于时间，都只是匆匆过客。我完全相信，哪怕死去再多，未来还是会有更多新的、光鲜的商业故事、投资故事，和人。

我只是期望，我们的后代，不用再经历我们一样的，如此多的殚精竭虑、如此多的惶惑无措。他们能非常简单地思考，非常简单地赚钱，非常简单地去爱，去生活。

2022 年 3 月 14 日

牛市来不来，盯人，看俞敏洪、张一鸣们回不回来

新东方在线[新东方在线(HK01797)]，今天半天基本翻倍。

这还是在上一个交易日已经涨了40%的基础上。

这就是格隆曾经说过的：有形之手看似厉害，短期甚至可以生一个行业，可以死一个行业，但在长期经济规律与价值规律面前，其实什么也不是。那些符合经济规律与变迁方向的公司，只要没被打死，最后一定会回来。而且回来的时候，会惊天动地，光芒万丈。

这就如同人类的进化。看起来悄无声息，缓慢到甚至令你绝望，但却一直向前，决然且有不可阻遏的长期力量，足以碾压那些短期看似嚣张强大的摩擦、阻滞乃至逆生长。

这或只是开始。俞敏洪[新东方在线(HK01797)]回来了，马化腾[腾讯控股(HK00700)]、王兴[美团—W(HK03690)]、黄铮[拼多多(USPDD)]、张邦鑫[好未来(USTAL)]、刘强东[京东集团]以及张一鸣[字节跳动]……呢？

这两年，很多蛰伏舔舐伤口的投资人都会问格隆一个共同的问题：何时才是可以大举加仓我们这个股市的大拐点？

我说，不要看GDP，不要看进出口，不要看固定资产投资增长率，不要看社会零售总额……

这些都是表象。

盯人。

看马化腾会不会回来，看王兴会不会回来，看张一鸣会不会回来，看刘强东会不会回来……

他们是经济的发动机，是经济的内核、内里。

人即目的！让民众过上富足且有尊严的生活，是人类从事所有活动的唯一目标。

而经济，才是所有人的刚需，也是牛市的根基。

2022 年 6 月 13 日

如果抖音上市:从爱因斯坦方程式到梅特卡夫定律

格隆曾经说过,最好的生意(商业模式),是根本不下场做生意,只找做生意的人抽头。所有的税、费都是这种类型。离支付近,与支付清算相关的金融业务,大致也符合这个特征。

所以格隆当年读博时,针对什么时最好的商业模式的提问,导师是这么回答的:很好,你在问天下最好的商业模式。你要么打天下去收税,要么找打天下的人拿一张金融牌照。

但这些生意,一般都需要有强制性的国家机器在背后支撑。并不是所有人都能都有这个能力和幸运。绝大多数人做生意,还是得老老实实亲自下场,殚精竭虑,泥坑里打架,各种晚睡早起,各种竞争,各种点头哈腰,各种针头线脑,各种锱铢必较。

但成功的还是少数。多数人会失败,乃至一无所有。能创业成功的,只是极少数。所有那些最后把企业做大做强的,都是从死人堆里爬出来的。

原因何在?

对商业模式的理解,太过粗陋肤浅。

格隆带研究员,从来都严格要求三重三轻(也是格隆汇研究院的研究准则):重长期,轻短期;重全球,轻中国;重商业模式,轻估值模型。

那么。究竟如何做好一门生意呢?或者说,哪种生意会是好生意呢?

格隆曾经在一个还算资深的投资经理聚会上提过一个问题:如果抖音上市,你买不买?

答案各式各样。有的说无论如何会买一点。有的说取决于定价,如果估值吸引,会买,否则也只是观望。有的干脆说不买,因为一级市场提前埋伏进去分钱的人太多了,不想给他们接盘解套。

看,不单创业者并不精于商业模式的思考,投资圈一个样——他们着眼,或者说纠结更多的,还是形而上的估值,而不是最核心的、最底层的商业模式。我见过的大多数分析师和基金经理,估值模型往往都做得堪称复杂,眼花缭乱,却疏于对商业模式的思考,或者思考乏善可陈,了无深度——这注定是赚不到大钱的。

如果你分析公司是从底层商业模式在着手,那么抖音上市,除了买入,你其实是不应该有其他选项的。

何谓商业模式?简而言之,就是要回答,企业在哪里(赛道)?赚谁的钱?以及,如何实现的?用英文三个词概括,或许更简单直白:where? Who? How?

这三个问题,可以再细分为很多子问题:比如,你所处的赛道,潜在用户有多少?市场空间有多大?竞争激烈度如何?你提供的产品与服务,价值性(是否最有效解决了目标人群的最大痛点)如何?稀缺性(门槛多高、可替代性多大)、可复制性(是否能标准化和规模复制)如何?等等。

这些听起来因子很多,头绪复杂,但用互联网术语,其实只是两个问题(步骤):

(1)如何获取到更多的用户?

(2)如何增加用户的黏性、转化率及每用户平均收入(ARPU)值?

这两个问题,格隆引进和创设了互联网公司(实际适用所有类型的公司)新估值法——梅特卡夫定律:$E=mc^2$。

“梅特卡夫定律(Metcalfe’s law),是一个关于网络价值的定律,由乔治·吉尔德于1993年提出,但以计算机网络先驱、3Com公司的创始人罗伯特·梅特卡夫的姓氏命名,以表彰他在以太网上的贡献。其内容可以粗略表述为:一个网络的价值,等于该网络内的节点数的平方,而且该网络的价值与联网的用户数成正比。”

格隆借用了爱因斯坦质能方程式:$E=mc^2$,来具体表达梅特卡夫定律,并用以概括互联网行业公司(实际适合所有行业)商业模式的优劣,并用以对其进行估值。

其中,E式企业价值,C是consumer,用户数,代表着获取用户、流量。m是merchandise,商业化率,代表着用户的付费转化水平、深度等。

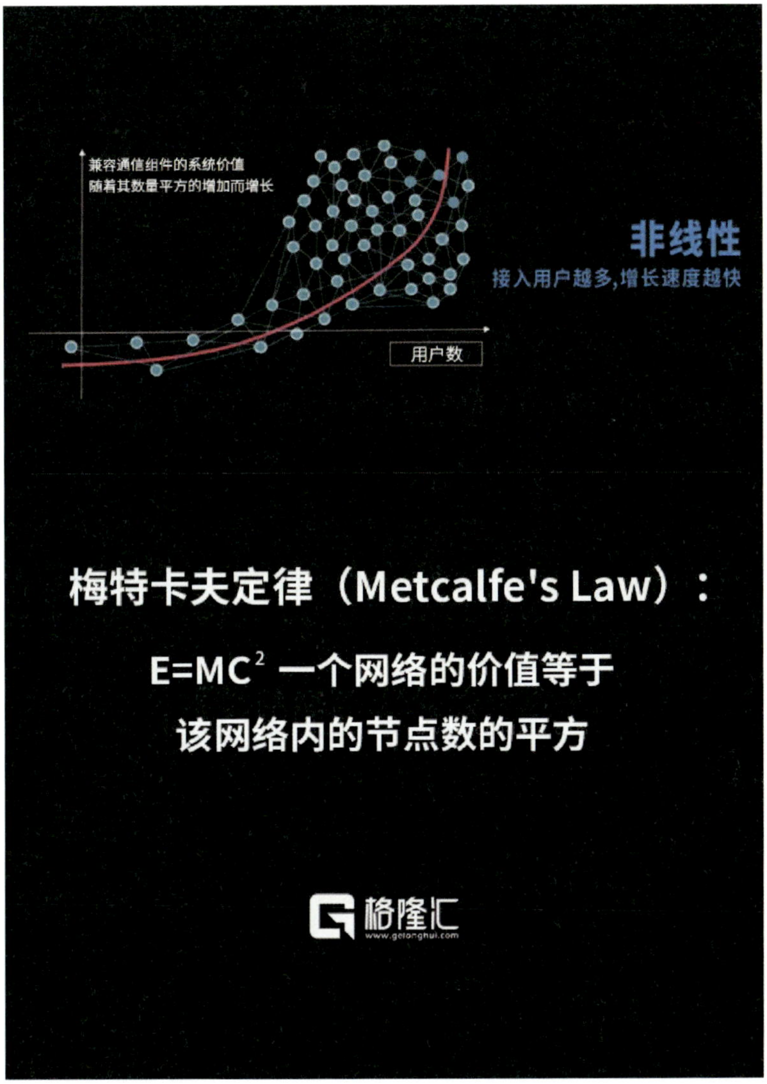

所有的生意(商业模式)好坏,都可以从这个估值模型推出来。

比如,为何阿里的商业模式天然优过腾讯? 很简单,在用户基数大致相同的情况下,流量用户转化(付费)难度天壤之别。腾讯社交的黏性高是高,但从社交到掏钱包支付,中间隔着一座太平洋。这就是微信很久找不到变现模式的原因。而电商,第一步逛,第二步就是掏钱包支付。

再比如,为何格隆有一段时间反复说美团是家好公司,市场给的估值太吝啬了？原因也很简单，本地生活服务这个赛道市场非常大，用户数量庞大，需求众多，参与者也诸多，有订酒店的，订机票的，买电影票的，规划安排出行旅游的，买菜的，买药的，不一而足。看似美团只是个做外卖的，但其实际是要垄断本地生活服务市场：先用本地生活服务最高频的外卖切入市场。人每天要至少吃三顿饭（不算临时加餐），是本地生活重最高频的。而其他，比如拉屎，一般是24～36小时才会一次，而看电影、旅游、买药，则是更低频的需求。互联网领域天然就是高频打低频，相比订酒店机票等其他需求，美团用最高频的外卖，在获取用户、占有用户时间、增加用户黏性上，具备碾压式优势。同时美团类似京东，烧大量的钱，建立了一套重资产：外卖小哥队伍。这是其他提供本地生活服务商根本无法建立和企及的优势。有了最高频的用户在线时长，再加上这支小哥队伍，美团可以轻松切入和延展到其他所有低频的本地生活需求。所以美团上市时我说，你不能只是按外卖算它的估值。你应该把外卖市值，加上携程，加上猫眼，加上淘票票等市值，才是美团的市值。

再比如，如果组合里阿里、拼多多只能二选一，你选谁？

答案也应该时脱口而出：拼多多。

原因并不复杂，商业模式使然。两者用户数量级差不多，但阿里只能用 $E=mc$ 估值，没有平方。而拼多多用的 $E=mc^2$ 估值。永登用户数量的情况下，一个是算术级数，一个是几何级数，你选谁？

为了说清这个估值方法的差异，格隆先讲一个简单的数学题：一个平面（网络）上N个点，两两相互之间连结，有多少根连线？

学过排列组合的都知道答案：$N*(N-1)$。在N足够大的情况下，那个 $(N-1)$ 近似等于N，所以最后结果是 N^2。

阿里平台上的用户都是独立的，他们只是一个个孤立的节点，自己买自己的货，相互之间老死不相往来，没有任何交集或勾连。而拼多多不一样。拼多多的精华在于“拼”，他们有团长、营长，用户之间必须组织串联以获取低价。这让拼多多的用户不再是孤立节点，而会相互勾连，形成一个互动的网络——这会极大促进用户的获取、黏性及付费转化。

只有连接，才会形成 $N^2(N*(N-1))$，才能享受 $E=mc^2$ 的估值。

否则只能是 $E=mc$。

现在，我们可以回到本文的题目了：如果抖音上市，你买不买？

抖音的底层逻辑是娱乐至死。它会用算法竭尽全力探知你的兴趣爱好与舒适区，然后推给你想要的东西，让你沉迷其中不能自拔，并立足其上形成“陌生的熟人”社交圈，而那些与你幸福去兴趣不同、三观不合的所谓熟人（微信），会逐渐变成越来越不重要的“熟悉的陌生人”。所以在C（获取用户流量）及转化摩擦（基于兴趣转化）这两个最核心层面，开源的抖音对目前所有的其他应用（包括微信），都是碾压级的。这就是为何抖音超9亿用户，平均每日在线时长超过130分钟的原因。占有了用户时间，其实也就占有了用户的一切。之后用兴趣切入电商（兴趣电商拥有比搜索电商碾压的优势）、切入本地生活服务，都顺理成章，也是必然。

从这个角度来说，微信社交生态、阿里京东等搜索电商生态、美团的本地生活服务生态，都将面临抖音居高临下的威胁、渗透、侵蚀，甚至颠覆。

因此，抖音上市，不是买不买的问题，是买多少的问题。

当然，互联网变革日新月异，这样会令居于主导地位的商业模式进化、变迁得更快。如果有一天，出现一种智能人机对话式的双向社交工具，那么，无论微信（基于文字的单向社交），还是抖音（基于视频的单向社交），恐怕都会压力山大。

但从投资角度，我们欢迎所有这种增加全人类福利的进化，并会努力投资和拥抱这种风口可能产生的伟大公司。

2022年5月6日

第二部分

关于行业

互联网行业红利已见顶且正在过去

不少朋友对格隆说的“硬牌在过去几年基本都已囫囵打出去了，中国经济或只是依靠惯性在前行”表示不同意见，他们一致的论据是：中国的互联网红利依然强大。

如果我说，中国的互联网红利(早)已见顶且在过去，你信吗？

还是秉承我的一贯分析模式，用数据说话。

第一张图，中国厂商智能手机出货量：

2019第三季度中国智能手机市场表现

截至2019年第三季度，华为继续拉大与其他智能手机厂商之间的差距，市场份额达42.4%，高出第二名的Vivo25个百分点。出货量达4150万台，已连续第6个季度以两位数增速高速增长。而其他厂商的市场份额均相应下滑，合计占据50%的市场份额，低于二季度的54%，较去年同期的64%下滑明显。

品牌	2019Q3 出货量（百万台）	2019Q3 市场份额	2018Q3 出货量（百万台）	2018Q3 市场份额	出货量同比变化
华为	41.5	42.4%	25.0	24.9%	66%
Vivo	17.5	17.9%	22.7	22.6%	-23%
Oppo	17.0	17.4%	21.2	21.1%	-20%
小米	8.8	9.0%	13.1	13.1%	-33%
苹果	5.1	5.2%	7.1	7.0%	-28%
其他	7.8	8.0%	11.4	11.3%	-31%
合计	97.8	100.0%	100.6	100.0%	-3%

数据支持：勾股大数据（www.gogudata.com），Canalys。

多数人看到的，只是华为66%增长的强大与一骑绝尘。极少有人去想，一个行业，只有一家公司正增长，其他全部大幅下滑，到底是那家公司真的太强大，还是整个行业不行了？

符合常识的理解是，整个行业在走下坡路。华为之所以一枝独秀，一是因为确实优秀；其二，我们必须承认，就算被动的，华为是始于2018年5月中美贸易战的最大，或至少是极少数的“赢家”。

智能手机台数×每个手机下载的 APP 数×所有应用的在线时长，这三者的乘积，就是一个地区互联网行业的市场空间。中国智能手机出货量 2016 年就已见顶，之后一路快速下滑：

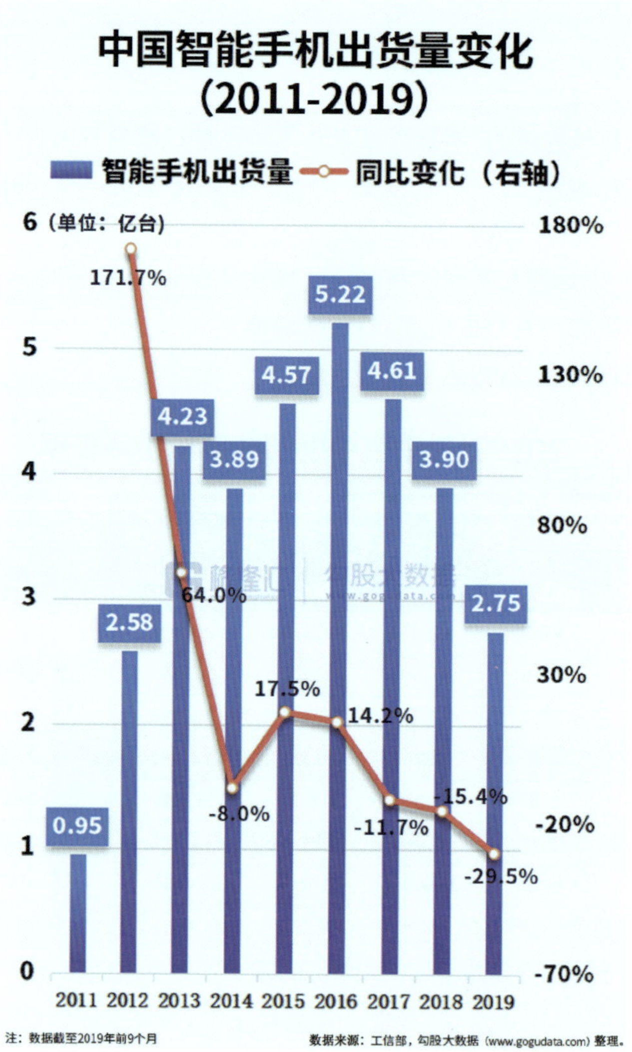

人均 APP 下载量仍在增长，但增速已越来越逼近零。

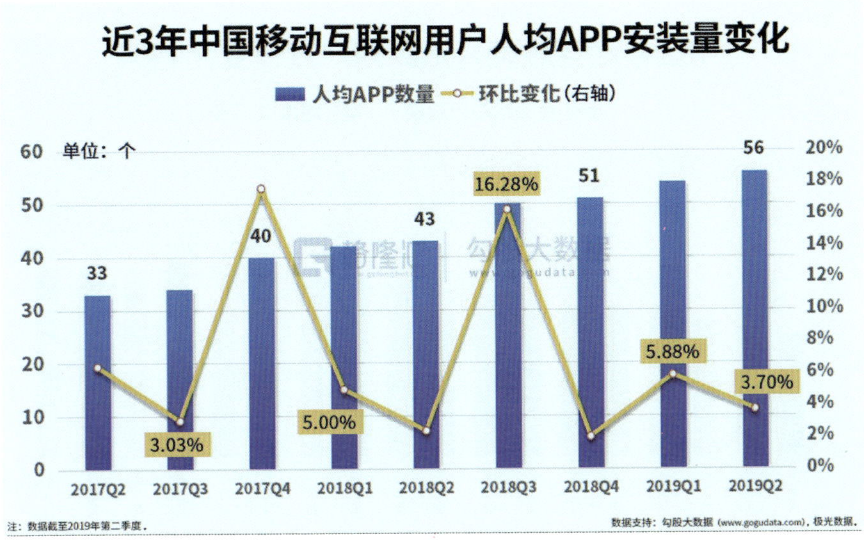

人均单日在线时长，今年象征性增长了一分多钟，达到 359.8 分钟。

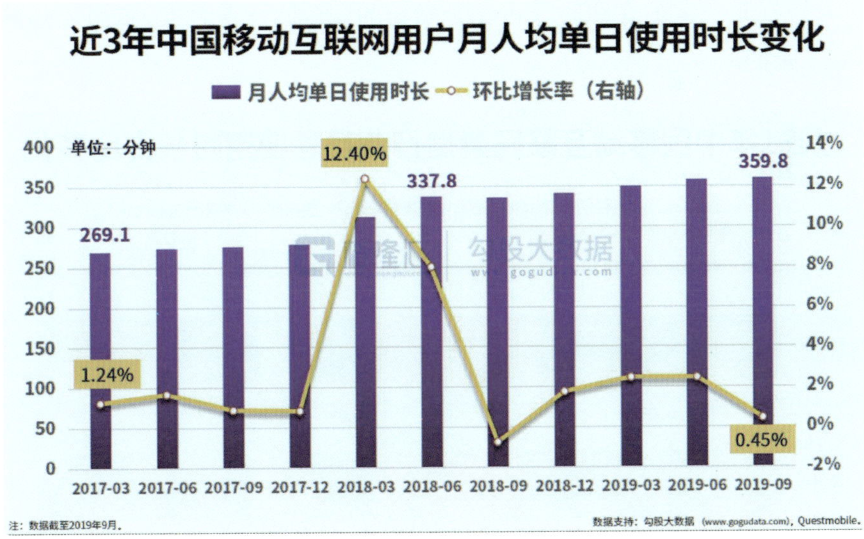

这意味着，剔除睡觉吃饭谈恋爱的时间，中国每个人每天刷手机应用的时长已达到 6 个小时。这应该就是极限了，想再增长，几无可能。

以上累积的直接的结果就是，中国移动互联网月活跃用户规模，二季度净减少 193 万，三季度净减少 300 万。

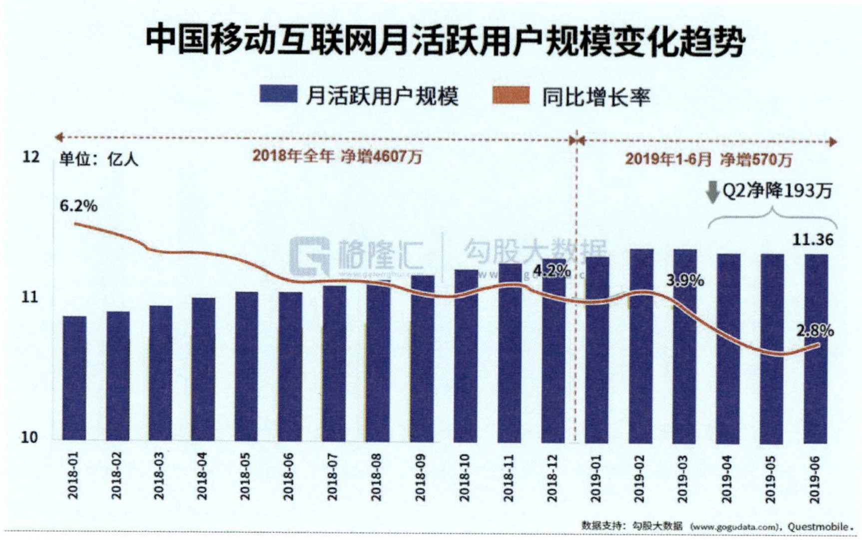

这是一个很令人脊背发凉的数据。与此对应的是，过去一年，所有互联网应用，只有短视频一家的在线时长占比是增长的，其他，无论社交、资讯还是游戏，通通是下降的。

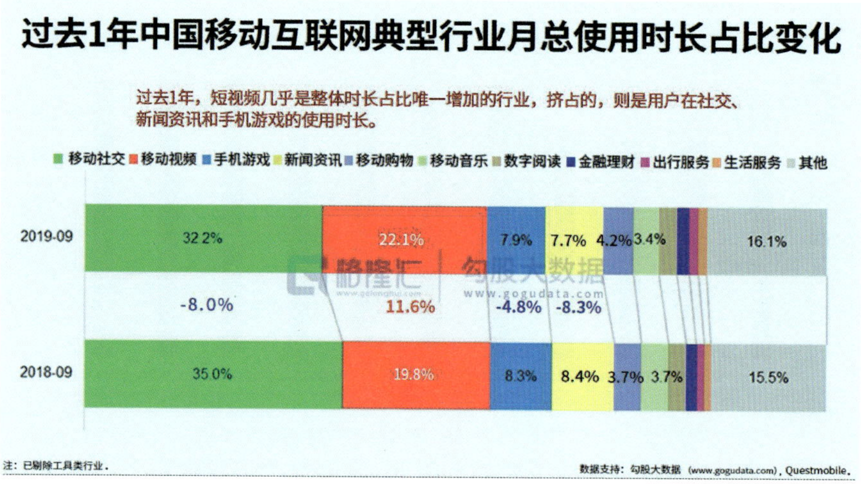

容颜易老，互联网也是。它救不了我们。

2019年11月22日

风投行业的资本恐吓主义，无论在幼教还是K12，大概率都行不通

有朋友发来 Vipkid 创始人接受采访，说公司获客成本已抬高到了 4 000 元，并暗示还有风投跟进，还有很多钱烧。问格隆怎么看这个事？

VIPKID获客成本高达1万元？创始人米雯娟：平均4000

2019年12月22日 13:16 新浪科技 新浪财经APP

电信宽带现在都什么资费标准

电信宽带资费

1.1万阅读

Vipkid 无疑是家非常优秀的创新公司。但这种把行业获客成本往 4 000 以上推的玩法，无疑也是赤裸裸的资本恐吓，试图通过炫耀资本和烧钱抬成本，来

阻吓对手，获取赛道规模优势，甚至锁死赛道。

这种方法在过去一度非常有效，甚至诞生了一些纯粹靠烧钱而崛起的奇葩行业垄断者，比如某滴滴。

但这种模式成立，在格隆看来，需要至少三个前提才能成立：

①足够多的 LP 与风投愿意前赴后继，给你大把钱去烧；

②无论对赛道的供给方，还是需求方，赛道需要是固化的，服务（或产品）基本是标准化的，不会有太多个性化供给或需求。

③资本市场比较亢奋，有耐心和信心，支持这种烧钱讲市占率，烧钱讲故事的玩法。

第二个特征非常、非常重要。只有具备这个特征，才能快速复制，迅速搞定和垄断供给或者需求两者中的任何一端，令战场迅速进入收官阶段。否则竞争对手会野火烧不尽，只会陷入无止境的持久战。

很多人问格隆，小米与美团都烧钱，基本同时上市，市场表现却天壤之别，什么道理？

原因很简单，智能手机之这个领域，任何一个技术变化都会带来供给和需求双重的巨变，战场几乎没法固化，任谁几乎都没有办法做到垄断（苹果是个例外）。美团不同，它做沉做重，烧天文数字的钱，建庞大的电动车小哥队伍，这个过程的完成之日，是真的可以令它完成垄断的。一旦垄断完成，通过点餐这个高频动作，可以轻易切入诸如买电影票、订酒店、旅游、租车等几乎所有低频生活服务项目。这意味着，携程、滴滴、猫眼、淘票票等平台，未来都会是美团觊觎和欺负的对象。

所以，王兴敢敞开了烧钱，不是他胆大，是他战略和模式想明白了。

但无论幼教还是 K12 领域，第二点是完全不具备的。Vipkid 4 000 元的获客成本，已经不是每用户平均收入 1 万元能支撑，还是 1.5 万元能支撑的问题（中国又有多少用户能承受？），也不是客户终生价值（lifetime value）的问题。我知道同一赛道的某些对手玩家，获客成本只有几百元，不到 Vipkid 的十分之一，业务增速每年 4 倍以上。对手的玩法就决定了 Vipkid 不改弦更张，就大概率难活下来。

事实上，格隆在多个赛道，都发现有这样的公司，以低甚至极低的获客成本，获得了业务收入每年数倍（复利）的增长，把那些所谓的靠资本加持烧钱，搞资本恐吓战略的独角兽打得资金链极度紧张。

当然，经济寒冬时，资本市场是否还有耐心与信心继续加持这种搞资本恐怖主义，猛烧钱锁定赛道的故事，是另一个需要担忧的问题。如果继续这种资本恐吓玩法，于风投而言，无疑是场豪赌。于 Vipkid 而言，几乎可以预见会在一到两年内，资金链大概率出现严重紧张。不是大了就不会倒或者不会死的，wework 是前车之鉴。方法错了，越大，死的越轰轰烈烈，被埋进去的创投机构也越悲催，背后掏钱的有限合伙人（LP）也就越看不惯，越谨慎。

这对整个中国创新产业，以及风投产业，或许，都不是好事。

资本如翅膀，插在身上，你可能是天使，也可能是恶魔。取决于你用它来飞翔，还是用它来杀人！

2019 年 12 月 23 日

不惜代价，就能打进光刻机行业吗？

中科院院长签军令状，要以美国制裁清单当立项科研任务，不惜一切代价拿下航空轮胎、光刻机等卡脖子项目。

吃过不少喊口号的亏，也早过了听口号就热血沸腾的年龄。以光刻机为例，斗胆提几点疑惑：

(1)早干什么去了呢？像光刻机这种，卡脖子不是一天两天了。中芯国际从阿斯麦(ASML)订一台光刻机，三年都拿不到货。现在才立项，是评估没这个研发能力，所以没立项？还是觉得独家研发，投入产出比太低，不愿立项？

(2)光刻机这种几乎逼近物理学、材料学以及精密制造极限的"艺术品"，就算我们不惜代价，是否就真能研发出来？

(3)如果真研发出来了，卖给谁？只为国内需求？如果全球最大的代工厂都不用你的光刻机，那么国内市场是否足以支撑？

(4)就算咬牙只为国内市场，如何能保证我们单打独斗研制的设备，能跟得上世界的技术更新迭代速度，从而生产出真正能在全球竞争的高性能的芯片？

之所以提出以上疑问，是基于显而易见的两个事实：

(1)光刻机是好设备，更是超好的生意，非常赚钱。

(2)阿斯麦独家垄断光刻机很多年了。

无论从国家博弈战略、行业生态、市场竞争，没人会愿意接受这种独家垄断，包括美国人。

之所以接受，大概率是被迫，是因为独家搞这个，大概率是低效甚至无效。唯有集中各家所长，集中攻关，众星捧月，才可能做成。

为便于理解，格隆简单赘述一下阿斯麦的封王之路。

在20世纪80年代，光刻机市场的王者是GCA与日本尼康。90年代初的时候，对相机和光学造诣颇深的尼康一度占据了光刻机市场60%以上的份额。

变化发生在摩尔定律对技术指数化升级的更高要求之后。上百纳米时代的光刻机,门槛其实并不高,所以彼时才三十多人的阿斯麦也能进去分一杯羹。一旦要求提高到几十乃至十几纳米就完全不一样了,20 世纪 90 年代光源波长被卡死在 193nm 就成了光刻机的死结。

最后结果我们知道了,尼康沉迷于光源干刻法而被淘汰出局,阿斯麦的浸润式技术路线,突破了这个门槛。荷兰的阿斯麦成了这个领域的垄断者,占据了市场 80%的市场份额。

尼康的出局与阿斯麦的后来居上,看似技术路线选择的偶然,实则大谬。事实上,在阿斯麦制造出第一台浸润式光刻机的第二年,实力雄厚的行业老大尼康就迅疾跟上,造出了质量不相上下的浸润式光刻机。

问题在后劲,在全产业链能力。

EUV 光刻机几乎逼近物理学、材料学以及精密制造的极限。光源功率要求极高,透镜和反射镜系统也极致精密,光学系统复杂到令人崩溃,还需要真空环境,配套的抗蚀剂和防护膜的良品率要求也非常高。别说是日本与荷兰,就算是美国,想要以一己之力自主突破这项技术,也是痴人说梦。

阿斯麦背后,是英特尔 1997 年牵头攒起的一个叫 EUV LLC 的联盟,这个联盟包括了彼时最牛的科技公司摩托罗拉、AMD、IBM,后来的三星、台积电,以及美国能源部三大国家实验室:劳伦斯利弗莫尔国家实验室、桑迪亚国家实验室和劳伦斯伯克利实验室。6 年时间里,EV LLC 的研发人员发表了数百篇论文,大幅推进了 EUV 技术的研究进展。2009 年,美国又送给阿斯麦一份大礼:美国 Cymer 公司研发出 EUV 所需的大功率光源,直接供应阿斯麦——这是光刻机的核心零件,这样顶尖的技术,全球范围也不超过三家。

当下阿斯麦的光刻机,光源设备来自美国、蔡司镜头来自德国,光学技术由日本提供,制程技术则是台积电和三星支持。毫不夸张地说,阿斯麦虽是一家荷兰企业,但崛起的背后,其实是一场地地道道的美国牵头、全球合作式成功。唯其如此,它才能喊出"如果我们交不出 EUV,摩尔定律就会从此停止"。

事实上,英特尔为了防止核心设备供应商一家独大,其实一直还在挺尼康并采购其设备。但单打独斗、自研为主的尼康,什么零件都能做,但又总是差点意思,稼动率最多只能达到 50%左右,连大陆的芯片代工厂都看不上,生产出的设备,只能卖给三星、LG、京东方用来生产面板。

曾经的霸主尼康，自此彻底零落在历史的尘埃之中。

殷鉴于前，我们当如何寻求有效的破解之道，当思之，慎之。

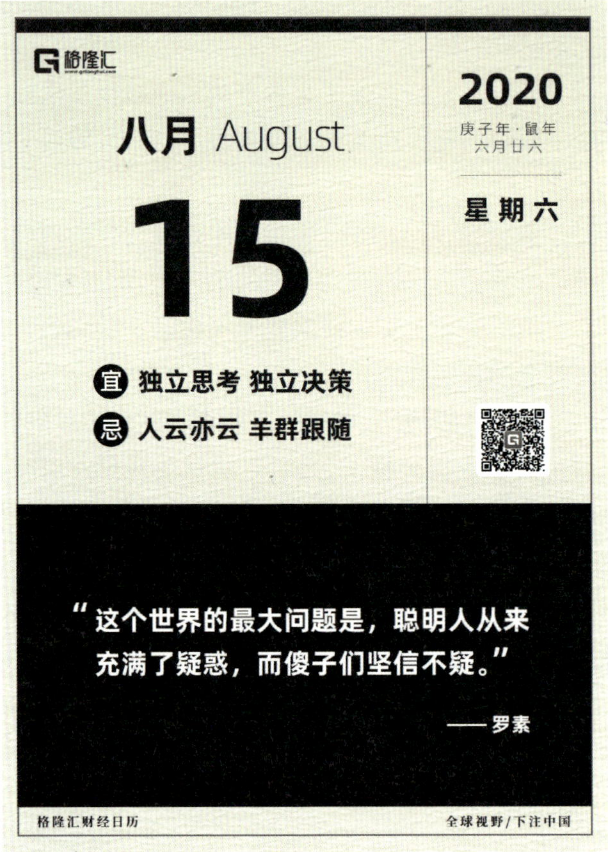

2020 年 9 月 17 日

为什么说药不如械(之一)?

很多人问格隆,怎么这么重视医疗器械,尤其是其中的高值耗材赛道?

也不是刚开始重视,重视很久了。核心是两个逻辑。

一个是人口。

于一个国家的资产负债表而言,人是最大资产,也是最大负债。小孩是资产的培育投资阶段,成人是资产的使用阶段,老人是资产的维护阶段,其实已经算是负债了。中国改革开放前二十年成效如此显著,利润这么好,什么原因?核心还是人口红利。一是当时老人的维护成本几乎可以忽略不计,几乎都是家庭自个养老,养老压力不大,二是当时全社会主动被动大幅减少了对小孩这个资产的投资,多数小孩都是散养(尤其“文革”后期那一代),而成人这个资产全部投入当期使用。现在的问题是,成人资产折旧、耗散迅速,老人资产维护成本大幅提升。这个阶段,如果开始加大小孩资产投入,会更加影响当期捉襟见肘的会计报表的利润。所以,哪怕人口形势已火烧眉毛,从政府角度,未来人口政策,大概率还是小孩的投入循序渐进,不会一下子全放开,更多的动作,一定是延长老人资产的使用。

如何延长?延迟退休是表象。你得让人能动,能干活。得靠药,靠器械。尤其后者。

另一个逻辑是全球巨型医药医疗企业的发展变迁告诉我们,药不如械。

医疗器械的发展呈现高度的技术连贯性、集中性、收敛性。在这个领域,你很难发现有什么特别的弯道超车发生,多数都是需要靠多年的、老老实实的技术积累,然后逐步迭代,厚积薄发。所以这里的公司确定性很高,不是成为巨头,就是永远是巨头。你买了丹纳赫、美敦力,可以很多年不管不问。

药不同。药具备相当的发散性与随机性。可能一个学者偶然发现了一个分子式,就可以独立门户,并颠覆一堆人。艾伯维凭借修美乐一个创新单品,在自创门户不到 6 年就进入了全球市值前十。而那些老牌制药企业迈兰、梯瓦等，没有这种幸运发现新药，就逐步没落，而这几家都曾经是占据了规模、资本、品牌、人才各类优势集合的环球大型制药企业。

更重要的是，医疗器械公司更像材料科学，而非化学，这也令创新器械成为追随人类科技进步发展最快的赛道之一。过去 20 年 TOP30 器械企业数量不断增加，并诞生了直觉外科手术公司 Intuitive Surgical、爱德华兹生命科学 Edwards Lifesciences、史赛克等诸多十年十倍股。

中国庞大的人口基数与养老压力，会让中国这个赛道涌现出更多会给我们带来巨额收益的投资标的。多在这里挖掘，一定是值得的(见下图和下页图)。

2021 年 4 月 29 日

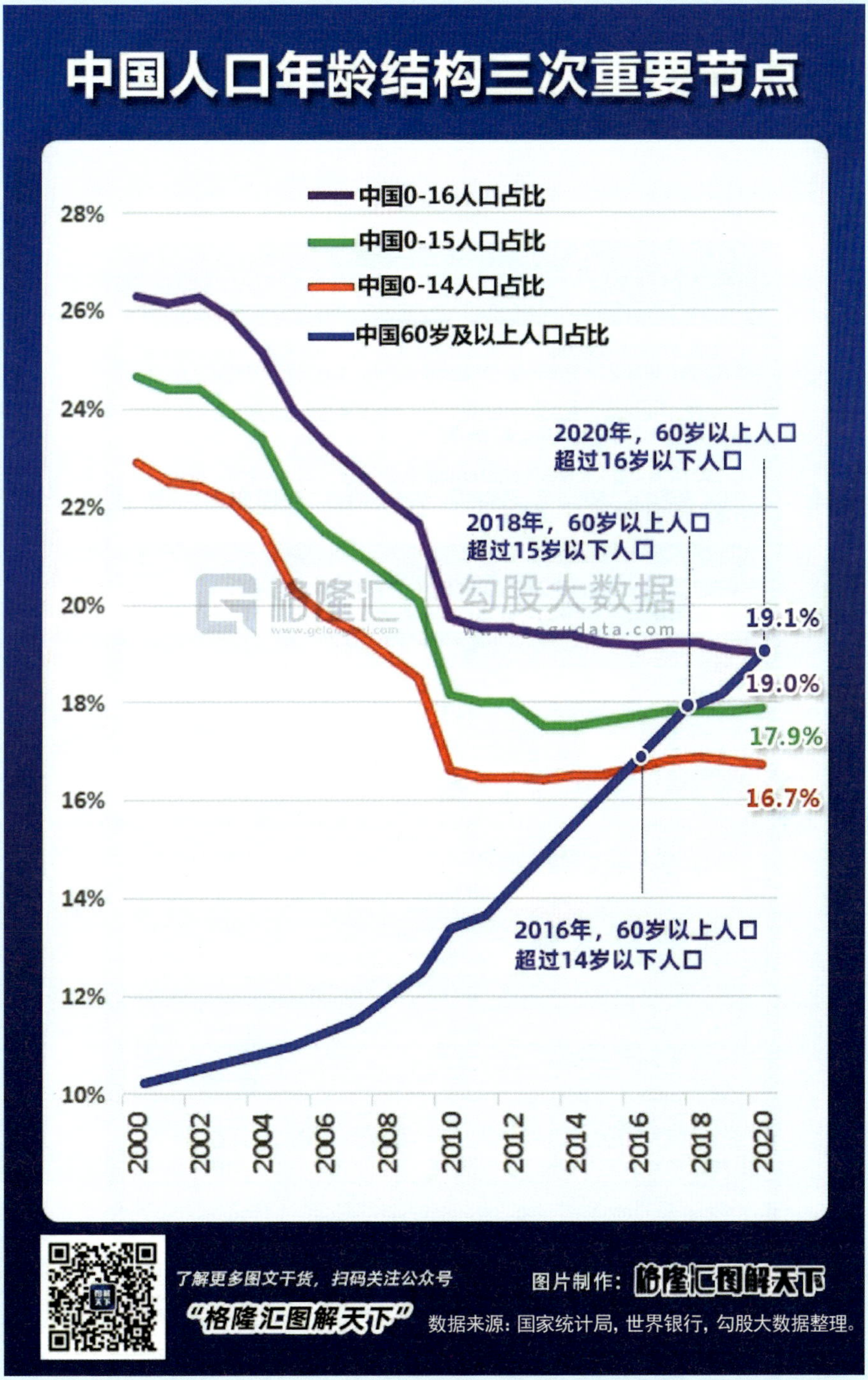
中国人口年龄结构三次重要节点
中国0-16人口占比
中国0-15人口占比
中国0-14人口占比
中国60岁及以上人口占比
28%
26%
24%
22%
20%
18%
16%
14%
12%
10%
2020年，60岁以上人口
超过16岁以下人口
2018年，60岁以上人口
超过15岁以下人口
2016年，60岁以上人口
超过14岁以下人口
19.1%
19.0%
17.9%
16.7%
2000
2002
2004
2006
2008
2010
2012
2014
2016
2018
2020
格隆汇
勾股大数据
了解更多图文干货，扫码关注公众号
“格隆汇图解天下”
图片制作：格隆汇图解天下
数据来源：国家统计局，世界银行，勾股大数据整理。

为什么说药不如械(之二)?

2020年全球畅销药TOP20

1、在全球畅销药TOP10中，有5款大分子药物和5款小分子药物，纵观全球畅销药TOP20，则有6款小分子药物、14款大分子药物。总体上大分子优过小分子；

2、畅销药Top20中，有三款药物超过百亿，分别是修美乐（阿达木单抗）、可瑞达（帕博利珠单抗）、瑞复美（来那度胺）；

3、2021年有望进入全球畅销药品Top10的单品分别是：阿达木单抗、帕博利珠单抗、来那度胺、阿哌沙班、阿柏西普、纳武利尤单抗、乌司奴单抗、比克替拉韦、伊布替尼、利伐沙班。

序号	商品名	靶点	适应症	药企	销售额/亿美元	
					2019	2020
1	Humira	TNFα	RA等	艾伯维/卫材	191.69	198.32
2	keytruda	PD-1	癌症	默沙东	110.84	143.80
3	Revlimid		多发性骨髓瘤	百时美施贵宝	108.23	121.06
4	Imbruvica	BTK	癌症	强生/艾伯维	80.85	94.42
5	Eliquis	FXa	抗凝药	百时美施贵宝/辉瑞	79.29	91.68
6	Stelara	IL-12、IL-23	银屑病	强生/三菱田边	63.61	79.47
7	Opdivo	PD-1	癌症	BMS/Ono	80.05	79.22
8	Eylea	VEGFR	AMD、DME	再生元/拜耳	75.42	79.09
9	Biktarvy		HIV	吉利德	47.38	72.59
10	Xarelto	FXa	抗凝药	强生/拜耳	69.34	67.45
11	Enbrel	TNFα	RA等	安进/辉瑞	69.25	63.40
12	Avastin	VEGFR	癌症	罗氏/中外	79.33	60.75
13	Prevnar		肺炎	辉瑞	58.47	58.50
14	Ibrance	CDK4/6	乳腺癌	辉瑞	49.61	53.92
15	Trulicity	GLP-1	糖尿病	礼来	41.28	50.68
16	Remicade	TNFα	RA等	强生/默沙东/三菱田边	53.90	49.07
17	Ocrevus	CD20	多发性硬化	罗氏	35.03	46.29
18	Rituxan	CD20	淋巴瘤	罗氏/中外	65.77	45.84
19	Perjeta	HER2	乳腺癌	罗氏/中外	38.20	44.57
20	Actemra	IL-6R	风湿性关节炎	罗氏/中外	25.40	42.68

了解更多图文干货，扫码关注公众号“格隆汇图解天下”

图片制作：格隆汇图解天下

数据支持：勾股大数据、格隆汇研究院

最近港股市场里，医疗器械公司是少有的能扛住大盘跳水冲击的。

我前期提过一个观点：药不如械。有朋友反问：哪怕是创新药？哪怕烧钱？

答案是肯定的：哪怕创新药，哪怕狂烧钱。

多数互联网公司之所以通过狂烧钱就能构建起自己的护城河，是因为他们并不提供产品，他们只需要搞定人。他们的商业模式本质上是利用人的贪欲三步杀，切入、圈养并最终隔离产品的生产者与需求者，通过屏蔽与隔离赚钱。人都贪小便宜，所以这种圈养与隔离，通过烧钱是能实现的。

但创新药企业做不到。创新药要搞定的，不是人，而是产品本身（药）。药是有专利期的，得一遍遍搞新研发，曾经的成果对以后帮助不大，挑战者会不断涌现，只要几个高级研发人员拿一笔风投就可以搞。

创新药研发失败是正常状况，成功更像偶然。所以，创新药研发是不能构建太宽的护城河的，严格来说创新药的估值就不能给太高。类似恒瑞这样核心做仿制，20%不到的创新药，能长期给这么高估值的，也只有 A 股市场做得到这么慷慨。

当然，一旦红运当头，超级单品研发出来，那日子也会很爽，类似修美乐，让艾伯维六年时间干到 2 000 亿美元市值。这类企业有：艾伯维（USABBV）、微创医疗（HK00853）、先健科技（HK01302）、迈瑞医疗（SZ300760）、美敦力（USMDT）、丹纳赫（USDHR）、史赛克（USSYK）。

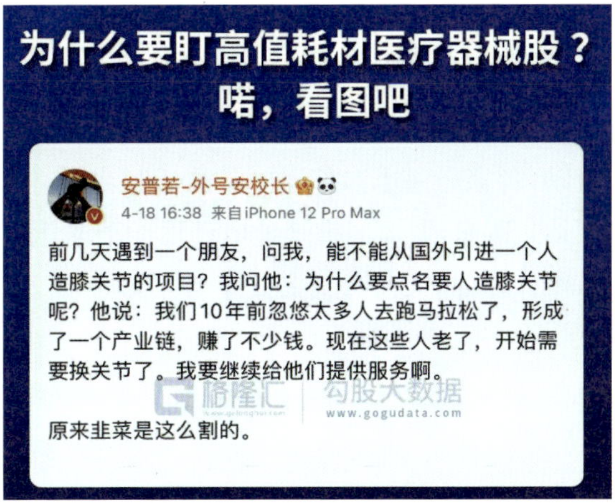

2021 年 6 月 8 日

传统券商迟早被互联网券商挤死

互联网券商与传统券商根本是两个不同的物种。

互联网券商在券商股里的定位，格隆用汽车行业做个类比会比较直观。

那些主要靠资源牌照、靠线下门店、靠先发优势吃饭的传统券商［你能看到的 90％以上的中国券商，比如海通证券（HK06837）、中信证券（HK06030）、广发证券（SZ000776）、国泰君安（SH601211）］类似汽车行业里的油车，一时半会死不了，但长期必定是江河日下，日薄西山。不是他们不优秀不努力，商业模式使然，时势变迁使然。东方财富（SZ300059）、同花顺（SZ300033）这类的，类似汽车行业的油电混动，比纯油车要好，但也是过渡产品类型，如不抓紧进化，迟早也要边缘化。而 Robinhood、盈透证券（USIBKR）、富途控股（USFUTU）、老虎证券（USTIGR）则类似汽车行业的纯电动车。

同样能上路跑，驾驶体验一点不差，使用成本却可能只是你的 10％，你用油车，还是电车？

除非桌子暗刀子捅人，或者借有形之手强行介入干预，否则，从生意模式上而言，传统券商与互联网券商，存在着进化上的代际差别。

当然，哪怕纯电动，各家做得也参差不一。盈透起步早，但产品打磨、体验远逊于后起的 Robinhood、富途、老虎。谁是纯电动里的蔚来汽车，谁是特斯拉，格隆就不发表意见了，留作作业，大伙自个去分辨吧。

2021 年 6 月 9 日

为什么说每日优鲜、叮咚买菜不是一个好的商业模式?

昨夜每日优鲜(USMF)下跌了42%。

发一段格隆一年多前写在格隆汇APP社区和朋友圈的一段话,算马后炮,供参考:

每日优鲜、叮咚买菜(USDDL)等社区生鲜企业的商业模式,天然比美团—W(HK03690)优选这样的社区团购模式差,社区团购是比社区生鲜更优的商业模型,可以对叮咚买菜、每日优鲜们形成降维打击。

格隆画了一张图(见下页图),或许可以比较形象地解释相关商业模式的差异与优劣。

本质上,无论阿里[阿里巴巴(USBABA)]、京东的电商、美团的社区团购,还是每日优鲜的社区生鲜,其实都属于互联网三大最肥沃土壤(电商+搜索+社交)中的电商大范畴。只是阿里、京东(USJD)属于广义电商,跨城跨区。美团、每日优鲜,则属于解决本地生活服务的电商。

美团的社区团购,之所以可以碾压叮咚买菜与每日优鲜这类社区生鲜模式,是因为社区生鲜商业模式的核心,是前置仓。所谓前置仓,就是企业在离消费者较近的地方(如办公楼、社区里等),设置一个小型仓库,每个前置仓覆盖周边3公里,产品由大仓提前发到前置仓里,用户下单,最快半小时送货上门。

这个模式最大的亮点就是"快",属于"即时生鲜电商"(社区团购是次日达),能很好满足大城市用户的即时性需求。在发展早期,不论是每日优鲜,还是叮咚买菜,首要任务就是开城拓展前置仓。通过前置仓,实现半小时送达。

该投资怎样的商业模式？

（格隆汇研究院商业模式解剖教案之六）

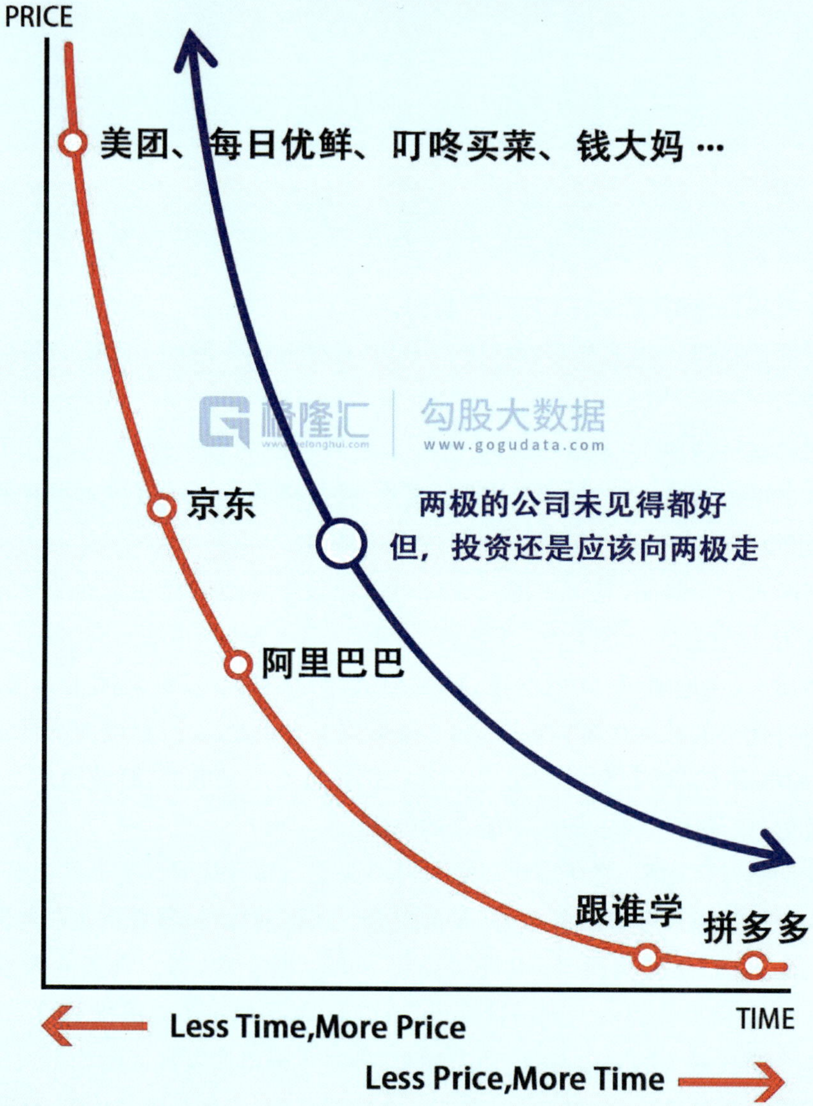

但弊端也很明显——企业扩张的速度，取决于前置仓的开设速度。他们必须先期烧大量的钱，去尽量多的社区铺设仓库。同时为了满足快，会有很大备货、存货压力，从而导致整个商业模式的资产会很重。

从这个角度，它们甚至都不能算做一个新的行业。它们与其说是服务本地生活的电商，不如说是一个传统的仓储物流企业更恰当。

但实际上，前置仓模式最多只能在一线城市和非常发达的二线城市做到发展，一旦去了普通二线，乃至三线城市，它的可能性就不高了，盈利模型很难去驱动。

原因不复杂。前置仓模式主打的是最快 30 分钟生鲜到家，这符合一线城市和极少部分高端二线城市人群的生活节奏，但在三线及以下城市，送达时效并不是那么重要，他们看重性价比。相当于是说，一、二线城市用户选择用金钱换时间（more money，less time），但三、四线城市用户，更喜欢用时间换金钱（more time，less money）——可结合格隆画的那张图，能看得更清楚。

所以，这种前置仓商业模式，天然就会被限定在数量有限的几个一线城市和少数二线城市，无法真正覆盖全国市场，发展到一定阶段，这门生意就会很快遇到瓶颈。

所以，叮咚买菜们天然就不是好的商业模式，他们只是在互联网其他肥沃土壤已经被其他家占领后，被迫剑走偏锋。

这种商业模式的生命力太弱了。这也是这么多年，这个赛道也就跑出了两家的原因。如果不是因为风投在后面顶着烧钱，这两家其实也很难跑出来。

而美团的社区团购采取“预售＋次日达＋自提”模式，除了达不到 30 分钟送达这种快的噱头，其他前置仓模式的弊端，就全部回避了。

我经常和格隆汇的研究员说，对商业模式的理解与解剖，远比估值模型重要。真正赚大钱的人，都是因为对商业模式理解得透彻，而不是估值模型做得好。

2022 年 7 月 29 日

你确定，奶茶是个行业？

很多人问格隆，你是否看好奶茶行业？譬如奈雪的茶（HK02150）。

虽然茶不是咖啡，更极难复制当年市场一片空白时[星巴克（USSBUX）]那种居高临下式的文化入侵与品牌确立，但就是否看好奶茶行业而言，我不敢说否定答案，虽然我自己肯定不会去喝。

奶茶其实不能单独算个行业。

奶茶的核心竞争力，在于糖。奶茶的本质，也在于糖。正常一杯 500 毫升的奶茶里，不会低于 50 克的糖——这是一个人一天应该摄入的糖的极限量。多数人没见识过奶茶店员工往奶茶里加糖的那个狠劲。说奶茶卖的其实就是糖，奶茶行业拯救了中国制糖行业，或许不是夸张。

甜味是大自然中最容易让人产生愉悦感和依赖感的味道。绝大多数人根本抵制不了甜的诱惑，且会对甜味上瘾而不自知。

所以，奶茶的核心竞争力，是植根于人类骨子里的味觉。那些自律、自控力不够的人，尤其年轻人，会一杯又一杯去喝。

问题是，又有几个人如 C 罗一样自律呢？C 罗和可口可乐的纠纷，只是因为他深知，碳酸饮料的核心成分就是糖和色素，几乎不含营养成分。

新式茶饮三大玩家发展概况对比

	喜茶	奈雪的茶	蜜雪冰城
成立时间	2012年	2015年	1997年
融资轮数	3	5	1
主要投资方	IDG资本 美团龙珠 腾讯投资 红杉资本中国 高瓴资本等	天图资本 深创投 云锋基金 瑞银集团 汇添富等	龙珠资本 高瓴资本
估值（市场预期）	600亿元	350至400亿元	200亿元
定位	高端	高端	性价比
市场份额	27.7% 高端茶饮 市场第一	18.9% 高端茶饮 市场第二	13.3% 中低端茶饮 市场第一
门店数量	695	491	12000
平均售价（元）	25	26	8
客单价（元）	40	43	10

了解更多图文干货，扫码关注公众号
“格隆汇图解天下”

图片制作：格隆汇图解天下
数据支持：勾股大数据 公开资料整理。

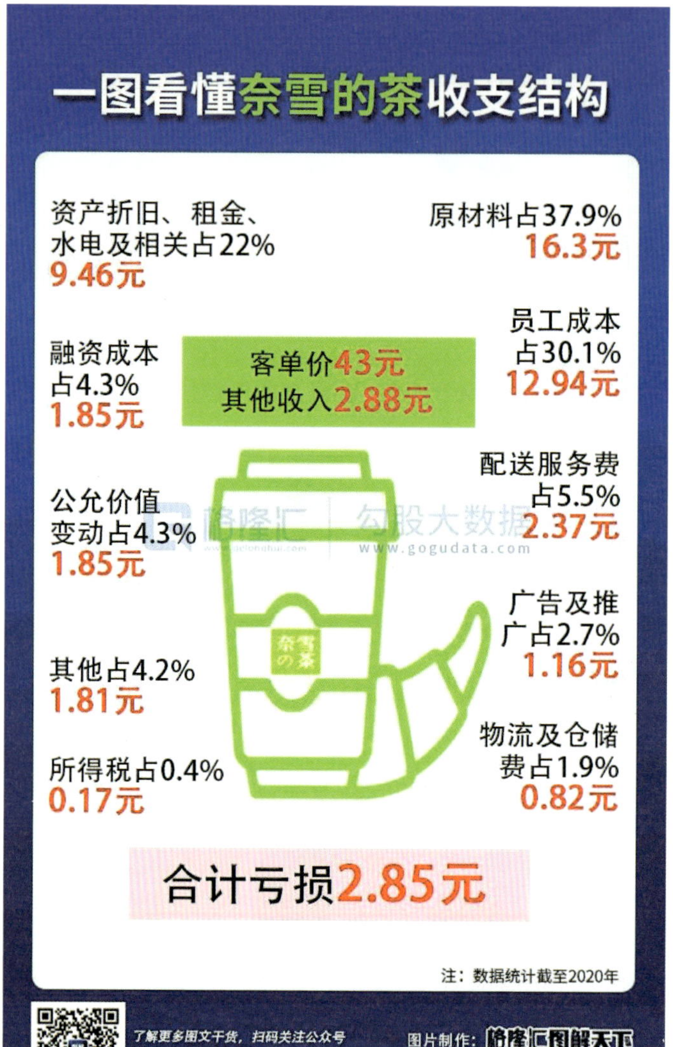

如果你不是职业球员，就完全不用这么自律，享受好了，就如同张惠妹一样。

46岁时张惠妹体重高达200斤，当网友问其经纪人为什么时，经纪人无奈道："跟周杰伦一样，没办法戒掉台式奶茶。"

2021年7月2日

中国互联网行业，还能投吗？

朋友们问我：马化腾露面了，还做了年终演讲，你怎么看？

其实马化腾只是互联网一兵，我宁可更多聊聊互联网行业。

犹记得去年底格隆汇全球嘉年华大会上，参会者问格隆比较多的一个问题是：防止资本无序扩张，暴风骤雨之下，中国的互联网公司，是不是从此都不能再投了？

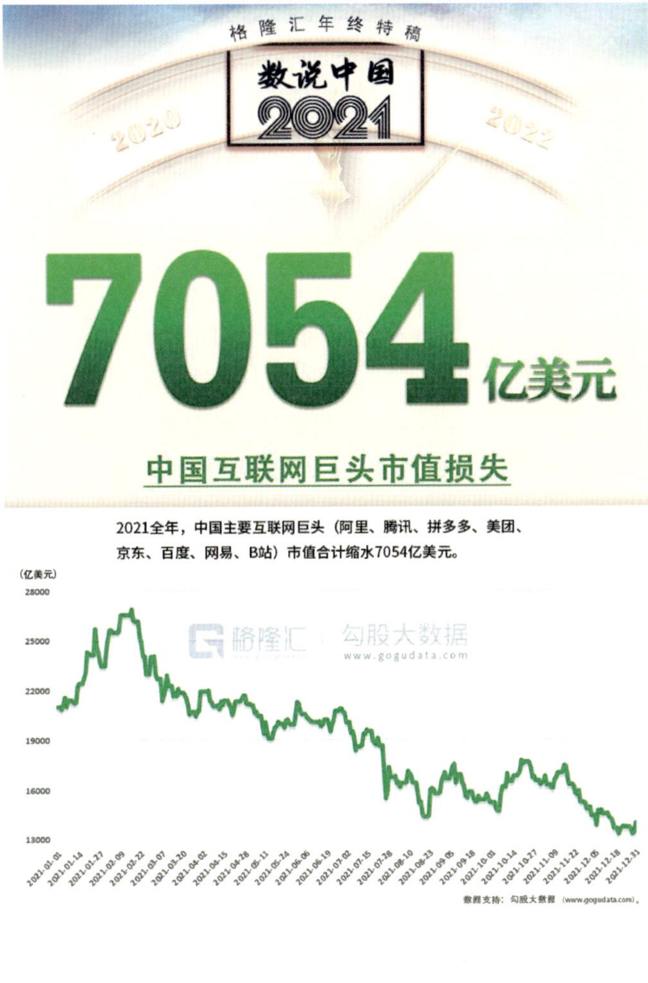

我很肯定地回答：当然不是。

之所以肯定，是基于两个底层逻辑：

(1)人类的技术革命。过去两百多年人类进化史，能配得上技术革命四个字的，一共两个半。其中的两个，一个是盛于19世纪的蒸汽机革命，一个是20世纪的计算机革命。

这两者都属于硬核科技创新，分量上等量齐观，也让整个人类财富出现爆炸式剧增。

另外半个，就是盛于21世纪的互联网革命。之所以只能算半个，是因为互联网更多只是一个技术应用，而非技术创造，与蒸汽机、计算机不是一个分量级。但这个技术应用，也极大改变、促进、润滑了整个人类物质财富的生产模式与交换模式，令整个人类资源流动与交易的成本几何级数降低，整个人类的财富创造效率则大幅度提升。

在可预见的未来，格隆看不到可以与互联网等量等级的技术革新。互联网红利远未耗尽，并将在未来相当长时间内依然是人类最优、最肥沃的财富生长土壤，没有之一。

这是这个行业的长期底层逻辑。偶然的风雨，哪怕是飓风，大概率也只是过客，吹得动屋脊，吹不动地基。如果这个领域里的公司都不用投了，其他领域，也大概率没什么值得你去特别留恋的。

(2)肯定回答的另一个逻辑，是中国互联网企业特有的韧性。

你能看到的中国当下任何一家互联网龙头企业，他们皆非衔玉而生，而是费尽心力、艰难创立。一批拥有长视野、大智慧、意志力坚忍、执行力决绝的企业家，充分利用了上苍赐予人类的互联网红利，锻造了一批置之全人类经济史都堪称出彩的商业奇迹。

除非上述这些基因都发生了根本性的、不可逆的突变，否则我无法想象，这种奇迹会戛然而止。马化腾无疑是中国最优秀的企业家之一。这种优秀并非与生俱来，而是经过后天无数碰撞、锤冶而成。

腾讯有今日，不易。中国的互联网行业有今日，尤不易。

我祝福他们。一如格隆最喜欢的一句话（之一）：上苍关爱每一个人，只是他从来不以你渴望的方式给你。你渴望力量，上苍会给你石头。而当你搬来了石头，你也就拥有了力量。

对长远未来的乐观，以及当下每时每刻不懈的自我努力，缺一不可——这是我从这句话理解到的。

再次祝福马化腾，祝福腾讯，祝福所有经历了风雨的互联网公司——那些打不垮你的，终究会让你更加强大。也祝福这个市场上所有的投资者，祝你们在新一年的投资，会有一个好的收成！

本文提及的企业有：腾讯控股（HK00700）、阿里巴巴－SW（HK09988）、美团－W（HK03690）、拼多多（USPDD）。

2022年1月12日

上苍关爱每一个人，只是他从来不以你渴望的方式给你。
你渴望力量，上苍给你石头。而当你搬开了石头，你就拥有了力量。

第三部分

关于公司

拼多多(之一)

我反复说，拼多多的商业模型是对的。但很多人不认同。不认同只是因为他们习惯了在经济上升周期里寻找标的。改革开放三十年，除了中间偶尔的颠簸，我们的经济总体多数时间都是一路昂扬向上。我们绝少有人有经验，知道在“下坠型”经济模型里该如何选成长标的。

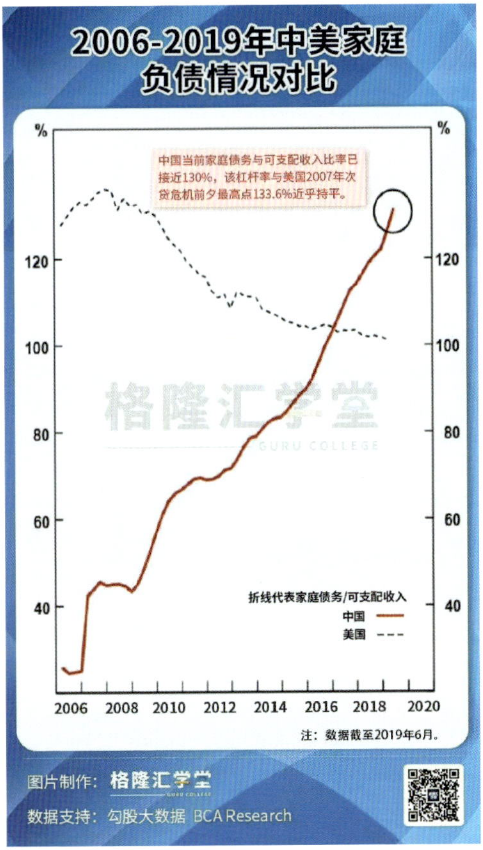

从可支配收入看，中国家庭债务水平已远超美国，逼近美国 2008 年金融危机的水平（见左图）。经济下行期，资产会消融，但负债不会。居民资产负债表的破坏，大概率意味着宏观经济总需求的萎缩和逐步消逝，绝大多数企业的营收（topline）的走低。以及拼多多这类“食腐”型商业模式的狂欢。

当有农民工下饭菜之称的涪陵榨菜二季度的营收根本不增长，利润下滑 16%，我们就应该知道，这与消费升级还是降级已无关。

它与温饱有关，与冰冻或已逾三尺有关。

与穷人有关的另一个指标是彩票。在经济学里，彩票被明确定义为穷人的智商税。更通俗的说法是穷人的吗啡。每次花两块钱，说不定哪

过去10年中国彩票销售额上半年同比变化

2019上半年，全国累计销售彩票2125.96亿元，同比减少326.02亿元，下降13.3%，近十年来首现负增长。

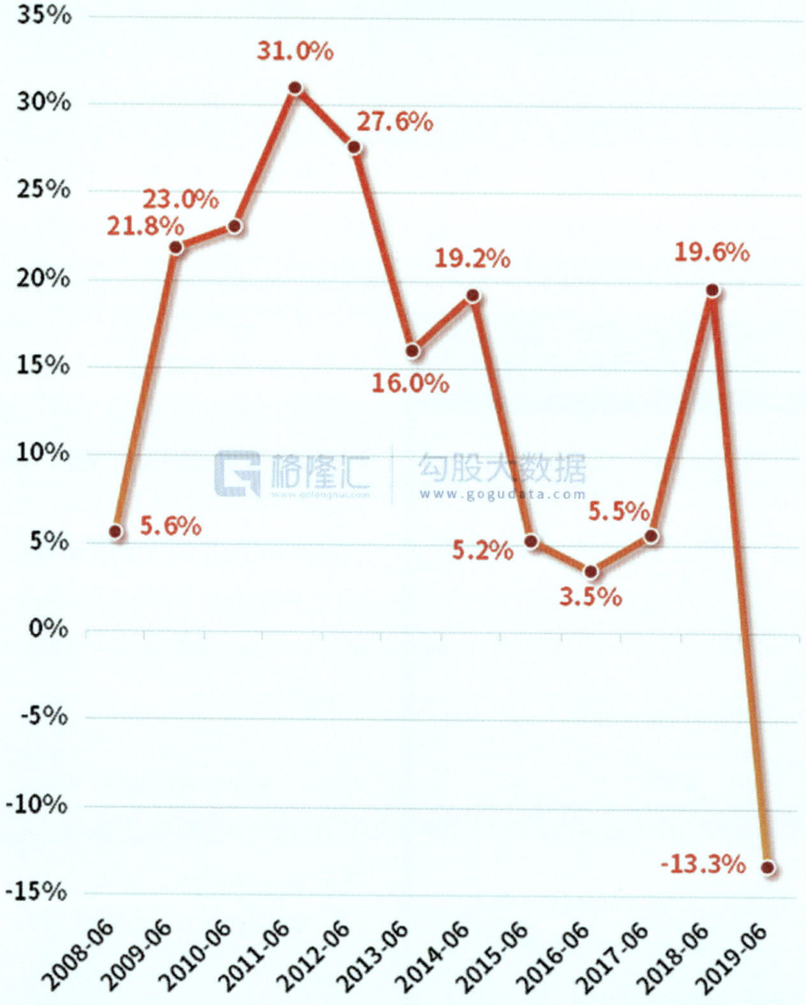

注：数据截至2019上半年。

数据来源：财政部，勾股大数据(www.gogudata.com)整理。

天就能中 500 万元。这是支撑很多穷人熬过艰难生活的仅有希望。富人不会需要这种希望，因为它极不靠谱，属于投资行为中必须要规避的小概率事件。

今年上半年，我们的彩票销售出现十年来的首次负增长。按月度同比，也是出现过去十年来最大负增长（见下图、下页图）。

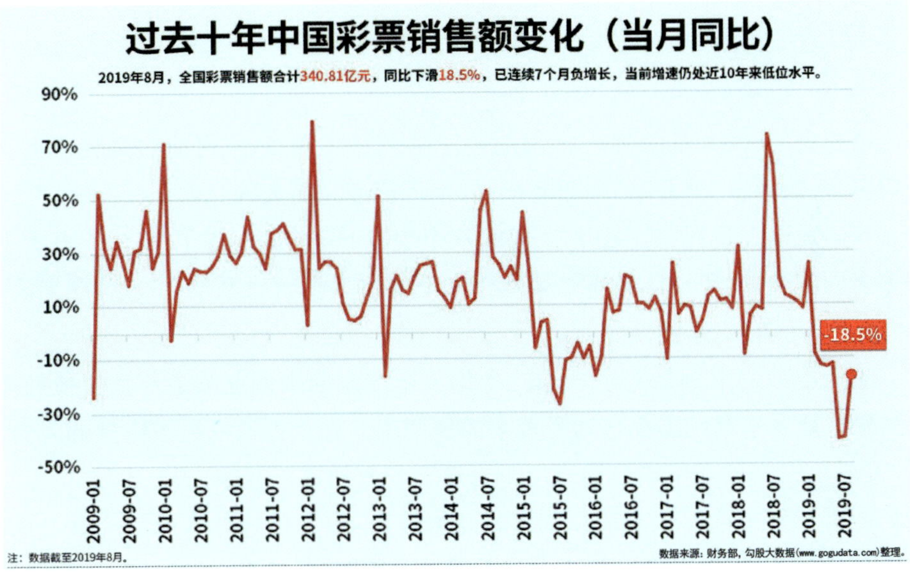

对穷人而言，如果把买彩票这份希望也放弃，要么是心死了，要么是真的没钱了。

很难对“穷人”这两个字做一个精确定义。但以我们高高在上的基尼系数而言，只能推测你我在内的绝大多数人可能都应该归入这个范畴。

这意味着，需求（消费）在离我们远去，拼多多、快手这些“食腐”商业模式，可能迎来更大的狂欢。

2019 年 8 月 13 日

拼多多(之二)

这是我 8 月 13 日(2019 年)写的一段话:需求(消费)或可能在离我们远去。而拼多多、快手这类“食腐”型商业模式,则可能迎来更大的狂欢。

一语成谶。我写完这段文字后的八个交易日,拼多多涨了 37%。事实上,拼多多的狂欢,比我预计的还要猛烈。二季度拼多多营收暴增 169%,同期阿里只有 42%,京东只有 23%。

颇为类似的案例是美东汽车。今年美东汽车的中期业绩会与比亚迪撞车,但结果是众多基金经理都挤到了美东的房间里。在全行业都风雨惨淡的大背景下,美东 49.7%的业绩增速简直就是奇迹。但秘诀并不复杂:美东专注布局 3~5 线城市,一城一店。美东的盈利模式与增速,本质也是一种腐殖质土壤上的狂欢,而这也是我一直喜欢美东这个公司的核心原因。

非洲大草原只有雨季与旱季之分。雨季时,万物生长繁衍,牛羊成群,下到角马,上到狮子,日子都很好过。一旦到了旱季,绿草成旱地,很多动物都会熬不过这个季节。哪怕食物链顶端的狮子,很多也都会在旱季死去。但,有一种动物会如鱼得水:秃鹫。它们食腐。堕入底层(乃至深渊)的动物越多,就越能成就秃鹫的狂欢(特别强调,此处用食腐,只是为了形象表达。商业模式没有高低贵贱之分。事实上,食腐是大自然里最具生命力的生存模式,尤其在大环境严苛的时候。)

2019 年 8 月 23 日

拼多多(之三)

1. 我不会轻易在朋友圈直白地点股票的名字。吃力不讨好,犯不着。但对于自己相对长期认可、喜欢的商业模式与公司,我还是会不吝公开自己的赞赏。比如,5 000 亿元市值时候的美团。再比如,股价 22 元时的拼多多。

2. 上周五我说了一句"拼多多的商业模式是对的",巧合的是,第二天拼多多大涨 10%创历史新高。但其实,拼多多的今天,在 2018 年,最迟在 2019 年就应该预知并予以下注了。所以在 2019 年 8 月拼多多股价 22 元时,我在朋友圈连续两天写了两段长文,核心一句话是:需求萎缩(或)只是开始,在下(坠)沉型宏观模型里,拼多多这种"食腐型"的商业模式,会迎来更大的狂欢。

3. 在中国股市,一年五倍者比比皆是,但五年一倍者寥若晨星。但以我经验,中国股市,其实是有好公司,也是能赚到钱的。多数人为什么赚不到钱呢?太短。想得太短,看得太短,做得太短。短则贪,贪则必窃。窃铢者贼,当斩!

4. 如果你在 2018 年就能看清提供 88%就业机会的民企的困境与趋势,你当然就知道未来必然的就业压力与居民资产负债表的变化,你当然就能知道需求必然的萎缩消失,你根本不会等到总理告诉你中国有六亿人月收入在 1 000 元以下,不会等到全民摆地摊了,才蓦然发现拼多多商业模式的天然正确。

5. 地摊是谋生,不是经济。实在要归入经济,顶多也就只能算个小农经济,满足一下村落间针头线脑的最基础生活交换。于政府而言,地摊解决就业和民生托底,非常必需,也应给予点赞。但于经济进化规律而言,地摊无疑是一种退化和坠落。地摊做到了极致,也就是从“保证最低价”的拼多多那里批发零星品类上街头卖而已,这相当于在拼多多商业模式上多增加了一道环节。这是对拼多多商业模式的一种嘲讽:因为拼多多所做的一切,都是为了砍削掉所有多余的交易环节,不让中间商赚差价。地摊这种商业模式如果成立,那只说明,拼多多的商业模式成立得会更多一些。

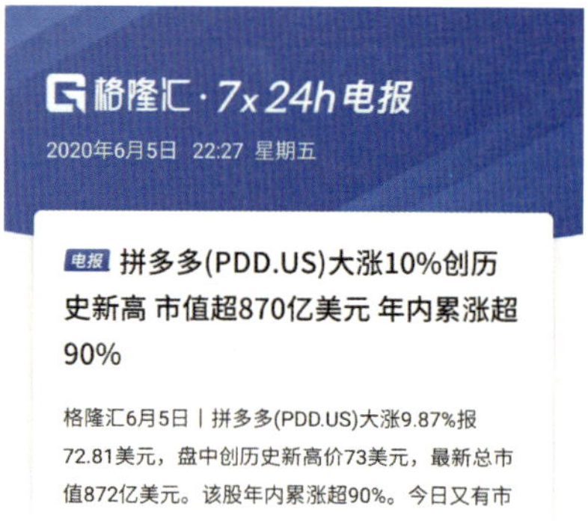

6. 我们这两代人,其实都没有在下坠(沉)型宏观模型里做过投资。我担心绝大多数人其实并不清楚发生了什么。还是格隆说过的那句话:如果你并不准备离场,请把你的资产,高度集中在“最后的幸存者”(the last survivor)上。

2020 年 6 月 7 日

中芯国际(之一)

市场瞩目的中芯国际 5 天光速上会,据说会融 200 亿元。

很多人问格隆怎么看。

怎么说呢?中芯幸运地赶上了一个“万千宠爱集一身”的恩宠时点。华为,乃至全国对高端芯片的需求,恐怕主要都得指望它这个独苗了。

但,美好愿望归美好愿望,冰冷事实归冰冷事实。中芯国际与其说是英雄横空出世,莫若说是“蜀中无大将,廖化作先锋”。

半导体制造技术密集,资本密集,规模效应显著。日本、韩国都是通过举国体制发展半导体。半导体制造资本开支巨大,全球龙头台积电 2019 年资本支出高达 154 亿美元,台积电仅资本支出,就是中芯国际收入的 5 倍,是第三梯队的

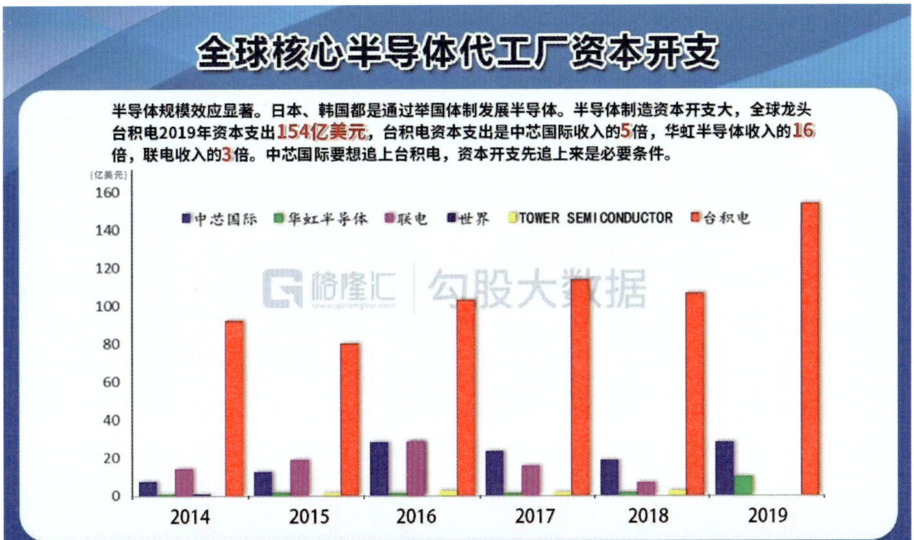

另一家中企华虹半导体收入的16倍。从专业角度看，中芯国际离第一梯队，还有老远的距离。要想追上台积电，中芯最起码资本开支先追上来是必要条件。

所以我说，短期看，中芯会有（国内）市场，有（国内）需求，有政府支持，有资金供给，所以一定时期内肯定会很吸引市场，这些都很确定。唯一不确定的是，未来如何？

如果这点无法给予肯定答复，那长期下注中芯，就真的要靠信仰。

2020年6月12日

中芯国际(之二)

中芯国际这种涨法，我担心会埋人。

格隆汇·7x24h电报

2020年6月24日 10:18 星期三

电报 中芯国际(0981.HK)大涨7.57%续刷历史新高 市值逼近1600亿

格隆汇6月24日丨昨日创出历史新高的中芯国际(0981.HK)今日盘中继续上涨，一度涨7.57%至28.45港元，再创历史新高价，总市值达1582亿港元。该股年内已累涨130%。上交所昨日公告，科创板拟上市公司中芯国际已提交注册。此前该公司仅用时19天即完成科创板首发过会，刷新了科创板的过会最快纪录。

中芯国际 hk00981

周五A股上会，看看有没有踩踏？

芯片产业就是一个凡尔登绞肉机。落后追赶者在很多很多年里，都只能是绝望的陪绑烧钱而已。如果不是出于大国战略需要，纯粹从分工与商业利益逻辑，这个公司其实是不应该设立的。

国家烧钱是出于战略，这类似面板的京东方。投资是另一回事。一个要长期源源不断输血的商业模式，投资者要学会适可而止。

除非你用信仰在支撑下注。

2020年6月24日

中芯国际(之三)

6 月以来,获批上市,申请上市的“中国芯”公司,以每周两个的速度和规模增长。中芯国际 19 天过会,之后寒武纪、芯朋微、力合微,乃至重组完成不到三个月的比亚迪半导体……

高企的估值、监管的一路绿灯、一级和二级市场生怕抢不到筹码的亢奋式追捧,一波狂飙突进的运动在神州上演(见下两页图)。

如果政策与热情就能锻造科技,我们的钢铁产业在 20 世纪 60 年代大炼钢铁时就会是全球第一了。

立帖为证:按当下这种估值,三年后,下表里一半的企业会腰斩,会埋多少人,可想而知。

2020 年 7 月 16 日

狂飙突进的芯片融资潮

2020年4-7月科创板上市和拟上市芯片企业

名称	成立时间	业务范围	上市进度	2019年营收（亿元）	2019年归属母公司净利润（亿元）
中芯国际	2000年	制造	开始申购	220.18	17.94
芯愿景	2002年	EDA工具	获问询	1.60	0.75
力合微	2002年	设计	IPO注册	1.42（1-6月）	0.22（1-6月）
格科微	2003年	设计	获受理	36.90	3.59
芯海科技	2003年	设计	IPO二轮问询	2.58	0.42
芯朋微	2005年	设计	IPO注册	3.35	0.66
盛美半导体	2005年	设备	获问询	7.56	1.35
天科合达	2006年	材料	完成辅导		
敏芯微	2007年	设计	过会	1.38	0.28
正帆科技	2009年	设备	过会	11.85	0.83
利扬芯片	2010 年	测试	首轮问询	2.32	0.60
仕佳光子	2010 年	设计	通过审议	5.46	-0.0158
燕麦科技	2012 年	设备	已上市	2.70	0.91
和林微纳	2012 年	设备	获受理	1.89	0.12
华海清科	2013 年	设备	辅导中		
微导纳米	2015 年	设备	获受理	2.15	0.41
恒玄科技	2015 年	设计	首轮问询	6.48	0.67
生益电子	2016 年	设计	已问询	30.96	4.41
寒武纪	2016 年	设计	开始申购	4.44	-11.79
紫光展锐	2016 年	设计	2020年底上会		

注：拟上市企业还有2001年成立的芯原微电子，5月已过会

格隆汇·7x24h电报

2020年7月16日　09:26　星期四

电报 中芯国际(688981.SH)首日上市高开245.96% 总市值4381亿元

格隆汇7月16日丨中芯国际(688981.SH)首日上市高开245.96%报95元，盘前成交46.36亿元，最新总市值4381亿元，成市值最高的中国大陆半导体企业。中芯国际H股高开2.21%报39.3港元。该股本次IPO价格为27.46元/股，发行市盈率109.25倍，募额462.87亿元。从提交申请到登陆科创板，中芯国际仅用了37天。

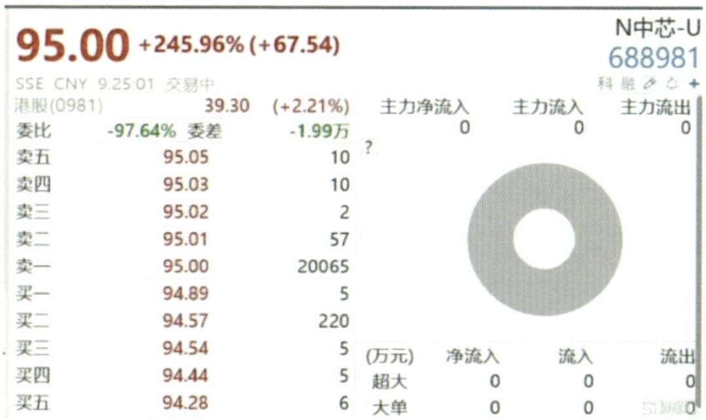

N 中 芯 SH688981

中芯国际(之四)

中芯国际过山车一样的走势,令人唏嘘不已——不知多少无辜被埋在了里面?而且未来多少年也无望翻身。

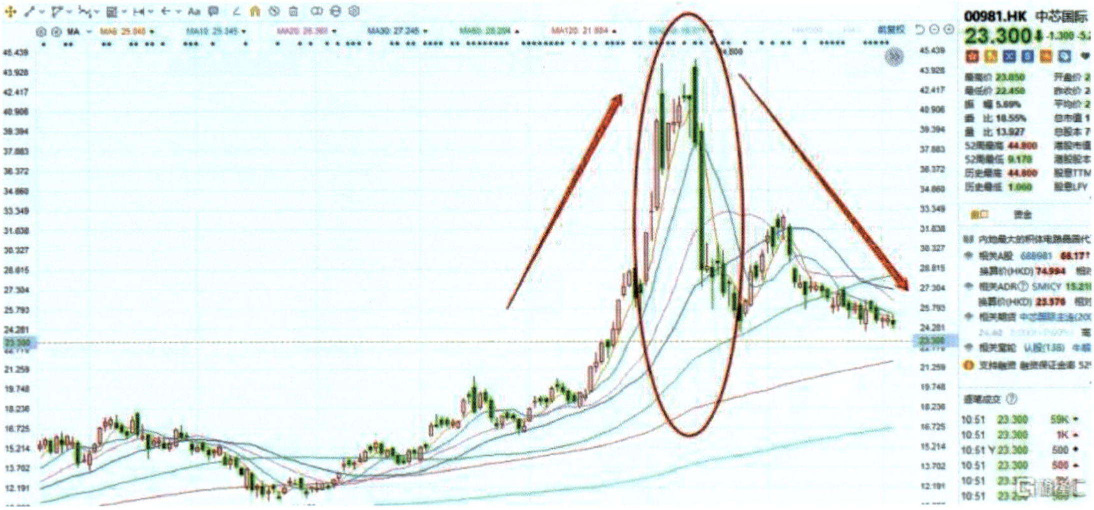

每每看到这种资本市场的血腥屠戮,都感慨不已——很多人的慷慨赴死,看似热血沸腾,实际死得那么不值——无声凋零,没有祭奠,没有探望,甚至,没有墓碑。

人如无大局观,蝇营狗苟如蝼蚁,是很难避过被碾压的。

7月初的时候,我说中芯只是蜀中无大将。长期下注中芯,可能真的只能靠国家信仰。这种涨法,大概率会埋人。

一语成谶。

如果你的投资路径是短期机会主义,无论你行为背后的支撑逻辑是微小的企业,还是强大的国家,你都逃不脱有一天被埋的命运。事实上,你为自己预设的逻辑愈宏大(比如上升到国家战略),你输得可能会愈惨——因为你会说服自己更重地下注。

所有机会主义者,你前期赚再多的钱,也只是为有一天一把亏掉做好了准备而已。

长期主义,是投资的唯一秘诀。

最后说两句很多人不爱听的实话:

(1)从投资角度说,所有月 K 线拉长了看是水平线的,都是垃圾。包括某芯,以及某证指数。

(2)万勿把强硬视作强大。吹牛和“抖狠”,都造不出高科技。高科技不是打群架,堆积再多模具一样的工匠也没用,靠的是长期扎实的基础研发投入和自由如野草一样个体的创造性。

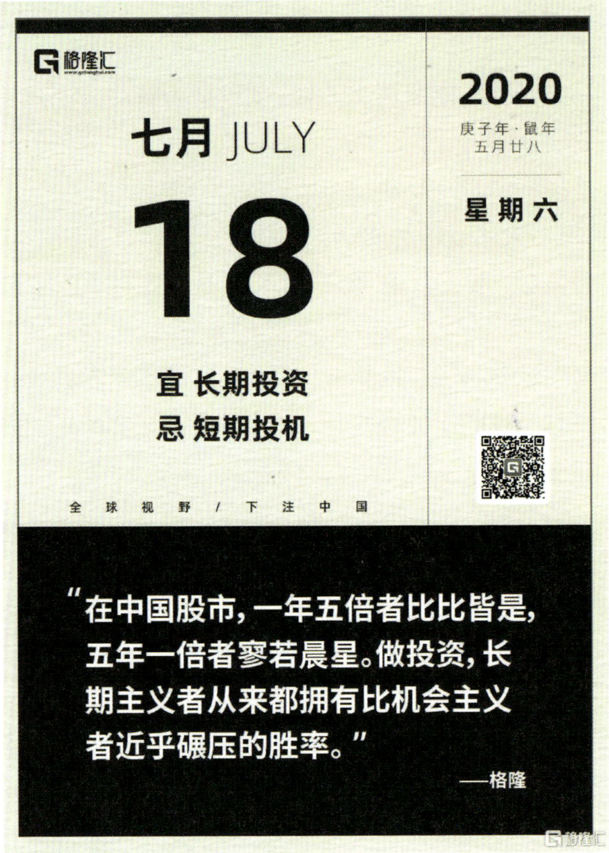
格隆汇
七月 JULY
18
宜 长期投资
忌 短期投机
全 球 视 野 / 下 注 中 国
2020
庚子年·鼠年
五月廿八
星期六
“在中国股市，一年五倍者比比皆是，五年一倍者寥若晨星。做投资，长期主义者从来都拥有比机会主义者近乎碾压的胜率。”
——格隆
格隆汇

2020 年 9 月 4 日

中芯国际(之五)

今日港股开市,恒指还不错,反弹 1.2%。但这还是挡不住中芯国际的满腔忧愁。美国制裁中芯国际获证实,中芯一度大跌近 8%。

这家计划融资 200 亿元,最后净融资额达 525 亿元的融资王,短短两个半月,已跌去了 61.5%。

如同凡尔登绞肉机,堪称惨烈。其中埋了多少人,可想而知。

公司上市不久,我就多次发朋友圈,说非常担心它会埋人。它骑着白马,但我非常清楚它真不是王子。那么多人,罔顾基本面,以着爱国的名义,互相忽悠着往里冲,其实质还是投机而已。只是投爱国之机,希图把爱国做成一门赚钱的生意。

这个路数,在我们这市场,多数时候确实有效,只要你跑得够快。

无奈,这次中芯故事,显形太快了。

靠信仰,做不了投资。伪装的信仰,那就更不敷使用了。

这个市场,没有人比你笨多少。真想赚钱,守拙,结硬寨,打呆仗!

2020 年 10 月 5 日

蚂蚁金服

格隆汇出了一个深度分析蚂蚁金服的系列。系列研究的编者按，都统一用了一个提示语——“一生一次的机会”。很多朋友不以为然，问格隆是基于怎样一种逻辑，做出这个“煽情”判断？

这个编者按，其实是我的建议。倒不是有多严谨的数据模型支撑，而只是基于格隆对蚂蚁商业模式的理解。

投资，大道至简，其实就是选三好。依据重要性依次排序：好生意＋好公司＋好老板。

好生意是第一位，决定性的。所谓好生意，是指好的赛道，好的商业模式。最好是躺着赚钱的那一类。

模糊的正确，好过精确的错误。多数投资者往往会把估值模型做得艰深复杂，却对商业模式懒于挖掘，疏于理解，结果大概率赚不到大钱——没有透彻理解商业模式，不可能形成信仰。没有信仰支撑的投资，怎可能重仓？怎堪长久？

鸡鸣狗盗，窃铢罢了。

窃铢者贼，当斩。

犹记得格隆读博时，就什么是天下最好商业模式问题请教导师，导师很不屑地回答：你在问最好的商业模式？很好。你要么打天下，然后去收税。要么找打天下的人，弄一张银行牌照。

很明显，导师之所以不屑，是认为格隆的问题很幼稚，是个伪命题：只要你亲自下场做生意，天下就根本不存在最好的商业模式。哪个生意会没有竞争？

所以，最好的生意模式，一定是根本不下场，不做生意。

而是向所有做生意的人收税。或者，对所有生意的流水，抽头。

才懒得去做什么生意。

这就是蚂蚁在干的事。

所以很多人问格隆：蚂蚁是什么商业模式？算躺着赚钱吗？

不算。它是在酣睡中就把钱给赚了。

只要你亲自下场做生意，你梦寐以求的商业模式，就是尽量靠近支付。离支付越近的商业模式，越优。如果你的商业模式，离支付老远，那你大概率在赚一个辛苦钱。

而蚂蚁，就是支付本身。

格隆管理中国最大海外保险公司的投资队伍时，对每一个来应聘基金经理的人，我几乎不去看他的过往业绩，而是会问三个问题：

(1)5 秒钟回答，每年 40%的收益率，多久可以赚到 1 000 倍？

1.4×1.4=1.96，约等于翻倍，而 2 的十次方是 1 024。问这个问题，是考察该人是否具备投资必需的复利意识，以及基本速算能力、数字敏感性。

(2)半分钟回答，香港可以开多少家麦当劳？

这个问题，看似无从着手，其实从客单价、市民人均可支配收入、商圈半径几个维度，基本能推出八九不离十，是统计学与逻辑推理学的入门题。这种基础模型搭建能力没有，你不可能指望他会有多擅长做投资。

(3)3 秒钟回答，假设现如今还没有阿里巴巴与腾讯。有两家公司创业，一个做社交，一个做电商，谁的商业模式更优？

问这个问题，是考察应试者是否具备清空大脑成见，剔除路径绑架的能力，以及高处俯视，一眼看穿商业模式的能力。

多数人对第三个问题的答案，都是两者不分伯仲，各有千秋。

这是窃铢者贼的思维。

如果你想窃国，答案是明显的：电商明显优于社交。

所有电商都是拉着你看商品，看完商品，你的下一个动作，就是摸屁股口袋，掏钱包，支付。而拉着你玩社交，开心是很开心，要服你摸屁股口袋掏钱包，做支付动作，中间隔着一座太平洋。

事实上，微信在很长很长时间内，都找不到好的变现模式，最后迫不得已，才用了游戏这种看似灵光闪现，实际极不讨巧，甚至带有天生原罪烙印的“劣后级”模式。

理论上，对天下所有生意的流水(支付环节)抽头，这是打天下人的特权。

换句话说，是国之重器，如果不是非常特殊的原因，根本不可能流落到民间。

比如银联，躺着赚大钱的生意，会上市和你分钱吗？会给你平民入股的机会吗？

支付宝（包括内化在腾讯里整体上市的微信支付），是因为各种特殊原因，机缘巧合，才极其偶然流落在了民间。

璧其无罪，怀璧其罪——所以蚂蚁必须上市。所以你一介匹夫才有了入股机会。

这种平民享受坐天下的权力，说一生一次，不够恰当吗？

银联如果上市，除了买入，你还有第二选择？

剩下是估值的事情。用一个好的价格买入，也是投资的关键。

但估值，说破天，顶多也只是个战术层面的事。

成天价盯着战术，你最多是个韩信，永远不可能做成刘邦。

2020 年 10 月 8 日

特斯拉

很多人无法理解特斯拉的市值超越丰田(见下页图)。

还是认知不够。或者说,对关键点(Key Point)认知不够。

美股与 A 股、港股完全不一样。在美股,只要能代表未来,估值就能上天,不管你多么不理解它。

而特斯拉代表未来。至少,他代表的,很像未来——这就够了。

很多人把特斯拉看作一家造车公司。特斯拉不是在造车,也不是造电子产品。它是在奔着一个移动终端而去。他在打造一个可以自动驾驶、没有发动机、没有方向盘,人在里面可以做任何事,唯独不需要操心驾驶的移动盒子。

想想苹果创造了一种叫“智能手机”的超级移动终端后,赚了多少钱吧?!

如果说人类实现自动驾驶的速度取决于特斯拉,或许并未言过其实。

但其他多数新能源车是另一回事。无论比亚迪,还是三大新势力,他们是真的在造车,只是从烧油,改成了用电而已。如果新能源车不是一个移动终端(也即没有闭环生态,也没有实现自动驾驶),那就还只是一辆车。如果只是一辆车,大幅超越传统车市值(很多传统车企其实也在大规模布局和生产新能源车),明显背离常识。只要中国继续用举国体制扶持,这个行业肯定会有人跑出来,但多数最后会逝如云烟。君还记得手机里的波导、金立、熊猫否?

别看现在资本市场对新能源车情意绵绵,但时间长了就完全是另一回事。资本干的始乱终弃的事还少吗?只是奔着赚钱,赚一把而已。最关键你不要守候到一地鸡毛的时候,替那些爽过的人买单。

当下汽车“赛道”较有代表性的企业有:特斯拉(USTSLA)、小鹏汽车-W(HK09868)、蔚来(USNIO)、理想汽车(USLI)、丰田汽车(USTM)。

2021 年 7 月 7 日

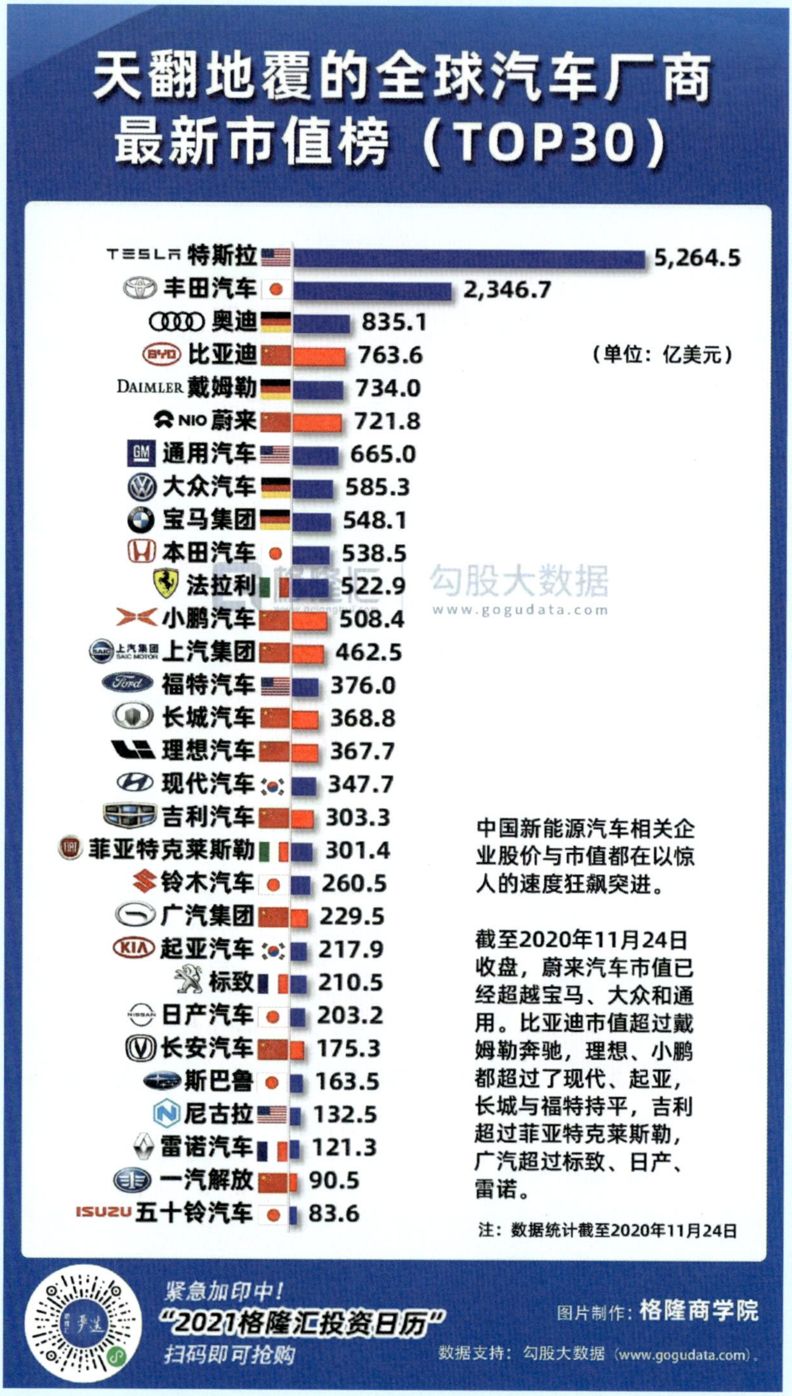
天翻地覆的全球汽车厂商
最新市值榜（TOP30）
（单位：亿美元）
TESLA 特斯拉 5,264.5
丰田汽车 2,346.7
奥迪 835.1
BYD 比亚迪 763.6
DAIMLER 戴姆勒 734.0
NIO 蔚来 721.8
GM 通用汽车 665.0
大众汽车 585.3
宝马集团 548.1
本田汽车 538.5
法拉利 522.9
小鹏汽车 508.4
上汽集团 SAIC MOTOR 上汽集团 462.5
Ford 福特汽车 376.0
长城汽车 368.8
理想汽车 367.7
现代汽车 347.7
吉利汽车 303.3
FIAT 菲亚特克莱斯勒 301.4
铃木汽车 260.5
广汽集团 229.5
KIA 起亚汽车 217.9
标致 210.5
NISSAN 日产汽车 203.2
长安汽车 175.3
斯巴鲁 163.5
尼古拉 132.5
雷诺汽车 121.3
一汽解放 90.5
ISUZU 五十铃汽车 83.6
格隆汇
勾股大数据
www.gogudata.com
中国新能源汽车相关企业股价与市值都在以惊人的速度狂飙突进。
截至2020年11月24日收盘，蔚来汽车市值已经超越宝马、大众和通用。比亚迪市值超过戴姆勒奔驰，理想、小鹏都超过了现代、起亚，长城与福特持平，吉利超过菲亚特克莱斯勒，广汽超过标致、日产、雷诺。
注：数据统计截至2020年11月24日
紧急加印中！
“2021格隆汇投资日历”
扫码即可抢购
图片制作：格隆商学院
数据支持：勾股大数据（www.gogudata.com）。

蔚来、理想、小鹏(之一)

蔚来、理想与小鹏无疑是今年资本市场最耀眼的明星,没有之一。它们涨得让很多很多基金经理怀疑人生,这其中包括了不少华尔街大行的明星基金经理。

前天和一群朋友一起讨论明年应该下注哪些行业与公司时,也是在新能源汽车,尤其是在蔚来、小鹏、理想中概新能源三驾马车上发生严重分歧。好几个少壮派基金经理说我跟不上时代最新潮流与思想,说新能源车不是车,是互联网的入口与终端,高估值是冲着智能化、互联网化给的,并不过分。只要这个方向短期无法证伪,就不能说有泡沫。

在投资领域,年龄真的是个优势。当年我年轻的时候,其实和他们一样一样的。好在我亏了足够多的钱,让我明白了在任何时候,常识会有多么重要。

在金融投机这个问题上,人性从未改变过。泡沫总是能把人的欲望刺激到一个极致,把人的智商压制到另一个极致。

为梦想付出生命,是值得夸赞的。但为梦想输钱,是愚蠢的。

在美股上的某些中国新能源车公司,哪怕考虑到了所有可能,其市值在目前的基础上打掉一半,都嫌贵。一天25%的换手率,你说是在做火中取栗赚点博弈的钱,我信。但你要说是在投资价值与未来,打死我也不信。

我不知道这种估值,需要多长时间和怎样的奇迹,才能慢慢消化。

诸君好自为之吧。

2020 年 11 月 26 日

蔚来、理想、小鹏(之二)

在我说了一些中概新能源公司股价打掉一半还嫌贵以后,中概新能源汽车三驾马车的股价,都各种下跌了30%多、40%多不等。

不是我有什么先见之明,只是有机会在投资生涯里亏了足够多的钱,最后还活下来了之后,更笃信常识,而不是美妙的概念与故事。

与之对应的是,特斯拉昨晚继续创新高。

11月关于中概新能源车估值争论最激烈的时候,很多基金经理都是试图用这个方法说服我的:特斯拉一年生产多少辆车,市值多少,折合每辆车对应多少市值。然后中概新能源车公司每年生产多少辆车,按特斯拉单车对应市值打个折。

这个逻辑成立有一个非常重要的前提:可比。

你不能说山东蓝翔技校有多少学生,哈佛大学有多少学生,然后打个折,计算山东蓝翔的行业地位与价值。

是因为有了苹果,之后才有智能手机这个行业。是因为有特斯拉,才有了新能源车这个细分行业。

如果一定要对这个行业做个分类,那就是:特斯拉,及特斯拉以外的新能源车公司。

做投资,不要费尽心思去寻找腾讯第二,茅台第二。不会有第二出现的。直接买腾讯,直接买茅台就好了。

对于某些中概汽车公司,在我看来,就如同掷骰子,不确定性极高。唯一的胜率在于,借助资本市场,融资够多,活的够久。毕竟摇骰子,开得够多,总能出一个大,关键在于要一直在桌上。

乔布斯说："我特别喜欢和聪明人交往，因为不用考虑他们的尊严"。

聪明人没有尊严吗?不!聪明人更关注自己的成长，时刻保持开放的心态，而愚者更关注自己的"面子"，想方设法证明"我没错"

2020 年 12 月 15 日

B 站(bilibili)

昨晚和圈内人探讨 2022 年互联网潜在投资标的,有人提到 B 站。我明确表示反对。

我不看好 B 站的根本原因,是 B 站极其特殊的年轻用户为主的生态。在当下大环境下,这种生态,大概率是一个自我走向毁灭的生态。

你们有没有注意到,最近两年,网上相互举报、相互攻击,甚至专业性攻击他人最狠、最没有底线的,并不是大家想象的经历了那场运动的 70 后或者 80 后,而是 90 后、00 后这一辈的年轻人——大部分人对这个现状的认知并不深。

他们这一代的认知与所受的教育,是一种极其割裂、特殊的悬殊组合。他们见证了经济奇迹,但他们绝大多数学习的又是相当单一、封闭的知识和价值观体系。他们年轻,对现今环境与变化敏锐度高,把握力强,甚至很多事情都经历过所以理解度深;举报过程中,举证专业,文笔清晰,截图、视频等各种手段应用尽用;很多举报的偏门,不是专门举报过别人的,往往不会懂。

包括服装、立绘、文案、素材等各种敏感点,也是只有你经历了,你才最清楚哪个程度、什么角度、如何举报是最有效的。很难想象那些 70 后、80 后能把这些核心细节点把握到并说清楚。

多数参与其中的年轻人对此都心知肚明,并认为举报是一种不用就浪费的权利。不少年轻人的核心思想之一就是:我不好,那你别想好。这种氛围形成后,“你就是行走的 50 万吧”,也对应成为流行词。这就解释了,原本大家以为,这一批年轻人长大了,成为父母后,环境应该就好了,结果环境变得更差。有人说是不是这一批年轻人没结婚的原因,但是仔细一想不合情理,实际上是这一批年轻人长大后,以及下一批年轻人,更擅长运用“赵弹”了。

所以带来一个非常奇葩的结果:B 站或是目前整体举报风气最盛的几个互联网平台,没有之一。他们彼此举报,跨国举报,举报对方,举报老师,举报同学,乃至举报父母，举报任何他们想攻击的，不亦乐乎。所以 B 站的内容审核反而要更进一步，要变得更严苛，才能确保不翻车，形成举报链和自我审查链条的彼此强化的负向循环，最后是生态恶化与生态反噬，作茧自缚，人人自危，商业逻辑和盈利模式需要在刀刃上实现，最终一个不小心，就会毁于一旦。

所以，什么时候能买 B 站，并不取决于 B 站自己，而是看大环境和这帮年轻人怎么变。

格隆引述自己说过的一句话：投资像山岳一样古老。要在这个领域获取超额收益，需要做的，不是去发现一些别人还没有发现的东西，而是针对所有人都看见的东西，做一些从未有过的思考。

对 B 站，大家的评论几乎都是共同的：似乎是个好公司，对年轻一代的黏性没话说，但是……

所有人都会加上一个“但是”。只是靠“极左”的社区文化讨好和绑定一批思想和价值观还不成熟的年轻人，等这群年轻人经过生活的教育和捶打，稍稍变得成熟和理智，他们离开 B 站几乎是必然的。最关键，这批平均年龄只有 22 岁的用户，是最没有支付能力的一个群体。对这个群体，如果不漂亮地解决商业模式的变现闭环，不解决赚钱问题，市梦率就会一直在那。市场的耐心是有限的，不会一直这么友好地等待。商业竞争对手也不会那么仁慈，一直给你舒适的时间窗去一直试错、摸索。

2021 年 10 月 13 日

字节跳动

字节跳动的首份财报，虽然能看出为了低调而明显的“自污”痕迹，但还是令人惊叹！

19 亿的平均月活用户，111%的增速，成功的国际化，给 15 倍市销率(P/S)，就足以保证其上市后 PK 阿里，乃至超越阿里的市值，而位列中国互联网公司市值第二把交椅。再假以时日，超越腾讯也有相当可能。

江山代有才人出，各领风骚十数年。过去十年，是中国经济一路下行的十年，却诞生了一批放之全球都堪称优秀的大市值互联网公司。

究其原因，不外乎互联网行业无疑是中国管制最少，最市场化，最自由，最具创造力的领域。

再次强调格隆说过的那句话：某种意义上说科技是第一生产力，而自由则是科技创新之魂！

当惜之护之，万不可自毁长城。

与字节跳动一样值得关注的股票有：阿里巴巴－SW(HK09988)、阿里巴巴(USBABA)、腾讯控股(HK00700)、美团－W(HK03690)、拼多多(USPDD)。

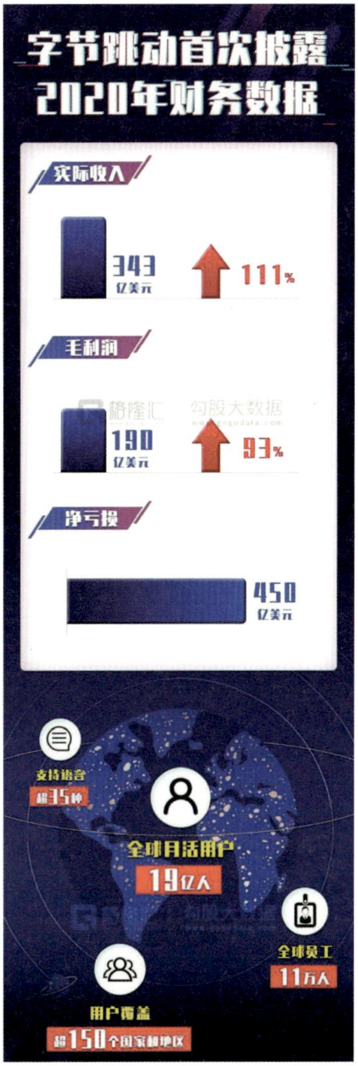

如果环境是自由的，再艰难，奇迹也会产生
中国过去十年GDP：当季同比
12.2%
微信
2011年1月21日
字节跳动
2012年3月
天猫
2012年1月11日
美团
2011年5月6日
拼多多
2015年9月
6.0%
4.9%
-6.8%
注：数据截至2020年第三季度。
了解更多图文干货，扫码关注公众号
"格隆汇图解天下"
图片制作：格隆汇图解天下
数据来源：国家统局，勾股大数据(www.gogudata.com)整理。

2021 年 6 月 21 日

海底捞(之一)

海底捞已是一个神话。

在餐饮领域封神——貌似可以无限制地开店，且据说开一家店，必火一家，而且开店速度，每家新开店的坪效、翻台率、客单价，都能维持原来的利润水平与增长率。

在资本市场封神——高达600多倍的市盈率。所有前赴后继试图做空它的人，都已被团灭。

我从来相信，事物的发展是粗糙的，是有棱角的。那些过于圆润，甚至封神的，无论人，还是物，你要做的第一件事，就是怀疑。而这些怀疑，事后证明都会是值得的。

让几乎所有做空者生不如死，甚至怀疑人生，海底捞不是第一家。当年香港市场上最牛的汉能太阳能比今日海底捞还牛，并一度让公司老板李河君成了中国首富。但这公司在格隆连续发文质疑后，早已雨打风吹去。

商业模式、财务数据都好到资本市场无人敢质疑，海底捞也不是第一家。当年乐视的故事更完美，无数资本市场分析师打破头也找不出它财务数据的瑕疵。格隆汇也是国内第一家在其股价最风光的时候，怒怼其商业模式根本不可持续的，为此甚至惹上了官司。但现在，我们都知道谁对谁错，也都知道乐视去往了何方。

汉能太阳能，乐视，最后都败在了常识与逻辑上——有些时候，你是不需要通过公司提供的数据去找它的财务瑕疵的。常识与逻辑会告诉你，他们两家的故事，根本没办法一直讲下去。

海底捞是哪种类型？它的故事，能一直讲下去？

反正我是不信的。

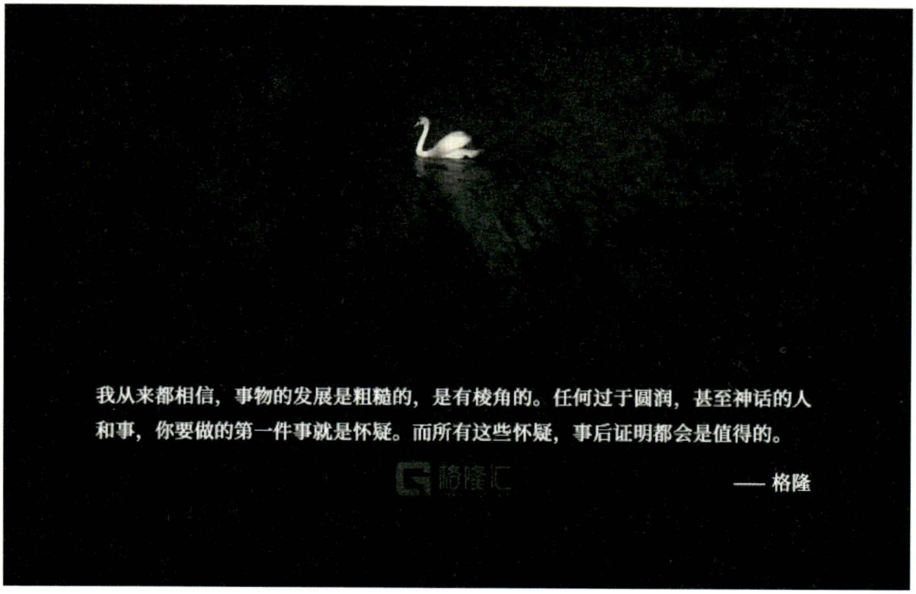
我从来都相信，事物的发展是粗糙的，是有棱角的。任何过于圆润，甚至神话的人和事，你要做的第一件事就是怀疑。而所有这些怀疑，事后证明都会是值得的。
格隆汇
—— 格隆

2020 年 10 月 9 日

海底捞(之二)

海底捞(HK06862)越来越不喜欢读卖方报告,看看他们给的海底捞评级。

总在疑惑他们的估值究竟怎么做的?给出的买卖评级又是怎么做出来的?就根据财务数据拍假设、估模型?如果依据上市公司每半年频率才公开公布一次的财务数据,就能拍出估值与买卖决策,那何须去工地搬砖啊,认真努力学习《财务分析》,考个CPA就好了。

但,你看过几个会计师事务所的人能做好投资的?

今年初海底捞股价如日中天时,格隆汇连续出了6篇深度系列分析,说明当时的市值与估值都高估得太明显,撑不住。说实话,当时惹来很多嘲讽,因为彼时的海底捞是市场很多资金的最爱。但我们完全没有在意所谓"主流资金"的冷嘲。我们有自己严格、独立的估值数据与方法。其中尤以其翻台率、客单价两个指标为核心(翻台率×客单价,大致就是营收。客单价一般相对稳定,最关键的数据是翻台率,公开渠道

格隆汇 · 7x24h电报

为专业投资者而生

2021-06-29 11:48 星期二

大行评级|中银国际:维持中国餐饮行业"增持"评级 升海底捞(6862.HK)评级至"买入"

格隆汇6月29日丨中银国际上周发表报告指,中国餐饮市场呈复苏,随着"线上到线下"推行、实体店逐步回复、龙头餐饮企业持续扩展网络及数字化部署,以提升市场份额及效率,维持对中国餐饮行业"增持"评级,并上调对海底捞评级,由"持有"升至"买入"。该行相信海底捞仍是内地增长快速的火锅行业的领导者,具独特的管理模式,在数字化部署及自动化上处于领先,有助于长期性提高效益。该行将其目标价由57.5港元降至52港元,相当于预测2020年企业价值对EBITDA的15倍,较内地及国际餐厅营运商平均估值低5%。中银国际指,海底捞目前估值仅预测2022年企业价值对EBITDA的11倍,较同业平均水平低30%,指估值吸引。该股现报40.45港元,大涨8.16%,最新市值2143亿港元。

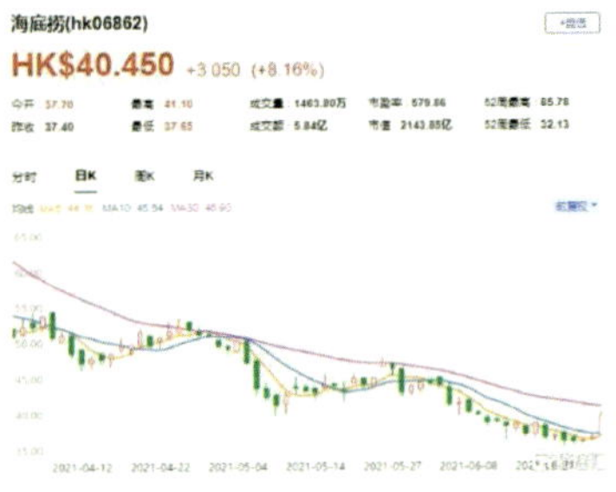

海底捞 06862.HK

哪里都拿不到。但格隆汇勾股大数据团队的数据工程师们非常漂亮地实现了这两个数据，并做到了高频（每日）更新。

于海底捞这种标准化大众餐饮公司而言，依据它的客单价、中国各城市收入与消费水平、公司的后勤供应与管理输出能力等构筑模型去推演它的扩张边界与财务模型，变量多且权重杂，极容易失之毫厘，谬以千里，陷入“精确的错误”这种经典投资陷阱中。

有没有化繁就简的路径？

有的。

每个公司都有其“七寸”式指标，而海底捞的“七寸”，就是其翻台率。就如同证券市场的股价会反应一切信息一样，平均翻台率的变化，实际就已完全反映了上面做海底捞模型中几乎所有因子的变化，盯住它，就足够了。

之所以力排众议，在今年初坚持认为海底捞高估了，就是因为我们每天都能拿到这两个事关海底捞生命线的核心数据。而我们看到这两个数据，尤其至关重要的翻台率，在非常确定的一路下行。

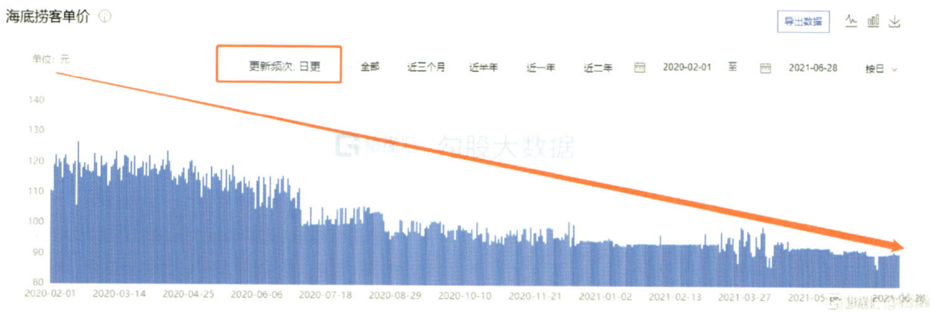

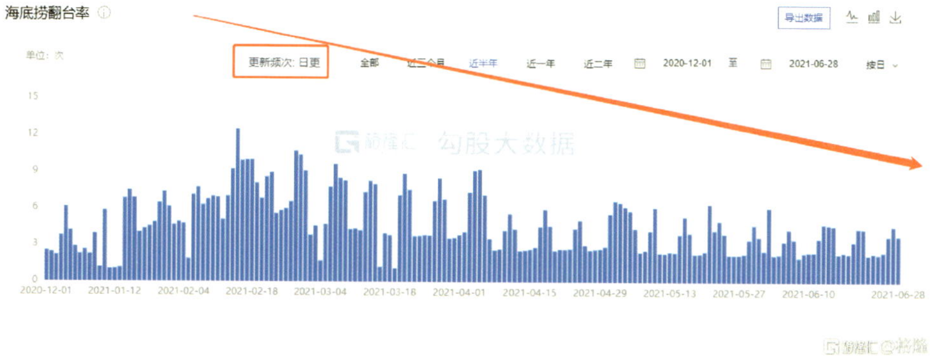

当然，无论从品牌口碑、餐饮的标准化、管理与服务等方面，海底捞都还是中国一流的餐饮公司。在逐步消化完激进扩张带来的问题，这个公司还是可以抄底的，而且，抄底大概率能获得相当可观的回报。

但，前提是，何时抄底？

对任何公司，跌得够多，从来都不是买入理由。

最有效的办法，是继续紧密跟踪与观察翻台率、客单价两个指标数据（勾股大数据网站上），尤其翻台率，如果开始拐头了，就是最好的、最确定的抄底时机。

其他依据财务指标的判断与决策，大概率都是鬼扯。

2021 年 6 月 29 日

金龙鱼(之一)

如果你对大猩猩加以训练和包装,它也能给你表演扔飞镖,准头未见得逊色于你。它甚至能给你做十位数的加减乘除。

但大猩猩还是大猩猩。它永不会进化成人。

金龙鱼刚上市,就有很多牛人向格隆推荐它,说这是不可多得的消费股,是油中茅台。我都委婉表达了反对意见。其后从 3 000 亿元一路涨到 6 000 亿元,不少朋友也都不忘经常好心地刺激一下我:格隆你看吧,后悔了吧?可惜了吧?你为你的偏见付出了代价吧?

没办法。做投资,如同行走官场。如果没有自己的一套方法体系与定力,进去是迟早的。我必须非常明确,哪些钱我能赚。哪些钱,连碰都不要碰。

好歹做了二十五年的投资了。你说一个毛利 12 个点,净利 2 个点,数值还随着农产品价格各种波动的公司是消费类公司,打死我也是不信的。

一个如假包换的农产品公司而已。

所有高端酒几乎都有 80、90 个点的毛利,茅台 92 个点的毛利,净利 51 个点,连最低端的二锅头都有 48 个点的毛利。啤酒也都有 40 个点的毛利。海天酱油毛利 43 个点,25 个点的净利。厨邦酱油毛利 40 个点,净利 19 个点。千禾毛利 46 个点,净利 18 个点。哪怕最像农产品公司的乳业,伊利毛利也有 37 个点,蒙牛毛利 39 个点。

一个农产品公司,你硬要说它是消费品公司,那是你的事。你能在上面赚到钱,我也恭喜你。

但我还是不会去凑这个热闹。本来这辈子活就已经活得稀里糊涂了,但起码能做到,如果有一天我不得不死去,我会清楚知道,我是怎么死的。

2021 年 2 月 23 日

金龙鱼(之二)

看到所谓的“油茅”金龙鱼(SZ300999)光华褪尽,市值已跌破3 000亿元,较高峰时已跌去了5 000亿元,唏嘘不已。

去年2月份金龙鱼最风光,市值冲到6 000亿元时,格隆在格隆汇APP的专栏里写过一段文字,其中几句重要的,重飨于此,诸君或有借鉴:

如果你对大猩猩加以训练和包装,它也能给你表演扔飞镖,准头未见得逊色于你。它甚至能给你做十位数的加减乘除。

但大猩猩还是大猩猩。它永不会进化成人。

做投资,如同行走官场。如果没有自己的一套方法体系与定力,进去是迟早的。我必须非常明确,哪些钱我能赚。哪些钱,连碰都不要碰。

好歹做了二十多年的投资了。你说一个毛利12个点,净利2个点,数值还随着农产品价格各种波动的公司是消费类公司,打死我也是不信的。

一个如假包换的农产品公司而已。

所有高端酒几乎都有80、90点的毛

格隆汇 · 7x24h电报

为专业投资者而生

2022-02-23 09:53 星期三

金龙鱼绩后大跌8%创逾1年新低 市值较高位蒸发近5000亿元

格隆汇2月23日丨金龙鱼(300999.SZ)现跌8.79%报51.89元,股价创逾1年新低,相较于2021年1月11日的145.62元历史高价,金龙鱼市值蒸发近5000亿元,跌至目前的2813亿元。

公司2月22日发布业绩快报,2021年实现净利润41.32亿元,同比下降31.1%。报告期内,因原材料成本上涨幅度较大,公司生产经营成本高于去年同期。虽然公司上调了部分产品的售价,但并未完全覆盖原材料成本的上涨,利润同比减少。此外,市场竞争加剧,叠加消费疲软的因素,公司的中高端零售产品销量受到较大影响。

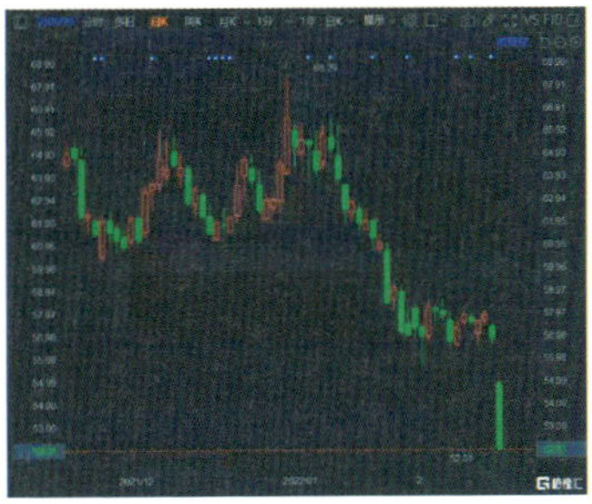

金龙鱼 300999.SZ

利，贵州茅台（SH600519）有92个点的毛利，净利51个点；连最低端的顺鑫农业（SZ000860）的二锅头都有48个点的毛利。啤酒也都有40点的毛利。海天味业（SH603288）的海天酱油毛利43个点，25个点的净利。中炬高新（SH600872）的厨邦酱油毛利40个点，净利19个点。千禾味业（SH603027）毛利46个点，净利18个点。哪怕最像农产品公司的乳业，伊利股份（SH600887）也有37个点毛利，蒙牛乳业（HK02319）毛利则是39个点。

一个农产品公司，你硬要说它是消费品公司，那是你的事。你能在上面赚到钱，我也恭喜你。

但我还是不会去凑这个热闹。本来这辈子活就已经活得稀里糊涂了，但起码能做到，如果有一天我不得不死去，我会清楚知道，我是怎么死的。

2022年2月24日

第四部分

关于城市

武汉（之一）

一个在武汉抗疫一线的朋友问格隆，除了吃热干面、喝藕汤，还有什么快捷途径，了解武汉，了解楚地？

我的建议是：去读读易中天。当然，还有时间，再读读《左传》。

武汉长大的易老先生，其风骨，从没让人失望过。

另一个让人尊敬的武汉人，一个作家。印象中还当过省作协主席。我会经常去财新上看看她日记——那也是极少数她的文字能被看到的地方。喜欢她的文字，更喜欢她的人品，她的正直善良，她的疾恶如仇。

楚虽三户，亡秦必楚。楚人骨子里，一直都是充满血性、刚直不阿的。上天真有灵，新冠这种无妄之灾，本不应该落在这个人群头上的！

《左传·庄公十九年》用五十余字，非常简短地记载了一段楚地历史：

十九年春，楚子御之，大败于津。还，鬻拳弗纳。遂伐黄，败黄师于踖(jí)陵。还，及湫，有疾。夏六月庚申卒，鬻拳葬诸夕室，亦自杀也，而葬于绖(dié)皇。

这 51 个字，却最清晰概括了那块土地和上面的人。

公元前 675 年，阎氏家族叛乱，联合巴人攻楚。楚文王御驾亲征，因轻敌在津地大败，文王面颊中箭，残军败将，落荒逃回。

又饿又累的楚军至郢都，等待的不是慰问。而是紧闭的城门和袭大阍之职（主管郢都城门）的重臣鬻拳的严厉责问："王得胜否？"

楚文王羞惭对曰："败矣！"

鬻拳正色曰："自先王以来，楚军战无不胜，攻无不克。巴，乃小国也，王亲征而败，岂不令我楚人被天下耻笑？今黄国不朝贡于楚，王若能伐黄而胜，犹能自雪今日之耻！"说罢，严嘱左右紧闭城门，不放一兵一卒入城。

楚人不能蒙羞而归！

楚文王知道这个先祖的规矩，遂调转马头，愤恨地对手下同样有家不能回的残军立誓：“此行不胜，寡人不归矣！”回家的力量不可阻挡，楚军将士誓死一战，大胜黄师于踖陵。

得知楚军大胜，鬻拳命大开城门，张灯结彩，等待王师归来，自己则自缚候文王治罪。

但鬻拳最后等来的，却是一支披缟戴素的大军。因连续征战，楚文王的箭伤没有得到及时治疗，伤口感染，客死异乡，薨于湫地。

楚文王，拥“我有敝甲，欲以观中国之政”豪气的楚地一国之君，终究没有回成家。

但，楚地的尊严，被军队带了回来。

维护了楚国尊严，但却间接促使楚文王客死异乡的鬻拳，随从新君把楚文王隆重安葬之后，沐浴更衣，自杀身亡。死前遗言，葬自己于绖皇（地宫宫门内）。

绖皇者，冢前阙。生守门，死不失职！

这就是楚地，楚人！

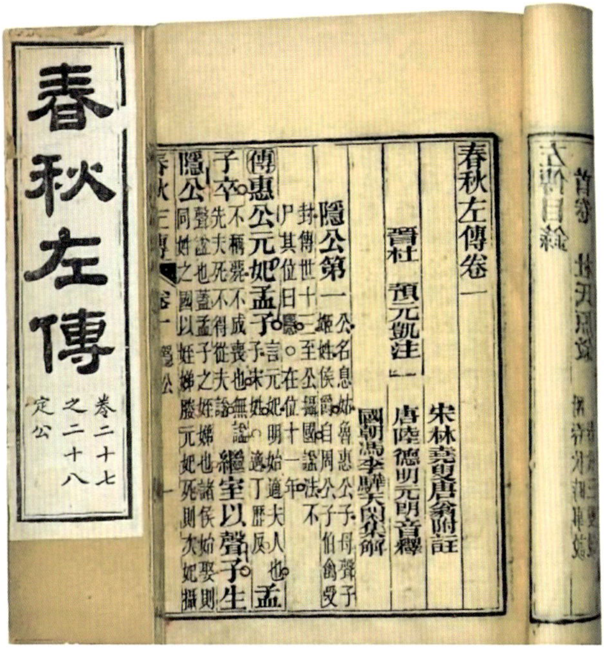

2020 年 2 月 22 日

武汉(之二)

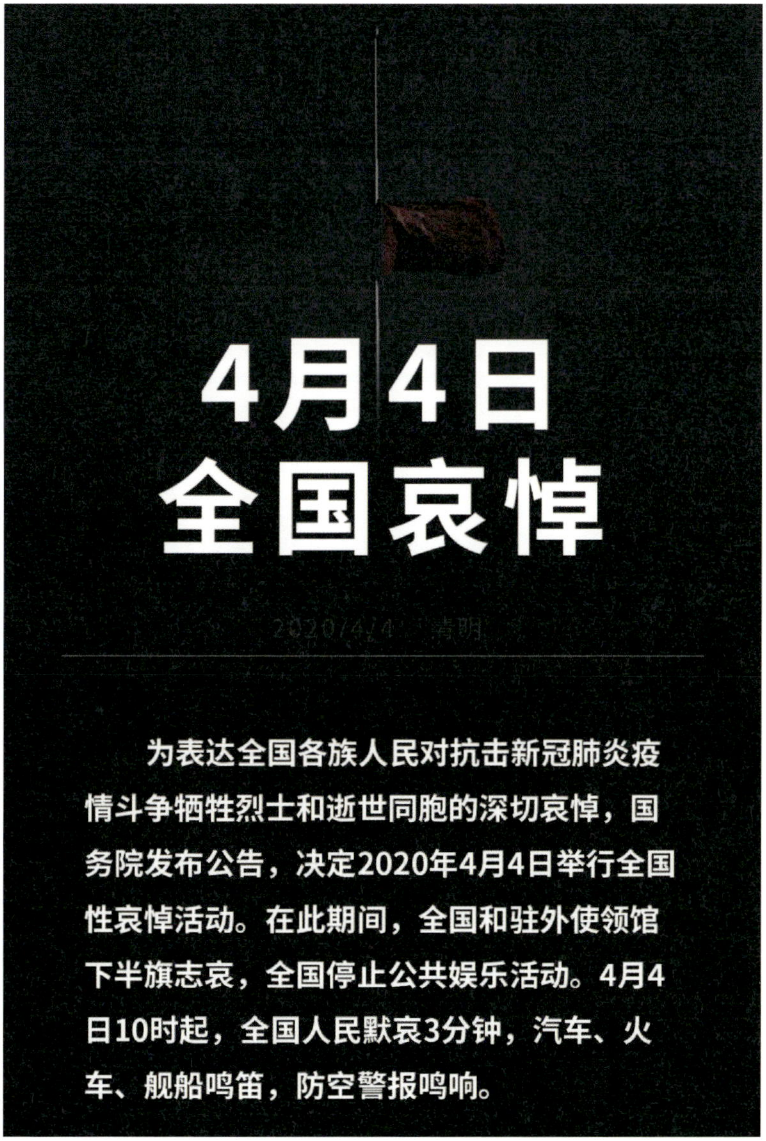
4月4日
全国哀悼
2020/4/4 清明
为表达全国各族人民对抗击新冠肺炎疫情斗争牺牲烈士和逝世同胞的深切哀悼，国务院发布公告，决定2020年4月4日举行全国性哀悼活动。在此期间，全国和驻外使领馆下半旗志哀，全国停止公共娱乐活动。4月4日10时起，全国人民默哀3分钟，汽车、火车、舰船鸣笛，防空警报鸣响。

于很多人而言，这是一个没有呜咽，也没有眼泪的清明。

哭，已成为一个奢侈的权力。

我一直，一直期望，在武汉的某个角落，会立起一座无字方碑，方碑后，是一面墙，墙上刻着包括李文亮在内的，所有这次疫情里死去的每一个同胞的名字。无论这个名字曾经多么普通，多么卑微……

一如耶路撒冷犹太圣殿里的那面哭墙。

没有这面全民族的哭墙，我很担心，这次疫情，会如同59年大饥荒，如同所有这些过去我们曾经犯过的错，经受过的苦难，一而再，再而三地重来。

乡地空苔色，新坟应草合。故园城犹在，旧人唱离歌。

愿所有逝去的同胞安息。愿所有已离去的生命，愿所有曾经受的苦痛，都是值得的！都不再重来！

2020年4月4日

武汉(之三)

今天是武汉解封一周年。

虽然物皆是,几人非,但这个城市终究扛过来了,不易。

公开渠道上都是浴火重生的贺词。不纠过往,向前看,这是对的。

但伤痛很难那么快愈合,尤其对于那些亲身经历过、失去过的人。时间如别人或如水淌过。到了他们这里,变成挟带着碎石和泥沙的浊流,每推进一步,都缓慢而疼痛。

给他们一些疗伤的时间。他们会重新站起来。我们可以不鼓励他们把疼痛表达出来,但我们一定要记住,我们欠他们的。我们内心要有愧意。

黄鹤断矶头,故人今在否?

愿尚未远去的伤痛,愿曾经承受的苦楚,都只是一种蛰伏的代价,都是值得的,且都会被一直铭记。

2021 年 4 月 8 日

深圳(之一)

深圳四十年纪念的阵仗很大,无论官方还是民间。

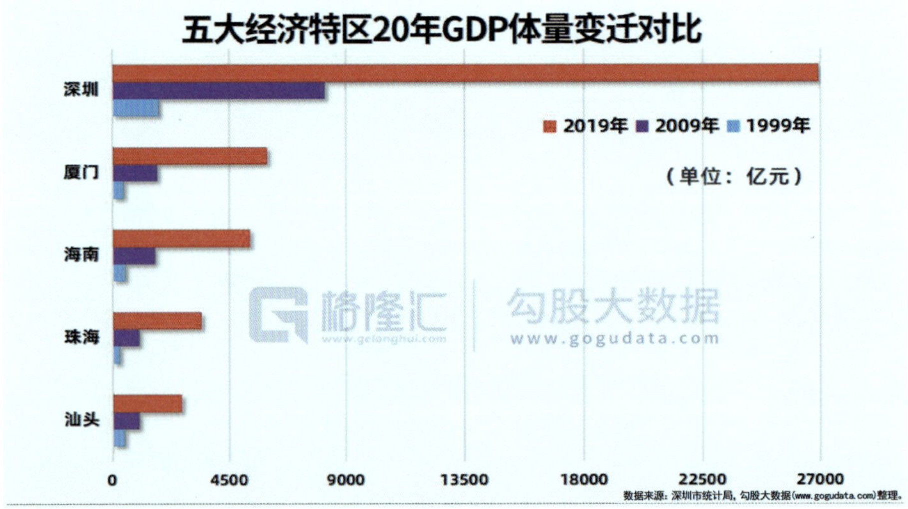

大家都在表成绩、搞欢庆的时候，你说问题，肯定不受待见。现在烟火和晚会都搞完了，格隆说几句真正值得关切的话。其中有些是我说的，有些是经济学大家说的：

(1)深圳样本摸索以及存在的意义，是深圳为何成功？以及，如何推而广之？

(2)深圳成功，说白了，就两个字：放手。政府没给人，没给钱，没给资源，只是给政策。所谓给政策，也不是给予，而只是松绑：有形之手基本不再插手，深圳完全市场化，可以突破任何计划经济边界，遵循经济规律，调动并激发所有生产力。

(3)人类只是经济规律的仆人。人类经济史上，还从没有一个政府钦点并集中资源扶持成功一个产业或者一块土地的。恰恰相反，一些地方政府盲目自负下催肥最后一地鸡毛的案例，比比皆是；

(4)任何人都不可能穷尽经济规律，只有自由市场才能充分利用稀缺的知识，使社会保持良好运转。任何形式的计划体制、国家干预，都只会带来匮乏和混乱——这句话是哈耶克说的；

(5)政府不能解决所有问题。政府本身就是问题——这句话是美国历史上最伟大的总统之一，把美国从滞胀泥潭里拯救出来，并成功拖垮苏联的里根说的；

(6)如果我们真心认可深圳成绩，最好的纪念，是全国范围内推广它，复制它，而不是把它作为一个高高悬挂的荣誉奖章。

2020年8月29日

深圳(之二)

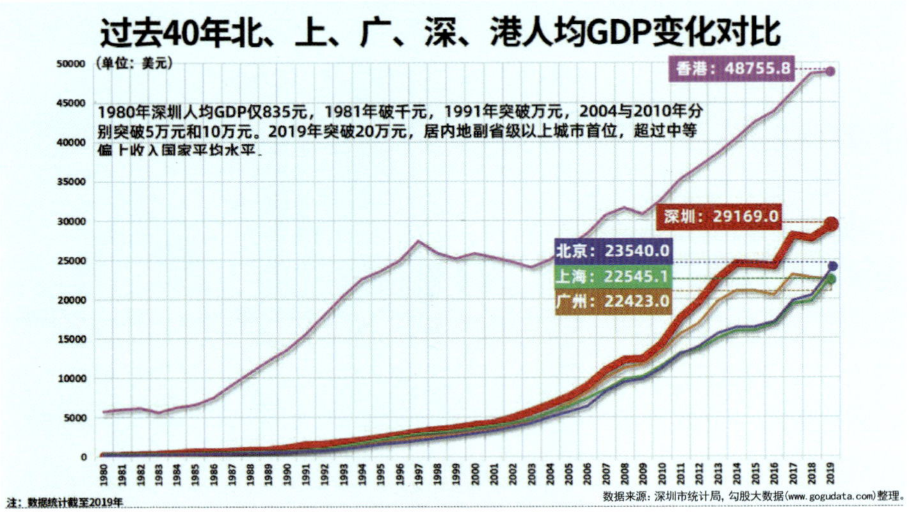

深圳40年庆，大伙觥筹交错的高光时候，你说隐忧，不会受人待见。现在烟花燃尽，喧嚣过去，格隆再说两句——多些客观冷静，对大家都有好处。

个人愚见，深圳奇迹，一半靠香港这个桥梁。

没有了香港这个通往世界的桥梁，我们有充足的理由担心，深圳会不会沦为一个日渐无关紧要的断头匝路?

另一半，四分之一靠自由市场经济规律发挥作用，四分之一靠全国各地涌来的深圳人，打破所有思想束缚，打破所有条条框框，锐意创新，敢试敢闯。

深圳四十年的经验一再证明了：在某种程度上说，科技不是第一生产力，自由才是。

自由的环境，自由的大脑，自由的灵魂，自由的创造力。有了这些自由，才有了腾讯、华为、大疆、华大，而不是反过来。

如果原因总结偏离或差池，未来深圳还能否延续高光辉煌，还是惯性前行，日渐泯然众人，殊未可知。

再厚的家底，也经不住折腾。

家如此，城如此，国亦如此。

2020年10月17日

深圳(之三)

择一城终老，遇一人白首。

一个人，给自己孩子、给自己家族所能做的最好的资产配置、最大的颠覆贡献，无疑是以自己一辈子的流浪迁徙、颠沛流离，为后代与家族，谋取一个值得世世代代定居的城市，或国家。

曾经和一个家居杭州的朋友聊及移民，她的回答是：江南好，愿世世代代居江南。

见过太多终其一生，在一块贫瘠、落后甚至愚昧土地上艰辛刨食的人们，他们拥有几乎所有我们讴歌的传统美德与付出：勤劳、善良、逆来顺受、挥汗如雨，浑浊的眼睛，弯曲的脊梁。

但，没有未来。

这就是为什么格隆会尊重甚至钦佩那些背井离乡，甚至冒死偷渡，在大城市，在异国他乡的工地、街肆默默劳作、咬牙打拼的人群：他们在以自己大概率冰凉的一生为赌注，保留了对未来的期许与救赎，为孩儿辈、为家族。

最新的 2020 年中国城市综合竞争力排行榜，深圳再次以明显优势排名第一。

这个年轻的、中国范围内唯一不限制户口的一线城市，以四十年的奇迹一再诠释了何谓“中国梦”：只要你有梦想，有才华，愿意为之挥汗如雨，不嫉妒他人财富，不抱怨生活艰辛，无所畏惧，一往无前，你就有可能改变自己、自己的孩子，乃至整个家族的命运！

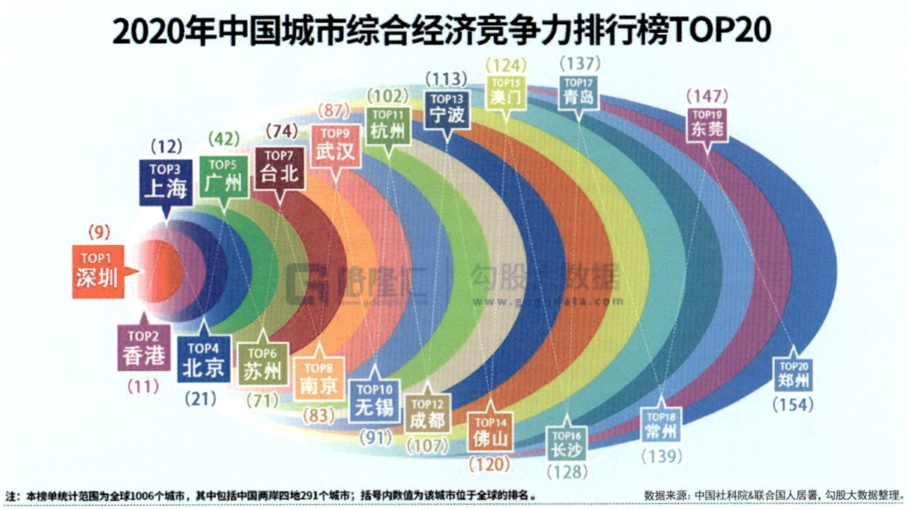

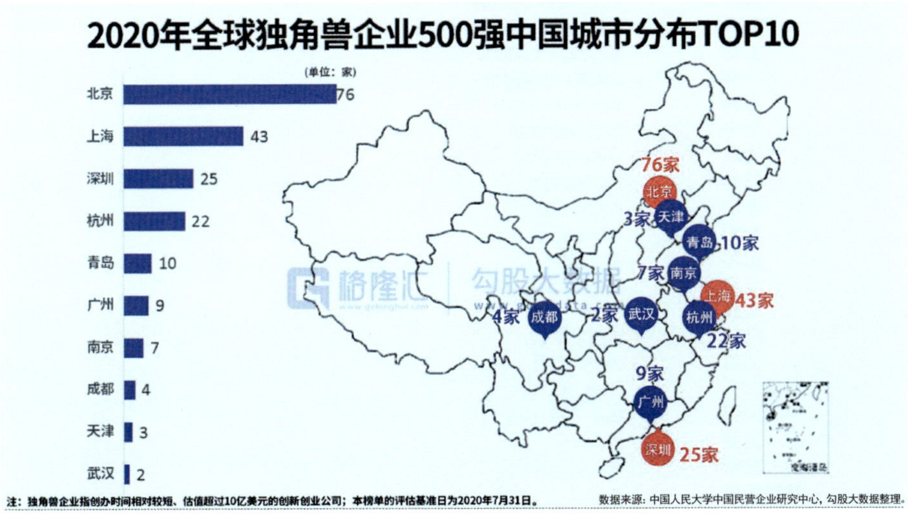

我相信很多人都看到了这一点并付诸了实践，否则你无法解释为何过去10年是深圳这个城市在校小学生的增量全国第一：无数育龄年轻人义无反顾选择了中国这座最有活力、最有未来的城市，尽管这座城市的房价数据也同样耀眼，居不大易。

鹤岗、鸡西、双鸭山的房价低，委内瑞拉与津巴布韦的房价也低，你去吗？

过去10年中国42个大中城市在校小学生增量一览

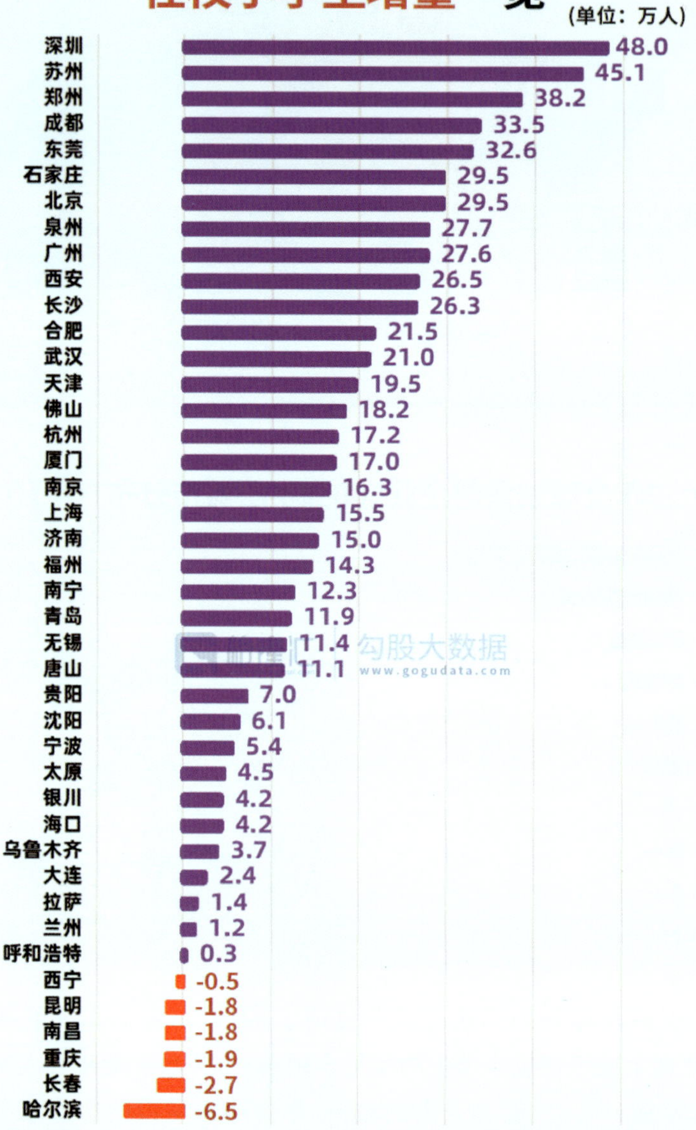

注：统计区间为2009-2019年。

数据支持：勾股大数据（www.gogudata.com）。

当然，有些城市貌似也不错，比如，北京。2020 年全球独角兽 500 强，有 76 家在北京，中国第一。如果你确定那是你的迁徙地，你需要认真掂量两点：一，你是否拿得下当地户口？第二，你是否靠得近权力资源？

一辈子，择一座城，爱一个人，富一次，足矣——这些，才是普通人最顶层的资产配置。

2020 年 12 月 17 日

深圳(之四)

深圳,南山,粤海街道。

一个澄澈、干净、透明的日落时分。

很庆幸毕业时选择了这个包容且开放的城市。如果在任何其他地方，以格隆之年少轻狂，恃才放旷，或许早已窒息？

很多时候，我们穷尽一生想要达到的高度，不过是别人的起点。

每个人的起点不同，有人费尽千辛万苦才来到罗马，而有的人，就出生在罗马。

我唯一庆幸的是，没有辜负上天赋予的才学，并用它为自己，为孩儿辈，争取了一个还算相对自由率性的呼吸空间和环境。

总会有阴霾。

但阴霾后澄澈的蓝天，永远值得你期待。

2021 年 5 月 11 日

南京(之一)

满城桂雨江南秋,一洗红叶是升州。此生长住长干里,何羡世间王与侯。

感谢相遇,十月杭州,金陵仲秋。

大好河山,怎忍糟践!

愿我们彼此见证,彼此成就!愿岁月温柔待你,愿阳光打在你的脸上!

2021 年 11 月 7 日

南京(之二)

大家好,我是格隆。

昨天飞机降落南京的时候,一丝忐忑突然涌进我的脑海,我问我的员工:南京到底有没有人做港股?

今天的会场满员,应该有四百人吧?这个很令我意外。我问个问题:你们里面,真的在做海外投资的,不管是港股,还是美股,有多少?大家举举手。

嗯,超过80%都在做。这也很令我吃惊,因为这与我认知的南京有落差。我的理解,南京像一个"惯看秋月春风"的白发渔樵,有的是见惯历史大起大落,青山依旧在,几度夕阳红的大气与淡然,但却会少一些进取与时尚。

现在看来,不是。

一会诸多嘉宾会讲很多干货,我先讲点和投资或许有关,或许无关的东西。

一个城市

我先说一个城市的坚守。

我先问个问题:提到南京,你们想到的是哪句诗词?

是"商女不知亡国恨,隔江犹唱后庭花"?是"旧时王谢堂前燕,飞入寻常百姓家"?是"南朝四百八十寺,多少楼台烟雨中"?是"江雨霏霏江草齐,六朝如梦鸟空啼。无情最是台城柳,依旧烟笼十里堤"?是"君家住哪里?妾住在横塘。停船暂借问,或恐是同乡"?

对于格隆来说,以上都不是,我脑海中想到的是这句:"曲终人不见,江上数峰青。"

作者很不起眼,唐代一个不出名的诗人钱起写的。整首诗我不记得了,但我一直这两句:充溢其中的,是一种华贵的忧伤,就类似我对南京这个城市的感受。

中国没有任何一个城市像南京这样，天生丽质却又命运多舛，同时又与整个汉民族的命运荣辱相携，休戚与共。

南京这个名字明代才出现，但濒江临海，虎踞龙盘，自古形胜，建城历史超过2 500年，而建都历史也超过了500年。如果我没记错，是公元229年，东吴孙权在此建都，此后东晋、南朝的刘宋、萧齐、萧梁、陈均相继在此建都，这就是“六朝古都”之称的由来。继此之后，南京又先后成为杨吴西都、南唐国都、南宋行都、明朝京师、太平天国天京、“中华民国”首都，名副其实的“十二朝都会”。在六朝时，南京就有超百万的人口——这是人类历史上第一个过百万人口的特大城市。

最最关键的，与洛阳、长安、北京三大古都不同的是，在南京立都的12朝，全部是纯而粹之的汉民族政权——在每次汉民族被异族过度挤压侵掠，即将遭遇灭顶之灾的时候，这块叫金陵的土地，都以博大的胸怀与坚忍，包容，接纳、保存、支撑和养育了汉民族、汉文明的残存余脉与正朔，一直耐心守候到汉文明的重新繁盛，并目送它踏上新途。

中国很大，但从民族生死存亡的战略上，其实只有两步可以退：长江天险南侧的江南（南京）、崇山峻岭的川中盆地。

这就是为何汉民族、汉文明每次遭受涂炭时，都会第一时间退居金陵蛰居，舔舐伤口的原因，也是历史上南京既受益，又屡屡罹祸于其得天独厚的地理位置和气度不凡风水佳境的原因：南京历史上曾多次遭受兵燹之灾，甚至被屠城，但每次都从瓦砾中重新站了起来。

自西晋南迁开始，南京就开始了这种与整个汉民族命运的荣辱相携，休戚与共：一年生聚，三年北伐。

东晋、萧梁、刘宋三番北伐功败垂成，至隋灭陈，隋文帝命焚毁所有南朝宫殿，散做田地，汉民族彻底陷入低谷，这也是晚唐韦庄面对一片野草的江陵感慨“江雨霏霏江草齐，六朝如梦鸟空啼。无情最是台城柳，依旧烟笼十里堤”的原因。直至明代，北伐成功，南京才重新繁盛。万历年间，西方传教士利玛窦游历中国后，在《利玛窦评传》中写道：“目睹南京这座大城，未免眼花缭乱……东方所能见到的一切都无法望其项背。”

明之后定都南京的，是一个奇葩的汉民族地方政权：太平天国。这批心中充满愤怒与自卑的起义者，在与湘军、淮军的反复争夺中把整个江南的财富与文明几乎毁坏殆尽。讽刺的是，他们定都南京的原因，恰恰是想占据传统的道德高地，并以此为基地北伐，驱除鞑靼，建立汉人政权。

他们北伐注定失败。但遗憾的是，金陵却因此再遭涂炭：1864 年 7 月 14 日（同治三年），湘军攻克天京，曾国藩的幕僚赵烈文在《日记》中写下：城内“老弱本地人民不能挑担又无窖可挖者，尽遭杀死……”，“城内自伪宫逆府以及民房，悉付一炷”，“金陵之役，伏尸百万”。

从南京发起的最后一次北伐，来自孙中山的“中华民国”。1912 年元旦，中华民国临时政府在南京成立，孙中山宣誓就任临时大总统。1927 年 3 月 24 日，国民革命军北伐攻克南京，定南京为首都。之后的十年被称作南京的黄金十年，也是中国的“黄金十年”——这个黄金时间截止于 1937 年 12 月 13 日。当日南京沦陷，日军在南京及附近地区进行长达四十多天的大规模屠杀——这是 20 世纪人类历史上最大一次成规模成建制地对平民的大屠杀。

天道好还。

8 年后，1945 年 8 月 27 日，全副美械装备的国民党新编第 6 军光复南京城。就在半年前，这支王牌部队尚在缅北反攻，全歼日军精锐之第 18 师团——后者号称“丛林战之王”，并参与过南京大屠杀。

昨天格隆抽空去参观了秦淮河边的江南贡院。你能想象明清时期中国一半以上的状元均出自这里吗？

解说姑娘看起来不到 20 岁，很敬业，吴侬软语听起来很受用：南京话在历史上长期是中国的官方语言，金陵雅言以古中原雅言正统嫡传的身份被确立为中国汉语的标准音，加之六朝以来汉人文化上的优越意识，清代中叶之前历朝的中国官方标准语均以南京官话为标准。

听着解说姑娘的吴语，看着一河之隔“秦淮八艳”的那些小楼，你能瞬间产生时空错位的恍惚。

但格隆知道，任时光再怎么流转，岁月再如何坚硬与不堪，这个与汉民族捆绑最深的城市，一直在这里坚守。

一个家族

格隆再来讲一个家族的坚守。

这个家族是“旧时王谢堂前燕”中提及的谢家——在格隆看来，谢家是中国最后的贵族。

谢家是一个绵延了近三百年的显赫世家——陈郡谢氏家族。这个家族人才辈出，谢玄、谢石、谢道韫、谢灵运……但凡你能想到的谢姓名人，几乎都来自这个家族，以致到后来才女谢道韫见惯了家族子弟的过人聪慧，实在接受不了夫君王凝之（王羲之次子，善草书、隶书，先后出任江州刺史、左将军）的"平庸"。谢安问回家省亲的侄女为何闷闷不乐，谢道韫是这样回答的："一门叔父，有阿大（谢尚）、中郎（谢据）；群从兄弟复有'封、胡、羯、末'，不意天壤之中，乃有王郎！"。

不意天壤之中，乃有王郎——恃才放旷，溢于言表。以致 1 000 多年后，同病相怜的秋瑾还在赋诗为她抱不平：可怜谢道韫，不嫁鲍参军。

但就是这样一个眼高八斗的才女，在晋末孙恩之乱时，丈夫王凝之为会稽内史，守备不力被杀。谢道韫听闻敌至，举措自若，拿刀出门，杀敌数人才就虏。匪首孙恩感其节义，赦免道韫及其族人。王凝之死后，谢道韫在会稽独居，终生未改嫁。

有才且有节，并为之坚守，这才是格隆之所以称这个家族为中国最后的贵族！

谢家上可追溯至谢安的祖父谢衡，他曾是东汉时的大儒，下则延续到谢安的九世孙谢贞，作为谢氏最后一位在史籍留下传记的子孙，在谢贞死去四年后，已腐朽的陈王朝也终于在"玉树后庭花"的吟唱中走向终结。三百年风流云散，到了胡人建立之盛唐，因为刻意的贬诘，这个家族已被赋予了一番华贵的忧伤，为人们追忆并叹惋。乌衣巷也已然是夕阳野草，目不暇接地化作了前朝往事。

谢家的顶峰是谢安。谢安，字安石，会稽人，祖籍陈郡阳夏（今河南太康）。从坚持 20 年吟诗品酒拒不出仕，到国家需要时挺身而出，短短几年位居宰相。在他初无地位与权臣周旋时，从不卑躬屈膝，不违背自己的准则，却能拒权臣而扶社稷，并以一己之力抗拒了军阀恒温的篡位；等他自己当政的时候，又处处以大局为重，不结党营私，不仅调和了东晋内部矛盾，还于公元 383 年淝水之战以 8 万东晋士卒一举击败了北方胡族王朝前秦的 80 多万大军，由此保留了汉民族的余脉与正朔，并乘胜北伐，夺回了大片领土，将南北朝对峙线由长江推到了黄河。

那场对汉民族至关重要的战役，谢玄、谢石、谢琰……谢家男儿几乎全部上了战场。

但功高震主的他很快被皇族猜忌，但知有家，不知有国的皇族司马氏开始排斥和压制谢氏，两年后，谢安抑郁病逝。

而谢家凋零之后，以东晋为代表的汉民族文化余脉，也随即在北方少数民族的全面围剿下四面楚歌，最终黯然离开历史舞台。谢家子弟是帝国最后的中流砥柱，他们构建的精神节操、军事力量也是帝国最后的藩篱。谢安死，北方胡族长驱直入。谢贞死，陈亡。隋文帝下令将南朝宫阙全部捣毁，改作农田——这是一个家族最后的背影，它忠贞，但孤独而清癯，如同像塞外寒霜下的三秋老树，又似关山冷月下的二月新花。岁月繁华褪尽，唯剩孤寂。

谢氏家族最后一个名士是谢贞，曾在侯景叛乱中勉力抗争，后归陈，仕风流皇帝陈后主。其母去世后，他悲恸气绝良久，不久也去世。他擅长诗歌，但流传下来的只有"风定花犹落"一句，没想到一语成谶。

随着"六朝"的结束，以王、谢为首的世家大族也纷纷凋残，随风飘零。到了唐代，门阀制度被逐渐根除了，更应了"风定花犹落"的预感。谢家长达三个世纪的荣光至此落幕，一个家族的记忆就此尘封，青灯横斜，古卷迤逦，在尘世的烟云中旁逸斜出，是历史在霜冷长河中留下的美丽而苍凉的手势。谢家曾经的辉煌，看似伸手可触，却如春梦无痕，只能通过他们过往扬起的风帆，激起的浪花来确证他们曾经的存在，而那些真正的隽永却已经遍寻不见。

如果一定要用一个词来形容这个家族，无他，唯有"坚贞"。那么多闪烁着智慧和生命之美的个体，如同大厦根基的砥柱，如同战前温过的酒觞，给了我们俯仰天地的情怀，给了我们高贵、敬仰又让人唏嘘的范本。他们不因世俗无孔不入的侵袭而随波逐流，不曾面对诱惑背信弃义，他们胸怀信仰，手握刀枪箭矢，杀身成仁，从容赴死，以一个家族的世代守望，共同缔造和维护了一个汉王朝的延续与风流。

谢家之后，中国再无贵族。随波逐流，投机背节，遂成主流。

一个民族

时间不多了，最后我简单来说说我们这个民族。我们经历过很多磨难，也有诸多背土弃节的投机之辈，甚至至今仍有梁武帝时侯景那样毫无底线的无耻之辈。

但，如南京一样坚守的城市，如谢家一样一直坚守的人和家族，其实一直都在。

因此，格隆祝福这座城市，也祝福我们这个民族——时间会证明，它们都值得这份祝福。

杭州

偷得浮生半日闲是身处喧嚣浮躁投资领域的人最渴望的享受。除了沉迷西藏，格隆骨子里有股浓厚的江南情结，每年3月、4月芳菲将尽，龙井吐绿的春末，都会到一枝杨柳一株桃的杭州西子湖畔小住，一是感受南宋江苏如皋人王观“才始送春归，又送君归去。若到江南赶上春，千万和春住”的春去情结，另外也是试图在清净中从投资之外感受一些对投资可能有用的东西——格隆一直坚信，投资如作诗，功夫在诗外。

格隆曾经劝说一个祖籍杭州的好朋友移民海外，她回答：江南好，江南自古繁华，愿世世代代居江南。

在古往今来如恒河沙数般的各式地名中，最奇妙当数“江南”。这个地名早在先秦就已问世，那时它主要指长江中游的今湖南、江西一带。“江南”的现代意义源于唐朝。唐太宗将天下分为十个道，其中就有江南道。力拔山兮气盖世的楚霸王项羽垓下被围，自觉“无颜见江东父老”而自刎乌江，这个“江东”指的其实就是后世的“江南”核心地带，即今以太湖为中心的苏南、浙北区域。自千年前吴越王钱镠之孙裂土归宋始，江南就几无大的战乱，南宋偏安杭州后，江南文化与物质的富庶更是无出其右者，以致后面历朝均有两江膏腴，泽被天下，满朝进士，半出江南之说！

江南最吸引格隆的地方之一是它厚重的人文文化积淀。

江南花柳从君咏，塞北烟尘我独知。与大漠孤烟酷寒荒蛮的塞北相比，江南代表的不单是富庶丰足的财富，更是繁荣发达的文化教育。江南的魅力不单是小桥流水，草长莺飞，有活泼俏丽的女子在采莲，在戏水，有结着愁怨丁香一样的姑娘，走在悠长悠长的雨巷，更有无数文人雅士生在江南，逝葬西泠的梦想，以及他们对江南传神的文字记录。白居易被贬期间曾在江州（今九江）、苏州、杭州都做过官，其经典名句“江南好，风景旧曾谙。日出江花红胜火，春来江水绿如蓝，能不忆江南?”非常直白地表达了他对江南的偏好。五代时睦州新安(今浙江建德)人皇甫松的“闲梦江南梅熟日,夜船吹笛雨潇潇,人语驿边桥”则是无数人梦想中的家乡情景。晚年一直在蜀地为官的韦庄则以“人人尽说江南好,游人只合江南老。未老莫还乡,还乡须断肠”来表述他对江南的思念,这与清朝时娶浙江湖州人沈宛为妻,并长居江南的著名词人纳兰容若在巡视辽东而撰的《长相思》如出一辙:“山一程,水一程,身向榆关那畔行,夜深千帐灯。风一更(jing),雪一更(jing),聒碎乡心梦不成,故园无此声。”

但江南更吸引格隆的是它的商业文化。

从明朝开始,中国的首富就都出现在江南这块土地上绝非偶然。早在明朝,资本主义就开始在富庶的江南萌芽,并逐渐在这块土地上形成一种深入骨髓的商业文化——尊重契约,节俭勤勉,对财富的敏锐嗅觉与执着渴求,强烈的乡土社会责任感,百折不回的韧性与勇气。也正是这种文化缔造了明朝首富沈万三、清朝首富胡雪岩、近代的荣毅仁家族,以及几年前的中国首富宗庆后、马云、钟睒睒。

相较于很多地方的企业治理诚信问题,格隆对来自江南的企业有一种天然的信任,根本原因就在于江南的商业文化有严格的行为边界,他们知道什么该做,什么不该做。马云将支付宝从阿里剥离一直被广为诟病,但其行为严格来说是没有突破契约边界的,虽然这其中多少蕴含着一些无奈与狡黠。

遗憾的是,这种江南商业文化始终没有得到茁壮生长的机会。

作为世界上唯一一个延续两千多年的中央集权国家,政权对经济的控制已经形成一种制度与文化的惯性。在中国跌跌撞撞的历史进程中,路径的选择权始终在各种派别的官僚与知识分子之间交替轮转。最为理性、稳健的工商业阶层,始终被排斥在决定历史的权力结构之外。在这种缺乏信用契约的环境中,中国特有的官僚制度,人际关系成为商业生长的必须土壤,而这种土壤注定了建立其上的商业故事最终都将是海市蜃楼。胡雪岩通过结交权贵显要,纳粟助赈而富可敌国,但最终也因权贵的倒台而一贫如洗。胡雪岩葬在杭州西郊鸬鹚岭下的乱石堆中,他曾经拥有的万贯家财和浮华一生都如浮云般消失。倒是他精心创下的胡庆馀堂,至今仍以其“戒欺”和“真不二价”的契约传统矗立在杭州河坊街上。

时下有一种说法,“崖山之后无中华”。此说难免失之武断。但格隆经常会有一个很天真的想法：假使一千多年前的宋代，全球遵循的就已是契约文化，而不是兵戈铁马的暴力逻辑，必不至于有落后游牧民族对汉文明的赤裸裸摧毁。假使中国首都能一直是杭州，而不是易守难攻的北京，以中华之文明积淀与创造力，中国早已是万邦来朝的泱泱大国吧？

中国过去改革开放，锻造了 30 年 GDP 接近 10％增长的经济奇迹，但经济奇迹并未催生任何一家堪称伟大的公司。好在现在来自民间尤其是江南民间的商业力量正在蓬勃而起。如果未来这种中国几千年积淀的江南文化能在经济乃至政治的更大领域壮大，无疑将是国之幸，也是资本市场之幸。

春雨楼头尺八箫，何时归看浙江潮？

芒鞋破钵无人识，踏过樱花第几桥？

每次格隆去杭州，必然要去的拜谒一个地方就是西泠桥畔孤山北麓的苏曼殊墓，这次也不会例外。墓地很难找，但每次信步由缰最终都会找到。苏曼殊从不容于主流社会价值观，与投资这个事也没有任何关系，磁石一样吸引格隆的，可能恰是他身上的那种不见容于主流的活法：无惧生，无惧死，淡泊名利，恃才放旷，无拘无束。

投资是一生，苏曼殊，也是一生。

大 理

你是一树一树的花开。
是燕，
在梁间呢喃。
你是爱，是暖，是希望，
你是人间的四月天！

若到江南赶上春，千万和春住。春华易逝，古人从来不吝啬于把最美好的词汇敷加于春信，且有自北向南追逐春天脚步的习俗。

但在一些地方，春天就像从未离开过。

苍山如斯！洱海如是！

很难想象这样一个精致娇媚的少数民族边陲小地，当年曾斧钺交加，金戈铁马，并引致中国历史上最强大的王朝一路衰落。

多数人都以为唐王朝衰败，始于天宝十四年的安史之乱。其实真正的帝国斜阳，在四年前洱海边的那场血战，就已拉开了序幕。而那场引致强大唐王朝由盛转衰拐点，多数史书上几乎不(羞)予提及的"天宝战争"，起因只是因为骄奢淫逸的唐西南地方官(云南太守)索贿南诏王不成，淫辱南诏王妻女，南诏王愤而发兵击杀太守所致。

之后历史就开始展现出其罕有的吊诡与跳跃："耻云南无功"的杨国忠不顾前因后果，欺上瞒下，于天宝十年，以心腹、唐剑南节度使鲜于仲通领军八万征南诏。结果西洱河一战，唐全军覆没，主帅鲜于仲通仅以身免。

大国骄矜，岂容得下一个附属地方政权的挑衅？杨国忠谎报战绩，自领剑南节度使，全国征集精锐战力，于天宝十三年，遣另一心腹李宓率十余万大军二征南诏。结果南诏坚壁清野，"宓复败于大和城北，死者十八九"，主帅李宓投江自尽。

两场战争，军事上损失大唐近二十万精锐，威风扫地，财政上糜耗府库。最关键的是，所有人都在观察这场战事。看似强大无比、威震四夷的大唐竟惨败于一个边疆附属政权，令所有人都看出了王朝的色厉内荏与虚弱。

正是在这种背景下，第二次"天宝战争"仅一年后(755年)，范阳、河东、平卢三镇起兵反唐，史称安史之乱。曾经强盛无比的唐王朝，自此风雨飘零，一路不回头地在衰败末路上狂奔。

如果历史可以重来，好大喜功、骄矜凌人的唐王朝，会否放下大国面子，弄清是非曲直，接受南诏王的请和以屏蔽吐蕃？

可惜，历史无法假设，就如同一千多年后我们重临洱海，你看到的只是静谧春光，绝无大唐二十余万"弃之死地"的将士游魂。

享受洱海淡静岁月的同时，格隆抽空去看了20世纪白族首富严家府邸。

很难想象，这样一个边陲飘地的商人，在20世纪初就已家产百亿，且把生意做到了包括波士顿在内的世界各地。

这种传奇，在20世纪四十年代末期戛然而止，徒留唏嘘。

俱往矣。

洱海畔择庐而居三日。风烟俱净，天山共色。从流飘荡，任意东西。

我见苍山多妩媚，料苍山见我应如是。

归去。料此生再也不见。

第五部分

关于人

陈寅恪

“一生负气成今日，四海无人对夕阳”——今天是陈寅恪先生逝世51周年。

经历了“反右”与“文革”，傲骨铮铮陈寅恪先生却活出了风骨与悲壮……

陈寅恪先生呈现了另一种活法，就是说知识分子其实是可以像陈寅恪那样活，尽管他活得很不容易。

假如没有陈寅恪先生这一“典范”榜样，所有中国知识分子及其后代很可能会误以为只有一种活法，苍白而窝囊。但陈寅恪先生却告诫他们还有另种活法：可以活得干净一点、坚挺一点。

当然像陈寅恪先生那样的悲壮活法是要付出代价，他有两句诗很著名：“一生负气成今日，四海无人对夕阳。”

“独立之精神，自由之思想”，在那个万马齐喑的荒诞岁月，煎熬中挺立着盛载灵魂的残病之躯的陈寅恪先生孤独地支撑起心存良知的知识分子之脊梁，成为灯塔，更如光柱，绵延于华夏文化历史的时空内，照亮那些午夜幽暗的逼仄岁月。

我见青山多妩媚，料青山见我应如是！

寅恪先生不朽！

2020年10月7日

格隆汇
有一种东西
不能遵循从众原则，
那就是良知。
——哈珀·李《杀死一只知更鸟》
格隆汇

冯·米塞斯

格隆是学经济学出身的。大学扎扎实实啃了十年经济学，其中四年《资本论》（学校的要求），六年西方经济学。我从未想过经济学有一天会成为一门显学。很多人都问，如果想学点经济学，读谁？我的回答都是，读哈耶克。

但，如果你想更多点涉猎，那就把整个奥派都看一遍——不会有任何一个学派的著作，能像奥派那些大师一样，让你得以站在整个人类财富和尊严的综合俯视视角去探究与思考，让你变得哲人般睿智。

没系统读过奥派的，说自己学过经济学，说自己懂经济学，那绝对是胡扯。

很多人其实都知道诺奖得主哈耶克，却鲜有人认识他的老师米塞斯——他有一颗“值五个诺奖”的大脑，他门下弟子大师云集。其中最著名的，是诺贝尔奖得主哈耶克。

他是一个极端，一生捍卫真理和私产，因揭露乌托邦谎言，而成为全民公敌。第一次世界大战后，他力挽狂澜，单枪匹马地阻止了奥地利的饥荒和动乱。凭着犀利独到的眼光，米塞斯准确预言了大萧条及法西斯的上台，并被迫在花甲之年流亡。第二次世界大战后，凯恩斯国家干预主义盛行，乌托邦主义泛滥时，米塞斯是那个唯一坚守自由市场的学者。他坚定地认为：自由市场是所有人的长期利益所在，是人类文明和繁荣的支柱。

市场经济是一种人人都有机会获得财富的制度，它给予每个人不受限制的机会。
——路德维希·冯·米塞斯

不保护私有产权的国家从来没有发展到某个文明的略高阶段，这是个无可否认的事实。
——路德维希·冯·米塞斯

取消市场经济，实际上也就取消了一切自由，只给个人留下了服从的权利。
——路德维希·冯·米塞斯

当时，他被当作全世界的敌人，然而历史却证明了，他几乎是“那个时代唯一正确的人”。

“面对不可避免的巨大灾难，人们将怎样生活？”米塞斯以一生给出了自己的答案：“不要向邪恶低头，鼓起更大的勇气，继续与之对抗……我愿意去做一个经济学家所能做的任何事情。”

十月十日是有“奥地利学派院长”之称的路德维希・冯・米塞斯逝世47周年纪念日。

格隆谨以至诚，致敬先知！

2020年10月11日

马拉多纳

一代球王马拉多纳去世。

世界是一套框架，绝大多数人都只是其中的沙子与填充物，终其一生为框架所缚，如蝼蚁般悄然一生。

只有极少数人，他们代表着人类骨子里的激情、创造力、不羁与自由，无视框架，打破所有规则、禁锢与约束。这个世界能够进步，全赖他们所赐，而非框架本身。

谨以至诚，致敬马拉多纳，那个无数次摔倒，无数次爬起，如风一样自由的灵魂！

2020 年 11 月 26 日

贝佐斯

若干年前格隆大学毕业，在两种职业路径面前纠结：一个是进入彼时政府最有资源的计委的不错岗位——我明显高出常人一筹的文字驾驭能力得到了赏识。另一个则是我自己内心懵懂的兴趣——做投资。事实上我并不确知自己能否做好，前路只能算忐忑与叵测。

但纠结时间不算长。我选择了投资。核心原因还是因为彼时年少轻狂，恃才放旷，发自内心不愿受约束，希望做一个更自由更纯粹的自己，靠自个儿研究公司赚钱，谁也不求，谁的脸色也不看。

很多年过去，虽跌跌撞撞，但从未后悔当年的选择，甚至收获了自由以外更大的奖励。这个领域绝大多数上市公司的创始人，都堪称人中龙凤。他们多数睿智而坚忍，都拥有远高于常人的远见、卓识、品性及力量。我是如此陶醉于接触他们，观察他们，解剖他们，学习他们，并从他们的一言一行汲取我自身前行需要的动力与营养——这是完全超出我当年职业选择预期之外的慷慨赐予。

这其中，对格隆影响最大的，莫过于亚马逊首席执行官贝佐斯。

这个世界上 99.99%的人都只是因为看见而相信，只有极少数人是因为相信而看见，而贝佐斯无疑是这 0.01%里最优秀的佼佼者(另一个是马斯克)。我从没见过一个人在二十多年前就已经规划清楚了后面的路径，并在二十多年里不打任何折扣地执行，然后把自己变成世界首富。他 1997 年第一份年报的致股东信——在那封信里他说了那句坚守二十多年的话"It's all about the long term"——格隆从业以来反复读了不知多少遍——从他那里，我真正学习和理解了长期主义，并笨拙而努力地效颦之。

如果在全球所有公司里只能选一家投资，我会选亚马逊。

当然，中国也不乏类似的企业家，他们因为相信而看见，不为任何短期利益所诱惑，孤独但坚决地一往无前——这样的企业，才值得你重注持有。

“致你们所有人：要善良，要有独特性，创造的东西要比消费的多，永远不要让宇宙把你融入周围的环境。现在仍然是第一天(Day 1)。”

这是4月，杰夫·贝佐斯作为亚马逊CEO写给投资人最后一封信里的一段话。2021年二季度后，他将辞任亚马逊CEO。

寥寥数语，致敬贝佐斯——这个人世间的先知与奇迹！

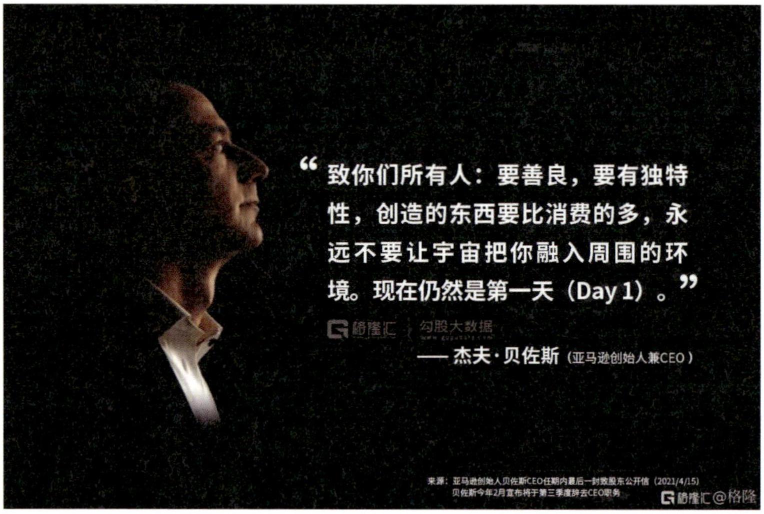

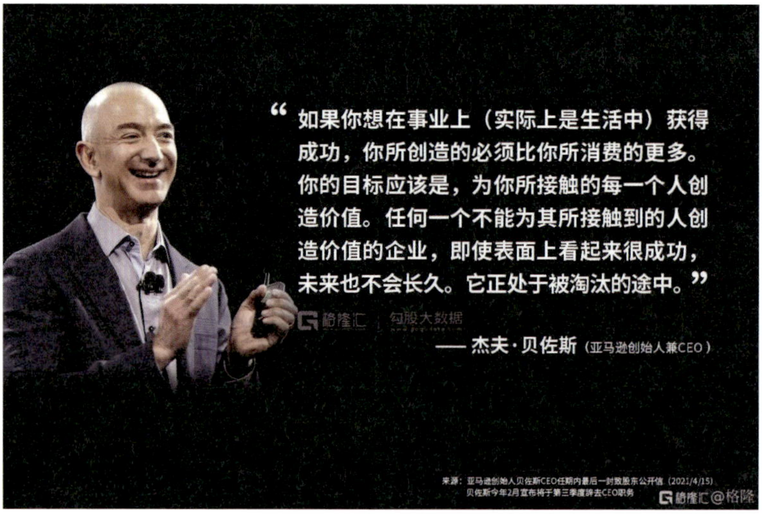

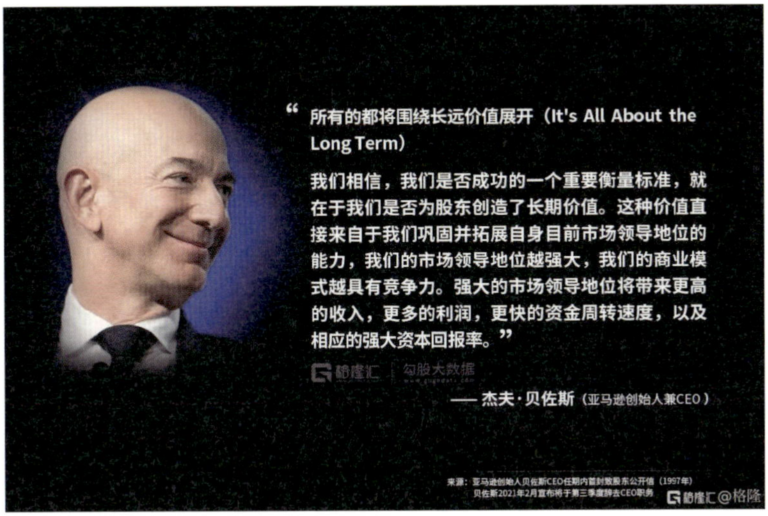
“所有的都将围绕长远价值展开（It's All About the Long Term）
我们相信，我们是否成功的一个重要衡量标准，就在于我们是否为股东创造了长期价值。这种价值直接来自于我们巩固并拓展自身目前市场领导地位的能力，我们的市场领导地位越强大，我们的商业模式越具有竞争力。强大的市场领导地位将带来更高的收入，更多的利润，更快的资金周转速度，以及相应的强大资本回报率。”
格隆汇 | 勾股大数据
—— 杰夫·贝佐斯（亚马逊创始人兼CEO）
来源：亚马逊创始人贝佐斯CEO任期内首封致股东公开信（1997年）
贝佐斯2021年2月宣布将于第三季度辞去CEO职务
格隆汇@格隆

2021 年 6 月 9 日

埃隆·马斯克

无法用合适与精确的词概括他。如果这个地球上真有外星人，应该只有一个半，其中贝佐斯算半个，马斯克算一个。

用造梦者形容他并不精确。他做的很多事，无论是脑机接口、星链，还是火星殖民，都是梦里都不可能出现的。他就是一个近乎疯狂的疯子。他对他生存的这个世界充满了蔑视、不屑，甚至厌恶。他一天工作 23 小时，他无数次面临破产和精神崩溃，他所做的一切，都只是为了改变甚至颠覆这个世界。他更像是以穿越者的姿态降临到这个世界，充满创造力，也充满破坏欲。

他更像一个天才与魔鬼的混合物。但这也恰是他对这个世界的价值所在。如果这个世界全部都按照一个约定俗成的轨迹运行，所有人被按压进同一个模具，野心、欲望、原始的冲动统统没有了土壤，人类还有多少存在意义呢？

我们再用他的一段话体味一下何谓肆无忌惮的疯癫："我会把一半的钱拿来解决地球上的问题，另一半的钱则去火星建造一个可以自主循环的城市——各类生物都可以在那边生存，以防万一地球被小行星击中，我们面临恐龙灭绝那样的灭顶之灾，或者是第三次世界大战开打，我们毁掉我们自己。"

格隆谨以至诚，致敬马斯克，那个天马行空，以一己之力为人类突破所有条条框框，风一样自由的外星灵魂。

至于那些缩在尘埃里、躲在角落里群嘲甚至群殴他的庸碌的人，原谅他们的猥琐吧。他们是真的不知道还有替人类请命这种追求与境界，他们以为所有人都如他们一样，以谄上媚权，泥坑里摔跤为乐。

2021 年 4 月 23 日

全球新首富诞生
埃隆·马斯克
特斯拉CEO
FH
美东时间2021年1月7日，特斯拉CEO埃隆·马斯克的个人净资产升至1850亿美元，超越亚马逊CEO贝佐斯荣登全球第一大富豪。

“你想过普通的生活，就会遇到普通的挫折。你想过最好的生活，就一定会遇上最强的伤害。这世界很公平，想要最好的，就一定会给你最痛的。”
——埃隆·马斯克（特斯拉创始人兼CEO）

观众问题：你会给创业者什么样的鼓励？
“如果你是需要鼓励的人，不要创业。”
——埃隆·马斯克（特斯拉创始人兼CEO）

“失败是一种选择。如果事情没有失败，那么你就没有足够的创新。”
——埃隆·马斯克（特斯拉创始人兼CEO）

亚当·斯密

人类有文字可考的数千年进化史，以无数刻骨铭心的代价，总结出了一些或是普适的、无须再去试错和摸石头过河的公理式生存法则，比如，权利不能私有，财产不能公有，再比如，在创造财富效率上，市场模式远优于计划模式。

这些普适法则的底层理论，基本都是由一个叫亚当·斯密的人奠基的。

在人类历史上，1776 年是一个极为重要的年份。

这一年，詹姆斯·瓦特发明的蒸汽机正式进入量产，预示着人类工业革命真正开始。这一年，一批清教徒在遥远的北美洲发布了“人人生而平等”的《独立宣言》，一个几乎一无所有的新国家在三权分立的基础上诞生；这一年的 3 月 9 日，人类历史上最伟大的经济学家亚当·斯密出版了那本以自由分工、市场经济为内核、深刻改变人类经济生活的《国富论》。自此之后，全人类财富以其祖辈完全不可想象的速度被创造出来。

彼时在中国，正是大名鼎鼎的“康乾盛世”时代，乾隆四十一年。尽管此时中国经济几乎已经停滞了 500 年，但大清帝国看上去仍然财大气粗，感觉良好，歌舞升平。虽然人类工业化浪潮已在遥远的英格兰蓬勃兴起，市场经济理论在这一年已形成强大范式，而国际分工、国际贸易正在以一种虽粗糙却顽强的方式向全球蔓延，但尾大不掉的大清帝国对此完全不感兴趣。这一年的 11 月 16 日，乾隆降下谕旨，在全国范围内“删削书籍，以正人心”，焚毁书籍计 77 万卷，并再次强调“片帆不得入海”的封关锁禁止政策。

大清自我感觉良好是有道理的，因为到了乾隆儿子嘉庆年间(1820 年)，中国 GDP 占到了全球约 1/3 的峰值(彼时美国 GDP 占全球比重仅 1.8%)。但自此之后，太平洋两岸的两个国家从此走上了截然不同的发展路径，中国江河日下，GDP 全球占比一路自由落体式跳水，一直下降到 20 世纪 70 年代末的 1.78%，而美国则从 1.8%的占比，在短短 200 年内增长到约全球的三分之一。

改革开放以来
中国进出口贸易差额变化趋势

数据来源：国家统计局，勾股大数据(www.gogudata.com)整理。

亚当·斯密在《国富论》中非常严肃，甚至是近乎刻薄地批评了表面红火，实则权利、资源高度集中、小撮利益集团已高度固化的“康乾盛世”，“中国长期处在静止状态，其财富在多年前就已达到该国法律制度允许的最高限度”，“对平民财产的肆意剥夺，有的时候是一种个别行为，但更多的时候竟然是一种国家层面的政府行为。这是对市场经济制度中最重要的契约制度的破坏。由于私人财产得不到有效保障，中国成了世界上财产继承与创造都极为低效的国家”。

新中国创造了长达 40 年 GDP 增速接近双位数的经济奇迹。

但，那是属于过去的成就。

格隆对中国经济长期最大的担忧，或者说我一直都认为，我们经济长远最底层的风险点，或不是科研投入不足，也不是人口老化危机。

这些都是次生变量。

格隆担忧的是两个或会致命的去化。

一个是去开放化，回归封闭。

改革开放这个词并不精确。我们其实并没有什么天才式的改革创新。过去 70 年我们多数所得，只是因为我们顺应了经济规律，最大限度开放，最大限度融入全球，参与全球分工和贸易的结果。

从新中国成立到 2000 年，51 年的时间，中国全部贸易顺差为 1 352 亿美元。2001 年加入 WTO 之后的短短 20 年，我们的贸易顺差是 5.18 万亿元，平均每年 2 593 亿元，一年所得，比前 51 年的总和还要多。加入 WTO 后 20 年，我们从美国一个国家就获取了超过 3.72 万亿美元的贸易顺差（年均 1 862 亿美元），比我们现在 3.21 万亿的外汇储备总额还多。

国运如投资，需要厚厚的雪与长长的坡。中国要滚出大大的雪球，内部的人民是厚厚的雪，外部的世界是长长的坡。我们过去取得的成绩，很大程度都赖这条长长的坡。1979 年、2001 年两次下注国运的机会，其实也就是两次续坡，两次大开放。

如果我们重新封闭，中国再次被这个世界隔绝，我们依然能活下去，但会活得很累，很辛苦。我们再次变穷，可能连 20 年都不要。

格隆担心的另一个去化风险点，是去市场化，回归计划体制、国家干预。

哈耶克说过，任何人都不可能穷尽经济规律，只有自由市场才能充分利用稀缺的知识，使社会保持运转。任何形式的计划体制、国家干预，都只会带来匮乏、混乱。

政府也是由样本数并不多的，且不同利益诉求的经济人组成，这决定了政府绝不会比市场更高明，也并不会比任何一个把全部身家投入其中的企业家的决策更专业和理性。那些所谓的产业政策，无论是打压，还是扶持，其实都是计划经济披上了一件更具蛊惑性的马甲。

改革开放后的经济奇迹是否恰恰是1979年后不断放松管制的结果？如果全盘计划、大集中、大管制能有效，小岗村民何须血书托孤？我们的国民经济在20世纪70年代末，又何至于近乎崩溃？

计划经济在全球范围的失败，是人类用无数生命为代价换来的惨痛教训。

把美国经济从滞胀泥潭里带出来，美国历史上最伟大的总统之一里根，他有一句看似戏谑的名言：政府不能解决问题，它本身就是问题。

管控在对市场机制失效时做暂时的介入纠偏，是好东西，但却不可一直待在赛场上。过犹不及。如果你手上一直拿着一把锤子，你眼里所有东西，看起来都会长得像钉子。

今天是人类历史上最伟大的经济学家（在格隆看来，没有之一）亚当·斯密逝世231周年，格隆谨以这段文字，并以至诚，致敬这位为全人类从上帝那里偷盗了财富火种的圣哲。

2021年7月17日

哈耶克

致敬哈耶克。

人类的生命是如此混沌又如此渺小，在历史的粉碎机里消逝得又是如此悄无声息。

但总有极少数人例外。哈耶克无疑是当之无愧的其中之一。

极少有一个人能像他一样，以先知般的视野，睿智的思维，无可辩驳的逻辑，对全人类的发展进化方向，做出如此超前、准确、深刻的判断，对各块土地上各种族群的生活，产生如此巨大深远的影响。

那些至今还在黑暗中踉跄前行的族群，他们最大的惩罚，不是无边无际的苦难，而是他们没有哈耶克。

哈耶克的一生跌宕而幸运。他亲眼见证电器工业化的起飞，亲身参与世界大战。他预言并见证了苏维埃的幻灭——事实上，他本身就是乌托邦的掘墓人。

摧毁一个世界的方式有很多种，但能真正改变世界的，唯有思想。弗里德里希·冯·哈耶克，就是那个用思想改变世界的人。

华人学者杨小凯曾说："哈耶克对人类文明的影响，犹如孔子对中国人的影响一样，深远而无孔不入。"这一评价，名副其实。

经常有人请格隆推荐经济学著作。我都会告诉他们，如果你已经读完了亚当·斯密，那就去读奥地利学派，去读哈耶克吧。

哈耶克逝世三十周年之际，格隆谨以寥寥数语，致敬这位坚决捍卫自由市场的孤独斗士。

2022 年 3 月 23 日

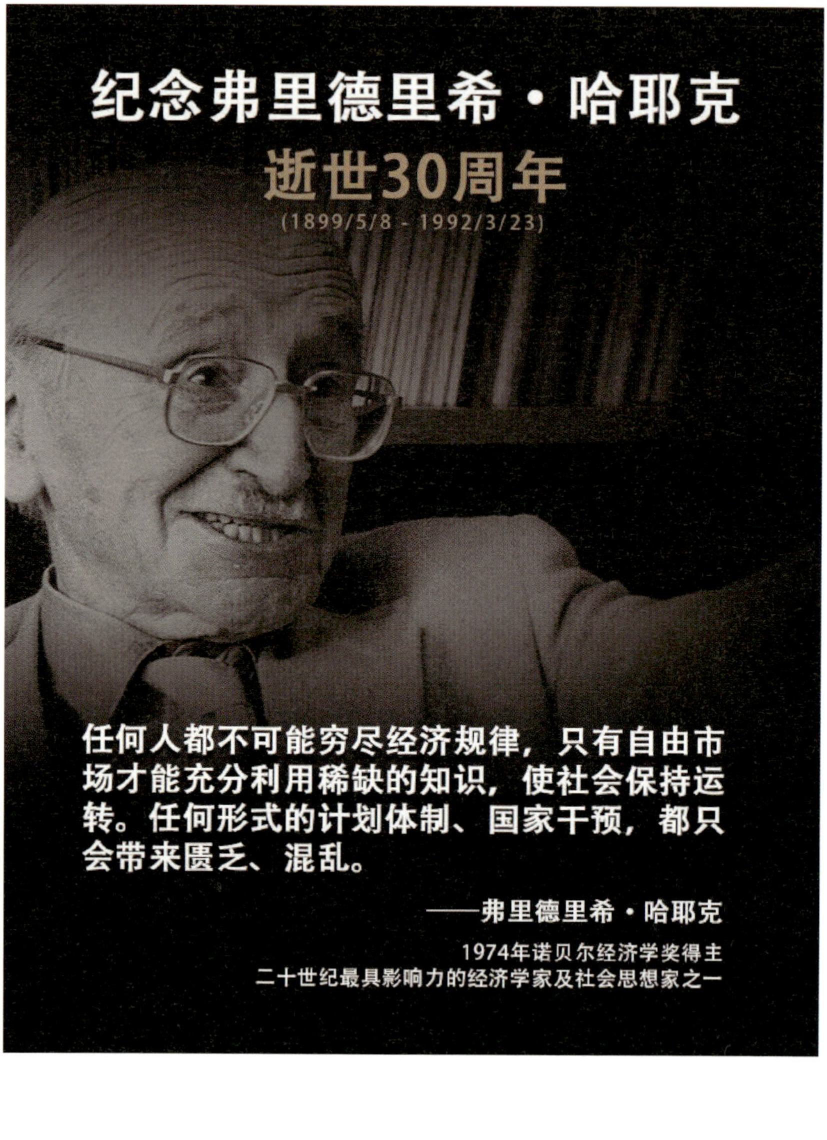
纪念弗里德里希·哈耶克
逝世30周年
(1899/5/8 - 1992/3/23)
任何人都不可能穷尽经济规律，只有自由市场才能充分利用稀缺的知识，使社会保持运转。任何形式的计划体制、国家干预，都只会带来匮乏、混乱。
——弗里德里希·哈耶克
1974年诺贝尔经济学奖得主
二十世纪最具影响力的经济学家及社会思想家之一

纪念弗里德里希·哈耶克
逝世30周年
(1899/5/8 - 1992/3/23)
愿意放弃自由来换取保障的人，其最终既得不到自由，也得不到保障。
——弗里德里希·哈耶克
1974年诺贝尔经济学奖得主
二十世纪最具影响力的经济学家及社会思想家之一

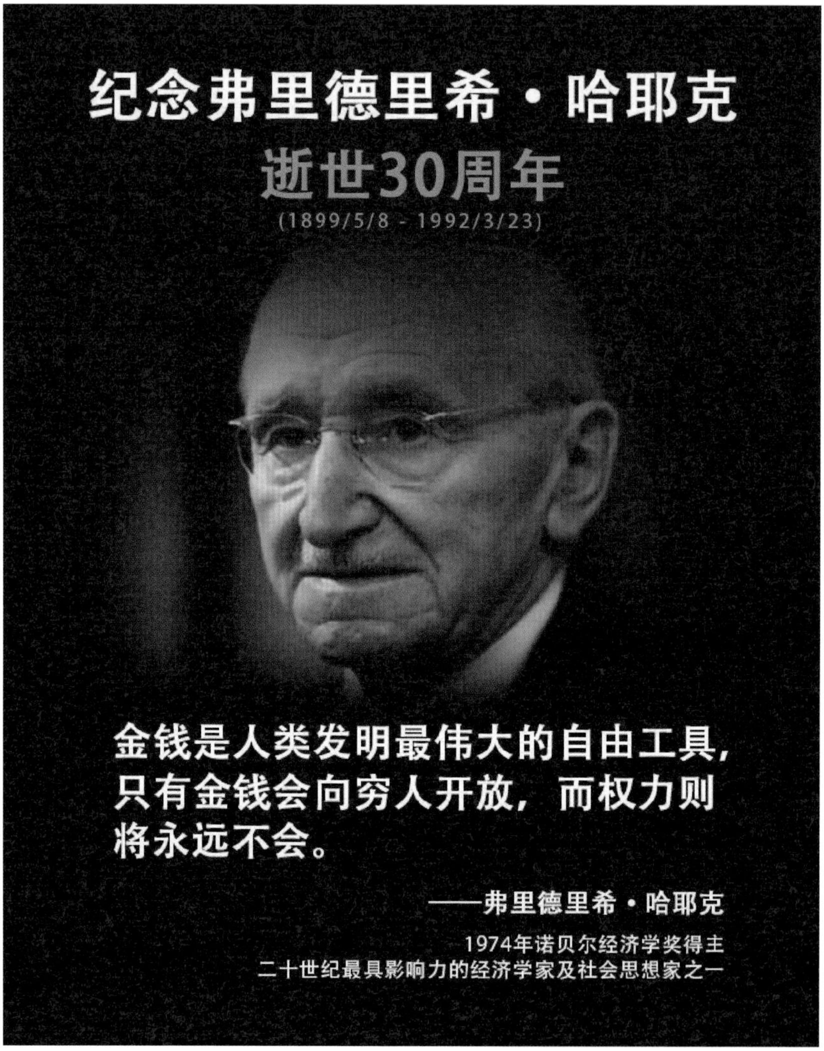
纪念弗里德里希·哈耶克
逝世30周年
(1899/5/8 - 1992/3/23)
金钱是人类发明最伟大的自由工具，只有金钱会向穷人开放，而权力则将永远不会。
——弗里德里希·哈耶克
1974年诺贝尔经济学奖得主
二十世纪最具影响力的经济学家及社会思想家之一

纪念弗里德里希·哈耶克
逝世30周年
(1899/5/8 - 1992/3/23)
如果一个人不需要服从任何人，只服从法律，那么，他就是自由的。这样说无论如何都不过分，那就是，法律的目的不是废除和限制自由，而是保护和扩大自由。就真正意义上的法律而言，不管在哪个国家中，哪儿没有法律，哪儿就没有自由。自由使我们免于他人的强制和暴力，而这在没有法律的地方是不可想象的。
——弗里德里希·哈耶克
1974年诺贝尔经济学奖得主
二十世纪最具影响力的经济学家及社会思想家之一

第六部分

关于人性

该忧虑的，或是人性，而不是经济

一

格隆给某知名学府 MBA 班讲座。论及宏观，很多学员忧虑经济的衰退下行，关心未来我们的经济增长模型各要素里，最缺（令人忧心）的，究竟是什么？

有说人口红利不再的，有说资本杠杆与土地已用到极致的，有说科技创新能力严重不足的。我的理解，都对，也都不对。

经济有其自身动力与规律。经济自己天然就会螺旋增长，周期而已。只要你自己不折腾，不闭关锁国，不与全人类进化的方向背道而驰，你总可以分享到整个人类的智慧跃迁、科技创新与产业分工红利。有全人类的进化力量做背书，经济不可能坏到哪里去。

相较于短期的经济繁荣或者衰退，一个社会、一个民族，有远比熬经济周期糟糕得多的长期选项与结果。

比如，人性的逆行。

经济的背后是人。未来如果我们的经济从此泯然众人，国人再次变穷，最根本原因，大概率不是因为柯布-道格拉斯生产函数里的那些“硬”要素不再。

而或是软的那部分，文化、伦理、情怀、价值观，这些基本人性的整体扭曲，腐坏与崩堕。

正直、独立、善良、饱学、抱负、悲悯同情、济世匡时……如果这些人性基本底线成为人混社会的负累与奢侈品，整个社会的增量财富创造动力与机制，必将荡然无存。剩下的主流，必然是尔虞我诈，猜忌、举报、算计、倾轧、无所不用其极的互残互害式存量财富瓜分与轮回。经济与财富赖以生长的契约与信任土壤将日渐贫瘠甚至荡然无存。没有人会是安全的，也没有人会作为，没有人敢作为。

再强大的经济内在增长动力,也扭不过这种人性的掏心一烂与强力拖拽。

五十多年前我们经历过这一幕,时间长达十年。其间发生了什么,社会到底有多荒诞,日子有多苦,相信经历的人都记忆犹新。浩劫后,我们一个人口占全球22%体量的经济体,GDP只占全球的1.78%,国民经济接近崩溃的边缘。

所以,PPI四十多个月的新低也好,失业率历史高位也罢,其实都没有真正令我忧心。但眼见某些肆无忌惮践踏公序良俗、羞辱人性底线的言论与行径,堂皇上演不受惩处,甚至公开逆向挑衅,而社会却保持可怕的沉默,我会感到一种发自骨子里的凉意。

这或是真正的砸锅。

社会(经济),只是一架机器。绝大多数人,其实都只是机器里的沙子。他们只是在生存。真正捏合资源,推动社会运转和进化的,始终是少数人。而人性的崩坏与逆淘汰机制,会劣币驱逐良币,从根本上侵蚀、压制,乃至掩埋这部分关键力量。

经济的底层代码,是人性与人心。人心凉了,经济是不可能热的。

当然,人性的颓堕,并非当下主流。我坚信我们社会正气依然。但高度重视,防患未然,一定是对的。因为,多数时候,这种人性的崩堕一旦开始,或会至少延(祸)及两代人,五十余年。

二

人性沉沦带来的,不单是经济的颓乏,甚至会腐蚀家国。

最近的例子是明史。

晚明崇祯时,整个国家,两个鲜明特征:

①互不信任。

②坐等出事。

很多人对明史的疑惑是,家国将覆,国库殆尽,满朝文武竟冷眼旁观,无人作为。崇祯为筹措军费,泪洒朝堂,让大臣们捐钱捐粮共度时艰。为表诚意,崇祯自己率先拿出了100多万两银子作为垂范。但即使如此,大臣们依然吞吞吐吐。作为内阁首辅的魏藻德只捐了500两,其他大臣也只是装样子,有典当家里财物捐款的,有摆摊变卖捐款的,单纯为了给崇祯看。断断续续,满朝文武,总共只凑了一万多两银子。

但李自成进京，逮住官宦一通拷打，轻松收缴了 7 000 万两白银："大顺军进拷索银七千万两，侯家什三，阉人什四，官什二，估商什一。余宫中内帑金银用具以及鼎耳门环钿丝装嵌，剔剥殆遍，不及十万。"（《国榷》）

很多人觉得明是朱家天下，官宦士绅不会有家国概念，故以不变应万变，坐看朝代更替，毫无忠诚度，有钱藏起来等新朝登基即可。跟谁做生意不是做，公司倒闭员工做猢狲散是天理，朝廷明显没救了，谁捐谁傻。

这种分析，表面看起来精明无比，头头是道，其实只是市民级别的小利己格局。如果中国的士绅阶层是这个格局，中国历史也未免会太过平庸乏味，何谈浓墨重彩，波诡云谲？大船再烂，也是既得群体的根本利益之锚，维护现有格局的均衡，确定性远大过打烂重来。这个道理，士绅门清。更何况李自成的残暴，有目共睹，连活人都可以烹煮分食，杀几个大臣算什么？

洪秀全的形势比李自成好得多，但清朝在太平天国时并未玩完，咸丰也没有步崇祯后尘去煤山上吊，后来还搞了一出同治中兴，苟延残喘多年。再往前，汉朝两次倾覆，都得以重新崛立，唐在安史之乱后也可以重建中央，以及永嘉之乱后东晋衣冠南渡和南宋的江南偏安。

所有这些，士绅阶层皆拼尽全力，组织全社会力量给旧王朝续命的例子，不胜枚举。

所以，明亡，绝非士绅官宦不想为。

是不能为，不敢为。

明末无可救药的人性崩坏与积重难返的内部倾轧，才是满朝文武坐等出事的根源。彼时朝堂党争纷起，互相攻讦，人人自危。特务组织东厂、锦衣卫则已渗透到所有官宦乃至平民的日常生活，告密、举报、排挤已蔚然成风。奸佞方可保身，有气节者不是被排挤到朝廷末角，就是陷身囹圄，或身首异处。方孝孺被诛十族，于谦被斩首，杨涟铁钉贯耳，熊廷弼传首九边……至崇祯时凌迟袁崇焕后，社稷节操已废。无论军民，皆已无节无操，贪生怕死。清军一来，或引颈受戮，或主动带路。刘泽清、左梦庚、赵之龙等手握重兵的大将，都是面对远少于自身的清兵秒降。当时的"江左三大家"之一，礼部尚书，东林党领袖，社会公认的读书人表率钱谦益，明亡本应死社稷。舟至湖上，妾柳如是纵身投湖，钱本人却嫌"水太凉"，转身降清。"江左三大家"另一代表龚鼎孳，明时弹劾攻讦成癖，看着比谁都爱朝廷，然“闯来则降闯，满来则降满”，还把自己投降的原因推到小妾顾横波身上，每谓人曰“我愿欲死，奈小妾不肯何”！

彼时的大明与朝臣们陷入了难解的囚徒困境：一方面崇祯想让大臣们出钱出力以让王朝续命，另一方面，社稷上下，节操崩废，群小环伺，人人自危，皆“命重于节”。无论君臣，还是同侪，彼此连一丁点的信任都没有，害怕如果自己真的挺身相助，就会被崇祯、被党争对手抓住把柄。即使现时不抓，也会秋后算账，死于非命。

万历《大明会典》，明正一品官员的年收入为米 12 石、银 215 两、钞 7128 贯。换句话说，就算是正一品官员，十年不吃不喝也就能攒 2 000 多两银子。此时捐得越多，只能说明贪得越多。

如果人性在，节操在，朝野彼此存在信任，这就是个小结，并不难解。

但遗憾的是，彼时人性之暗，党争之烈，崇祯之寡，是历朝少有的。

有明一朝，弹劾、倾轧已成为大小官吏打击异己、为自己获取名声利益最有效的方法。愈到后期，弹劾已愈无对错、善恶、是非之分，而纯为站队、立场、斗争需要。每用弹劾，必欲置之死地而后快。

至于崇祯之寡。志大才疏，刚愎自用，喜怒无常，无端猜忌，刻薄寡恩，这些缺点，几乎全部集中杂糅在了崇祯一人身上。东厂、锦衣卫在崇祯时膨胀到极致，而在崇祯当政的 17 年里，大明换掉了 17 位首辅！这些被换掉的首辅，很大一部分都被斩首、抄家。而凌迟处死一度封为朝廷肱股，为王朝浴血拼杀的袁崇焕，则让人性伦常彻底崩塌、转向。

这种氛围，于崇祯稳固自身权柄，不是坏事。但对大明朝国祚，绝不是好事。

因为帝国从此没有任何人作为，皆成散沙。

所以朝臣选择了装穷，旁观，看热闹，任由国家灭亡。也许李自成确如传言般残暴，大明灭亡后自己或难逃一死。但如果现在任何积极作为，无疑给无所不在的奸佞宵小递刀，那很可能今天都活不过去。

所有人坐等出事。

三

聊完以上，一个学员问：人性沉沦对一个社会前进的拖拽程度，可否量化？

我回答，很难。

但你肯定听过这样一句话："我一生善良，从未做过坏事。但人间疾苦，没有一样放过我！人间很好，但下辈子，不来了！"

这像不像一句凄婉的墓志铭？里面没有任何数据，但你能戳心般地感受到话里的张力。

它适用人，也适用于经济。

人性的集合是文化，文化的集合是文明。我从不怀疑国民心中天然有向善的那一块土壤。我只是有些担心，人性逆淘汰示范效应下，我们会不会明知这样做是错的，但出于需要，我们仍很刻意地去维持它？

错误如果是基于人们的愚蠢，虽然也可能造成很大损失，但毕竟还是有希望的。人是会学习的动物。当他们不再愚蠢时，那些错误就会被调整和修正。

但，如果错误是建立在人们精明、刻意的基础上，那就真的无计可施，束手无策了。人们越善于学习、越精明，错误就会越得到鼓励和纵容，就会越坚固，越难以撼动。

历史上很多盛极一时文明的衰落，其实都源于此。

2020 年 7 月 28 日

成年人只能筛选，不能教育

看到今天的日历，上了一段我很早前讲的一段话：投资这事上，别人讲一万句，不如自己摔一跤。眼泪教你做人，疼痛才是最好的老师。

感慨颇多。

当时讲这段话的大背景，是因为过去几年我的宏观研究一直在探讨和提醒一些显然的问题与忧虑。很明显，这很不讨好，刺激了不少人岁月静好的神经，身边很多人，甚至不少投资圈大牛，很不以为然，甚至会说我悲观主义，不适合做投资，眼里只看得到问题，说年年难过不也年年过，年年不也过得还不错，说悲观者只会成为哲学家，乐观者才能变成富人。

在经济增速终于从 10％一路下到 5％以下之后，在整个大中华股市过去十八个月消失了高达 29 万亿元的财富之后，在诸多“年年难过年年过，年年过得还

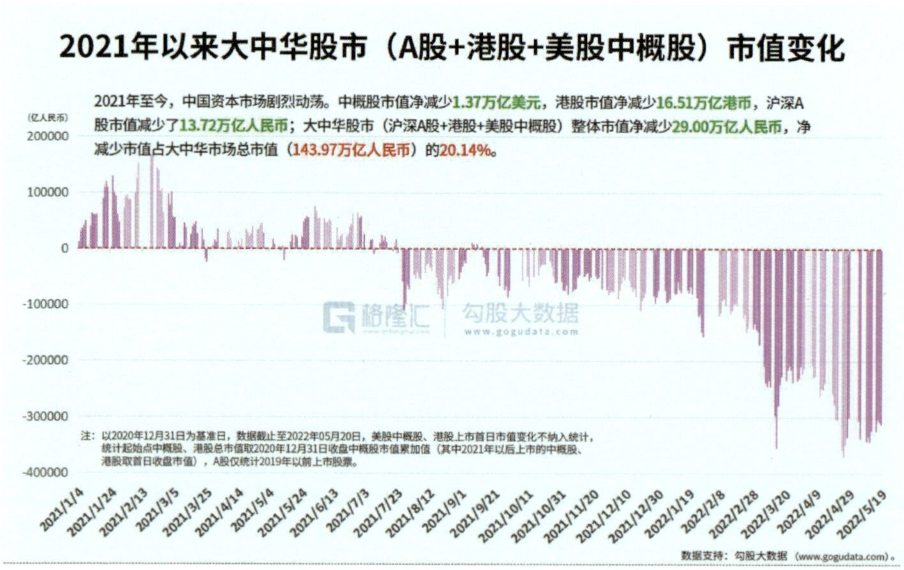

不错”的市场顶级大牛亏损累累，甚至清盘退出之后，我不知道那些“悲观者会成为哲学家，乐观者成为富翁”的人，会否有一番别样感受？

一个人从三十楼跳下去，前 29 楼，他都会以为自己在飞翔。很多人必须要等到触地的刹那，痛到自己了，才会愿意去直面和认清事实。

投资如此，对世界、世事的认知，又何尝例外？

大疆汪滔说过一句话：这个世界太笨了，这个社会原来是这么愚蠢。

所以，不要试图给愚蠢的人揭示风险与灾难。灾难就是为他们准备的。你的提醒，只是叨扰了他们的清梦而已。如果事后证明你的提示是对的，他们会更加恨你，而不是感激你，因为你见证和暴露了他们的愚蠢。

成年人最大的自律，就是克制自己去纠正别人的欲望。成年人只能筛选，不能教育。

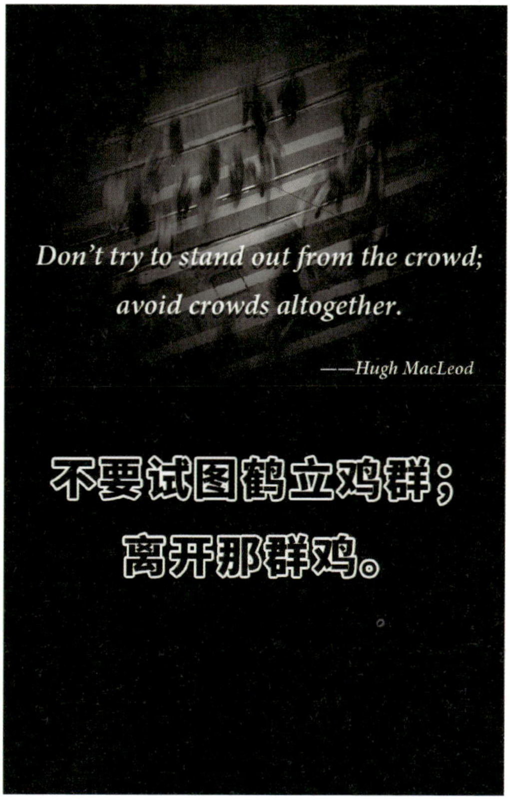

2022 年 6 月 1 日

再发一次牌，四个 A 还是不会到你手里

观察到当下一个有意思的现象：很多人，尤其过得不太如意的底层人（无贬义，泛指社会地位与财富水平），对乱世，乃至战争，有一种迷之向往，甚至渴望。总觉得乱世了，才可以掀桌子重新洗牌，自己会有更大机会。

遇到这种观点，格隆都会回答他们：再发一次牌，四个 A 还是不会到你手里的。而且大概率，你的牌会更差。

一个精通历史的朋友争论，说清朝遇上太平天国那么大的动乱，不也硬撑了 50 年，后来还弄出一个同治中兴。

这句话本身没错，但对于普通个体来说，得有一个前提：你一家老小得在太平天国运动之中存活下来。太平天国运动，江南"十室九空"。这"九空"，基本都是底层贫民。你如何确保你不是"九空"里的那一家呢？

对于清朝来说，白莲教起义后，就进入了乱世。乱世对底层人的杀伤力，有无数照片可以作为物证：在清末市井生活照片中，底层贫民皆衣衫褴褛，面无表情，目光呆泄，宛如丧尸。

更早一点的所谓强汉，从公元 145 年梁氏外戚集团专权开始就进入乱世。至 220 年，曹丕篡汉称帝，东汉灭亡，整个国家的人口已经死亡 70%以上。两个最大的一线城市，长安被多次屠城，洛阳被夷为平地。

当然，如果你站在军阀的立场上看这 75 年的乱世，尤其是最后几十年的比赛，确实打得非常之精彩，简直是群星璀璨（请参考《三国演义》）！

只不过，群星璀璨的背后，是普通民众堆积如山的森森白骨。

哪怕如日中天的唐帝国，公元 907 年被朱梁所篡，共历时 289 年。但在公元 751 年高仙芝兵败怛罗斯，唐帝国其实就进入了乱世，并长达 156 年，堪称一绝。如果按 30 年一代人计算，整整有 5 代人，从出生到死亡，全部在乱世当中度过，其中绝大多数都被丢进巨型磨盘中碾为肉泥，充作了军阀的军粮！

对于从小练习狼牙棒，立志要“秦失其鹿，天下共逐”的人来说，乱世或战争，或真是他们建功立业、大戏连台的时间。但基本上对普通贫民来说，都是要你命的“悲惨世界”。

所以，一个熟读历史的朋友给格隆提了两个新时期百思不得其的哲学问题：

(1)经济好的时候都赚不了钱的普通人，为什么觉得在经济下行期就能发一把大财，改变命运呢？

(2)和平时期是普通人的，为什么觉得战争来临就会走上人生巅峰呢？

他自己的回答是：精英鼓吹战争，是坏。普通人向往战争，就真的只是蠢了。

2020 年 8 月 3 日

我越来越对一部分大众的愚蠢感到失望

我越来越对一部分大众的愚蠢感到失望。

不分是非，不分善恶，唯立场，唯指示，唯需要的大众，比比皆是。

我一直以为，愚昧是可以改造的，民智是可以开启的。

但事实上，不是。

发生了很多事，让我再也不相信群众的眼睛是雪亮的。

岳飞冤案直到宋孝宗执政时才予以平反。在此期间，岳飞一直是投敌卖国的代名词。冤案平反后，老百姓再次涌上街头，欢呼朝廷神目如电，让千古冤案得以昭雪，然后各种歌颂岳飞的戏剧评书等纷纷上演。天地之间顿时充满智慧和祥和之气。

从袁崇焕被杀后，群众争着抢着吃他的肉来解恨，到谭嗣同菜市口被杀，群众往他身上吐口水扔菜叶子，你哪能看出点眼睛雪亮的影子？

太平天国是冷兵器时代人类历史上死人最多的浩劫之一。过往读太平天国这帮堪称奇葩的起义者，总有一个百思不得其解的困惑：为什么太平天国逻辑混乱的信仰体系、破绽百出的认知形态、荒诞莫名的做派，却有如此众多的狂热信众？

一些所谓的群众，其实更热衷于谄媚与盲从。

就像大疆汪滔说的，这个世界愚蠢的人太多了。

“这个世界太笨了”“笨得不可思议”这是汪滔说的一句话：“善、恶、蠢，三股势力，本质上是善对决恶蠢联军。恶蠢之间是 SM 关系。人类的最大敌人是愚蠢，愚蠢是万恶之母，要消灭恶，先消灭愚蠢，S 没了 M 是活不下去的。”

汪滔这话有点绕。直白地翻译一下，就一句话：愚蠢，首先是个道德问题。

在当今这种科技常识汗牛充栋、信息获取成本几乎为零的互联网时代，几乎所有愚蠢，都是甘于愚蠢。在可以不愚蠢的情况下，依然不去选择让自己不愚蠢的选项，那么可以据此判定它道德上有缺陷。道德上有缺陷的人，能干什么好事儿？

所以，愚蠢其实是恶。蠢人，就是坏人。

1905 年，孙中山专程到伦敦拜会翻译家、思想家、教育家严复，游说他支持自己的革命。

严复反应非常冷淡，对当时的国民性谈了自己的看法，如是回答孙中山："以中国民品之劣，民智之卑，即有改革，害之除于甲者将见于乙，泯于丙者将发之于丁。为今之计，惟急从教育着手，庶几逐渐更新也。"

精英或治国，或误国，或许都是对的。

著名经济学家张维迎说过一句话，"人类的灾难，大部分是由少数人的无耻和多数人的无知造成的"。

张维迎是对的。

2020 年 8 月 11 日

第七部分

关于人生

大多数人对吃苦的含义理解得太肤浅了

这是格隆说过的一段话，后来被各种引用各种版本改头换面，今天我把它重录于此，或会彻底改变你的认知：

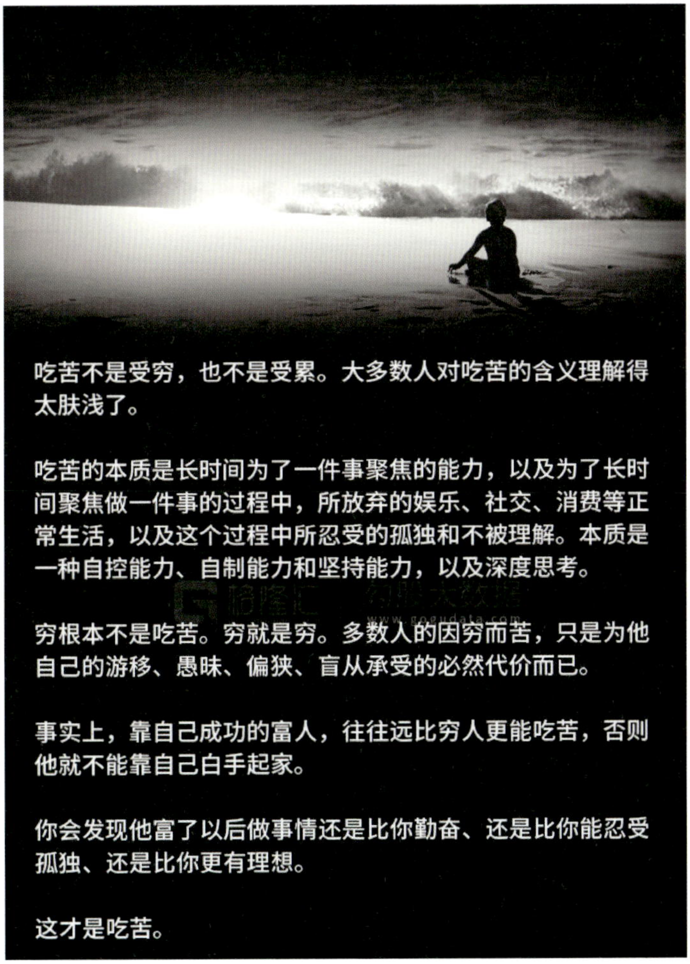
吃苦不是受穷，也不是受累。大多数人对吃苦的含义理解得太肤浅了。

吃苦的本质是长时间为了一件事聚焦的能力，以及为了长时间聚焦做一件事的过程中，所放弃的娱乐、社交、消费等正常生活，以及这个过程中所忍受的孤独和不被理解。本质是一种自控能力、自制能力和坚持能力，以及深度思考。

穷根本不是吃苦。穷就是穷。多数人的因穷而苦，只是为他自己的游移、愚昧、偏狭、盲从承受的必然代价而已。

事实上，靠自己成功的富人，往往远比穷人更能吃苦，否则他就不能靠自己白手起家。

你会发现他富了以后做事情还是比你勤奋、还是比你能忍受孤独、还是比你更有理想。

这才是吃苦。

吃苦不是受穷，也不是受累。大多数人对吃苦的含义理解得太肤浅了。

吃苦的本质是长时间为了一件事聚焦的能力，以及为了长时间聚焦做一件事的过程中，所放弃的娱乐、社交、消费等正常生活，以及这个过程中所忍受的孤独和不被理解。本质是一种自控能力、自制能力和坚持能力，以及深度思考。

穷根本不是吃苦。穷就是穷。多数人的因穷而苦，只是为他自己的游移、愚昧、偏狭、盲从承受的必然代价而已。

事实上，靠自己成功的富人，往往远比穷人更能吃苦，否则他就不能靠自己白手起家。

你会发现他富了以后做事情还是比你勤奋、还是比你能忍受孤独、还是比你更有理想。

这才是吃苦。

2021 年 5 月 7 日

人与人之间最大的差距，不是智商

各位亲爱的学员：

今天是个特殊的好日子，是格隆汇第八个一级中心——营销中心挂牌的日子，也是新一批新员工培训班开学的日子。

首先感谢并恭贺你成为格隆汇的一员。

感谢，是因为你对我们这份事业、这个团队的信任。兹今而后，岂曰无衣？与子同袍！

恭贺，是因为你做出了一个正确选择。我们坚信我们的未来是星辰大海，我们会一起经历眼泪与汗水，一起收获荣耀与尊严。

格隆汇是国家级高新技术企业，国家级双软企业，致力于服务中国资本市场的投资者与融资者，以“港股＋美股＋A 股”三个市场为核心覆盖阵地，以“全球视野”为标配，以“内容＋数据”为双载体，以“社交＋交易”为双纽带，为中国人全球投资、中国企业全球融资，提供研究、资讯、数据、路演、调研、行情、交易、社交等一站式联结。

这是一个非常性感的行业（赛道）。有句话是这么说的：这个世界上最好的商业模式，要么是去打天下收税，要么去做金融。

这更是一项激动人心的事业，因为它基于国运。

中华民族一直都是一个强大的民族，中国 GDP 在清朝嘉庆年间最高占到了全球的 1/3。我们的祖先在过去两千年里一直做得很好，只是在最近 200 年里落后了，现在是奋起直追的阶段。我们恰恰很幸运生活在这个激情燃烧的时代，并亲身见证和参与中国历史上的两个百年不遇：改革开放与资本市场的建立与繁荣。这是中国经济腾飞的两个翅膀，如果我们坚信我们最终必会恢复祖先的荣耀，那无论怎样描述资本市场的远大前景，都不过分。也正是借助了资本市场，投资理财渠道堪称极端匮乏狭窄的绝大多数普通国民，才可能有机会实现财

哪有什么神？
无非是长期严格的自律、坚忍、
努力与持之以恒！
格隆汇

富保值与增长的中国梦——而我们，正是在这块市值超过了 150 万亿元、名为“中国资本市场”的沃土上挥汗如雨、助人助己的耕耘者。

以资本市场为主体的金融，是一个比山岳还古老的行业，赚钱也相对容易。也唯其如此，才导致这个性感领域里有无数墨守成规、习惯于躺着赚钱的传统业态与从业者。一旦你以一个完全市场化的专业姿态出现，你会发现该领域里那些看起来不可战胜的巨无霸，为你的生长留下了多么巨大的缝隙与空间——这也是格隆汇之所以凭恃与自信的地方。格隆汇非富非贵，但短短六年做到中国出海投资服务领域绝对的第一，并重塑和颠覆这个市场的众多游戏规则，恰恰就是因为我们深入骨髓的市场化与专业化基因。我们并不确知我们未来会长多大，但我们绝对相信，我们会是中国资本市场未来的巨人之一。

另外，我还特别想提请诸位首肯的一点是，我希望我们是有共同价值观的人。以利交，利尽则散；以势交，势去则倾。唯有内心同沟壑，方可生死相托，风雨与共。对于每一个格隆汇人，我都要求他必须遵循“正直、专业、激情”的核心价值观。正直善良，你才会有底线；专业，你才可在金融领域成事；不用扬鞭自奋蹄，永远充满斗志，永远热泪盈眶，你才可能从芸芸众生里脱颖而出——人与人之间，最小的差距是智商；最大的差距，是坚持！

创立格隆汇的第一天，格隆就向所有员工做了一个承诺：让格隆汇每个员工，都过上富足和有尊严的生活。我今天也把这句承诺，送给在座诸位。

未来前路上，一定会有风雨。岁月从未静好，每个人的生命里一定会遇到很多措手不及的大雨。若你身陷雨中，愿你身在格隆汇，我们会为你撑伞。

人生是一场悲欣交集的修行，道路的尽头，一定有鲜花，盛开在阳光里。鲜花最终会凋零，但它用尽一生力量积聚并散放在空气里的花香，也许很淡，却会永恒。

天生我材必有用，格隆最后以辛弃疾那句千古铿锵绝唱赠诸君，共勉并自勉：男儿到死心如铁，看试手，补天裂！

2021 年 8 月 16 日

男儿到死心如铁
看试手
补天裂
了解更多图文干货，扫码关注公众号
“格隆汇图解天下”
格隆汇
www.gelonghui.com
格隆汇@格隆

放浪半生，所依恃者，不外师尊几句嘱托，半卷诗书

忙完诸事，已快晚上十点，沪上满城烟雨。

匆匆奔赴虹桥机场，赶晚班机回深。抵深，估计已是明天凌晨一点后了。

没有觉得有何不正常。从跨出校门，就未敢懈怠过。总觉得背后会有一双眼睛默默注视着。蹉跎岁月，会愧对乡亲，更愧对师尊。

人之一生，跌跌撞撞，寄蜉蝣于天地，渺沧海之一粟。纵酾酒临江，横槊赋诗，亦终付与苍烟落照，或只赢得几杵疏钟，半江渔火，两行秋雁，一蓑烟雨。

但终究吟啸徐行，放浪半生。一路走来，不懈不弃，所依恃者，不外师尊几句嘱托，半卷诗书。

今日教师节。感恩所有带过格隆的师长。格隆当续勠力，或庶几无愧！

2021 年 9 月 10 日

多少人的表面光鲜亮丽，其实内心千疮百孔

今天是感恩节。

就算你过得不是那么好，你还是要感谢生活，我的朋友。

人这一生，日子揉碎了，你会发现都带着一丝悲凉。多少人的表面光鲜亮丽，其实内心千疮百孔。落在一个人一生中的雪，我们不可能全部看见。每个人其实都是在自己的生命中，孤独地过冬——你是，格隆也是。

但你还是要感谢你身边的每一个人——因为他们的见证，你所有的汗水与眼泪，才是真实的，值得的。

其实，过好一生没有什么技巧，就是笨笨地熬。当你咬牙在黑暗里坚持的时候，一回头，才发现已经走了很远很远的路。

整个人类，其实也都是这么走过来的。柏林墙倒下之前，没有人相信它会倒下。它倒下之后，没有人相信它居然能那么长久地立在那里。人的眼睛看到的东西，都是很有限的。

但人类骨子里向上的进化力量，仍会推动我们前行。从猿到人，从茹毛饮血、同类相食到守望相助，每个个体都能过上有尊严的体面生活。

过去一年，疫情、中美摩擦、香港的撕裂……一件糟心事接一件糟心事。尤其香港，格隆身处其中，感同身受。但除了为内地在港学生提供来者不拒的实习工作机会以及补助外，我刻意提醒自己远离攻讦。无他，只是因为我知道同胞永远都是同胞，短期恨意与怒火上头下的攻讦于事无补，感恩和爱，才经得起时间的检验。我们一路艰辛跋涉，不是为了改变世界，而是为了不让世界改变我们。多年前的那个少年仗剑离家走天涯，不是为了让仇恨蒙蔽我们的眼睛和心灵。这个世界需要永远的初心，善良和爱需要一直被守护。

愿我们都能怀揣一颗悲悯之心，以善意去解读人生冷暖，守护善良，化解人心的凉薄。也愿我们拥有一颗菩萨心肠，坚守善良的同时，也拥有金刚手段，让

善良带点锋芒,去化解世间的艰险。

人的一生,总会遇到几场猝不及防的大雨。若你身陷雨中,愿有人为你撑伞。如果没有,也愿你有听雨的心情。

也许你过得并不是太好,但,我的朋友,你还是要感恩!

格隆想说的是:

感恩有您,
我的陌生人,
感谢您那次擦肩善意的微笑,
感谢您赋予这个世界的温度。
感恩有您,
我的敌人,
感谢你让我成长,
使我成为更强大的自己。
感恩有你,
我的孩子,
感谢你来到我的生命里,
我的生命因你而完整、厚重。
感恩有您,
我的爱人,
执子之手与子偕老,
感谢你陪我走过所有最苦与最美的日子。
感恩有您,
我的故乡,
哪怕走遍天涯海角,
你都是我内心深处最柔软的眷恋与支撑。
感恩有您,
我的老师,
感谢您无私的教诲,
让我从懵懂无知到驭风飞翔。
感恩有您,

我的朋友，
因为有你，
我从未感受到孤单与恐惧。
感恩有您，
格隆汇会员，
感谢有你们一路风雨同舟，守望相助。
格隆想说的是，这个时代，未尽美好。但，有幸和您生活在一个时代，真好！

2021 年 11 月 25 日

人可以放弃所有，除了希望

今天是2021年的最后一天。我写了一段文字，题目是《2021，千疮百孔》。但这注定是一段永远也不会发出来的文字。

我们每个人大概都会经常做这种近乎无用功的事情。就如同我想在今天祝福你新年快乐。其实我知道这种祝福毫无意义。因为这对你的现实处境不会有丝毫的改善和帮携。

但我们都还是会做这些无用功。

因为我们知道，有些东西，藏于我们内心深处，就算若有若无，却潜移默化，支撑着我们并不算坚强的步伐，对卑微至尘埃的我辈芸芸众生，有着巨大的意义。

所以，无论过去一年过得怎样，无论过去一年脚步如何踉跄，我的朋友，在新的一年到来之际，都请继续咬牙微笑，继续坚强。

就算是自己给自己力量。

格隆也会诚挚祝福你，所有认识格隆、以及格隆认识的朋友：

愿岁月再匆驶荒芜，也至少有一小段时光，曾温柔待你，并惊艳过你的脸庞。愿世界再冰冷坚硬，也总有一丝美好和光亮，能令你流连和坚强！

“希望”是个好东西，它植根于我们内心，别人夺不走也偷不掉。而任何好东西都永远不会消逝。
——2010年1月30日，南昌火车站，一位名叫巴木玉布木的母亲，匆忙赶车回凉山彝族自治州过年
格隆汇
格隆汇 @格隆

穿透一切高墙的东西，就在我们的内心深处。
——1996年，上海，模特姚书轶在闹市中展示迪奥礼服
格隆汇
格隆汇@格隆

2021 年 12 月 31 日

为什么你拼了命，也一定要考上大学？

明天高考。

格隆祝福所有学子，尤其 985、211 录取率低的地区考生，愿上天怜惜你们的付出，愿你们终得偿所愿。

或许，等你大学毕业后会发现，学历已越来越难以令你脱颖而出，越来越难以让你过上体面和有尊严的生活。

但，你还是要拼命考上。

因为，你读过的书，你读书时见过的世面，或多或少都会帮你接触到更多、更优质的资源，也会让你具备更优于常人的认知力、判断力。这些，尤其前者，会让你离自由、体面、有尊严的生活，更近一些。

没有办法。这是残酷的现实。中国有 14 亿人，而这个社会的资源从来都不是平均分配的。考出来，并往上走，看起来也不容易，竞争也激烈，但那种激烈，是对更充足、更高能、更优质资源的竞争，只要坚持，你总会有出头机会。

但如果你没有考出来，你将被迫去和看不到边的一大批人争抢一点为数寥寥且并不优质的资源，可能永无出头之日。

因为越往下，资源越匮乏，这种竞争会远比往上的竞争更白热化，更残酷，更卷。在很多农村，外人看起来不值一争的事物，一条路，一块地，一棵树，一条田垄，乃至宅基地的边线、房屋的高低，都是争抢和攀比的对象。“贫瘠”的环境会是一个让你无法挣脱的泥沼，如果没有足够特殊的手段和大的肚量，逃离是你唯一的选项。

这些话(认知)，因为并不讨喜，平时大概率也不会有人和你说。但，都是大实话。

拼了命考吧。毕竟，这几乎是普通人家的孩子想些许改变命运，唯一相对公平的路径和机会。

中国历年高考适龄人口与高考报考人数走势对比

我们把历年高考报考人数回推18年，与当年出生人口放在一个坐标轴上，会发现除了77、78两年因为多年断层后重启高考而导致报考人数数值畸高外，其他时间段两者基本正相关。但自2013年开始，两者出现明显背离，高考适龄人口持续下降，而高考报考人数持续攀升。

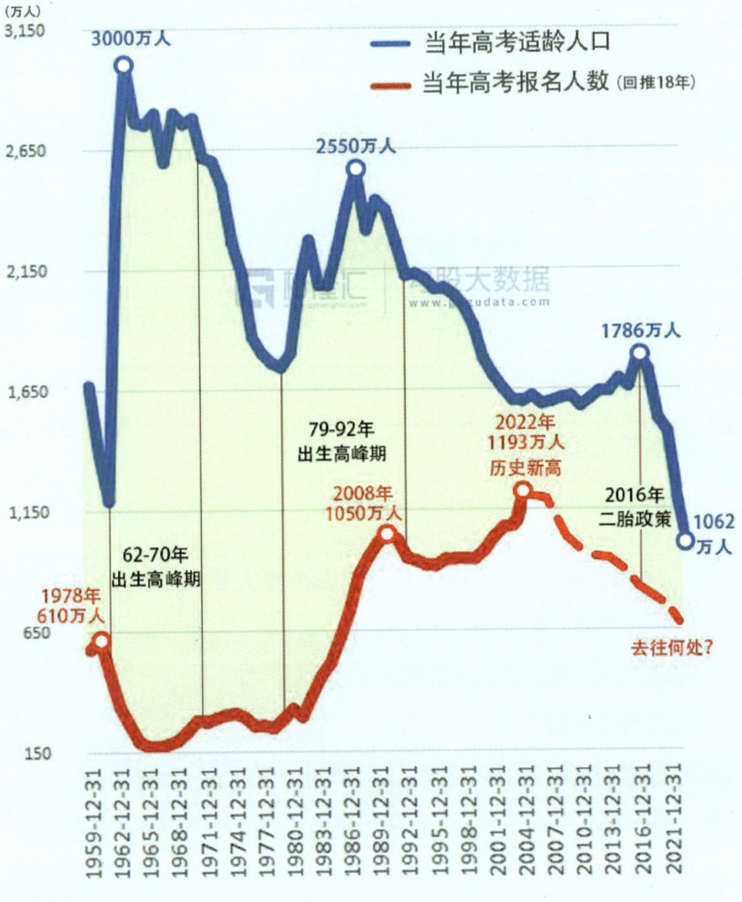

注：以当年满18岁人口为高考适龄人口。

数据来源：国家统计局，教育部，勾股大数据整理。

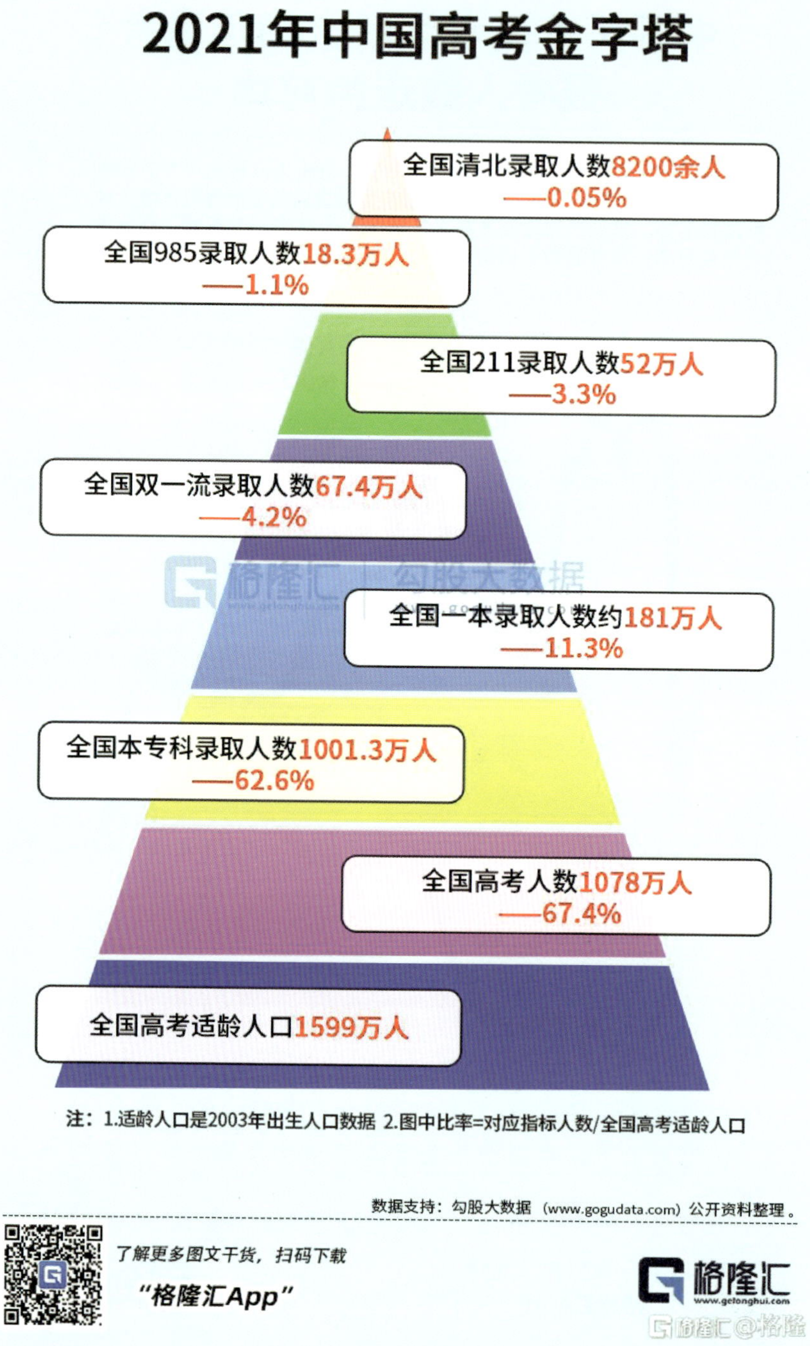
2021年中国高考金字塔
全国清北录取人数8200余人
——0.05%
全国985录取人数18.3万人
——1.1%
全国211录取人数52万人
——3.3%
全国双一流录取人数67.4万人
——4.2%
全国一本录取人数约181万人
——11.3%
全国本专科录取人数1001.3万人
——62.6%
全国高考人数1078万人
——67.4%
全国高考适龄人口1599万人
注：1.适龄人口是2003年出生人口数据 2.图中比率=对应指标人数/全国高考适龄人口
数据支持：勾股大数据（www.gogudata.com）公开资料整理。
了解更多图文干货，扫码下载
"格隆汇App"

2021年中国各省高考985高校录取率对比

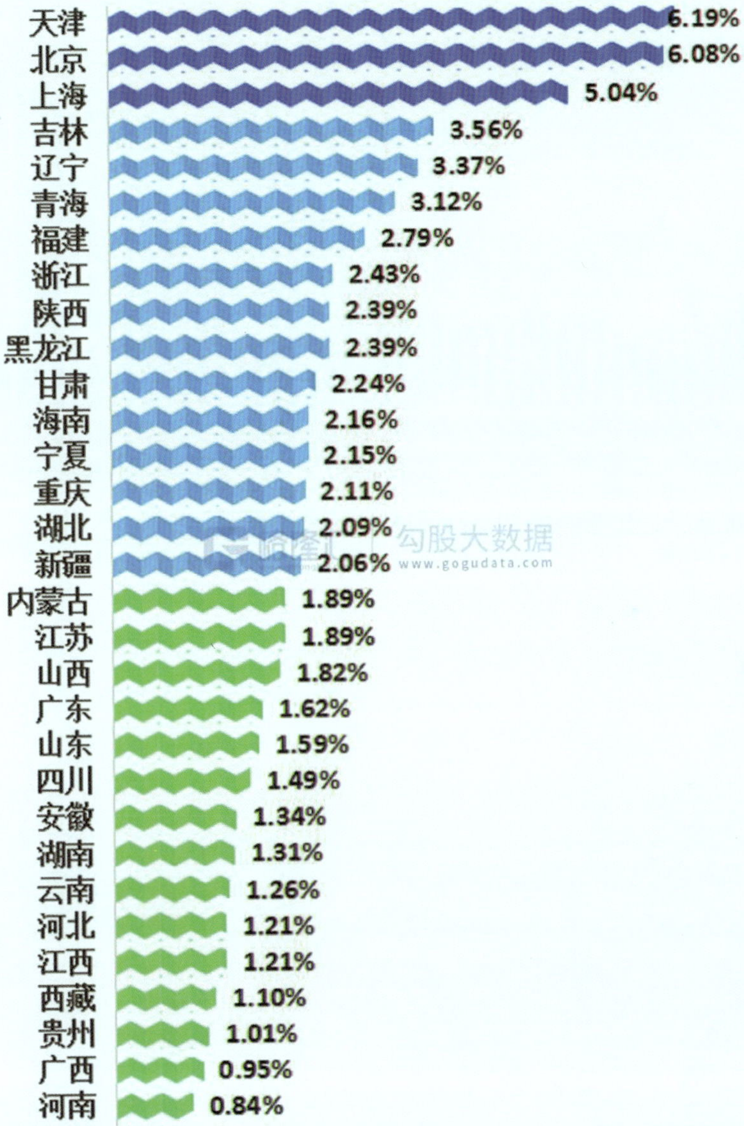

数据支持：勾股大数据（www.gogudata.com）公开资料整理。

再次祝福！尤其那些来自农村的孩子。愿上天眷顾你们！

2022 年 6 月 6 日

一万年来谁著史，三千里外觅封侯

丈夫只手把吴钩，意气高于百丈楼。一万年来谁著史，三千里外觅封侯！

十年磨一剑。格隆祝福所有考生，尤其那些来自农村的考生，都能有一个远大的前程。愿上天眷顾你们，体恤你们，善待你们，愿你们流的泪与汗，终有回报，愿这个世界真的足够悲悯、善良和公正，会赞赏坚忍，奖励勤奋，帮扶上进。

也许会有人告诉你，哪怕读了大学，也没什么用。不是这样的。这个世界确实不够美好，但你还是要努力学习，要勤勉，要上进。你做好自己该做的，恰恰就是为了有一天发现这个世界不是你想要的时候，你有力量去和它掰手腕，有力量去改变它，而不是躺平，任人碾压。

至于我，能给你们的，也仅限于口头的祝福而已。我们这一辈人并没有给到你一个美好的真实世界。这个世界依然艰辛、逼仄、坚硬和冰冷。这是我们上代人的过错与羞辱。我们并未用尽全力。抱歉，真的很抱歉。

但无论如何，都请一直保持你们现在的勤奋坚忍，保持你们现在的意气风发。如果有一天你大学读完，发现世界并不如你期望的美好，不要失望。

用你的力量，去改变它。

格隆再次祝福所有考生高考奏捷，更祈愿他日学成，时代能给予你一展才华的机会。

学历并不能帮你实现阶层跃迁，那只是个必要条件。帮你实现阶层跃迁的充分条件，是时代环境，是对包括知识在内的所有资源实现自由流动、自由定价的市场化机制，是市场化机制下更多需要你知识的岗位的诞生。

否则你就算读到博士、博士后，你也只能知识青年"上山下乡"。

格隆很庆幸自己生于 20 世纪 70 年代。没有经历大饥荒，没有经历文攻武斗，没有经历上山下乡。我们能正常入学，正常读书，毕业后的年份又是过去 200 年来历史上少有的不折腾、安安心心搞经济的 30 年。这都是时代赋予我们这代人的红利。

我有些担心，你们这代人，还有没有这样的幸运？

但，无论如何，你还是要玩命考上大学，饱读诗书。

待学成归来，候天澄宇净，自可翱翔天际！

NOW
LOOK
AHEAD
The reason why dusk is magnificent is that it has collected sunshine all day long.
黄昏之所以壮丽，是因为它收集了一天的阳光。
——寄语所有参加高考的莘莘学子

2022 年 6 月 7 日

“未来会好吗?”“不会,但要相信会。”

今日除夕。

格隆在南国深圳湾煦暖的冬日阳光里给您拜年,为您祈福——哪怕我知道这片阳光从没有,也决不会均匀洒在每个人头上;哪怕我知道您所在的城市或许风雪交加,寒风刺骨。

但格隆还是想祝福你,我的朋友。无论你美,还是丑;卑微,还是尊崇;富可敌国,还是不名一文;踌躇满志,还是沮丧绝望;闲庭信步、游刃有余地活着,还是用尽了全力,依旧脚步踉跄……

格隆都祈愿,岁月再匆驶荒芜,也至少有一小段时光,曾温暖过你的内心,惊艳过你的脸庞。愿世界再冰冷坚硬,也总有一丝美好和光亮,能令你流连和坚强!

就像香港四大才子之一蔡澜那段最冰凉却又最温暖的问答:

“未来会好吗?”

“不会,但要相信会。”

过去几年,发生了很多事。有些事是我们过去想都不敢想的。世界在迅速嬗变,令人瞠目结舌,却又不管不顾,毅然决然。历史车轮滚滚,它或意味着机会,但一定也会撞倒一些人,落下一些人,尤其是那些资源有限、力有不逮的普通人。在时代大潮的裹挟下,我们绝大多数人,除了被动接受和顺从,其实并没有太多的选择。

但我还是希望,一个社会急匆匆往前赶路的时候,不能因为要往前走而无视被你撞倒的那些人——哪怕这些人,只是少数。

一如 20 世纪影响力最大的哲学家罗素说过的那句话:

“我渴望任何一个国家、种族或主义,都屈服于每一个生命个体的自由、价值与尊严之下。但是那些卑微的生命和人性,却总让我满含绝望的泪水。”

虎年到来之际，格隆再次祝福所有我认识，以及认识我的朋友：愿上苍赐予我们力量，去改变我们所能改变的；赐予我们勇气，去接受我们不能改变的；赐予我们智慧，去分辨这两者的不同。

尽管生命如尘，仍愿岁月如歌。

2022 年 1 月 31 日

今夜月明人尽望

今夜月明人尽望，不知秋思落谁家。

又是一年中秋，年年今日，月华如练，长是人千里。

人生如逆旅，吾辈皆是行人。从故乡到异乡，从少年到白头。走着走着，风景已经看遍，故人相隔千里。就连曾经的自己，亦或是音讯杳然。

如果不是因为我们祖先刻意为之，今天只会与任何普通的一天一样。只是因为我们的先祖内心充满对美好生活的渴望，才赋予了这一天一种华贵的忧伤，一份望眼欲穿的期盼，一缕愁肠百结的思念。

我们的祖先用这种独特节日设置的方式，其实是一直在告诉我们，日子永远还是那个日子，怎么过，过成什么样，其实完全取决于我们自己，我们的内心！

你无所念，无所想，没有牵绊，没有希冀，那就算你置身喧嚣的人海，今天也只是普通的一天。如果你不放弃，不妥协，不惧以往，不畏将来，哪怕你孑然一身，踽踽独行，你也会拥有整个世界。

复旦大学历史地理研究所的研究表明，历经整个清朝 267 年的繁衍竞争，只有 13.61%的人留下了自己的嫡系后代。

其他人，要么没有条件和能力生养抚育，要么在灾害、战乱征伐中黯然消失。换句话说，今天的每一个我们，都其实是生命的奇迹。是我们的先祖在上千年的战乱流离中，每一代都用尽全力，永不言弃，才成为那13%的幸存者，才一代代努力活下来，才延续到今天的我们。

所以，不要愧对先祖的努力，更不要辜负这种生命的奇迹。过好中秋，过好每一天，才不妄我们的一生。

感谢所有与格隆、与格隆汇并肩而行的伙伴们。日子从来都不是温柔的诗篇，但因为有我们彼此的互相搀扶，再难再烂的岁月，我相信，我们最终都能如愿蹚过，江湖留声，留影！

今天也是教师节。感恩所有曾授予格隆知识，教会格隆怎样思考的师尊。格隆唯有以从不放弃的一往无前，庶几无愧师恩。

再次感恩岁月，感谢所有认识格隆，和格隆认识的人！

中秋节快乐！所有人，好人好梦，月圆人圆！

2022年9月10日

2022，再见，再也不见！

所有格隆的朋友，新年快乐！

还有五分钟，就是新年了。

格隆今年不会祝您幸福。因为我知道过去三年，诸多人的身体和精神都经历了重创。尤其是那些有亲朋离世、生意破产的人。没有亲身经历过的人，或永远无法体会他们承受过什么。岁月如别人，或如水淌过。于他们，则变成夹带着碎石和泥沙的浊流，每前进一步，都疼痛、缓慢而艰难。

但，格隆还是要求您保持必要的力量和疼痛的清醒，去努力维持您自己在这个世道中最底限的宁静与尊严。

三年疫情让我们见识了不少善良与美好，但也见识了很多人性的腌臜与不堪。但，我们还是要扛住，要走下去。

因为我们肩头有责任。对父母，对家庭，对自己！用个人的烛幽之光，去尽量照亮和温暖身边某一个小的角落。用我最开始的那段话：我还是要求您保持必要的力量和疼痛的清醒，以去努力维持您自己在这个世道中最底限的宁静与尊严。

我们都是小人物，但不能活成了小人。

格隆把自己很喜欢的苏轼的八个字送给诸君：群居不倚，独立不惧。这八个字后，我自己再加一段话：不与美好与善良为敌。

好莱坞大片《七宗罪》有句台词：“这个世界如此美好，值得人们为它奋斗。我只同意后半句。”

有记者问香港四大才子之一的蔡澜：“这个世界会好吗？”

蔡澜的回答极具韵味：“不会。但要相信会！”

你没有如期归来，而这正是离别的意义。世界并不完美，而这正是你来到这个世界的意义。

无论多么艰难，对未来，我们始终充满期待。格隆把自己微信头像的那段签名送给大家：

“这个世界，我来过，我奋战过，我深爱过，我不在乎结局！”

致敬所有扛住了生活的普通人！

2022，再见！

再也不见！

2022年12月31日

第八部分

关于财富

你的财富，永远超不过你的认知，而愚昧则是最卑贱的贫穷

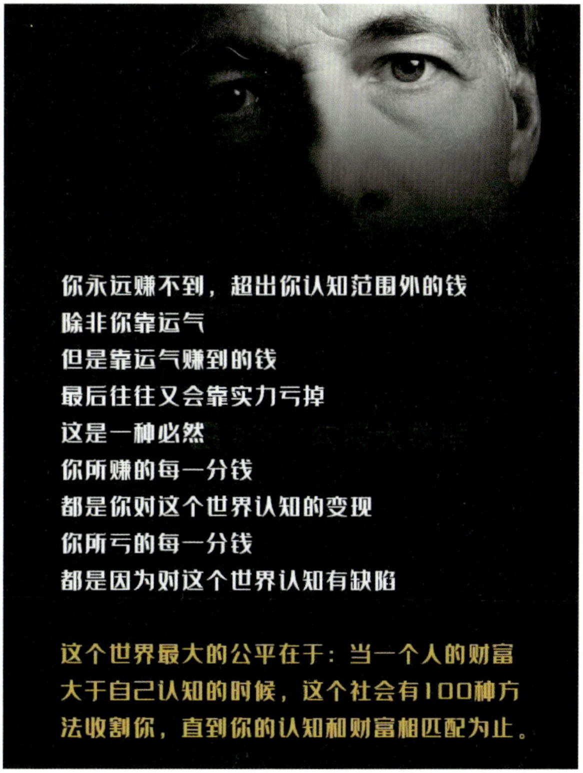

你所赚的每一分钱，都是你对这个世界认知的变现，你所亏的每一分钱，都是因为对这个世界认知有缺陷。

你永远赚不到超出你认知范围之外的钱，除非你靠运气，但是靠运气赚到的钱，最后往往又会靠实力亏掉，这是一种必然。

这个社会最大的公平就在于：当一个人的财富大于自己认知的时候，这个社会有100种方法收割你，直到让你的认知和财富相匹配为止。

伊斯兰教圣书《古兰经》有一句名言：愚昧是最卑贱的贫穷。其大意是：贫穷的原因多种多样。但愚昧会必然导致贫穷，且是那种最令人瞧不起的贫穷。

投资领域一个样。如果你学会的不是质疑，而是盲从，就不要抱怨在股市中是你被筛选出来，予以收割和淘汰。虽然残酷，但这就是天道。

2020年1月6日

仇富可能是最愚蠢的人类行为，没有之一

财富最大秘诀之一，就是资产本身会自我创造财富。

有钱人其实是用钱在赚钱。

一个月收入十万元的人，与一个月收入一万元的人，最初看起来只差了十倍，不算太多。但假以时日，月薪一万的人，扣除每月房租 2 500 元，吃饭 3 000 元，各种电话、交通、服装、社交 3 000 元，最后每月只剩 1 500 元的实际收入（原始积累），而那个十万元的人，就算各项花销费用是一万元人的三倍，也能余下 75 000 元，实际收入其实是一万元那个人的 50 倍。

但现实往往比这个更残酷：十万元的那个人能很快原始积累，买下房子，形成资产。他不用再交房租，而且房子等资产开始自我增值。十年后，那个月入十万元的人大概率已是千万富翁，而那个日薪一万元的人，可能仍一无所有。

所以，你需要做的，是尽快完成原始积累，然后用高效的资产配置搭配合理的杠杆，去为你赚钱。

很多人并没有理解这个最浅显的财富原理。恰恰相反，他还会刻意仇富，而且仇得义正词严，仇得理所当然，好像自己的贫穷是富人导致的，好像诅咒富人，钱就能到自己口袋里来一样。

有用吗？

还是会有的：你为自己的贫穷以及一直甘于贫穷，找到了一个完美的躺平借口。你也会让自己、自己的子女，代复一代，处在一个财富思维与财富本身都堪称贫瘠的可怜状态，且引以为荣，乐在其中。

仇富可能是最愚蠢的人类行为，没有之一。你的仇富，既不会让富人的钱转移到你口袋里，更丝毫不会影响富人的生活。打土豪分田地这种事，几百年有一次就不得了了。就算有，也多半分不到你头上。

做这种梦，远不如努力赚钱，积攒每一个铜板，利用所有你可控范围之内的

杠杆，形成资产，再让资产为你赚钱。

财富，说白了，还是一种认知能力的变现。

人类的优胜劣汰，越来越从肉体转向财富，从体力转向脑力。缺乏鉴别力和自我控制能力的人，会被各种洗脑、诱惑迅速筛选出来，然后予以收割和淘汰。

虽然残酷，但这就是天道。

有钱并不可耻。甘于贫穷，甚至以“躺平”为荣，就不单可耻，亦是可怜。

2020年1月16日

为何多数人摆脱不了“韭菜”的命运：来自概率的诅咒与惩罚

一

一个朋友问格隆，穷人与富人，究竟因何分野？

格隆的回答是：思考方式与行为方式。

一个数学家说过：如果上帝真的存在，他能听懂的唯一人类语言，就是概率。

获过诸多大奖的反映第一次世界大战的电影《弗兰兹》中有个最经典的镜头：法军士兵冲锋前先向上帝祈祷，而对面的德国兵也是刚向上帝祈祷完，这两个士兵的目的都是搞死对方。那么，上帝究竟保佑谁？

其实上帝谁都保佑，也谁都不保佑。上帝不掷骰子。它不过是制定了一个充满了概率的“规则”，用这个规则随机去决定谁生谁死。微观上，那两个士兵谁生谁死，上帝其实一点都不关心。士兵无论怎么祈祷一样可能阵亡。但是也一定有人活到战争结束，让人类延续下去。

二

数学在中国两千多年的历史上一直被列入奇巧淫技，所以我们绝大部分人是没有任何概率思维的。事实上，如果学过帕斯卡、费马，学过贝叶斯，绝大多数时候，投资其实就是一道非常简单的概率题：

假使下周市场有70%的概率上涨，30%的概率下跌。但如果上涨只会涨3%，下跌则可能跌9%。

那么，你该做多呢，还是做空？

我们这个市场里的绝大部分人，应该都会选择做多。

但很遗憾，正确的选择，恰恰是反的。

根据以上概率分布，就整个事件下注的未来预期值是：$70\%\times3\%+30\%\times(-9\%)=-0.6\%$。

简而言之，应该赌跌。做空盈利的机会更大。

巴菲特每天做的，都是算这个简单的数学题。

巴菲特曾这么概括过自己的择股路径："用亏损的概率乘以可能亏损的金额，再用盈利概率乘以可能盈利的金额，最后用后者减去前者。这就是我们一直试图做的方法。这种算法并不完美，但事情就这么简单。"

这与其说是一种数学能力，不如说是一种思维模式，一种上帝区分穷人、富人，选择保佑谁、放弃谁的密码。

富人思维，是把每一个具体的选择抽象为概率，然后选择优势概率路径，坚持下注。

穷人不同。多数穷人为实现自己的发财梦，会根本放弃概率思维，仅仅依靠直觉甚至情绪下注。

或者，扎堆在小概率事件中不挪窝。

因为小概率的事情虽然其实极难实现，但看起来反而容易。而大概率事件其实到达目的地的可能性要大得多，但却会显得路途如此遥远，让人望而生畏。

明知道彩票是一个已经预先设定好极低赔率的简单算术，穷人仍会两块两块地花光自己为数不多的积蓄去缴这种赤裸裸的智商税，去补贴富人。富人绝不会干这种事。他们不会在这种小概率事情上面花哪怕一分钱。

股价年复合涨幅超过M2增速的中国公司

证券简称	证券代码	上市年数	股价年均复合涨幅（后复权）
腾讯控股	00700.HK	15.7	50.00%
格力电器	000651.SZ	23.3	42.62%
爱尔眼科	300015.SZ	10.3	40.97%
中国生物制药	01177.HK	19.3	37.43%
贵州茅台	600519.SH	18.4	35.06%
恒瑞医药	600276.SH	19.3	34.92%
舜宇光学科技	02382.HK	12.7	33.98%
申洲国际	02313.HK	14.3	33.86%
万科A	000002.SZ	29.0	33.43%
新东方	EDU.N	13.4	31.23%
万华化学	600309.SH	19.1	30.62%
百度	BIDU.O	14.5	30.34%
中国国旅	601888.SH	10.3	30.20%
香港交易所	00388.HK	19.6	28.47%
伊利股份	600887.SH	23.9	28.07%
安踏体育	02020.HK	12.6	27.46%
三一重工	600031.SH	16.6	26.99%
泸州老窖	000568.SZ	25.8	26.78%
网易	NTES.O	19.6	26.47%
云南白药	000538.SZ	26.2	26.12%
五粮液	000858.SZ	21.8	25.87%
保利地产	600048.SH	13.5	25.79%
海螺水泥	600585.SH	18.0	25.45%
双汇发展	000895.SZ	21.2	25.18%
中国恒大	03333.HK	10.3	25.13%
潍柴动力	02338.HK	15.9	24.28%
中兴通讯	000063.SZ	22.3	23.83%
海螺水泥	00914.HK	22.3	23.22%
潍柴动力	000338.SZ	12.8	22.89%
携程网	TCOM.O	16.2	22.87%
中信证券	600030.SH	17.1	22.15%
创科实业	00669.HK	29.2	21.96%
中国平安	02318.HK	15.7	21.66%
洋河股份	002304.SZ	10.3	20.84%
龙湖集团	00960.HK	10.3	20.66%
三安光电	600703.SH	23.7	20.56%
中国M2年均复合增速（1978-2019）			19.93%

注：1、统计范围为全部中国公司（包括港股、美股、A股）；
2、标的须符合三个标准：上市十年以上、总市值1000亿人民币以上、PE100倍以下；
3、股价年复合涨幅跑赢M2增速的一共36家（其中A股20家，港股12家，中概股4家），仅占所有中国上市公司的0.54%。

*数据截至2020年2月24日收盘。

数据支持：勾股大数据（www.gogudata.com）。

明知道那些已经用足够长历史证明了自己的好公司，未来大概率还会继续好，明知道过去坑蒙拐骗、各种讲故事、各种挖坑的不良公司，未来大概率还会挖坑，还会作妖，穷人依然会乐此不疲去押注那些题材股、消息股、创业板伪科技股……富人不会，富人只会买亚马逊、买苹果、买阿里、买腾讯。

很多时候，人类的思维在概率面前，都堪称幼稚和愚蠢。钱多的话就价值投资，钱少的话就赌一把——这可能是投资领域最被广泛实施的愚蠢。

中国有 6 600 多家上市公司。用概率的筛子筛一筛，那些真正能够穿越周期，活下来并长大，真正值得下注的公司，30 家、40 家而已。

以 1978 年 12 月三中全会为起点，过去 42 年，中国 M2 年复合增速 19.93%。

这 6 600 多家公司里，上市超过 10 年，市值过千亿元，股价年复合涨幅跑赢这个印钞速度的，港股、A 股、中概股全算上，只有 36 家，仅占中国上市公司总数的 0.54%。

如果维持上市 10 年以上标准，而把市值标准大幅降低到 100 亿元，会不会多出很多家被筛出来呢？

138 家。

也只占全部上市公司总数的 2.07%。

这是一个比玩二十一点、彩票都低得多的赔率。

那些从无概率思维，随机下注的散户能在这个局里挣到钱，简直就是奇迹。

大学时上《概率论》课，授课老师说过一段话："可怜之人，必有可恨之处。这话听起来似乎没有同情心，甚至带点刻薄，但非常符合概率学的逻辑。"

无独有偶。格隆的一个老朋友老喻，他是格隆见过的智商最高的人之一，在他的"被放弃的概率权"一文里也表达了类似的推论：穷人之所以成为穷人，是因为他们放弃了上天赋予的概率选择权。

很多人的穷，是注定的。给他再长的生命，再多折腾，也没用。与他的出身无关，与他的努力程度无关。对于没有概率思维的人，更多的折腾与努力，只是在他注定失败的概率分布里加多一个可有可无的参考样本而已。

衔玉而生的人是极少数。马云、刘强东、周鸿祎、丁磊乃至扎克伯格，出身都不是什么富贵之家。

多数时候，是穷人自己选择做了一个穷人。

三

那么，意识到了自己概率思维缺陷，去补足它，可行？

遗憾的是，也很难。违反人性。

经济学里有三个风险决策概念：期望值，期望效用，展望理论。

在概率论和统计学中，一个离散性随机变量的期望值是试验中每次可能结果的概率乘以其结果的总和。换句话说，期望值是随机试验在同样的机会下重复多次的结果计算出的等同“期望”的平均值。

100%概率得到 5 000 万元，和 50%概率得到 1 亿元，在期望值理论看来，是一回事。

但如果二选一，绝大多数人会选择前者。

5 000 万元是 100%确定能拿到手的满足，而那 1 亿元有 50%的概率归零。

对普通人而言，对归零的恐惧感，远大于多拿到另外 5 000 万元的期望。在计量经济学里，有个非常数学的解释：普通人期望效用函数的一阶导数为正，但二阶导数为负，且衰减迅速。

获得诺奖的卡尼曼是这样总结的：在得到的时候，人们都是风险规避的。而在失去的时候，理性（概率信仰者）是风险规避的，普通人则都是风险偏好的。

所以，屡屡亏钱的普通股民的投资模型（如果有的话）里，是天然厌恶任何不确定（概率）的。

他们希望，也笃信，世间万物（尤其股市）都有一个确定的方向与结果。他们要做的，只是去预测（蒙）这个结果而已。

你认为结果会怎样？

重复一下格隆在第一节的提醒：

上帝并不那么关心大家的生死。他只是制定概率规则。

你自己要保护好你自己。

2020 年 2 月 26 日

为何破坏欲和玉石俱焚心态最浓的，恰恰是那些最朝不保夕的人？

还是那句话，经济滑坠并不可怕。周期而已，总有救。

格隆忧虑的，是人性与道德底线的坠落。这个是真没得救。

这两年，我们见识了不少的撕裂、攻讦与人性的灰暗。我尤其不能理解的是，为什么喊打喊杀声音最响，举报揭发劲头最大，族群攻讦最肆无忌惮最无所顾忌，破坏欲和玉石俱焚心态最浓的人群，往往，也恰恰是那些最朝不保夕的穷人？

无论是宏观经济学，还是福利经济学，还是制度经济学，在这一点上都会达成一致：社会的下沉，经济的萧条，受冲击最大的，一定是那些恩格尔系数偏高，整体消费的收入弹性很弱，边际消费倾向递减最快的人群。

同时符合以上三个经济学特征的人群，用通俗的口语翻译一下，就是穷人。

任何一场危机，富人都有足够的路径去做对冲。他们在危机中要做的，只是稍微收敛一下自己的奢靡而已。但穷人不行。穷人的安全垫太薄，危机会令他们第一时间就直面生存，乃至生死。

多数穷人认为自己的穷，是因为被欺压，被剥削，以为灭了富人，灭了资本家（企业家），甚至灭了某些大国，他们就会富起来。

很遗憾，所有的经济学理论，以及人类迄今为止的实践，都证明了：如果他们这么做，只会让自己，乃至自己的后代，更加贫穷。

有意思的是，我接触的多数中国经济学专业的学者，都会把芝加哥学派的舒尔茨列作对贫穷研究最深的学者。事实上，单就对贫穷和福利的研究，舒尔茨达致的深度，甚至还不如早他一个世纪出生的庇古，当然就更不如后来有经济学良心之称的阿马蒂亚·森。

愚蠢、懒惰，并不必然带来贫穷。在森（见其巨著《贫困与饥荒：论权利与剥夺》）看来，生存环境（贫困与不自由、居无定所与安全感的确总是同时出现——阿马蒂亚·森），固化的思维模式与行为模式，才是穷人之所以穷的根本原因。

畏上欺下，敏感而懦弱，充满仇恨，恨人有笑人无，底层相残，时刻渴望着砸掉其他人的锅——这类人如果是社会主流，整个社会会陷入财富的无休止轮回，大家则会周而复始地共同变穷。

2020 年 6 月 5 日

生活的根本矛盾，是你挣钱的速度，赶不上印钞机的速度

绝大多数人根本没意识到，你生活的根本矛盾，是你再怎么艰苦勤扒苦做去挣钱的速度，也大概率赶不上印钞机日夜印钞的速度。

格隆非常、非常希望大家都能充分理解上面这句话，并务必看懂下面的两张图。

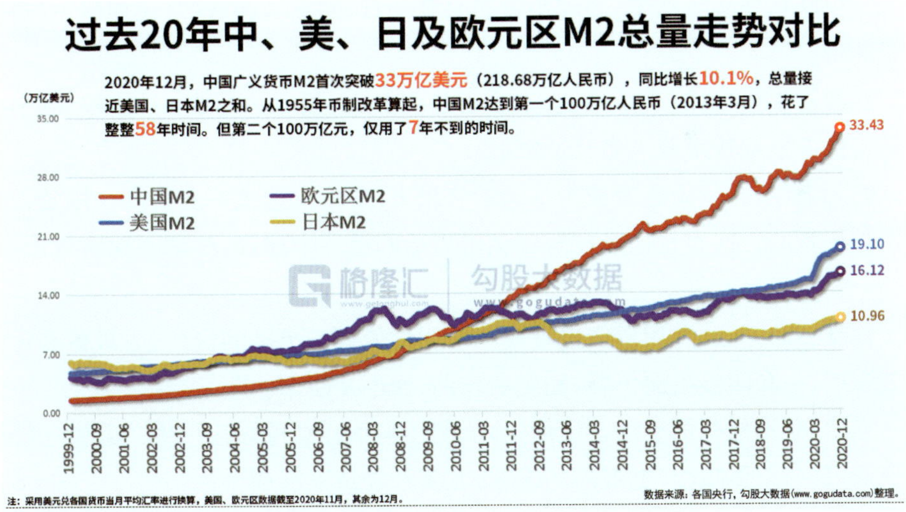

自改革开放以来，我们 M2（你可粗略理解为货币）发行年均复合增速达 19.65%，实际 GDP（你可粗略理解为全社会物质财富）年复合增速为 9.18%——两者之间，自始至终，一直存在着约十个点的鸿沟（下图里的蓝色阴影面积）。

这十个点的鸿沟，在金融学里，代表着年复一年对你财富稀释和摊薄的幅

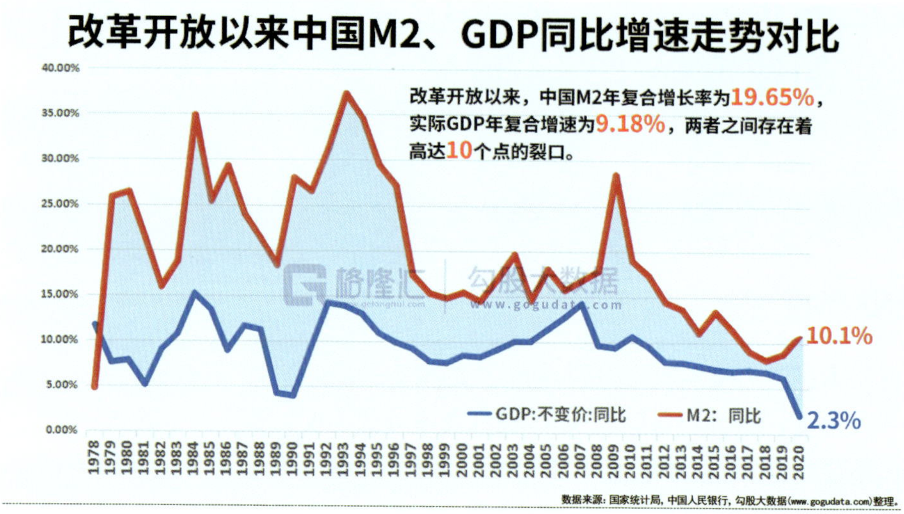

度——反映在现实生活中，表现为钞票日复一日变“毛”，而资产（比如房子）日复一日涨价。

在经济学里，这叫货币税，它本质上是债务人（货币发行者）对债权人（出卖商品与劳务换取货币收入者）的骑劫。

换句话说，在货币超发成为常态的背景下，货币永远追不上资产。用货币追资产是愚蠢的。这也是格隆在跨年演讲里给的第一个建议：尽量不保留货币（现金）。

你唯一的办法，是用资产追资产——用增值效率更高的资产，去覆盖和比拼低效资产，去和印钞机掰手腕，和生活较劲，而不是跪下。

当然，哪怕你明白了这个道理，你可能还是不容易过好这一生。因为选择何种资产，是一个更晦涩、更艰深的课题，尤其在经济下行期。

事实上，对于多数普通人，在经济下行、央行放水的双重骑劫大环境下，担心资产无法保值增值，完全是多余。因为你大概率做不到保值增值。你能控制住资产缩水速度，不要那么快返贫，就已经赢了。在经济火热上行的时候，如果你都赚不到钱，你居然想在经济下行的时候改变命运，可能是真的想多了。

2021年1月13日

用货币追资产是愚蠢的(之一)

格隆反复提醒过一个经济学常识:在货币超发成为常态的背景下,货币永远追不上资产。用货币追资产是愚蠢的。

于中国普通人而言,资产配置的渠道其实相当狭窄有限,股市+楼市+银行+各种P2P骗子,是国人为数不多的资产配置渠道。

多数国人在买房这个攸关贫富与阶层的核心是非问题上,堪称糊涂:他们一直犯着致命错误,且至死不改。

他们把中国普通人几乎是唯一可以正大光明放杠杆的房子视为负债,而非资产。把多年持续上涨的房价视作伤害,而不是视作上天赐予的难得的眷顾与馈赠!

比如,下图里的这个作者:他丝毫没有意识到,身处上海,无论怎样艰辛,至少上天赐予了他在上海这个中国最具实力和长远潜力的城市买房(哪怕是一个郊区的老破旧房)的机会,赐予了他分享上海这个顶级都市远高于其他城市更快

上海房价疯涨,是劝我们离开还是劝我们努力

元霸天啊
2021-01-13 17:11
关注

在上海工作即将满两年的我,从最开始对上海的无奈选择,到现在的渐渐有好感。不知道这座城市的魅力在哪里,其实也不知道是哪里吸引了我。就像一种人一样,刚开始看觉得没什么感觉,发现不到他的美。但是越看越有好感一样。也想过未来在这个中国的经济中心安顿下来,但是看着他日益见长的房价,我也打消了定居在这个中国屈指可数的城市的"不成熟"的念头。

为什么,这座城市对我们年轻人,对我们这些三四线城市的年轻人不能友善一点。曾经也在知乎还有头条这些app上看到过许多网友对于上海带来"伤害"的发言。既有踌躇满志,亦有悲伤无奈。所有的辩证论题,其实都没有一个准确的答案。

作者最新文章

为什么除了东北,到处都是东北人?
2021-11-21 208阅读

今年春节,你回家么?
2021-01-14 381阅读

从拼多多事件,看职场
2021-01-12 139阅读

相关推荐

排队提前还房贷,赚了还是赔了
新周刊

前滩,一个房价很神奇的地方
真叫卢俊

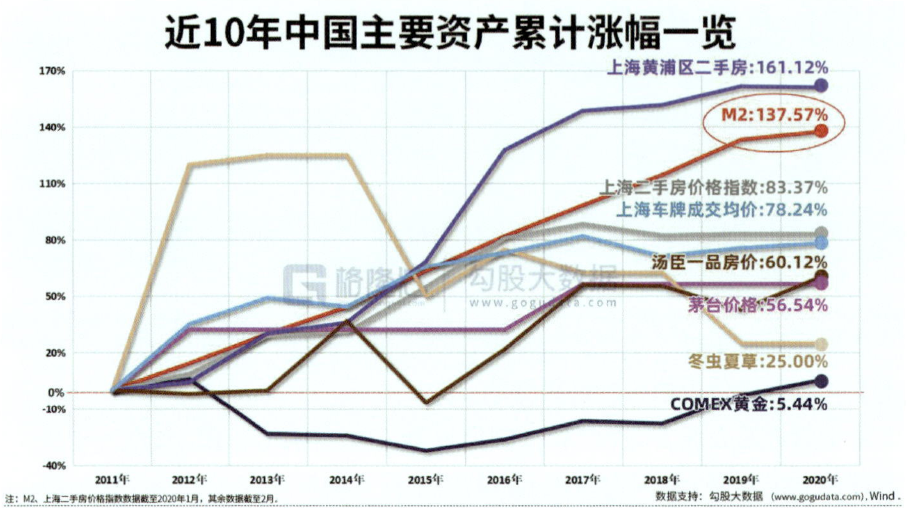

的资产增值速度。

他不是。他认为是伤害。他认为房价上涨意味着这个城市对他不友好，他要逃离。

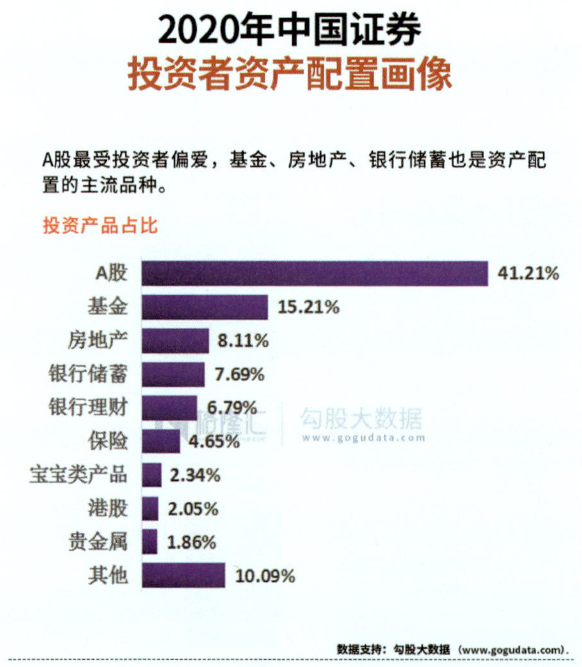

他忘了，房子是资产，而且是迄今普通人唯一能高比例放杠杆的、经得住时间检验的、靠谱的资产。

过去这些年，唯一跑赢了印钞机速度的大类资产，只有房子。

饶是如此，房子依然只在中国人投资偏好里排第三，占比远低于水性杨花、绝对不靠谱的股票。

其结果是，2020 年网民票选的十大人生憾事里，有两条都和房子有关（买错房、错过买房最佳时机）。

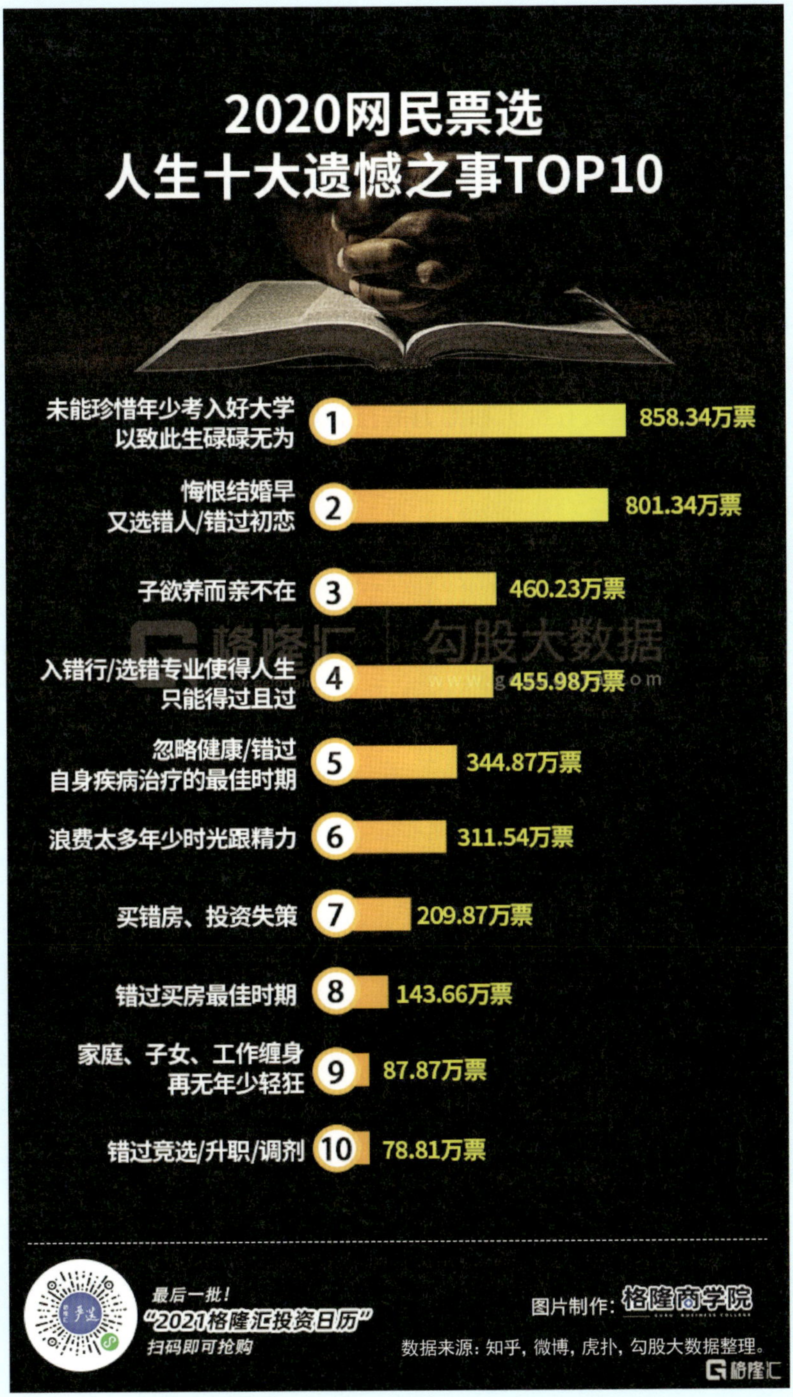
2020网民票选
人生十大遗憾之事TOP10
未能珍惜年少考入好大学以致此生碌碌无为
1
858.34万票
悔恨结婚早又选错人/错过初恋
2
801.34万票
子欲养而亲不在
3
460.23万票
入错行/选错专业使得人生只能得过且过
4
455.98万票
忽略健康/错过自身疾病治疗的最佳时期
5
344.87万票
浪费太多年少时光跟精力
6
311.54万票
买错房、投资失策
7
209.87万票
错过买房最佳时期
8
143.66万票
家庭、子女、工作缠身再无年少轻狂
9
87.87万票
错过竞选/升职/调剂
10
78.81万票
最后一批！
"2021格隆汇投资日历"
扫码即可抢购
图片制作：格隆商学院
数据来源：知乎，微博，虎扑，勾股大数据整理。
格隆汇

没有错，从哪个金融理论上，中国房价都肯定有泡沫，在某些特殊政策下，房价也一定有涨有跌的波动。

但，那又如何！

别忘了，它同时是我们的货币（人民币）、80％的银行信贷、90％的债券、理财、信托最终指向的最底层锚定资产——除非你的资产能自由进出，全球配置，否则，就只有大家一起关起门来玩。这也就意味着，这是一层几乎无法戳破的、异常坚硬的泡沫。

再强调一遍，房子是资产——极少数能跟上印钞机速度的资产。拼尽全力，选择合适时机，在中国最有实力和潜力的核心城市供套房子，累是会累点，但或是你作为一个普通人这辈子赢下来的最正确选择。

否则，你大概率会输。

或者，正在输的路上。

2021 年 1 月 15 日

用货币追资产是愚蠢的(之二)

一个普通深圳家庭,在深圳湾买套 90 平方米的房,需要多少年?

答案是:142 年。

普通家庭深圳买套房要多少年？

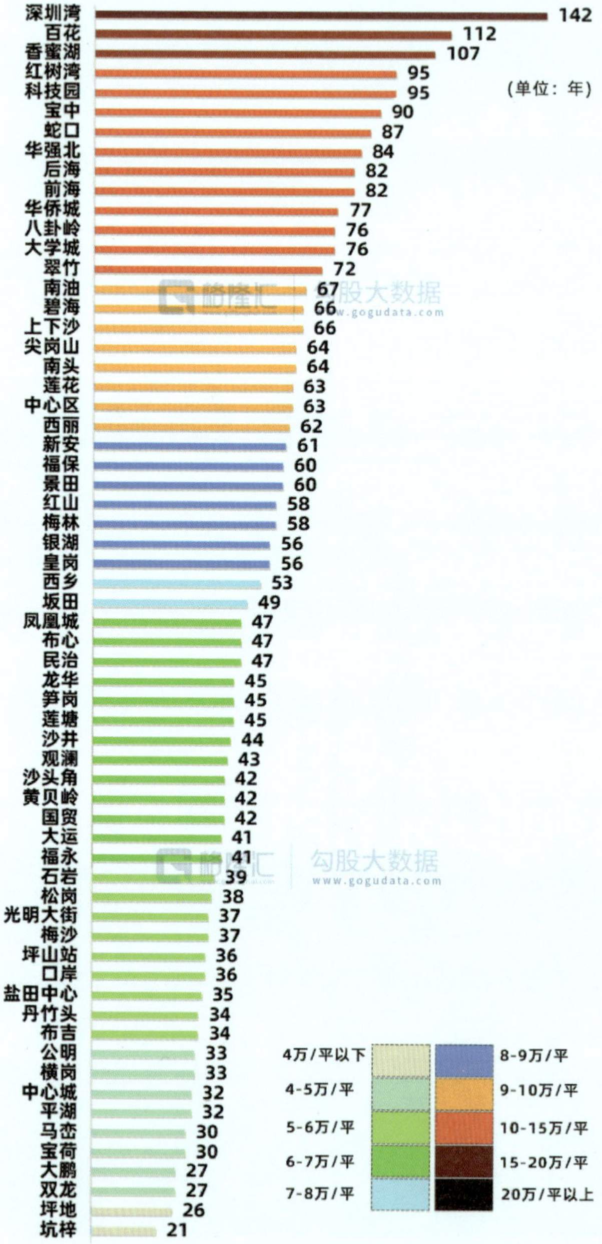

注：以20202深圳家庭可支配收入13.2万元/年，90m² 房产计算。　　数据来源：未来城视，勾股大数据整理。

深圳“顶流”学区房价TOP40

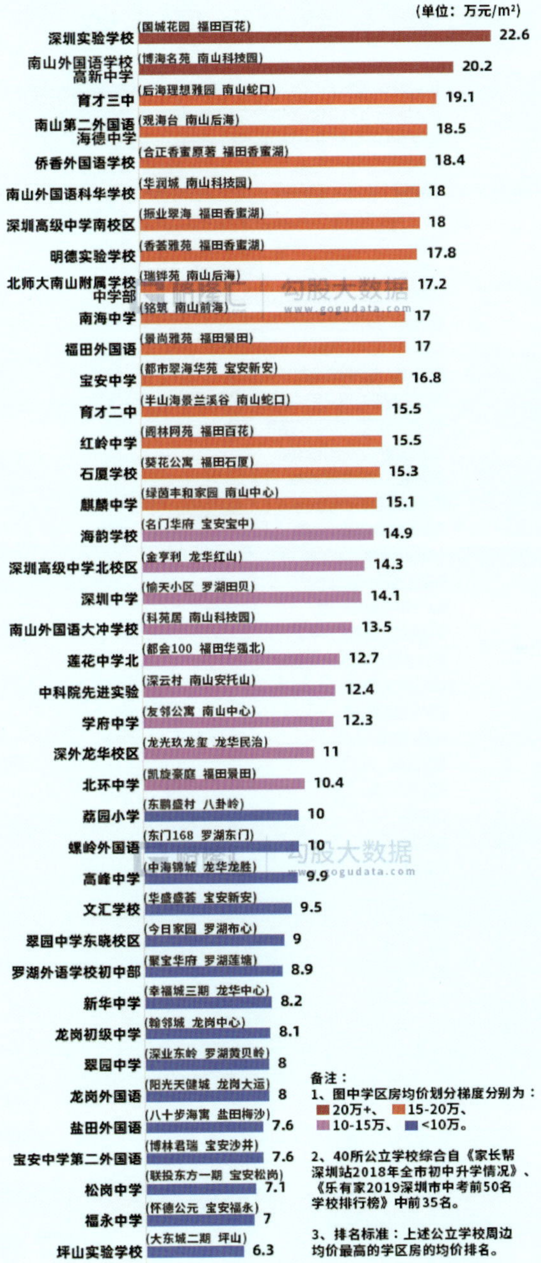

数据来源：南方楼市，勾股大数据(www.gogudata.com)整理。

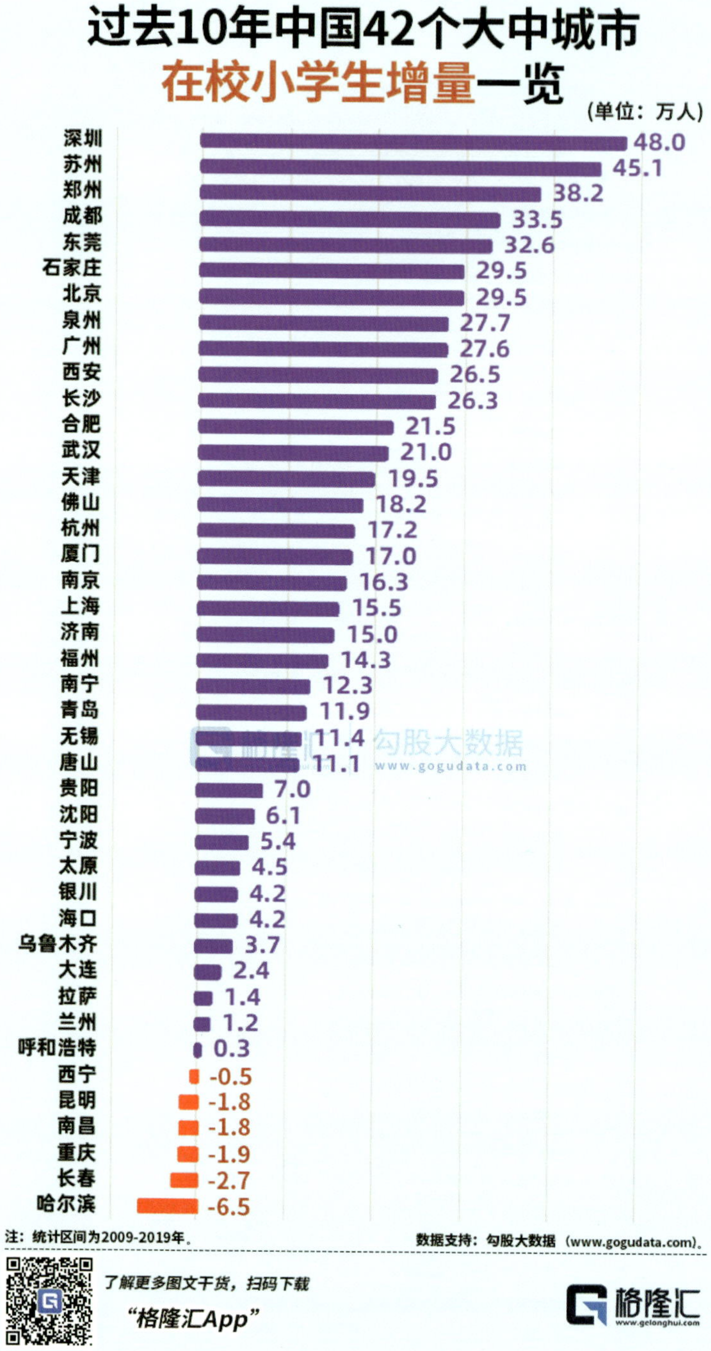
过去10年中国42个大中城市
在校小学生增量一览
(单位：万人)
深圳 48.0
苏州 45.1
郑州 38.2
成都 33.5
东莞 32.6
石家庄 29.5
北京 29.5
泉州 27.7
广州 27.6
西安 26.5
长沙 26.3
合肥 21.5
武汉 21.0
天津 19.5
佛山 18.2
杭州 17.2
厦门 17.0
南京 16.3
上海 15.5
济南 15.0
福州 14.3
南宁 12.3
青岛 11.9
无锡 11.4
唐山 11.1
贵阳 7.0
沈阳 6.1
宁波 5.4
太原 4.5
银川 4.2
海口 4.2
乌鲁木齐 3.7
大连 2.4
拉萨 1.4
兰州 1.2
呼和浩特 0.3
西宁 -0.5
昆明 -1.8
南昌 -1.8
重庆 -1.9
长春 -2.7
哈尔滨 -6.5
勾股大数据
www.gogudata.com
注：统计区间为2009-2019年。
数据支持：勾股大数据（www.gogudata.com）。
了解更多图文干货，扫码下载
“格隆汇App”
格隆汇
www.gelonghui.com

这意味着：不只是你买不起房，是所谓那些天天想着怎么“搞钱”的深圳人，也一样买不起房。

怎么办？

逃离？

你逃离的结果，是大概率几十年后，你的后代会再次被迫回流到类似深圳这样的一线城市街头，且起点比当初逃离的你，还要低得多。

还是要买。

就算 142 年。

房子是资产，不是柴米油盐这些快消费品。既然是资产，就没道理说你需要短时间就全额拥有（短期全款买断，那不是资产配置，是有钱任性，不仅失去了持续对抗通胀的资产配置意义，更违背了加杠杆的财富增殖秘诀），更没有人会逼你终身持有，它是资产，不想供了，卖掉就好了——在增值效率高的地方供着一套核心资产，只是为了让你不被印钞机和时代的车轮拉下，是为了给自己保留有一天不想高节奏打拼了，不想当供房奴了，想回家乡了，可以卖掉，以一个富人潇洒离开的权利。

而不是像一个无名之辈，无限落寞地离开，没有任何一个人在意你的离去，也没有一个人在家乡欢迎你的归来。

142 年，确实很令人疲累，也很令人绝望——但这个世界，谁又不累呢？

最起码，142 年这种累，是一种向上攀爬的累，会远远好过灰溜溜走下坡路的累——逻辑上，后者的累，会远超过前者。前者至少拥有希望，只是打拼的身累。后者根本没有未来与希望，会是一种身心俱疲的崩溃。

事实上，做一个芝麻绿豆的人也绝不容易。如果你从不逼自己一把，处处压制自己的可能，你铁定会过得很累。

而且，最终一无所获。

再提醒一遍：房子是资产，不是大米和面粉。供一套核心地域的房产，目的是为了和印钞机扳手腕，而不是和你的钱包扳手腕、较劲。

所以，别哭穷，没用，也没意义！

2021 年 1 月 16 日

用货币追资产是愚蠢的(之三)

这两天格隆连着写了两篇对用资产(尤其是房子)追印钞机速度的分析与看法,都是说明房子是资产,在资产增值效率最高的核心城市买房(比如,北上深。或依此类推,比如,如果你在湖北,在武汉买,就远远优过在襄樊、十堰或者荆州买),是普通人对抗印钞机最靠谱的办法。

结果在朋友圈和微博冰火两重天:朋友圈基本都是一点就通,多回复一语惊醒梦中人,感同身受且本来就一直在积极践行中。

微博不然。微博如同捅了马蜂窝,绝大多数人根本体会不到我说的点,却各种怨艾、各种挞伐,互相安慰,互相壮胆,甚至迁怒谩骂,好像房价是我弄上去的一样。

总之就一个意思:要杀要剐随便,反正是不会去做“房奴”的,这辈子都不会!

好像不做房奴,你在生活的其他地方就挺着腰杆,不为奴似的(此处的奴,不含任何道德贬义,仅借指为了生存而被迫各种无奈各种妥协,各种拼尽全力的一种状态)!

事实上,于这个社会绝大多数普通人,恰恰是没有在合适的时间坚决做资产之奴,才引致了未来的各种逼仄、焦虑、艰辛,甚至被迫处处为奴(且不可得)。

上周和一个音乐学院毕业的朋友喝茶。他平时在高校任教,闲暇会带班教小朋友拉小提琴——这其实是他的主要收入来源。他说他在深圳本来有两套房,然后 2011 年的时候看到房价涨了不少,想着两套房子其实都还有贷款,不想让自己过那么累,就把一套卖了,然后增值赚的钱,很开心地把全部房贷都还了。当时感觉一身轻,但完美错过了这十年房价的持续上涨,现在每天处在焦虑中,“就是那种错过班次,被火车拉下,而且会被永久拉下的恐惧感”,他喟然长叹:“我是要脑子进多少水,才会想到卖房子啊?那套房如果不卖,这十年增值的钱,我算过,我带班拉一辈子小提琴,都拉不回来。”

绝大多数人根本没意识到，你生活的根本矛盾，是你再怎么艰苦勤扒苦做去挣钱的速度，也大概率赶不上印钞机日夜印钞速度之间的矛盾。

我非常、非常希望大家都能充分理解上面这句话，并务必再看看下面的两张图。

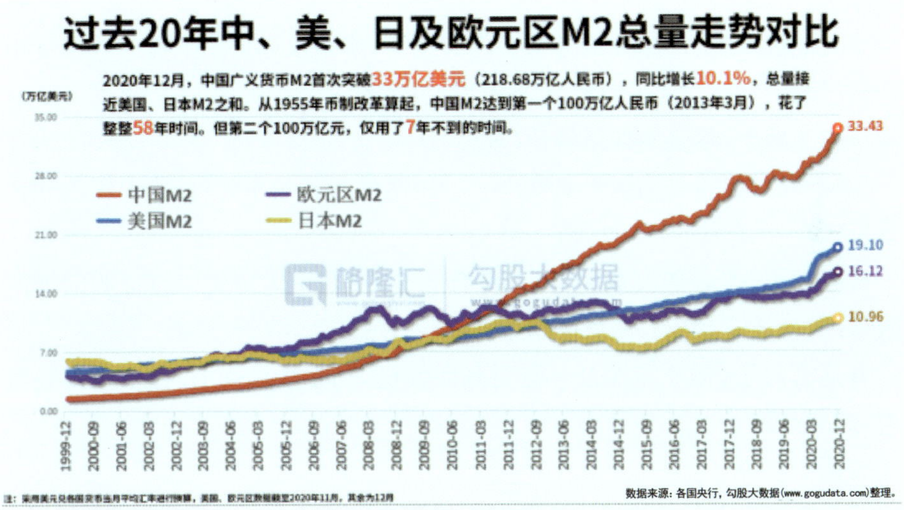

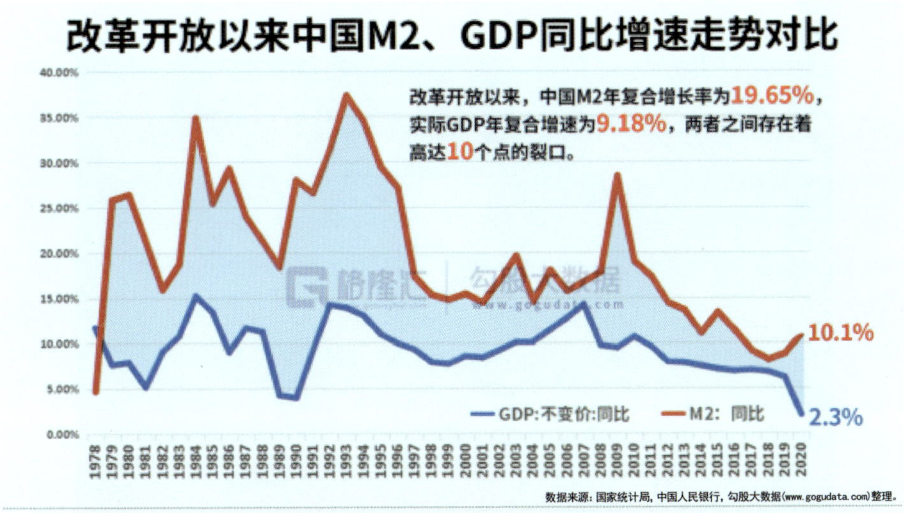

自改革开放以来，我们 M2（你可粗略理解为货币）发行年均复合增速达19.65%，实际 GDP（你可粗略理解为全社会物质财富）年复合增速为

9.18%——两者之间，自始至终，一直存在着约十个点的鸿沟（图二里的蓝色阴影面积）。

这十个点的鸿沟，在金融学里，代表着年复一年对你财富稀释和摊薄的幅度——反映在现实生活中，表现为钞票日复一日变“毛”，而资产（比如房子）日复一日涨价。

换句话说，在货币超发成为常态的背景下，货币永远追不上资产。用货币追资产是愚蠢的。这也是我在跨年演讲里给的第一个建议：在一个年均 M2 双位数增长的土地上，尽量不保留货币（现金）。

你唯一的办法，是用资产追资产——用增值更高效率的资产，去覆盖和比拼低效资产。

放眼望去，于普通大众而言，最符合这个要求，也为历史一直证明的增值最高效资产，肯能就是核心城市的房子。

有这套房子，你才能在万一需要和印钞机，和生活较劲的时候，露出胳臂和肌肉，而不是跪下。

废话不多说了。

至于微博上那些一身乖戾又充满无知的讨伐者，我真心祝福你们能在尘世获得幸福。

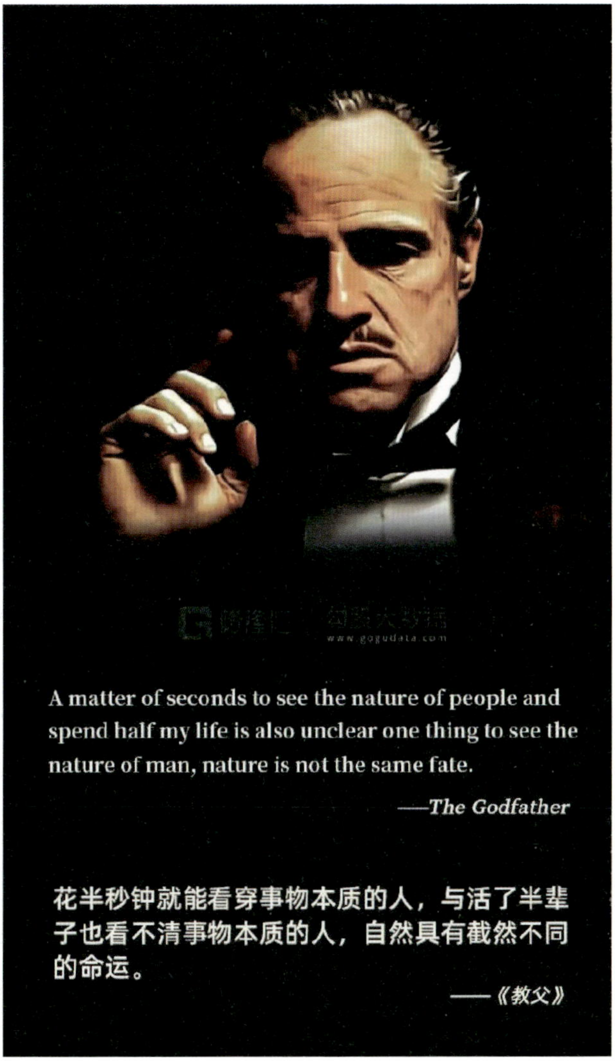
A matter of seconds to see the nature of people and spend half my life is also unclear one thing to see the nature of man, nature is not the same fate.
—The Godfather
花半秒钟就能看穿事物本质的人，与活了半辈子也看不清事物本质的人，自然具有截然不同的命运。
——《教父》

2021年1月17日

深圳控制炒房动真格了?

深圳住建局、深圳公安局等七部门联合发文,处置在深圳房地产交易领域纵横捭阖、如鱼得水的“深房理”。

“深房理”属于那种圈子外无比低调,圈子内则如雷贯耳的狠角色。深圳但凡有点实力的买(炒)房一族,不积极向它靠拢,那就绝对是目无组织,不求上进,没有前途。但凡你能想到的那些牛的、超有技术含量的买(炒)房招数,比如“房票”、“婚票”、“合伙制买房”等等,几乎都来自他们的创新。

当然,他们的“创新”,也把深圳买房难度,推升到了一个在全中国都堪称极致的水平:没有上百个月的社保记录,且同时无房无贷,你就别想在深圳买到一手房。

估计也是“民怨”太大了,据说是炒房团内讧举报,才导致政府下重手整治。

最关键的是,这事和财政部说要收房地产税,一前一后前后脚出来,惹得一堆朋友惴惴不安询问格隆:这是要动真格的了?房子这回真的不能买了吧?这是要把钱赶到股市去吧?

我的回答是:短期必定有影响。至于长期,你得看谁的基本面更硬!

可是,去年全国光卖地收入就达到了创历史纪录的8.4万亿元(也是中国历史上首次年度卖地收入破8万亿),加上与房地产相关的11项税费,去年政府从房地产上拿走了接近12万亿元。没有了地产独力擎天的支撑,中国2020年经济正增长,简直不可想象。

深圳市住房和建设局 深圳市公安局 深圳市市场监督管理局 深圳市地方金融监管局 深圳市互联网信息办公室 人民银行深圳市中心支行 深圳银保监局 关于对涉及"深房理"的举报事项进行调查处理的通告

近期，有网民举报"深房理"存在违法违规炒房行为。为贯彻落实国家有关法律法规规定，切实维护我市房地产市场秩序和金融管理秩序，有关部门已对"深房理"涉嫌违法违规线索开展联合调查：

一、关于举报反映的"深房理"教唆炒房人通过弄虚作假、隐瞒真实情况或者提供虚假证明材料等方式骗取购房资格的行为，一经查实，相关当事人将被列入失信名单并受联合惩戒，住房建设部门将依法采取停止使用"购房意向登记系统"及合同网签系统、停止购买或承租保障性住房、停止公积金贷款资格等措施。

二、关于举报反映的"深房理"以合资入股、众筹等名义，向不特定对象募集资金用于购房并承诺返还收益，涉嫌非法集资的行为，处置非法集资牵头部门会同行业主管部门、监管部门将依法进行调查处置。

三、关于举报反映的"深房理"提供"一条龙"服务教唆协助借款人骗取信贷资金违规用于购房的问题，金融监管部门将纳入"防止经营用途贷款违规流入房地产领域联合排查行动"作为重点线索核查，一经查实，金融机构将依法依约提前收回贷款，并对未履职尽责的金融机构及其从业人员依法依规从严从重处罚。对其中协助借款人违规套取信贷资金的中介机构，住房建设部门将予以依法查处，金融机构一律不得进行合作。

四、对于执法检查中发现的"深房理"涉嫌虚假广告行为，市场监管部门将依据《广告法》等法律法规查处，目前，该案正在调查处理中。

五、对于"深房理"通过其公众账号、聊天群组发布虚假不实信息的行为，一经查实，网信部门将依法依规采取暂停相关账号服务或关停相关账号等处罚措施。

六、对于调查过程中发现的涉嫌犯罪线索，将移交公安机关依法处理。

相关调查处理结果，将第一时间向社会公布。

特此通告。

注：公告日期2021/4/8
来源：深圳市住房和建设局

格隆汇 www.gelonghui.com

这笔钱，已远超去年所有地方财政收入的总和 10.01 万亿元，占到全国财政总收入 18.28 万亿元的 62％。

很多人说烟草厉害，烟草一年税费总额才 1.2 万亿元。很多屁股决定脑袋的股市投资者说股市才是政府在乎和要支持的未来。股市一年融资总额才两三千亿元啊，还得分给大大小小近四千家公司。

在房地产面前，烟草是根毛，股市是小儿科。

不客气地说，地产如果松动，银行、信托、绝大部分理财、城投公司、绝大部分地方政府，都可能玩完。

除了北上深，中国绝大多数地方政府财政对土地的依赖度，都超过 50％。

为何房地产税迟迟难产？

不是法理障碍，不是技术障碍，不是没有决心。

而是骑虎难下，左右为难：硬币有两面。加税简单，但一旦持有环节加税，交易环节上，中国当下看似供不应求的房市，会否瞬间成为供给过剩的买方市场？房屋抛售会多大程度发生？房价会有多大程度松动？会否引起银行信贷抵押折扣率的连锁反应？税基会消融多少，消融的税基会否远超对持有环节的征税？

最最关键的是，地还卖不卖得出去，能卖出去多少？

2020年中国主要城市土地财政依赖度排行榜

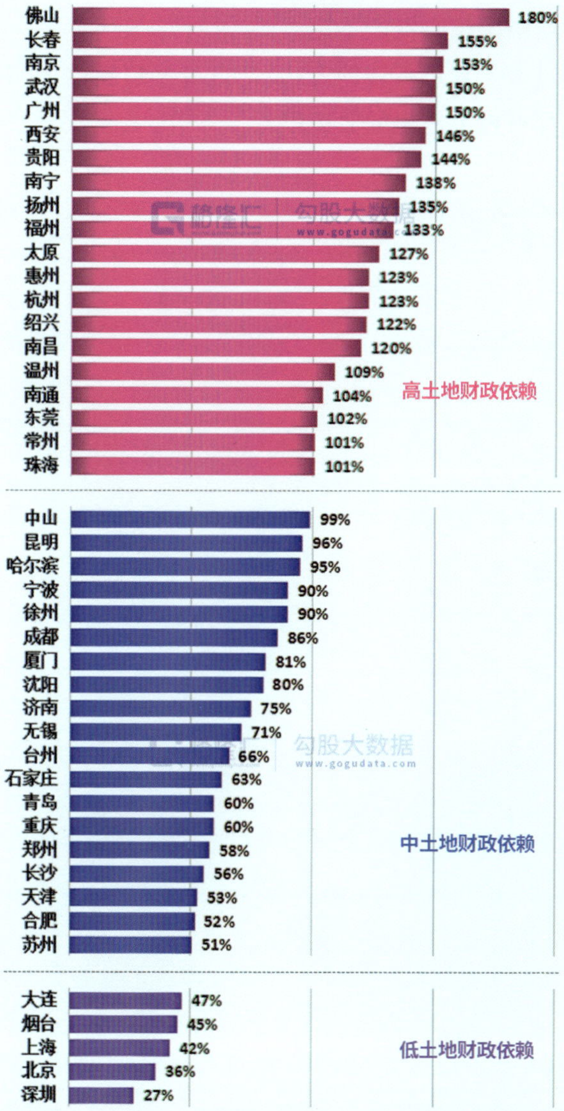

注：土地财政依赖度=土地出让金收入/一般公共预算收入。

数据来源：财政部，勾股大数据整理。

没有人能回到以上问题。多半财政部也回答不了。

这么说吧，如果要评选中国哪项资产的基本面最硬，答案有且只有一个。

至于股市，哪天市场年度融资额可以达到万亿元，乃至数万亿元的时候，再挺直腰杆，把自己当中国核心资产不迟。

当下，你看到过多少真正有钱的人，会把自身哪怕超过20%的资产，投在进出门槛超低、人人都可自由进出的股市里？

2021年4月8日

最新福布斯富豪榜背后的信息

福布斯最新富豪榜出炉，格隆的几个感慨：

1. 首先是财富创造。

财富马太效应越来越强。富人越来越有钱，穷人反之。全球皆如此(可参考下图的招行历年金葵花客户资产占比)。

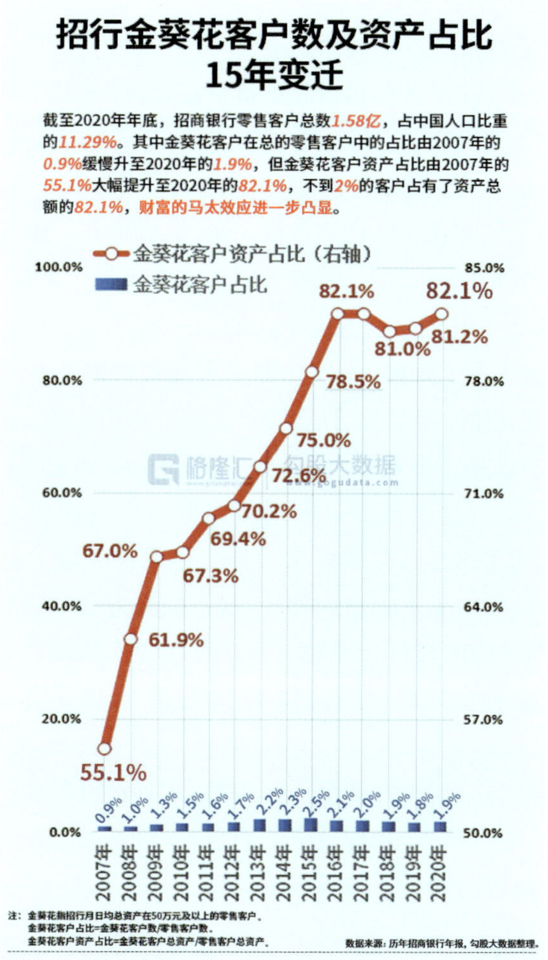

招商银行客户资产分布15年变迁

年份	零售客户数（万户）	金葵花客户数（万户）	金葵花客户占比	零售客户总资产（亿元）	金葵花客户资产（亿元）	金葵花客户资产占比	金葵花户均资产（万元）
2007	3375	29	0.9%	8,548	4,710	55.1%	162
2008	3844	39	1.0%	10,657	6,593	61.9%	169
2009	4223	55	1.3%	14,096	9,444	67.0%	172
2010	4520	67	1.5%	17,411	11,716	67.3%	175
2011	5008	78	1.6%	20,688	14,363	69.4%	184
2012	5383	91	1.7%	23,804	16,720	70.2%	184
2013	4763	107	2.2%	28,252	20,525	72.6%	192
2014	5625	129	2.3%	34,699	26,007	75.0%	202
2015	6694	165	2.5%	47,496	37,296	78.5%	226
2016	9106	191	2.1%	55,305	45,408	82.1%	238
2017	10663	213	2.0%	61,643	50,614	82.1%	238
2018	12541	236	1.9%	68,021	55,082	81.0%	233
2019	14400	265	1.8%	74,940	60,852	81.2%	230
2020	15800	310	1.9%	89,417	73,455	82.1%	236

注：金葵花指招行月日均总资产在50万元以上的零售客户。 数据来源：历年招商银行年报，勾股大数据(www.gogudata.com)整理。

没有办法，这是财富的自然规律。

因为正常情况下，资产本身会自我创造财富，有钱人其实是用钱在赚钱。

一个月收入 10 万元的人，与一个月收入 1 万元的人，最初看起来只差了 10 倍，不算太多。但假以时日，月薪 1 万元的人，扣除每月房租 2 500 元，吃饭 3 000 元，各种电话、交通、服装、社交 3 000 元，最后每月只剩 1 500 元的实际收入（原始积累），而那个 10 万的人，就算各项花销费用是 1 万元人的 3 倍，也能余下 75 000 元，实际收入其实是一万那个人的 50 倍。

但现实往往比这个更残酷：十万的那个人能很快原始积累，买下房子，形成资产。他不用再交房租，而且房子等资产开始自我增值。十年后，那个月入 10 万元的人大概率已是千万富翁，而那个 1 万元的人，可能仍一无所有。

很多人并没有理解这个最浅显的财富原理。恰恰相反，他还会刻意仇富。好像诅咒富人，钱就能到自己口袋里来一样。这堪称愚蠢。打土豪分田地这种事，几百年有一次就不得了了。做这种梦，远不如努力赚钱，积攒每一个铜板，利用所有你可控范围之内的杠杆，形成资产，让资产为你赚钱。

随着时间流逝，你会最终发现，金木水火土五行，你其实什么都不缺。你缺的，只是钱而已。

有钱并不可耻。甘于贫穷，甚至引以为荣，才真正可耻。

把自己变成一个有钱人，是你这辈子对自己，对家人，对家族最大的贡献，某种意义上说，也是最大的爱国。喊口号不是。

2. 市场经济体系下的富豪相对稳定。

贝佐斯已连续四年居首，比尔·盖茨十数年就没有出过前五。哪怕不做实业，纯靠投资起家的巴菲特，也是多年来才首次被挤出前五。

而反观我们的首富，则如同走马灯一样。陈天桥、李河君、丁磊、黄光裕、王健林、马化腾、马云、钟睒睒……

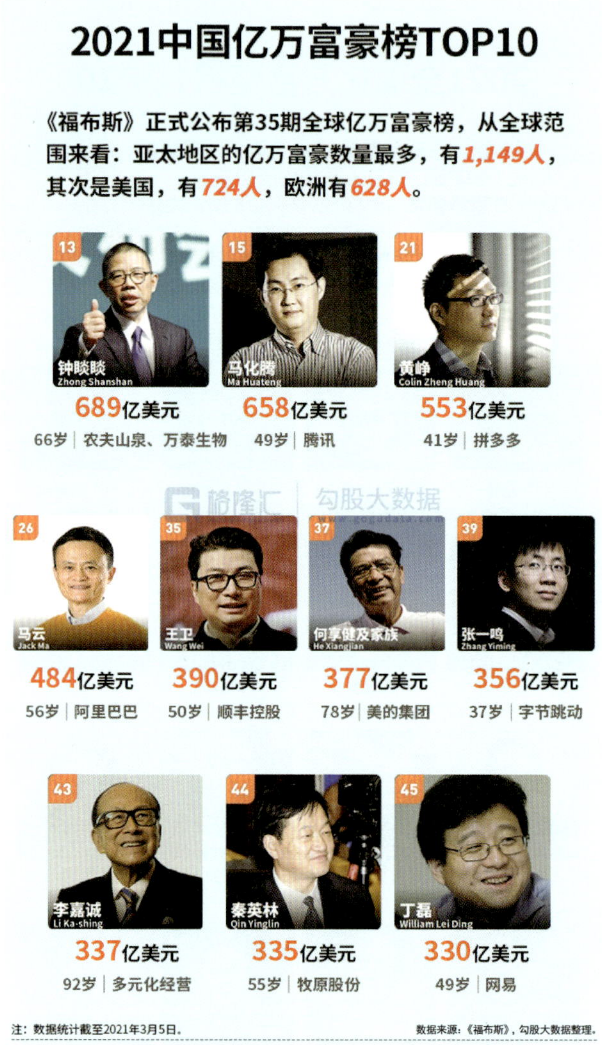

这实际是一个财富可持续的话题，不可说，不可说，也不展开。

3. 曾经的中国首富马云，从世界富豪榜 TOP20 里消失了，也被挤出了中国富豪榜 TOP3。

这很令人唏嘘，但并不令人心惊。江山代有才人出，不是什么坏事。

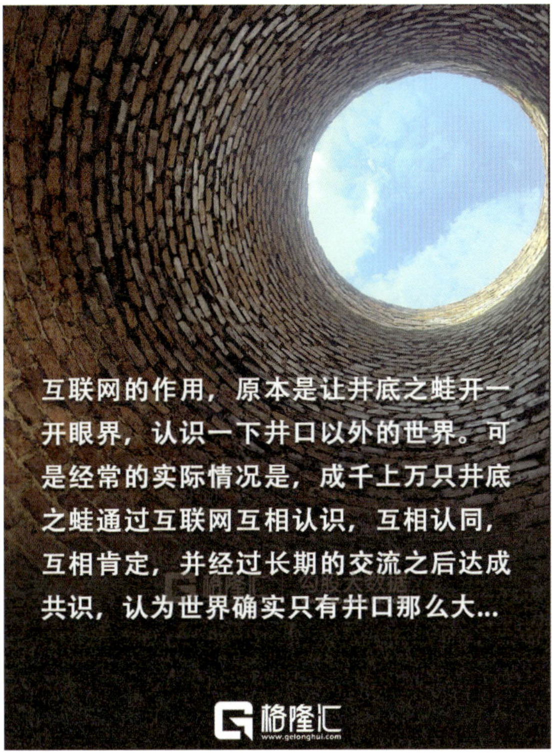

令人心惊的是马云下坡后，社会上的一片叫好声。

这是一种典型的"恨人有，笑人无"的底层病态心理。更关键的是，很多人根本没有搞明白，财富的传承与保障是一种机制，具有普适性与一致性。富人的保时捷和穷人的打狗棒，同样重要。你不可能有套机制只保护后者，而不保护前者。事实上，后者得到保障的难度系数，其实更大。当富人的保时捷得不到充分保护的时候，更容易被剥夺的，其实是穷人的打狗棒。

财富，说白了，还是一种认知能力的变现。

人类的优胜劣汰，越来越从肉体转向财富，从体力转向脑力。缺乏鉴别力和自我控制能力的人，会被各种洗脑、诱惑迅速地筛选出来，然后予以收割和淘汰。

虽然残酷，但这就是天道。

2021 年 4 月 7 日

愚昧是最卑贱的贫穷

偶尔会天马行空思考一个归因分析：从统计学角度，剔除极端例子，人群贫富分野，所自何来？

伊斯兰教圣书《古兰经》有一句名言：愚昧是最卑贱的贫穷。

其大意是：贫穷的原因多种多样。但愚昧会必然导致贫穷，且是那种最令人瞧不起的贫穷。

中国民谚有一句含义大致类似的话：可怜之人，必有可恨之处。

一直无法理解的一件事是：为什么会有那么多一辈子只看一种文字信息的人，却会在诸多（甚至所有）社会争议问题上，那么自信，那么笃定，且对任何其他不同意见几乎零容忍，甚至恶语相向，抱团攻击？

并没有官方数据来反映这种人群与低收入人群有多大的重合度。理论上是可以做这种统计数据拟合的，并不复杂，但这种课题注定不会受人待见。

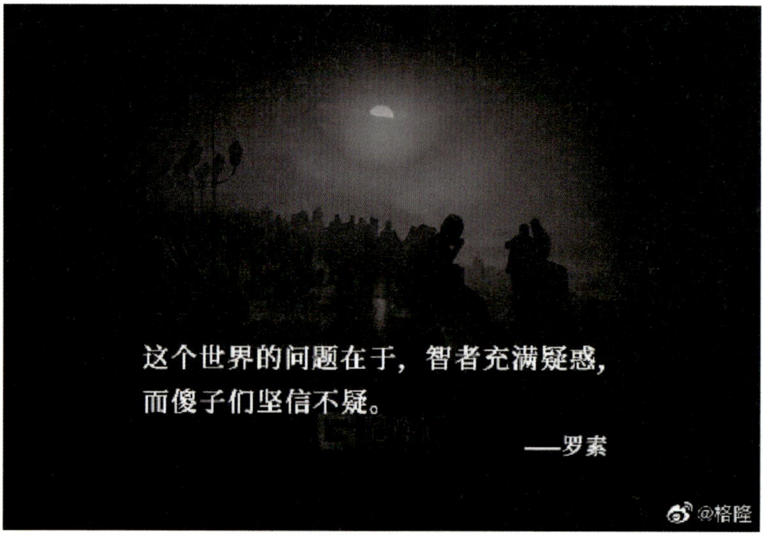

西安反日游行中用U形锁把无辜同胞脑袋砸个窟窿的蔡洋，是一个连日文和韩文都分不清，买外卖要纠结吃六块钱的，还是八块钱的人。他能多大程度代表游行队伍，不确知。

但常识推断，代表性很高。物以类聚，但凡有点学识，见过点世面的人，怎可能去参加这种打砸发泄式的排外游行？

教育的目的，在于教会一个人去质疑。

但很遗憾，这个社会上相当多的人，多年的学习，学会的不是质疑，而是盲从。

这就怨不得是你被筛选出来，予以收割和淘汰。

虽然残酷，但这就是天道。

贫穷不是罪恶。

愚昧才是。

2021年4月14日

过去十一年“躺赢”的两大资产：美股＋中房

下面是三张再怎么强调价值都不过分的图。

如果你足够聪慧，希望你能读懂它，并成为你的人生财富密码——人生，绝大多数时候，选择都比努力重要的多。

格隆经常会说一句话：房子可能是中国普通民众能合理合法放杠杆并追上印钞机的唯一资产。然后时不时就会有粉丝很严肃地问诘：格隆，你是玩股票投资圈的，怎么总在说房子？你是不是买了很多房子，然后忽悠大家给你接盘啊？

我不是想找人接盘。我只是不忍那么多人，一辈子勤扒苦做挥汗如雨，最后却发现自己越来越穷。

如果对次贷危机以来十二年全球的宏观大类做一个复盘，你会轻松发现，“做空货币＋做多美股与中房”，是一个躺着赚钱的长期宏观配置策略——因为你的队友是各国央行。

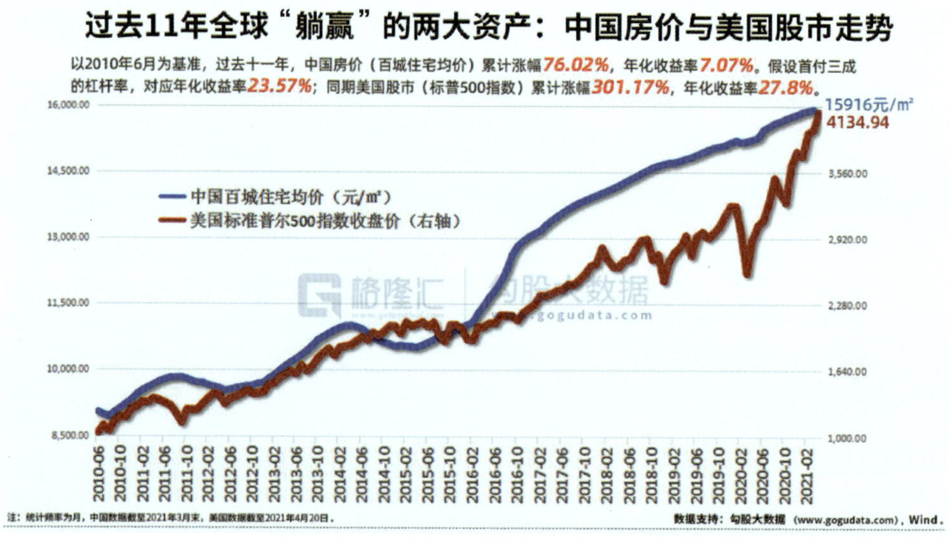

过去十一年上证指数与道琼斯工业指数累计涨幅对比
过去十一年，上证指数累计涨幅仅为4.56%，年化收益率为0.42%；同期道琼斯工业指数累计涨幅为227.97%，年化收益率达20.78%。
上证指数
道琼斯工业指数
227.97%
4.56%
250.00%
190.00%
130.00%
70.00%
10.00%
-50.00%
2009-12-31
2010-12-31
2011-12-31
2012-12-31
2013-12-31
2014-12-31
2015-12-31
2016-12-31
2017-12-31
2018-12-31
2019-12-31
2020-12-31
注：以2009/12/31为基点，统计区间为2009/12/31-2021/04/16。
数据支持：勾股大数据（www.gogudata.com）。

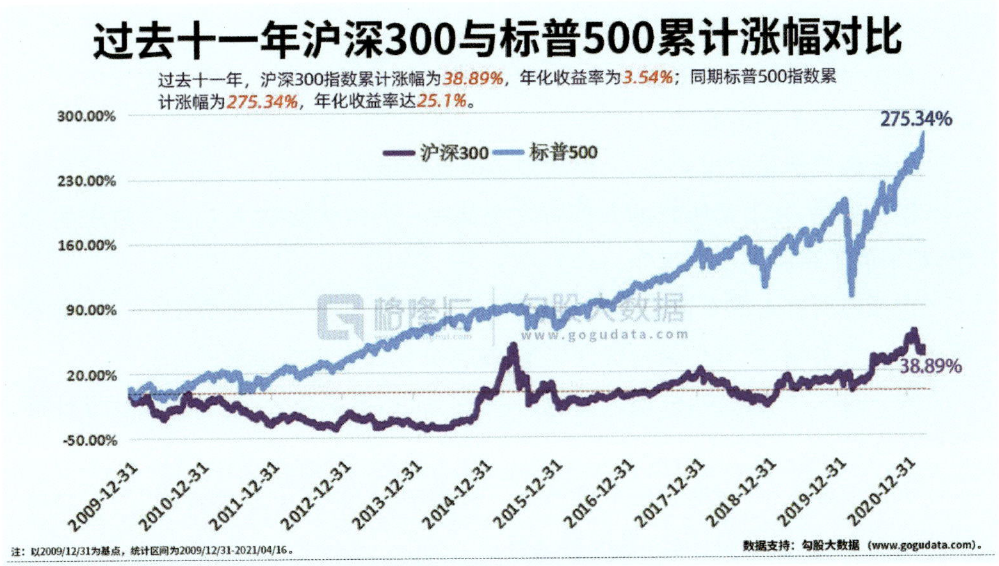
过去十一年沪深300与标普500累计涨幅对比
过去十一年，沪深300指数累计涨幅为38.89%，年化收益率为3.54%；同期标普500指数累计涨幅为275.34%，年化收益率达25.1%。
沪深300
标普500
275.34%
38.89%
300.00%
230.00%
160.00%
90.00%
20.00%
-50.00%
2009-12-31
2010-12-31
2011-12-31
2012-12-31
2013-12-31
2014-12-31
2015-12-31
2016-12-31
2017-12-31
2018-12-31
2019-12-31
2020-12-31
注：以2009/12/31为基点，统计区间为2009/12/31-2021/04/16。
数据支持：勾股大数据（www.gogudata.com）。

对于一代人来说，组合里有没有这两大资产，人生的财富与命运将会迥然不同。这与你是否足够努力、足够辛劳，一点关系没有。很多人变富了，大概率只是因为他紧跟着央行这个最大的“庄家”坐着电梯上了十楼。没跟上的那些人，就还在原地打转。

从估值驱动力来看，十二年，如此长的左侧机会，并不是全靠基本面的经济复苏和金融市场的有效定价，而是主要靠希希弗斯式的央行体系，堪称奇迹：每当经济衰退和金融崩溃的巨石落下，它就用货币宽松顶住，再次推上更高的山顶，然后等待蓄势的巨石再次落下。日复一日，年复一年，几乎是没有止境的轮回，各国央行用一己之力，硬生生制造了一个超级债务周期与股和房的超级牛市。

用一个专业点的词概括与解读：“金融福利主义”——政治家用政策赎买经济稳定，从而得到选票和执政合法性。

在这个逻辑下，次贷危机后的十多年，无论是美国还是中国，都是大央行体系大撒钱喂养孱弱经济的十多年。

不同的是，两个国家撒钱的渠道（路径）不同：美国依靠“央行＋资本市场”，中国依靠“商行＋非标资产”。或者说，美国是大金融。中国是大财政，银行财政化，投向主要是基建、国企、房地产。

也正是这种撒钱渠道的不同，决定了过去十多年中美居民资产配置方式与财富机会迥然不同的路径。

大金融当然是股市长牛，大财政则必然是房地产日不落。

遗憾的是，并不是所有的人都有这个认知——绝大多数人看清了政府的动作，却采取了错误的反向操作。

也不是所有人都有资格买股、买房——这本质上是一种再分配——财富不断地流向资本端，尤其是金融资产聚集，贫富分化加大也是必然。

我一再和身边人说，你最大的敌人，不是房价，不是马云，而是不知疲倦日夜劳作的印钞机。

仇富很愚蠢，天天抱怨房价更愚蠢。只要中国“商行＋非标资产”的大财政撒钱路径不变，你该做什么，就没得选择。

这也是我总对“中国股市为何十年前三千点，十年后还是三千点”之类的问题一笑置之的原因。

这种问题，需要问吗？侧室庶出，你想怎样？

因此，这个股市，本质还是一个博弈市场，你真的需要很聪明很聪明才能长期赚到钱。90％的人并不适合这个市场，来了就只是输钱的命。这话不中听，但是是实话。

至于有人问，央行狂印钱，没个边？总得有个终结？

理论上应该会有。货币的背后是债务。债务是要还的。当还债高峰来临直接抽减需求，当大宽松造成的总量效应被结构化危机取代，当货币的再分配效应（投机、泡沫、腐败、贫富分化）超过生产效应，当货币产出弹性大幅趋近于零，甚至小于零的时候，大通胀就会出面去制止这个上瘾的发钞过程。

问题在于，这个终止，多年以后，就算来了，对你，真的有多大意义吗？你笃定你还活着？

2021 年 4 月 21 日

第九部分

关于经济

拿掉了民企，我们的经济还剩下什么？

很多朋友问格隆：你怎么总为民企鼓与呼？

逻辑并不复杂。我是做经济学研究的学者，我不喊口号，只讲事实、数据和逻辑。任何企业，作为一种产权制度安排，其存在的最大意义，一是创造财富，二是解决就业。

尽管国企占尽了信贷、土地、政策等方方面面的优势，但从我们有民营企业开始，国企盈利能力就始终比民企差一大截。哪怕是在供给侧改革高峰期的2017年，民企仍以近21%的ROE，完胜国企的10.5%（见下图）：

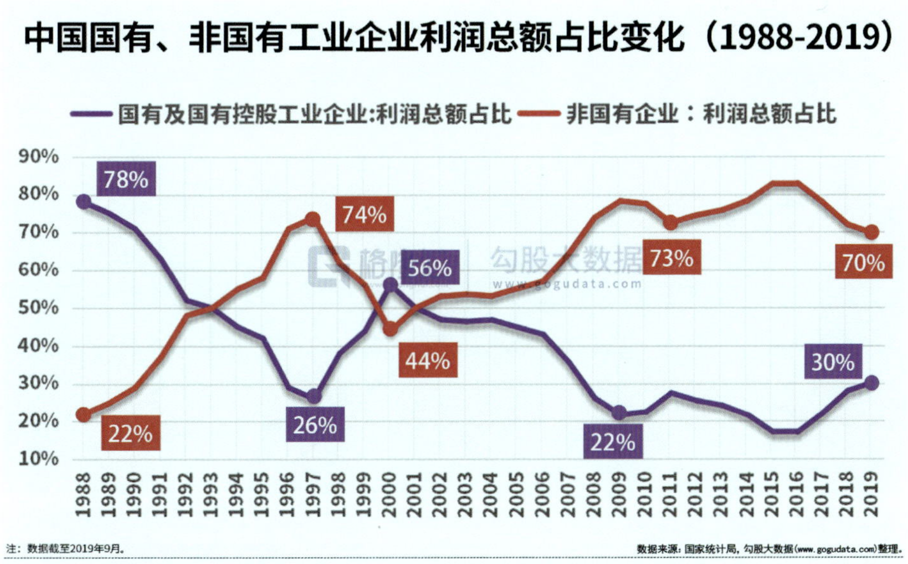

当然，客观地说，一部分国企的目的在于非营利性、为社会提供公共品。

至于就业，过去20年，有17年，国企的新增就业人数为负。

拿掉民企，中国 86%的人会失业（见下图）：

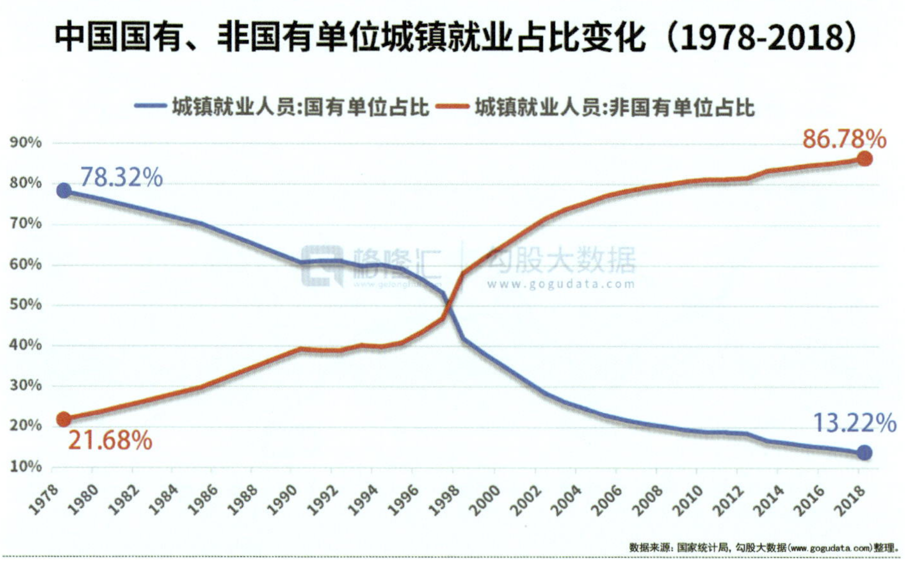

诺贝尔经济学奖获得者弗里德曼说过，“花自己的钱办自己的事，既讲节约，又讲效果；花自己的钱，办别人的事，只讲节约，不讲效果；花别人的钱，办自己的事，只讲效果，不讲节约；花别人的钱办别人的事，既不讲效果，又不讲节约。”国有企业就是拿别人的钱办别人的事。全人类经济史上，没有哪个国家能把国企办好。

弗里德曼是对的。

他的另一个著名观点是，所有通货膨胀，都源自货币的超发（与猪无关）。而为了少还债（流通中货币是中央银行的负债），所有政府都有通货膨胀的内在冲动。

很不幸，他还是对的。

2019 年 11 月 20 日

新世纪中国经济的挑战

21 世纪以来的 20 年，中国经济明显是泾渭分明的两个阶段、两个台阶。

前十年，上帝给了我们一把近乎王炸的好牌，内部经济高速增长，外部大国关系和谐。那 10 年，中国 GDP 年均增长 10.7%，远高于世界经济年均 3.9%的增速；经济总量从世界第六位跃升至第二位；人均 GDP 由 1 135 美元提高到 5 432 美元，迈入“中等收入”国家门槛。这些标志性的突破与奠基，都是在这个被经济学界称为“黄金十年”里完成的。

但这些好牌，在过去 10 年，基本都已经囫囵打了出去，手中硬牌其实已所剩不多。GDP 破 6，现在的中国经济，或只是依靠惯性在前行。形势与趋势，或比我们多数人想象的都要严峻。现在的问题，可能不是摆在桌面上的那些问题，是地板的问题。地板在动。

遗憾的是，我们多数人，仍然只是在盯着桌面。

其实，经济就算从此“泯然众人”，也并不可怕，也就是“快钱”不好挣了而已。当代人类科技已达到的高度，足以支撑所有无硬伤瑕疵的任何经济体，维持年均 3%左右的经济增速。日积月累，全中国人也足以过上有尊严的体面生活。

若有违经济规律，则风险不可知。

改革开放这个词，并不精确。其实没什么天才式的改革。过去四十年我们取得的很大一部分成绩，要归功于开放：拥抱环球大市场，拥抱全人类科技创新成果，拥抱人类进化大趋势。如果我们再退回去，成为一个自给自足的封闭体系，于我们所有人，都会是一场无法承受的灾难。我们再次变穷，或许连 20 年都不需要。

1973 年法国总统蓬皮杜访华，随行记者拍了据说是那个时代第一张彩照。照片中的人，就算是这些大概率是挑选出来摆拍的人，你也能发现，他们里面，没有一个胖子。

那段历史，离我们很近，很近。

2019 年 11 月 21 日

政府到底有没有减税？

对于政府到底有没有减税，争议很多。政府天天说减税了，很多企业则抱怨是增税了。不少流量文章也都在批评政府根本没有减税。

格隆用数据说话。

(1)中国税负水平，见后3页图。

(2)政府确实在减税。说没减，是不公平的。今年前三季度，税收同比下降0.4%。比例不大，但确实在减。

(3)问题在于，同期政府非税收入剧增29.2%。这意味着，多数企业综合税费负担，大概率是在上升的。这也是为何很多企业抱怨税收不降反增的原因。

(4)至于未来综合税费负担会走高，还是走低？我的理解，不出意外，大概率是前者。因为今年上半年，全国除了上海略有盈余，其他所有省，都是赤字(见下图)。这是现实。现实比人强，地方政府也要吃饭。税减了，就一定会在非税上补回来。这是个简单的求生问题，与觉悟无关，与道德无关，与制度无关。

财政紧张带来的另一个影响是：公务员的各项显性、隐性福利必然受到挤压。这也会减弱公务员主动作为的动力。

而公务员队伍的动力，是中国这个特色经济体资源配置双引擎最核心之一(另一个引擎是企业家信心)。

它的衰减，当然不是好消息。

2019年11月22日

2018年全球主要经济体企业综合税率对比

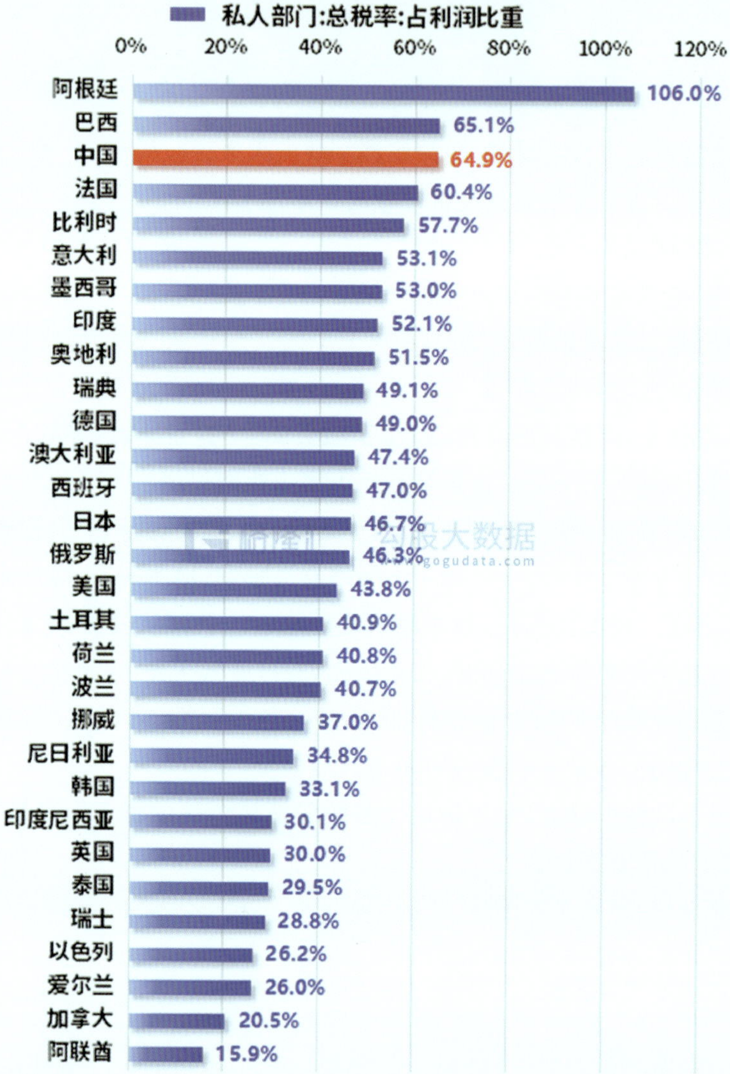

注：统计样本为全球经济体GDP总量前30名。

数据来源：世界银行，勾股大数据(www.gogudata.com)整理。

近10年中国税收、非税收收入同比变化

2019年前9个月，我国税收收入同比下降**0.4%，创近10年来新低**；非税收收入增速上升至**29.2%，创2016年以来新高**，与税收增速形成“跷跷板”效应。

注：数据截至2019年9月。　　数据来源：财政部，勾股大数据（www.gogudata.com）整理。

2019上半年中国各省财政状况一览

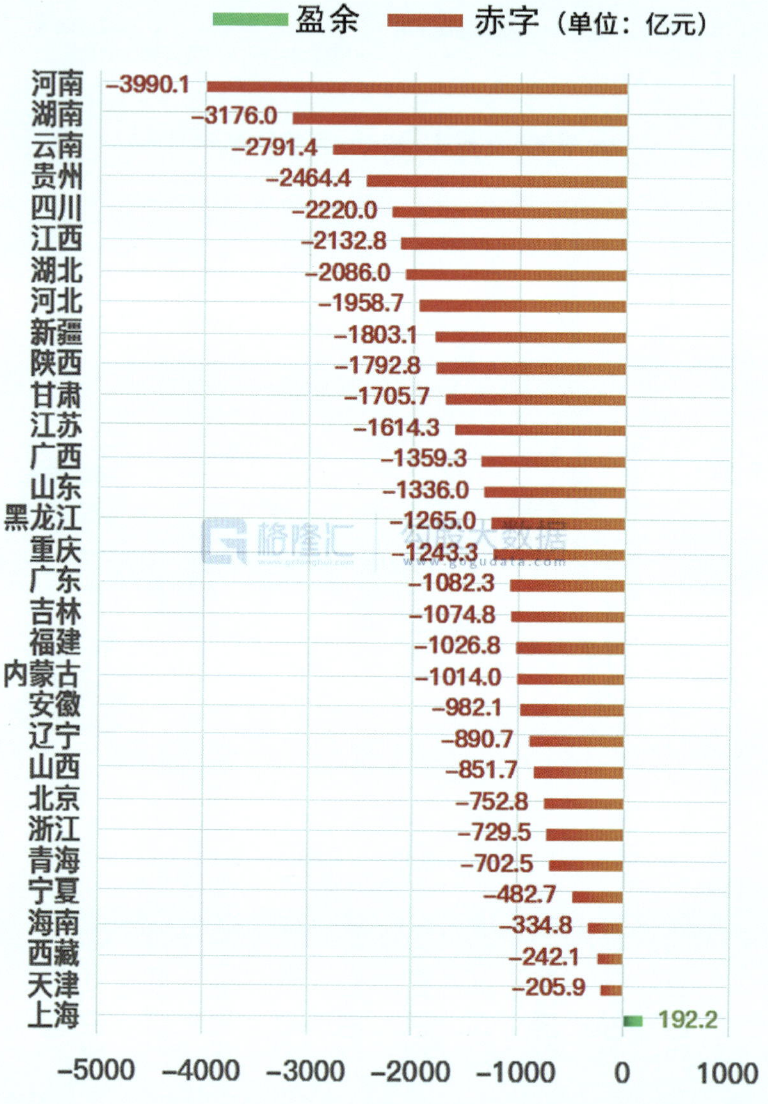

数据来源：财政部，勾股大数据（www.gogudata.com）整理。

中国经济两大核心资源配置引擎考察之：企业家信心

格隆最近对中国经济两大核心资源配置引擎（企业家的信心+公务员的动力）的创意提法与分析，引起市场的兴趣与诸多讨论，很多人询问从什么角度去衡量这两大引擎？

衡量企业家信心其实不难，看他赚了钱，是拿来再投资扩大再生产，继续做大做强，还是减产、停产甚至跑路。在财务上格隆自己创了一个非常规却非常有效的跟踪衡量指标：利润的净资产化率（全年新增净资产/全年利润总额）。

其经济学逻辑是，如果举债扩大再生产，会等额增加资产与负债，并不增加净资产。唯有以利润再投资，才会直接增加净资产。

格隆还是以数据说话。

2011 年以来，国企、外企、民企的利润的净资产化率一直相对平稳，但自供给侧改革开始的 2015 年，开始显著分化，国企的利润净资产化率狂飙猛进，大幅抬升，而外企和民企却反向走低，到“理直气壮做大做强国企”，并开始公开讨论“民企已完成历史使命，应该退出历史舞台”的 2018 年，双双沦为负值——这意味着，民企与外企 2018 年合计创造了 3.38 万亿元利润的情况下，两者的净资产值不单没有增加，反而减少了（见下图）。

合乎经济学逻辑的解释有且只有三种：他们要么在减产，要么在死去，要么在跑路。

尤其民企，2018 年当年合计创造利润 1.71 万亿元，但当年净资产净减少 1.704 万亿元，利润的净资产化率接近负的百分之百——这意味着他们不仅把当年的利润全部抽离了生产环节，还把几乎等额当年利润的往年利润，也抽离了生产环节。

这种行为，已根本不是正常的经济行为，是逃亡。只有惊弓之鸟，才会这

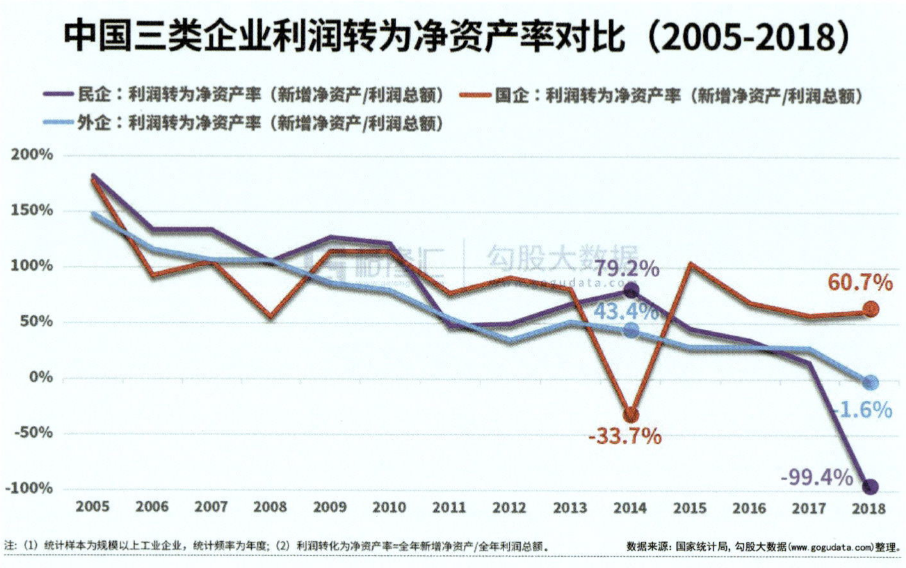

么干。

过去9年，民企一共创造了17.68万亿元的利润，其中高达11万亿元被抽离了生产环节，绝大部分都是在过去5年抽离的。

看起来，外企比民企似乎有底气一些——过去9年，外企创造了13.7万亿元的利润，但只增加了4.978万亿元的净资产，这其中8.72万亿元，约合1.1万亿美金的差额，被抽离了生产环节，其中绝大部分，也是在过去5年抽离的。

很巧合的是，我们的外汇储备在2014年达到约4万亿的顶峰后，这些年刚好净减少了差不多1万亿元。

这种惊恐是从什么时候开始的呢？

从民企、国企的投资增速（见下图）可以清晰看出，分水岭就在2015年11月——彼时正式推出供给侧改革。

之后民企投资增速断崖式跌落，国企投资增速则迅速抬头，短期就形成了一个巨大的“剪刀”差。

民企数量占到了中国企业的90%以上。如果它们事实在一步步抽身脱离经济，我们指望经济增长动力从何而来？我们又指望谁在危难时期挺身而出，共度时艰？

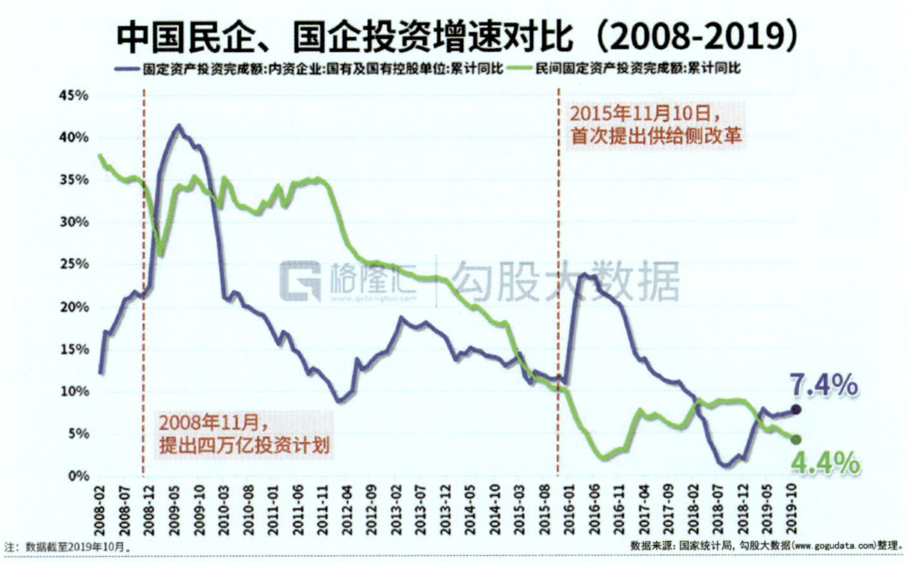

宋元丰六年，受“乌台诗案”被贬谪到岭南荒僻之地的诗人王巩北归京师，苏轼前往探望，巩出歌妓柔奴劝酒。苏轼戏问一路跟随王巩流离多年的柔奴：“试问岭南应不好？”柔奴坦然答曰：“此心安处，便是吾乡。”

2019 年 11 月 27 日

中国经济两大核心资源配置引擎考察之：公务员动力

格隆提的中国经济两大核心资源配置引擎：企业家信心与公务员动力，很多朋友都兴趣盎然，并询问格隆该如何衡量。对于企业家信心，看似虚泛，但由于企业家队伍有一个共同的行为约束硬核：追逐安全的利润，所以找到衡量指标并不难，最终格隆用的是"利润的净资产化率"来衡量，非常有效。

但如何衡量公务员(官僚)队伍的动力，哪怕于我这个学了十年经济学的人，也是个难题。一是这个队伍人数众多且分散，考核也极不透明；二则这个队伍并无共同的行为特征与可量化的行为约束体系。

好在，在中国，所有官僚队伍都是肩负 GDP 任务指标的。所以，格隆把颗粒度放粗，用地方政府这个公务员的集合体作为考察对象，问题就迎刃而解了：地方政府干涉 GDP 的核心甚至唯一抓手，就是基建。

中国基建投资增长，主要依赖的就是地方隐性债务扩张。依托结构化产品作为项目资本金，部分混合债务类资金，同时配合地方政府超出自身能力的隐性担保，这就是驱动中国基建投资高速扩张与各地 GDP 会落在哪个区间的核心秘诀，也是各级官僚为官一任之政绩与升迁的基本路径。

换句话说，地方上干不干活，看基建就对了。

但过去 7 年来，中国全口径基建投资增速在持续回落。

从下图可以清楚看出基建投资的两个拐点：第一个拐点发生在 2012 年底 2013 年初。从 2013 年初开始，基建投资增速从 25.6%一路下滑到 2017 年的 14.9%，而这几乎不回头的下滑，还是在 2015 年 5 月国办 40 号文、42 号文对在建工程融资连续松绑、发改委发布 1327 号文大幅放松地方发债条件、2015—2016 年大资管繁荣推动地方政府债务再扩张的大背景下发生的。

用“钱袋子紧”，已完全不能解释基建这种持续达 5 年之久的趋势性下滑。葛优大爷的那句名言或许是更合理的解释：人心散了，队伍不好带了。

我并不完全确认因何在这个时点，发生这种官僚队伍的整体性动力衰减。

第二个拐点发生在 2017 年底。

为控制有点失控的地方债务，当年 5 月，财政部、发改委等六部委联合发布 50 号文，再次明确地方政府债券是地方举债的唯一合法手段，禁止地方对城投公司提供各种隐性担保，禁止明股实债类项目。2017 年 7 月召开的全国金融工作会议则将违规责任上升到“终身问责、倒查责任”。自此基建投资增速开始断崖式下滑，从 2017 年末的 14.9%，仅仅十个月时间，大幅跌落到 2018 年 9 月份的 0.3%，近乎零增长(见下图)。

发现形势不对后，2018 年 7 月国务院常务会议提出基建补短板，2019 年决策层甚至鼓励地方政府把专项债作为重大基建项目资本金，但实际上，基建投资增速也只是缓慢回升，到 10 月份又掉头向下，从前值 3.4%下滑到了 3.3%(仍见下图)。

2017 年这个拐点，与中央严控地方隐性负债有明确关联，但事实上，这种严控并非一刀切。在关闭旁门左道后，放开了专项债这个“正门”。这也为我们提供了另一个有效指标来观察官僚队伍的动力值变化：专项债的使用。

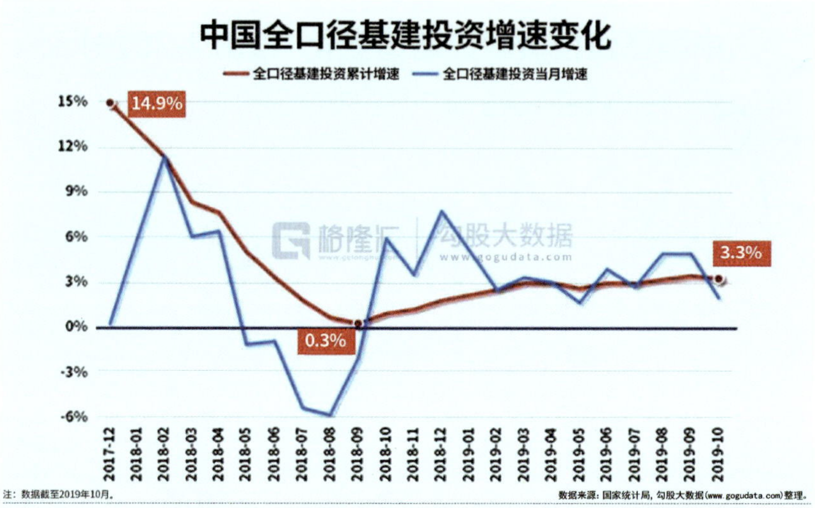

实际情况是，专项债的口子打开后，我们看到的是，多数地区申请专项债并不积极，2018 年，几乎所有省市地区债务限额都有剩余，发达地区尤其严重（见下页图）。

这是怠政。

通俗点说，是不为也，非不能也。多一事不如少一事，他们内心并不想干活。

这种情况在今年得到一定扭转。出于“稳增长”的需要，中央要求加快发行和使用地方政府专项债券，迫于压力，很多地方提前将当年专项债额度用罄，在 9 月密集申报基建项目，但到了 10 月份又故态复萌，快速回落（见下图）。

2018年各地区新增专项债剩余额度一览

注:剩余额度指2018年该地区专项债债务限额与余额之差。　数据来源：财政部，勾股大数据(www.gogudata.com)整理。

在这里，我们可以清晰看到，地方公务员队伍的某种消极，以及与中央的博弈。

如果企业家不干活，公务员队伍也不干活，两大引擎都怠速甚至失速——这就是我为什么说，我们经济 6% 的增速，看似还不错，但，或许只是依靠惯性在前行。

2019 年 12 月 5 日

考研的人为何如此之多？

2020年全国硕士学位报考人数出炉：341万，历史首次突破300万，创历史新高（见下图）。

而研究生报考密度（该年份考研人数/四年前高考录取人数），从十年前的24.72%一路蹿升到今年的46.08%。这意味着，接近一半的大学生毕业时选择了继续留在校园内，而不是步入社会就业（见下图）。如果考虑到每年高考录取人数里有超过一半是专科生，我们实际可以理解成所有大学生都选择了留校。

朋友问我，是不是风气在变，年轻人都更爱学习了？

大概率不是，推迟就业而已。

在经济学里有个专有名词叫就业弹性，即经济增长每变化一个百分点所对应的就业数量变化的百分比。中国每年新增就业人数大约在 1 500 万左右，但这些年每年能解决的就业人数基本都在 1 300 万左右，而我们中央政府的经验数据是，经济每多增长一个点，则可以解决额外多 100 万个新增就业。

看起来，矛盾并没有那么大。但以上所有数据的一个瑕疵是：都是顺周期的。而且都是顺着增长周期的。这些年来，我们从来没有经济下行周期的数据经验。换句话说，没有人知道，GDP 每下一个点，我们的经济会减少多少就业需求？

正常年景，中国大概每分钟会倒闭两家企业，但这是正常情况，下行时期企业的死亡速度可能远超这个数值。另外，下行初期，企业倾向用缩减开支来熬和观望，而不会马上裁员。但如果企业家一旦确定经济下行是一个长周期，裁员就是必然，且会呈现一个自我加速的过程。

人社部的最新数据是，截至 2019 年 11 月，城镇新增就业人口同比负增长 1.08%，创过去十年新低(见下图)：

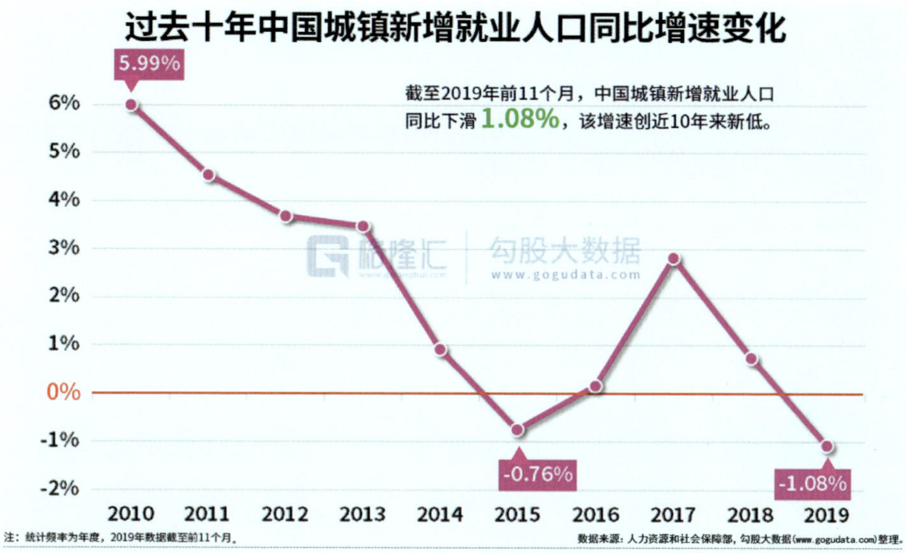

而城镇新增就业人数累计同比，进入2019年来，前11个月全部转负（见下图）：

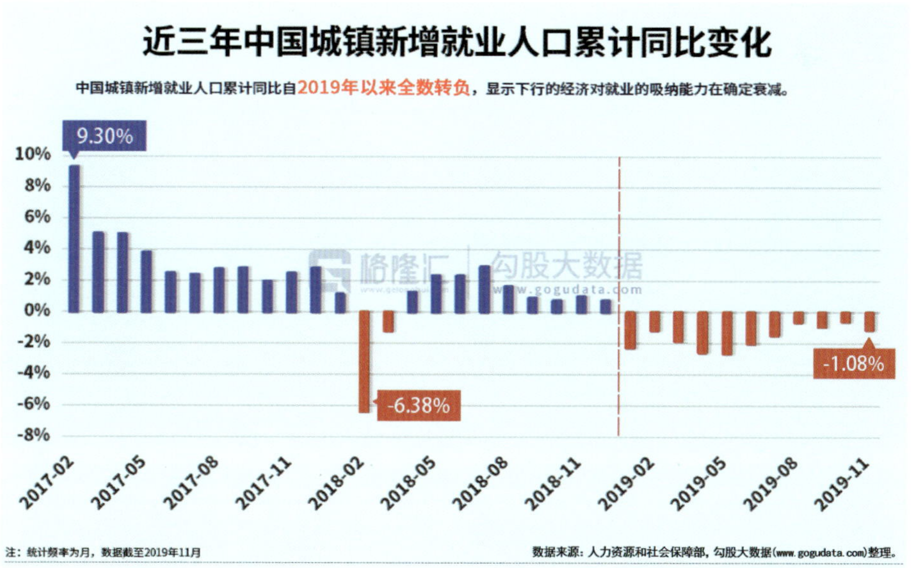

因此，大学生会一边在百度上搜索就业，一边全力备考研究生。2019 年找工作的百度搜索指数，是过去十年均值的 5 倍——看似岁月静好的考研，背后其实是焦灼不安的负重前行。

不要轻易辞职，请珍惜你的工作岗位，哪怕你对它一度恨之入骨。

2019 年 12 月 19 日

不折腾，到底是什么内涵？

格隆在《归去来兮》的年终演讲里提到，现在我们的经济，或只是依靠惯性在前行。形势或比我们多数人想象的要严峻。但我们依然有被救赎的机会，前提是，我们上上下下，都不折腾——尊重人性，尊重经济基本规律，尊重人类进化的基本趋势。

很多朋友说这表达太文艺，听不懂，问格隆能不能更简单直白说清楚，不折腾，到底是什么内涵？

治国如居家，折腾难免。很多时候的折腾，比如去年要求各地把散养猪都灭了，今年又要求各地确保多少多少头的出栏量，这都是小事，无伤大雅，死不了人。

格隆说的折腾，是指那些试图忤逆、颠覆经济基本规律，破坏人类财富创造机制与原动力的大折腾——这种折腾，会根本性破坏财富密码，令族群陷入匮乏、混乱、贫穷与轮回。

在我们这块土地上，最大的折腾，或许就是施加于占企业总数90%以上的民企身上的“隐性身份歧视”，主要体现在于融资。

过去十年，民企一直都以超出地方国企、央企差不多200个基点以上的信用利差在融资——这在任何一个正常的商业社会，都是一个无法想象，令人惊悚的天文数字，但我们习以为常(见下图)：

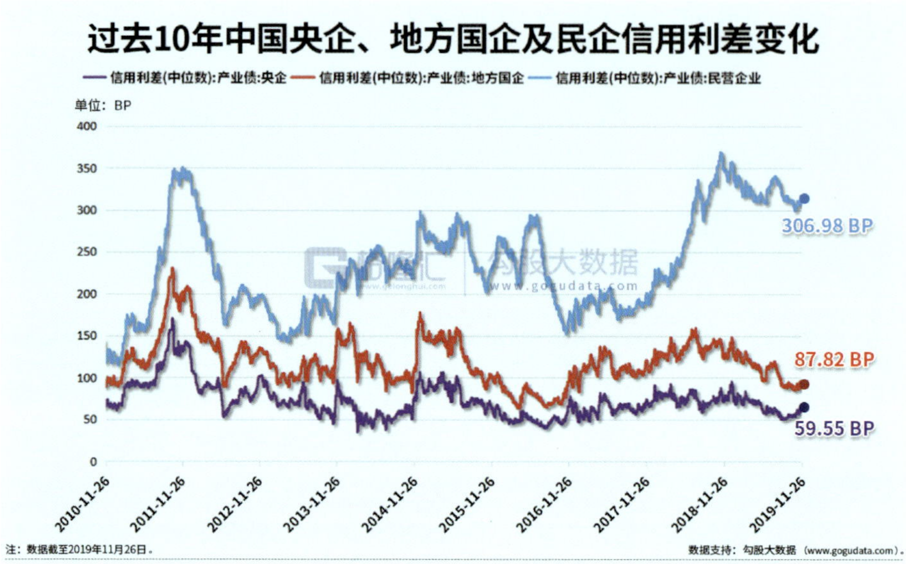

即使举债成本超出国企如此之多，但过去两年，民企的净融资额也没几个月是正的。2018 年 1 月到 2019 年 11 月，民企债券市场净融资为负的 2 981 亿元（见下图）——也就是说，债券市场不仅没给民营企业供血，反而抽了血。这还是考虑了结构化和房地产企业融资这两个大头的结果，如果再把这“哥俩”排除，那数字只能更难看。民企的债券融资能力基本丧失。

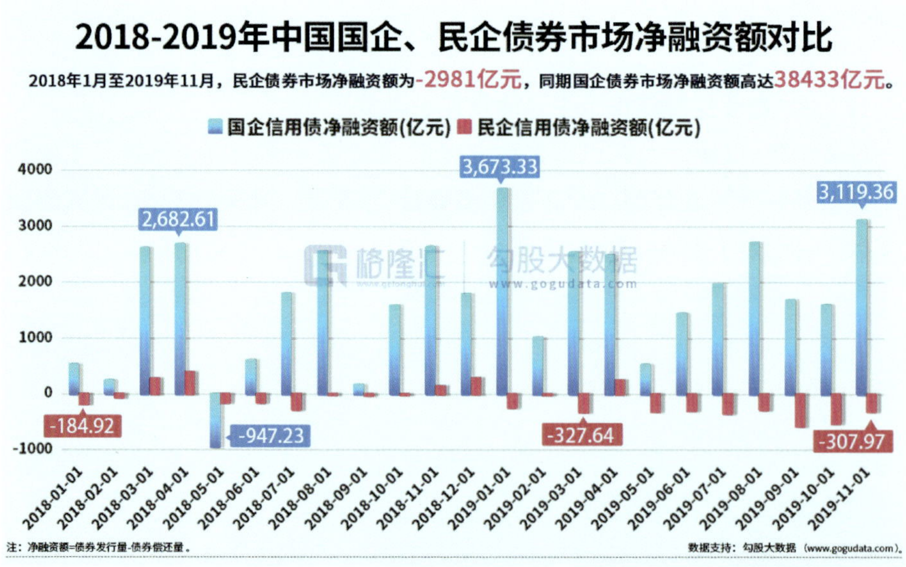

同期(2018年1月到2019年11月)，国企债券市场的净融资量是近乎天文数字38 433亿元。

天壤之别。

如果创造了我们这个社会70%的利润(见下图)，解决了我们这个社会86%的就业(见下图)的民企一直是在这样一种状态下度日，我们何以保证我们这个族群能拥有持续性的财富创造密码？

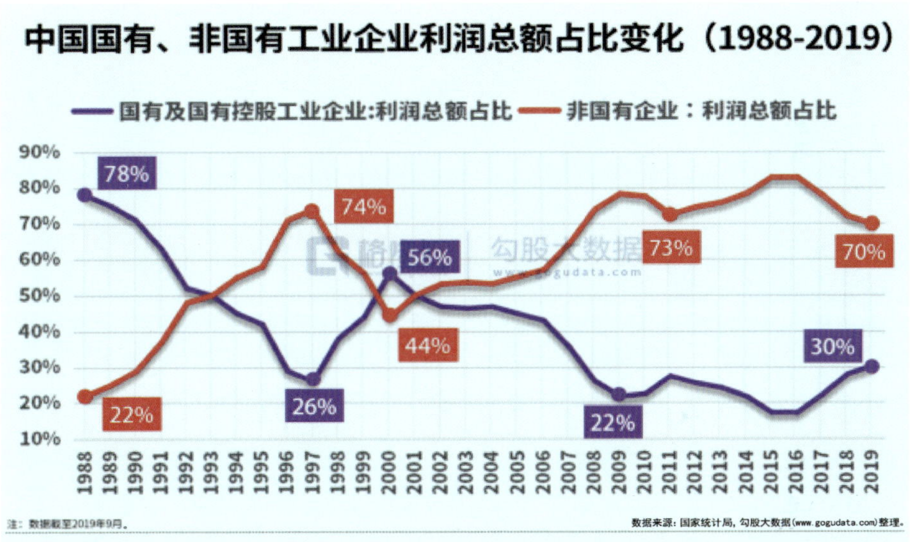

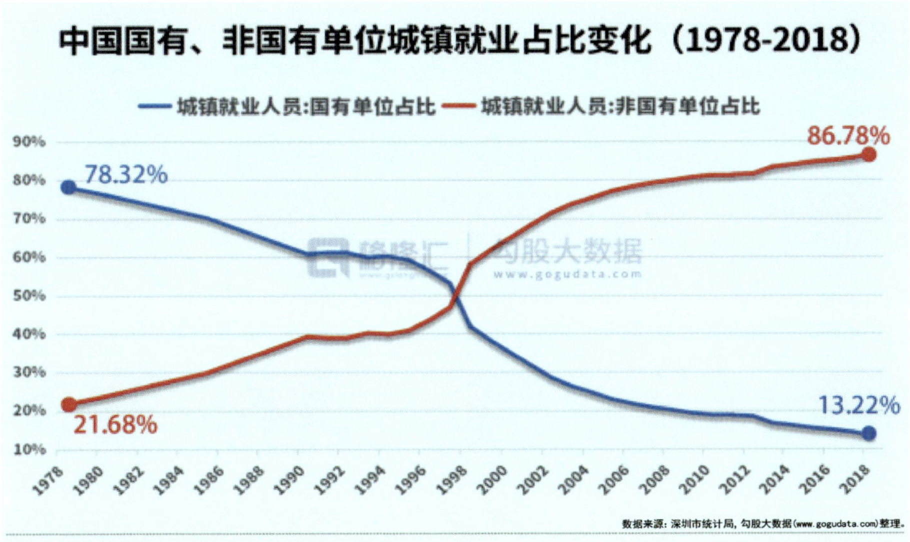

事实上，我们所有人上路的初衷（终极目标），一定是这个族群能更加富足、更有尊严地活着，而不是任何其他形而上的目标。

我们都生活在同一个国家，同一块土地，我们有共同的肤色、语言和祖先，我们一样在挥汗如雨，一样辛苦劳作，我们共同创造财富。我们能不能放下所有制的“身份”争论与歧视，但凡在这个国家之内遵纪守法、勤恳耕耘的企业，就都应该理直气壮做大做强，就都应该给予尊崇、赞赏与荣耀？！

果如是，以这个民族的勤劳坚韧，什么样的坎，我们会迈不过去？！

2019 年 12 月 20 日

大萧条及背后经济学家的身影

很多人问格隆：我们真的要经历(大)萧条？

当今活着的人基本无人见识过大萧条。所以很多人还在争论会不会大萧条，这并不奇怪。

以超越10%的失业率这个定义萧条的基本标准看，全球已事实进入了大萧条。美国失业率在下个月极可能飙升到25%。

20世纪上半叶出现过两个多才多艺的经济学天才。一个是英国剑桥大学的约翰·凯恩斯(John M. Keynes)，另一个是美国耶鲁大学的欧文·费雪(Irving Fisher)。他们同时是经济学领域对大萧条最有研究的两个人。他们都亲身经历了人类近代史上唯一称得上大萧条的20世纪30年代，并都在大萧条中破产。相比身为保险公司董事长的凯恩斯而言，费雪更惨。大萧条令他一文不名，耶鲁大学只好把他的房子买下，再租给他住，以免被债主扫地出门。

但这也保证了费雪的研究更纯而粹之。如果要挑选谁对大萧条更具发言权，更具理论深度与长期实证检验性，格隆会选费雪。

凯恩斯对费雪近乎碾压式的声誉，只是因为身为政府官员的他开出的“嗑药(政府强力干预)”配方，令政权得以喘息和续命，也令政客能上下其手，高度享受支配资源与左右经济的快感。

决定某种学说影响力的，往往是其“政权的亲和性”，而不是其正确性。有正确经济学认知的人，讨厌凯恩斯的学说是必然的。他把人为干涉市场、扭曲市场信号、印钞放水正确化，神圣化了。他其实不是经济学家，他是反经济学家。但奇特的是，凯恩斯学说最大的受害者，是那些勤奋工作的普通人，那些节俭持家的基层人，那些恪守传统美德的老实人，也很喜欢他，期待一轮又一轮的放水与干涉，认定这有利于经济。

费雪拥有真理，但凯恩斯拥有各国政府与人民。

当然，除开学术理论，凯恩斯在其他诸多方面的表现都是一流的：他是一流的投资者。大萧条后他放弃两度令他破产的投机，果断开始了逆向价值投资法，这令他去世时已是巨富。他是一流的轶事制造者(媒体酷爱这点)。有次丘吉尔发电报给他，“我越来越接受你的观点”，凯恩斯很不屑地回答：“这是我的荣幸。不过我已经改变观点了。”他是一流的宣传者，一流的语言大师。经济学界批评凯恩斯主义长期来看会遗祸无穷，他哲人般地还击，无赖而优美，打动了听众：长期来看，我们都是要死的。

凯恩斯是对的。等凯恩斯主义带来的滞涨问题开始暴露并积重难返时，凯恩斯已去世多年。

尽管有包括1972年诺贝尔经济学奖获得者约翰·希克斯(John Richard Hicks)在内的学者将20世纪30年代经济大萧条的主因归咎于举世推出保护性贸易关税，但经济学界迄今最经得起检验的大萧条解释理论，仍是费雪1932年在其名著《繁荣与萧条》中提出的“债务—通货紧缩”理论(Debt-Deflation Theory)。

数学家出身的费雪以充足的数据证明，大萧条的起点，是企业的过度负债。

当经济在某个时点处于“过度负债”状态时，债务人(或债权人)出于谨慎等原因，往往会引发(强迫性)债务清偿，从而产生连锁反应：债务清偿引致资产廉价出售，并引致存款货币的收缩(因为偿付银行贷款)，以及货币流通速度的下降。存款货币的收缩和货币流通速度的下降引致价格水平下降(也就是货币购买力上升)，就必然导致偿债企业资产净值的更大下降，这会加速企业的破产和利润的下滑，逼迫陷入营运亏损的企业减少产出、交易和雇佣。企业的亏损、破产和失业，引发悲观情绪和信心丧失，这些反过来又导致货币的窖藏行为和存款货币流通速度的更进一步下降，并催生名义利率的下降和真实利率的上升。

过度负债和通货紧缩是互相作用的。一方面，过度负债引起通货紧缩，另一方面，由负债引起的通货紧缩又会反作用于债务。在通货紧缩的情况下，尚未偿付的债务价值更高，使得债务清偿引起的价格下降速度远大于所减少的名义债务时，虽然部分名义债务得以清偿，但是由于价格下降，尚未偿还债务的真实规模会上升。

这样，减少其债务负担的努力反而加重了债务的压力，由此出现一种悖论，即“债务人还得越多，他们就欠得越多”。这正是大萧条发生的根本原因。费雪计算了大萧条期间美国社会的债务变化数据，进一步验证了他的理论：根据计算，到 1933 年 3 月，由于价格的下降，整个社会的真实负债比 1929 年初大约上升了 40％。

在费雪的萧条解释模型里，债务和通货紧缩是最主要的两个变量。其他变量，如货币流通速度、资产净值、利润、交易、商业信心、利率等，都相对次要，只有和过度负债以及通货紧缩这两个变量或其中一个结合起来的时候，才会产生显著的影响。如果过度负债没有引起价格水平的下降，则最终的循环波动将会温和许多。类似的，如果通货紧缩是由非债务因素引起的，那么造成的恶果也会小得多。只有当债务和通货紧缩结合起来，才会产生最大的灾难。

有没有发现，走到这里，费雪的理论与凯恩斯的干预药方，很神奇地出现了某种重合：政府的印钞和放水会产生人为的价格阻滞（你可以理解为人造通货膨胀），而失去了价格通缩的协助，过度负债导致的经济波动就会被最大限度地熨平。

“凯恩斯开出的药方是有用的，但理论是牵强的。他只是很幸运地挤上了费雪班车的后门”——这是格隆大学时导师的教导。导师对费雪发自内心尊崇，并遵循典型的奥地利学派理论——那是一个理论正确性得到公认，却从不受政权待见的学派。

好在 20 世纪严肃的主流经济学者，骨子里都秉承了奥地利学派的精髓。托宾非常后怕地阐述过：“这些研究（指费雪的“债务—通货紧缩”理论）不仅适用于古代史。在 70 年代预期高通胀将会持续下去前提下举借大量债务的那些人，如果一旦发现物价居然稳定下来，可以想见他们会遇到多大的麻烦！”

包括最优秀的那批投资家，巴菲特和芒格。比如，他们最核心的价值判断标准——“公司的定价权必须赢过通货膨胀”。

至于还有朋友问格隆，中国要不要降息？

费雪与凯恩斯两位同学会给出相同的答案：磨叽什么呢？赶紧地！

迟了，再想降息，恐也不可得啊。

2020 年 5 月 14 日

M1 创 27 个月新高,意味着什么? 值得欢呼吗?

(2020 年)7 月份 M1(狭义货币)增速 6.9%,创出了 2018 年 5 月中美贸易战以来的新高(见下图),很多朋友雀跃:

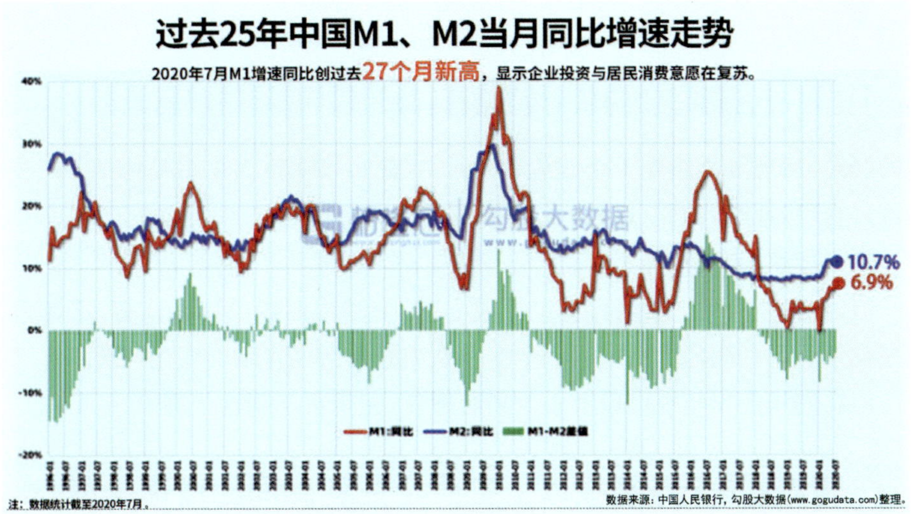

确实是好事。

因为我们的货币活化程度(一般用 M1－M2 的差值)与经济的活跃,在 2012 年以前基本正相关(至于为何在 2012 年这个节点后相关性大幅降低,以后有机会格隆再和大家解释,见下图):

但并不值得欢呼。

多数人只是看到了面子,并没有看到里子。

我说说原因。

M1,包括流通中现金与企业活期存款(非金融企业活期存款和机关团体活期存款是 M1 的主要组成部分),它体现货币供给的活化程度,理论上反映的是企业投资与居民消费意愿与行为的扩张与收缩。M1 周期往往同步于企业现金

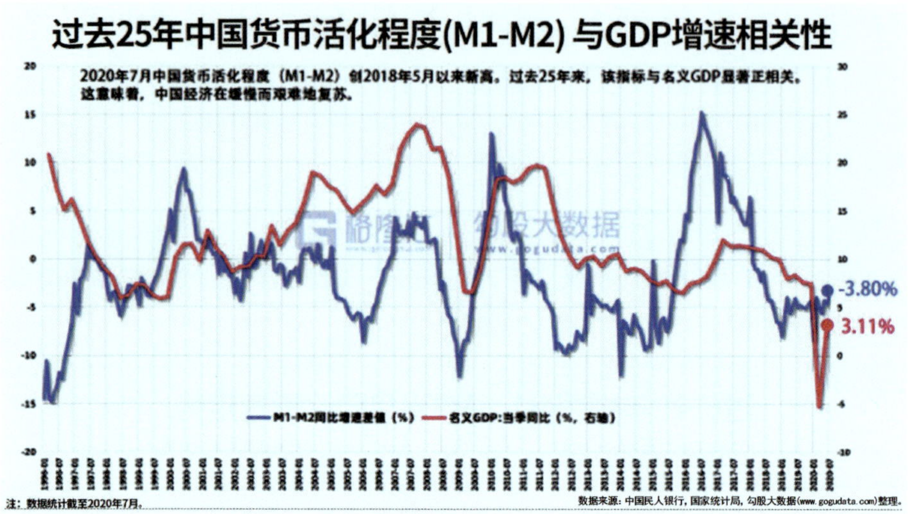

流的好转，而现金流领先于企业盈利回升，因此市场往往简单粗糙地把 M1 视作经济(包括房地产)的先行指标。

这么理解，大致正确。

但，也只是大致。因为以上结论成立，有个基本前提：M1 的支撑，必须确定是来自于企业利润的增长与居民定期存款向企业活期存款的转化与迁移。

但我们从上半年规模以上企业利润增速，完全看不到这个迹象(见下图)：

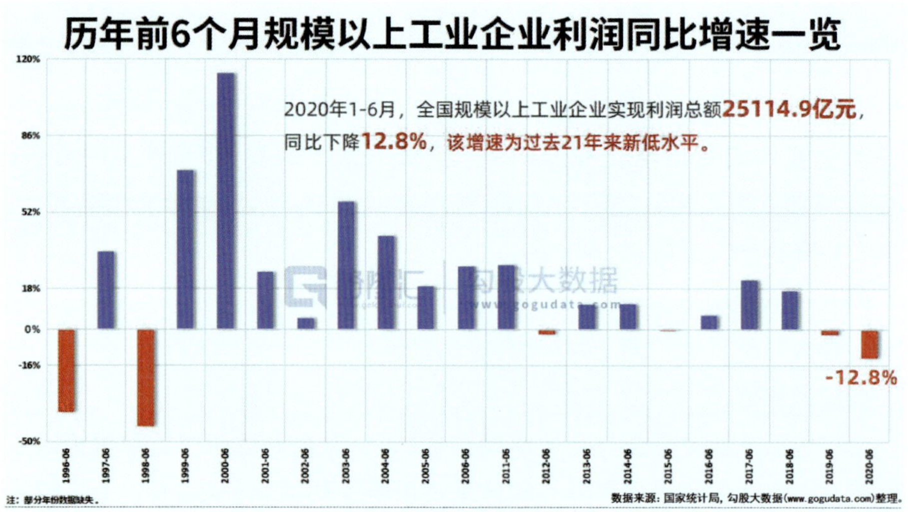

而剔除 1 月份的异常值，2020 年上半年居民定期存款累计增加 42 594.81 亿元，活期存款则净减少 1 664.7 亿元，丝毫未见居民定期存款向企业活期存款的转化与迁移：

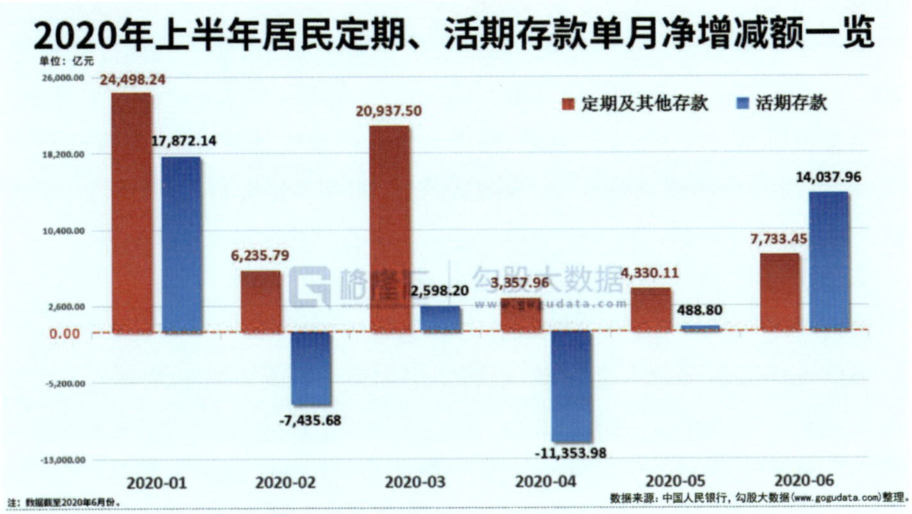

所以，从金融机构负债端，我们找不出来源。

看看资产端(也即大社融视角)？

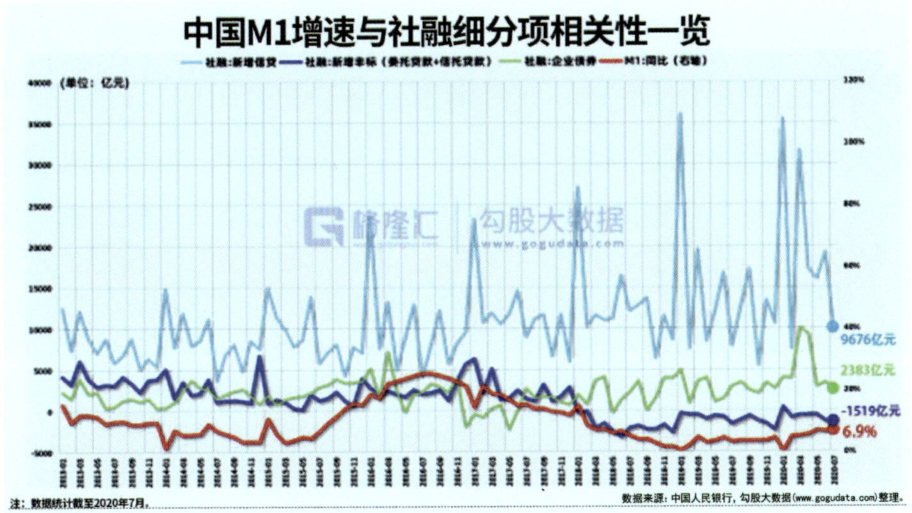

狐狸尾巴一下就露出来了。

肉眼都可以看出,自 2016 年以来,M1 增速与非标绝对正相关(相关系数高达 0.9124)。2018 年治理地方举债,两者相关性有所减弱,但 2020 年以来,两者再次高度相关。

非标主要投给谁?业内经验,七成投向平台公司,其余一大部分投向地产公司。

结论很显然:2020 年疫情以来,维稳与地方财政吃饭需要,地方政府债务监管又开始放松,地方政府的平台、城投从信贷、非标大量融资,获取资金,放在存款账户上(而且不差钱,直接放活期),直接导致了 M1 增速畸形地抬升。

一句话,只不过是地方政府债务监管放松的反映。

骑白马的并不都是王子。他也有可能是唐僧。

当然,M1 的改善总不是坏事,会确定增加整个社会呼吸的顺畅。M1 具备显著的周期性(延续性)。在过去 14 年中,中国 M1 已经历了 7 个完整周期,每个周期大概能维持 40 个月左右。我们只能祈祷这轮 M1 的触底回升,能够延续得长一点,令大伙有更充裕一点的时间应对要来的严冬。

如果冬天确定要来的话。

2020 年 8 月 12 日

经济学里，只有消费，没有浪费

朋友发来国内某知名经济学家建议立法，杜绝浪费的长篇大论，问我怎么看？

我的回答是：经济学里，只有消费，没有浪费。

文人墨客说说浪费也就罢了。你一个学经济学的，也煞有介事讨论浪费，简直是对亚当·斯密、米尔顿·弗里德曼、斯蒂格勒、罗纳德·科斯等大师的羞辱。

果蔬加工厂从机械厂采购了加工机械，从果农手里采购了瓜果，把瓜果加工成果汁投放市场，消费者从超市购买果汁，一整个生产—流通—交换—消费的再生产流程，就算结束了。

然后机械厂拿着果蔬加工厂给的钱发工资，缴税，扩大再生产，果农拿着卖瓜果的钱娶媳妇，给老父支付医疗费、给孩子支付学费，整个社会财富就是在这样一个周而复始、缺一不可的闭环里产生和完成的。

至于你消费者，买了果汁，是自己喝掉，还是喂猪，甚至倒沟里，那是你的事，也是完全属于你自己的权利，他人根本无权干涉，与经济学也无关。

从社会整体财富创造和增长的经济学逻辑，浪费甚至应该得到某种程度的鼓励：你的浪费，只是在减损你自己的消费效用（率），却会推动和加速整个社会再生产过程的实现。

15 世纪那群迂腐的重商主义（Mercantilism）才鼓励每个人像葛朗台一样，把赚的每一个硬币都窖藏在家里。但我们知道，重商主义理论早就破产了。

所以，芝加哥学派大师、1982 年诺贝尔经济学奖得主斯蒂格勒（Stigler）明确地讲："除非有人准备开辟非最优化理论的先河，否则浪费就不会成为一个有价值的经济学概念。浪费概念是现代经济学分析中的一个错误。只要我们的经济理论是正确的，那么浪费就不会成为一个有用的概念。"

至于个体（或企业）会不会有钱任性，一直可着劲去胡吃海喝，这个大可不必操这份闲心。人人追求约束下的利益最大化是经济学最基础的假设。所谓浪费，就是有成本没有收益。只要产权清晰，有成本没有收益的事情，正常人会干吗？亚当·斯密在250年前就说过："讲到奢侈，当然因为人有现在享乐的欲望。这种欲望的热烈，有时简直难于抑制，但一般说来，那总是暂时的，偶然的。"

想想吧，你在请客人吃饭之前，要不要认真盘算：客人是什么身份，总共有多少人，打算花多少钱，什么样的餐馆合适……如此精打细算，怎么可能与浪费沾得上边呢?!

完全罔顾效益的持续浪费，有且只有一种情况下会发生：这个人，花的是别人的钱，或者公款。一个社会，假如出现了大量铺张浪费的事情，那么一定是因为存在大量公款消费的情况。因此，真正要杜绝铺张浪费，那么就应该限制权力、杜绝三公消费，而不是要求私人节约。

所以，20世纪最伟大的经济学家之一弗里德曼说："追问企业是否实现了成本最小化，这是一个愚蠢的问题，因为我们假定企业追求利润最大化，本身就意味着成本必然最小化。"

当18世纪英国的王公贵族颁布节俭法令时，亚当·斯密在《国富论》里做了毫不留情的批评：

看到有剩饭剩菜现象，就认为存在浪费，是无知的表现。

看到有剩饭剩菜现象，就要求立法管制，则是无知加无畏。

千万别什么事都想用法律去强制。执法要不要成本？执法者会不会腐败？立法愿望和法律的实际效果很可能南辕北辙。繁荣不可能是管制出来的，恰恰要靠放松管制来实现。我们不是认为市场能够最有效地配置资源吗？能有效配置资源，又怎么有浪费呢？

人类所有的经济活动，都只是为了让人群生活得更加富足，更加有尊严。

对于物质财富的匮乏，经济学的解决路径，有且只有一条：增加供给，而不是通过政府管制，十个人只能点九个菜，去减少消费。

事实上，几乎所有经济学史实都表明，政府为了提高效率而做的管制，其多数结果，或者是毫无帮助，或者产生反效果。

管制，才是最大的浪费，这是经济学常识。

遗憾的是，国内有水准的经济学家不多了。多数时候都是政府长期后场倒脚，冷不丁一脚长传冲吊，绝无中场过渡。

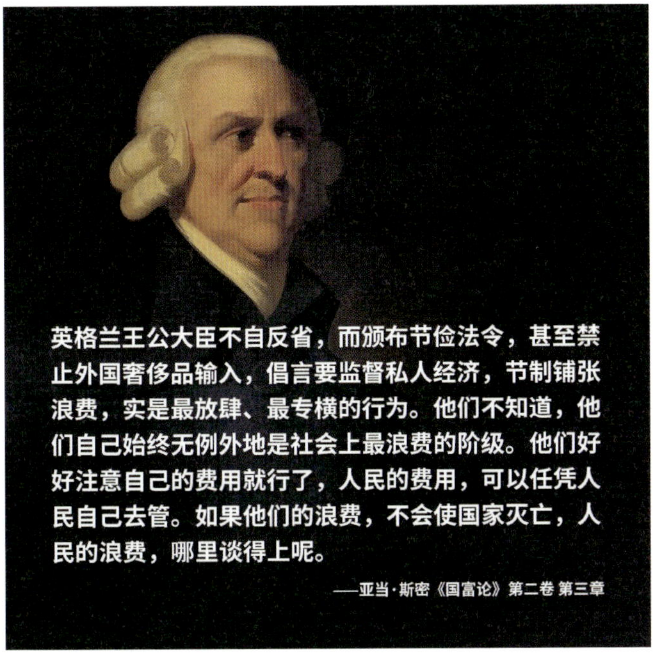

然后在一片混乱和蒙圈中，所谓的经济学家们纷纷争抢第二落点。

2020 年 8 月 22 日

人民币一通暴涨,几个意思?

很多人在问格隆,人民币近期持续升值,啥意思?是不是一波牛市在路上?

我也注意到了有资深首席说人民币已经跌透跌过了,未来会进入持续升值通道——这也意味着包括A股在内的人民币资产,会存在不错的系统性机会。

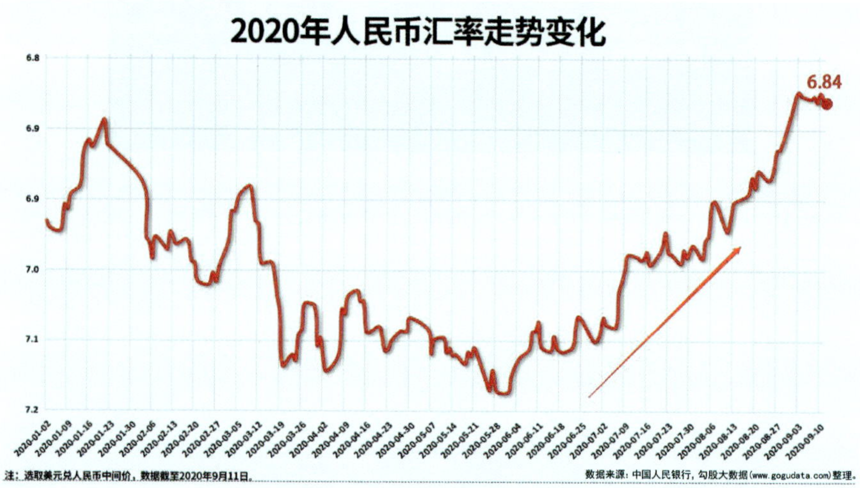

先不管逻辑。起码这个结论,市场爱听。

但爱听没用。普通人的最大烦恼,都是容易想多了。

货币像山岳一样古老,货币领域从来都不存在太复杂的理论课题。货币也是商品,只不过是一种特殊的居间商品。该商品的价格有两种表现形式,国内是利率,国际是汇率。

理论上,决定汇率的因素很多,包括国际借贷说、购买力平价说、利率平价说、国际收支说等等,但撇开这些花里胡哨的外衣,货币既然是商品,价格最终就一定取决于供求:货币多了,币值(价格)就自然下降。货币少了,币值就上升。

就这么简单?

就这么简单!

中国改革开放以来 M2 发行年均复合增速是 19.96%。我们货币一年的增速，几乎是欧美日这些大经济体十年的增速。

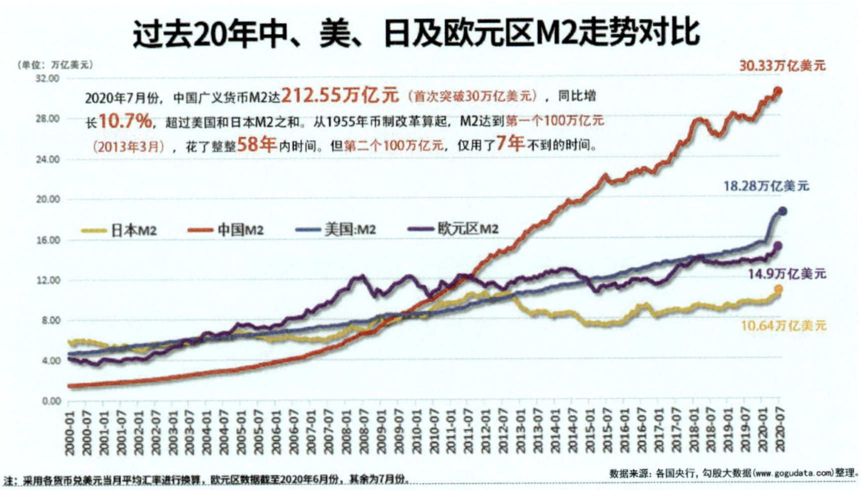

二十年前，我们的 M2 还不到欧美日各自的一半。二十年后，我们的 M2 比美国+欧洲、美国+日本还多。

但我们的 GDP，只有美国一个国家的三分之二不到。

2005 年汇改时，人民币汇率(兑美元)是 8.2765。当时的 M2，30 万亿元不到(29.87 万亿元)。十五年后，我们的 M2 是 212 万亿元，人民币汇率是 7。

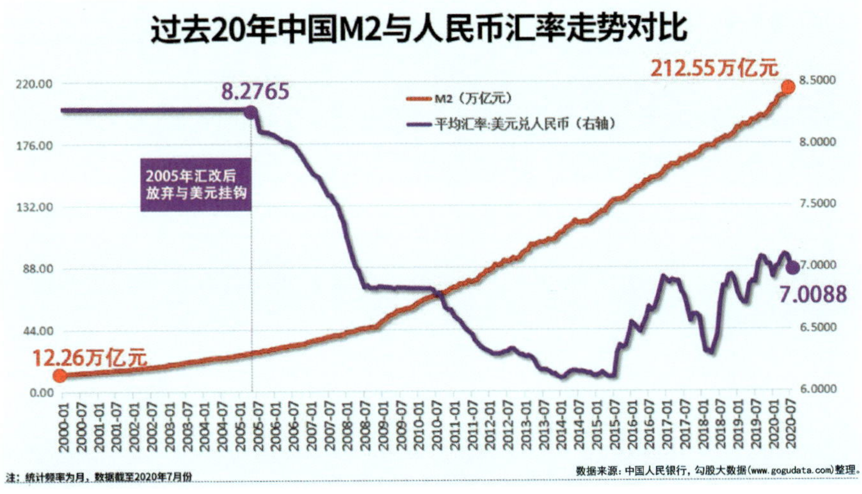

也就是说，你的货币增加了 7 倍，你的汇率不单没贬，还升了。

这意味着，你开动印钞机，就可以买下全世界。

这不符合常识——要么是视同为你货币本位的本币资产，整体大幅高估了，要么，就是你的汇率明显高估了。

没有其他的经济学解释。

有一句更直白的话来帮助你理解上面的经济学逻辑：如果单靠印钞就能搞好经济，那世界上最大的经济体会是委内瑞拉，或者津巴布韦。

至于怎么理解近期人民币的持续升值，我重贴一张图，你或许就能懂个大概：

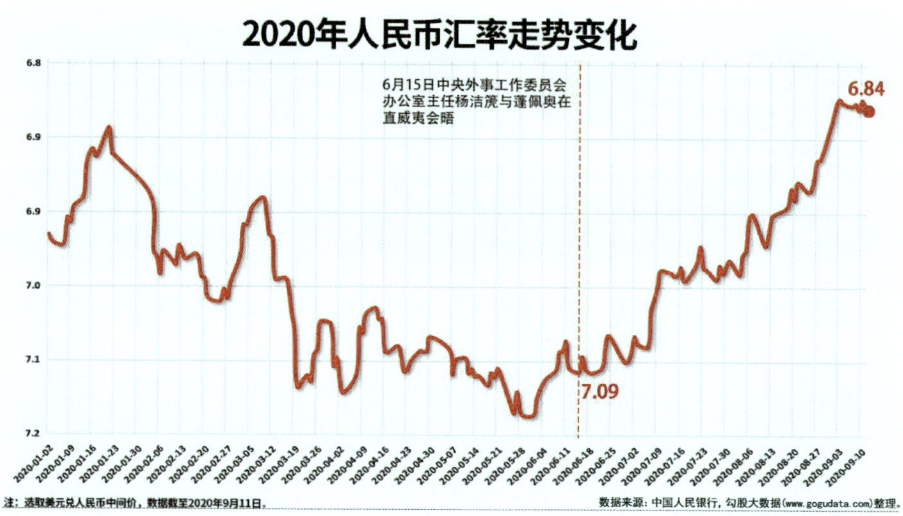

与普通民众有关系吗？

有的。

这样做，实际汇率与名义汇率缺口必然扩张，在经济学里，它意味着输入型通胀：

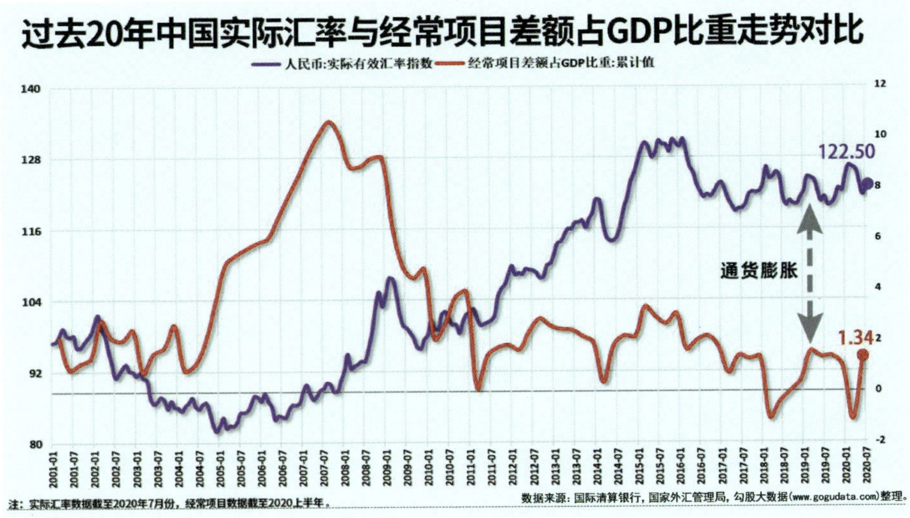

格隆只能帮你到这里了。

祝投资顺利！

2020年9月11日

究竟有几个人搞懂了何谓“反垄断”?

最近关于反垄断的讨论很热闹。但我看得出来,多数讨论参与者并没有学过经济学,而是在用一种原始粗糙的道德观在娱乐。

作为一个经济学学者,格隆不辩论道德是非,仅仅普及一下经济学。

“垄断”一词,类似“主义”,是舶来品,来自西方经济学,其语文词义是“排他性控制”和“独占”,在词语学意义上其实是一个中性词。因为,“排他性控制”行为可能产生许多影响经济增长和经济效率的负面效果。但是,“排他性控制”也是经济秩序的支撑点,是市场经济的基础。比如产权的基本特征就是排他性专有,而行政权在所有文明国家都由一个政府独占。如果两个以上的主体声称对同一幢房子拥有同等的产权,或者两个以上的政府声称对一个管辖区拥有同等的行政权,那就天下大乱,断不会有经济增长和经济效率。

经济学上的“垄断”概念,比语文意义上的垄断定义要复杂。虽然我们可以直截了当地说,垄断就是在一个产品市场上只有一个买家或一个卖家。但是,导致市场被独占的原因,却是各式各样的。更为重要的是,由种种不同原因引起的市场垄断,对经济效率的影响截然不同。

西方经济学理论中,发生市场垄断的成因,大体有以下五种。

第一种,由资源的天赋特性,带来产品(服务)的独特性。比如龙井茶、茅台酒、邓丽君的歌、我国的稀土、澳大利亚的铁矿石。这类产品,市场上独一无二、消费者又愿意出价来欣赏,资源所有者就拥有排他性的独占权。

第二种,发明的专利权或版权,或者像可口可乐配方那样的商业秘密。这些资源没有天赋的独特性,但是在想象力和科学技术的商业应用方面,具有独特性。政府如果不通过法律保护专利和商业秘密,发明和创新的供给就不足,对经济增长必然不利。当然,技术一旦发明出来,由社会共用可以加快新技术的普及,所以对专利的保护,通常设立一个时间区间,过了时限就对社会免费开放。

第三种,赢家的垄断。凡竞争就有输赢,商场竞争的胜出者可能凭实力和策略,一时之间将所有竞争对手赶出市场。典型的案例,是 IBM 和微软公司——不是别人不可以做电脑硬件和软件,而是一时之间没有谁做得过他们。

第四种,成本特性产生的垄断。一些产业,需要巨大的一次性投资,才能形成供给能力。这些投资一旦发生,就成为"沉没成本"(就是几乎别无他用)。对于这些产业来说,新的竞争对手面临很高的进入门槛,因为他们必须再支付一笔巨大的投资,才可能与在位厂商竞争市场需求。这就是通常所说的"自然垄断"。

第五种,强制形成垄断。这就是运用非经济的强制力量,清除竞争对手,保持对市场的排他性独占。这种强制的势力,可以是高度非制度化的,如欺行霸市、强买强卖;也可以是高度制度化的,如政府管制牌照数量,或由立法来阻止竞争而产生的行政性垄断。

上述垄断成因,进入细节问题之后,纷繁复杂。在真实世界里,一果常常多因。在科斯为代表的产权经济学奠定之前,市场上因为没有清晰的产权理论,150 年来的垄断经济学理论,其实都是含混不清的。含混的理论带来许多错误的推理,以至谬误流传、以讹传讹,将反垄断混同为反大公司、反市场成功、反创新,甚至是反一切排他性的专用权。

事实上,无形的手支配下的"垄断",绝大多数时候,恰恰是产权的同义词。基于资源独特性、发明和创新、竞争胜利以及成本优势的垄断,都是从"产权的排他性"中派生出来的垄断。保护产权,与保护这些垄断,事实上具有一致性。产权是排他性的专用权利,是市场经济的基础。政府依法保护产权是现代经济秩序最重要的环节,也是社会发展与政权稳固的前提。

政府保护产权,事实上就是保护排他性权利。

当然,到了市场上,产权问题变得复杂。因为这里有众多的买家,也有众多的卖家,各有各的产权,行使起来互相影响。甲、乙都要卖货,竞争导致价格下降。在这个意义上,甲乙双方都受到对方的损害。能不能为了保护甲的产权,而将乙逐出市场?不能,因为那样就侵犯乙的产权(交易权)。能不能同时保护甲乙双方,下令提高市价?也不能,因为那就侵犯买方的产权。

所以,在市场上,政府只能遵循一个原则:保护各方平等交易的权利,但不保护任何一方资源的市场价值。否则,必定违反对产权的普遍性保护原则。

说完以上,我们不难理解,很明显,垄断实际上有两种:

(1)保护产权所产生的垄断;

(2)(用非经济的强制力量)侵犯他人产权的垄断。

但很遗憾,多数人对这个没概念,甚至混为一谈,以为所有的独家控制市场,技术创新的动机遭到削弱,产品和服务的质量也都会比较糟糕,是对整个社会福利的侵蚀。

当然不是。

垄断利润,多数时候,恰恰是对创新投入与经营效率的奖励。也恰恰是这种奖励带来的超额利润,推动着整个社会的进步。

事实上,只要是在自由进出的市场经济环境里,垄断永远是暂时的,没有人能得到终身免死铁券。

仅仅拥有独特的资源,能不能持续控制价格、获取垄断利润?所有市场经验都证明,不能。这是因为,绝大多数独特资源生产出来的产品和服务,都可能有替代的产品和服务。

龙井茶叶的替代品包括黄山毛尖、福建乌龙、雀巢咖啡,可口可乐的替代品是百事可乐,贵州茅台替代品包括郎酒、五粮液、泸州老窖、山西汾酒等。邓丽君的替代呢?是刘德华、张国荣或者梅兰芳。

物以稀为贵是正常的,但是市场规律是,独特资源要是要价太高,等于为各种替代品提供市场。

技术进步的本质又是什么呢?就是不断发现替代。

创新的垄断,也不可能持久。商场如战场,出了周瑜,还可能出诸葛亮。政府保护创新专利,只要没有剥夺别人创新的权利,创新带来的垄断,通常不能持久。靠创新获取垄断利润吗?等于动员天下英雄好汉加快发明替代,竞争始终是异常激烈的。

胜利者赢得市场优势之后就减量提价,确实是可能的。但是,正如弗里德曼指出的,这样一来,价格高高在上,经过血战的垄断商等于在反向补贴他所有的潜在竞争对手。只要潜在的竞争压力没有消失,标准教科书举证的“垄断行为”,就将先被淘汰。

那么,妨碍技术进步与经济增长的垄断,是哪一种呢?

有且只有一种:所有垄断的类型当中,只有强制限制了市场准入,才真正妨碍技术进步和经济效率。

因为，对市场机会的强制性禁止和限制，才可能完全地或部分地消除替代，也就是消除潜在的竞争。

所以，你也看懂了？

反垄断的要害，是消除市场禁入。

北京大学周其仁教授20年前出过一份很专业的研究论文《竞争、垄断和管制》，很多东西，那里面都讲得很清楚了。

我们是有理论的。

只是大伙并不乐于学习，而是更喜欢凑热闹，打“群架”。

2020 年 12 月 24 日

中国经济的近忧与远虑

本文根据格隆博士近日给某商学院总裁班讲课的录音整理。经本人校对，刊飨于此，以供争鸣。

一

大家好，我是格隆。

很高兴有机会在“屈贾之乡”和大家交流经济与投资。长沙既是清末维新运动和旧民主主义革命策源地，又是新民主主义的发祥地，涌现了曾国藩、左宗棠、黄兴、宋教仁等一大批左右了中国近现代史走向的豪杰，更孕育了“经世致用、兼收并蓄”的湖湘文化，在此处沟通商旅国是，再合适不过。

人无远虑，必有近忧。我们的成绩，各方有充足表述，今天我会讲一些与大众集体认识不太一致的学术思考与忧虑，仅供争鸣。希望不扣帽子，不打棍子，不揪辫子。如果一个集体连居安思危的思辨性学术探讨的勇气与空间都没有，那这个集体有多大的未来，不言而喻。

反倒是那些一味谄媚、歌颂的人，那些自己一脑子浆糊，蠢而不自知，却不允许别人思考，一遇到他人提隐忧、谈问题，就跳将出来扣帽子、捂嘴巴的人，全社会都应该有义务和勇气把他们送回家去。他们并非真的爱国。他们只是在投机而已。真有家国忧患，他们变节，会比变脸还快。

我一直都坚信，当我们形成集体性共识，且几乎没有反对意见的时候，往往也就到了一个非常危险的时候。

股市、社会，尽皆如此。

在今年(2021年)2月10日之前，没有人会相信无数人抱团的大众情人茅台会一口气跌掉30%。

在2012年之前，也没有人相信高速增长了30年的中国经济或从此告别10%的双位数增长。

独行者速，众行者远。从制度经济学角度，如果交易成本为零，则企业、组织、国家这类集体，其实都没有存在的必要。而我们之所以牺牲和让渡个体的诸多效率、权益给集体，是基于尽管存在着交易与摩擦成本，但集体拥有相互取长补短、相互制约纠错的天然潜在优势，从而保证整体财富与福利以一种更可靠、更可持续的方式得以产生。

换句话说，企业也好，国家也罢，这类集体，并非什么好东西，但它们是我们迄今为止所能找到的最不坏的一种安排。

个体一旦进化到集体，个体能动性在集体大趋势面前，将是微乎其微的。社会车轮滚滚向前，绝大多数个体除了被动接受和顺从，其实并无太多选择。

所以我经常给一些企业家，以及基金经理说，你能赚到这么多钱，更多只是一种幸运。那只是因为你在这部过去 30 年一直在高速上行的、名叫“中国”的电梯里。无论你在电梯里闭目养神，还是做俯卧撑，还是上蹿下跳，电梯从 1 楼到了 30 楼，你也就从 1 楼到了 30 楼。

截至 2020 年，全球拥有 10 亿美元以上财富的企业家，有 1 058 人居住在中国。

这个数字，比排第二位的美国（696 人）、第三位的印度（177 人）、第四位的德国（141 人）的总和还要多。

非君之功，国运如此，大势裹挟而已。

但，集体共奔前程的前提，是所有个体不搭便车。居江湖之远，亦发烛幽之光，操心家国，令集体相互取长补短、相互制约纠错的天然优势得以发挥，而不是相反。

否则，你凭运气赚到再多的钱，也会很快凭实力亏个精光。

不信，你去缅甸，去不少人向往的朝鲜、俄罗斯做投资，或者创业试试！

二

回到我们自身的经济。

在座诸位都是中国商界翘楚，不少人手头的上市公司都不止一家，按说诸位是最了解社会与经济脉搏的。如果请诸位用最简短的话语概括你对未来经济的看法，你会怎么表达？

课前我与很多人做了沟通。看得出来，大多数人是乐观的。我记得有一位新能源车风口行业的学员是这么意气风发、言简意赅表述的：格隆老师，我们都已经增长 40 年了，你担心啥？你没听总理说了我们今年 GDP 至少 6%以上的增长目标，这意思，不很可能到 7%吗？

确实有理由乐观。过去一年，我们成功应对了新冠疫情，并成为全球唯一正增长的大经济体。今年开局也不错。前两个月用电量,累计同比增长 22.2%。用电量为先行指标,最终会落到 GDP 上。

按我的宏观模型,中国一季度的 GDP 增速,大概率会达到甚至超过 19%。

至于 2021 年全年,我模型的 GDP 增速,落在 8.5%～9.1%区间。

换句话说,在去年的疫情大坑面前,2021 全年 6%的增速指标,根本不是个事。除非有什么特别意外,今年中国 GDP 增速低于 7.9%,那就肯定是哪里出了大的幺蛾子。

问题在于,2022 年呢?

以及,2022 年之后呢?

凡事预则立,不预则废。我最担心的,是一个集体里没有人操心问题,没有人眺望远方,而是强大惯性思维,盯着眼前的老婆孩子热炕头,理所当然以为我们会一直好下去,钱也能一直赚下去。

如果我说,因为应对疫情因祸得福的我们,2022 年可能形势颠换,大好先手局面极可能落至后手,你会不会不以为然?

如果我再说,极大概率是,从此以后,中国或再难见到 7%(或以上)的经济增长,你会不会惊诧莫名?

很遗憾,以上两点,尤其第二点,都很大可能成为冰冷的现实——如果我们不当机立断解决核心隐忧,而是继续陶醉当下,故步自封的话。

大家觉得我们经济未来最大的隐忧，或者挑战，是什么？

当然不是“美帝”。“美帝”只是我们跋涉途中的一个背景噪声而已。

一个近忧，一个远虑。

三

先说近忧。

现代经济增长模型都蕴含一个基本假设：各增长要素与供需的动态均衡以及随之的市场出清，总是对的。这意味着所有潜在资源都处于充分利用的状态，意味着市场在每一个时间位置上的需求和供给都动态均衡（市场持续出清）。一旦当期最关键增长因子出现短期重大收敛，均衡打破，经济增长极大可能不是线性放缓，而是整体阻滞，甚或反转。

这个当期关键因子，就是我说的近忧——疫情的根治与国门开放时间表。

新冠疫情，我们因举国体制，强力应对，反因祸得福，率先控制，复工复产。与此对应的是，欧美则与病毒共存，始终都在泥潭里挣扎。美国不用说了，哪怕欧洲，迄今中欧、巴尔干、地中海沿岸欧洲地区，其疫情状况甚至比去年同期还要糟糕。带来的直接后果是，欧美绝大多数产业链几乎停摆，大量依赖中国。最新数据，2021年前两个月，中国出口增速高达60.6%，为有数据以来的历史最高值。

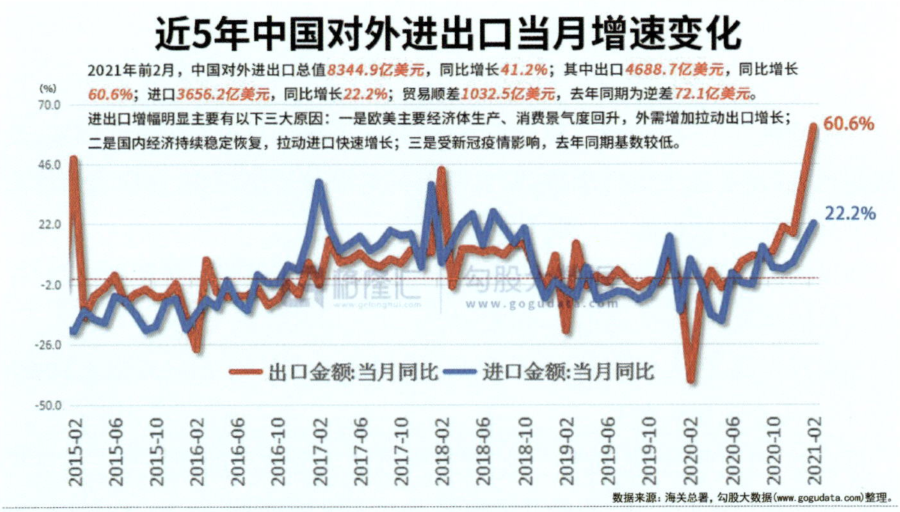

变化(挑战)在于:疫苗出现了。

游戏规则随之颠覆:未来的竞争,不再是谁能强力锁控,而是谁能率先实现群体免疫(超过70%的人口接种了疫苗)与国门开放。

最新数据,截至3月中,中国国内接种疫苗6 498万剂。接种绝对数,在全球仅次于美国的1.07亿剂。

但如果按人口覆盖率,中国在全球所有重要经济体中,仅以不到5%的接种率,堪堪领先于印度、印尼这些东南亚人口大(穷)国,远远落后其他核心经济体,尤其欧美。

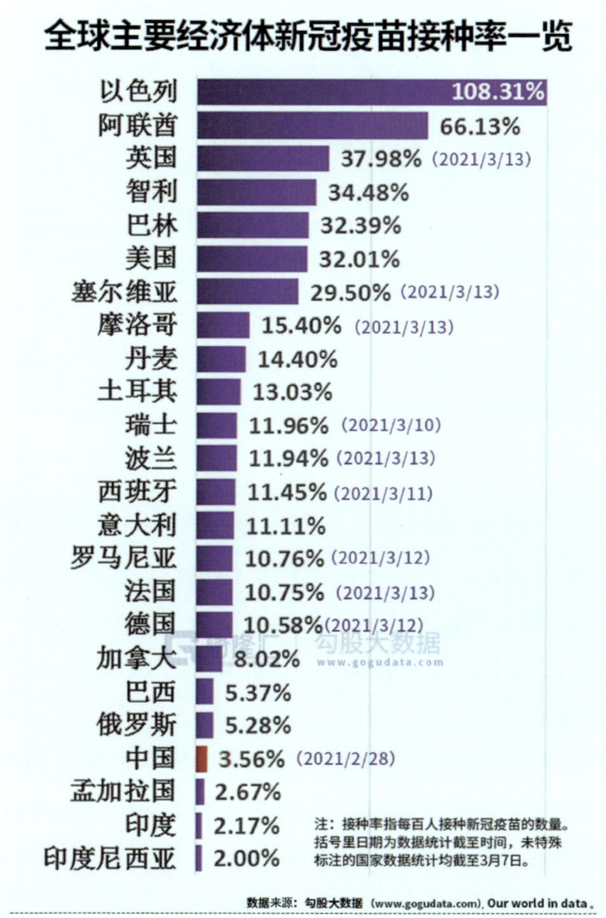

接种率暂时落后,或许没那么可怕。后面接种速度跟上就好了。

问题在于，在接种速度上，我们也是基本垫底（见下页图）。

勾股大数据做了一个模型推演，以 2021 年 2 月 28 日中国、美国、欧盟疫苗接种率分别为 3.56%、22.73%、7.61%为基数，假设之后各国疫苗接种剂次呈线性变化，然后拟合函数推算，可以得出：美国在今年 6 月即可达致群体免疫。欧盟略晚，但今年 10 月也可达致群体免疫。

但中国，需要到后年的 1 月底，才能达致群体免疫。

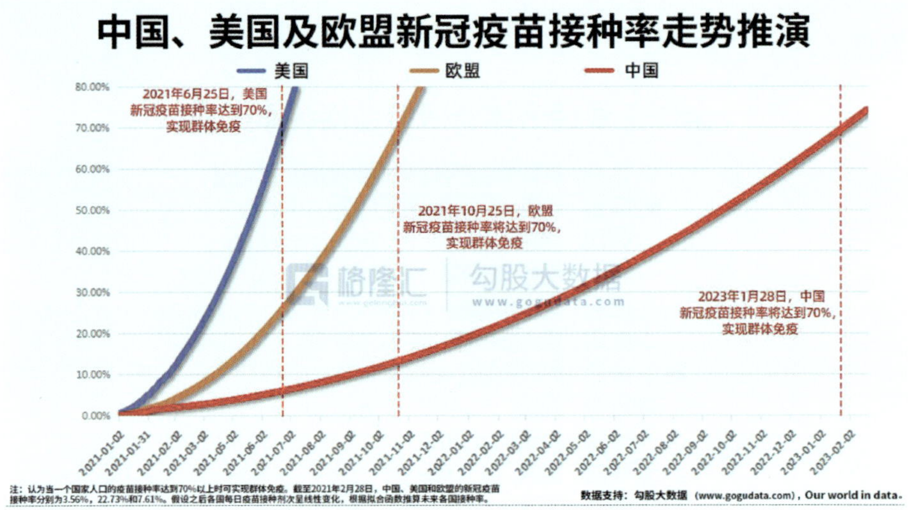

我们太慢了。

这意味着，按目前的疫苗接种速度与力度，最迟今年（2021 年）四季度，欧美相互之间就会完全互开国门。而中国实现群体免疫（还必须是在我们的疫苗有效的情况下），与主要经济体之间存在着 14～19 个月的时滞。

这意味着，有长达十六七个月的时间，世界经贸地图或会是这样划分的：中国和中国以外的国家。

这么充裕的时间差，就算欧美不刻意“去中国化”，不别有用心刻意拉伙打群架，只是相互正常往来，也足以把我们前期因祸得福获取的疫情优势，化为乌有。

额外的忧虑则是，哪怕我们立即调整策略，果断强力推进国内疫苗接种，还依然存在着国内疫苗数量是否足够、是否有效，以及因为临床试验信息与数据分享的欠缺，其他经济体是否认可我们疫苗接种有效性的挑战。

但无论如何，还是要坚决强力推进。

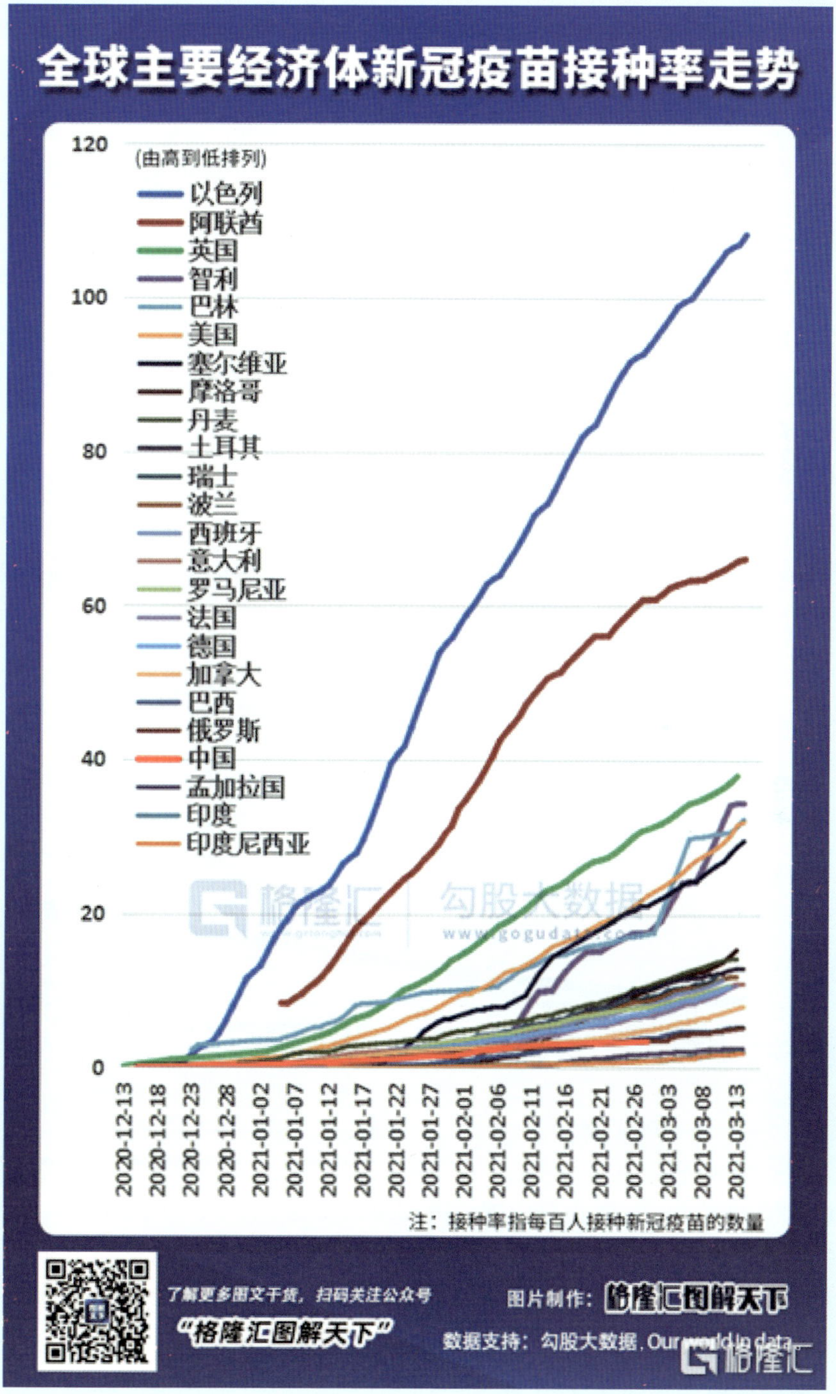
全球主要经济体新冠疫苗接种率走势
(由高到低排列)
以色列
阿联酋
英国
智利
巴林
美国
塞尔维亚
摩洛哥
丹麦
土耳其
瑞士
波兰
西班牙
意大利
罗马尼亚
法国
德国
加拿大
巴西
俄罗斯
中国
孟加拉国
印度
印度尼西亚
120
100
80
60
40
20
0
2020-12-13
2020-12-18
2020-12-23
2020-12-28
2021-01-02
2021-01-07
2021-01-12
2021-01-17
2021-01-22
2021-01-27
2021-02-01
2021-02-06
2021-02-11
2021-02-16
2021-02-21
2021-02-26
2021-03-03
2021-03-08
2021-03-13
注：接种率指每百人接种新冠疫苗的数量
了解更多图文干货，扫码关注公众号
“格隆汇图解天下”
图片制作：格隆汇图解天下
数据支持：勾股大数据，Our world in data
格隆汇

这是一场无法弃权的赛跑！

胜者未见得有多少奖励，但负者确定无法承担出局的风险。

四

再说远虑。

在座诸位，你们觉得中国经济最大远虑是什么？

我自己的答案：人口。

绝大多数人根本就没有意识到我们的人口形势究竟有多严峻，以及会对我们的未来产生多么严重、全面的多米诺骨牌式连锁冲击。

2020 年疫情的美跌中涨，令各国学者，以及诸多国人，都开始憧憬和计算中国 GDP 哪一天会超越美国——不是计算超不超越，而只是计算会提前到哪一年超越。

我见过各种模型假设，最乐观的预测是，2028 年或者 2029 年，中国 GDP 就会超越美国。

但，如果我告诉你，如不对中国经济的最大远虑——人口问题，加以举国的、系统性的及时强力应对，中国迫在眉睫的严峻人口形势，极可能毁灭我们的经济梦想。中国 GDP 超越美国，或就很难发生，你会不会觉得脑洞过大？

很遗憾，相比那些短期超英赶美的拍脑袋粗糙预测，上述结论，或才是拥有更扎实数据支撑的严谨表述。

直接数据说话。

格隆读博时，导师给我说过这么一句经典的话：人口，可以完美解答 95%以上的经济现象。

人口是经济的主体，是财富创造的必要条件。有了人口，才有生产、消费和创新等一系列经济活动。人口与经济之间的高度相关性，勾股大数据做过一张非常直观的数据图：把中国历年出生人口数后推 20 年，再与当年 GDP 增速放在同一个坐标轴里。之所以把出生人口后推 20 年，是因为 20 年为一代人的间距，意味着一代人成长起来，可以开始干活，创造 GDP 了。

不难发现，两者走势，近乎完美匹配(见下页图)。

事实上，中国过去 40 年的崛起与奇迹，政府高瞻远瞩的英明规划引领无疑是核心，但也相当程度上拜人口红利所赐。1979 年改革开放，彼时中国仅青壮年劳动力(15～30 岁)人口即高达 3.33 亿，占总人口比重高达 34.2%。最关键的指标——人口年龄中位数只有 22 岁，一个小伙子睡凉炕，全凭火力旺的青壮年。而彼时美国的年龄中位数达 30 岁，已人到中年。这是一种令人艳羡的人口红利差，我们的经济只要稍稍顺应经济规律，就不难取得相当成就，中美经济差距不断缩小，也是必然。

但很遗憾，这个巨大的人口红利，因为计划生育等种种原因，迅速耗散。

从 1971 年计划生育开始后，中国的生育率(每个育龄妇女一生平均生育子女的数量)、出生人口数与人口增长率，几乎就一路不回头地联袂下行。

中国历年出生人口与GDP同比变化走势对比

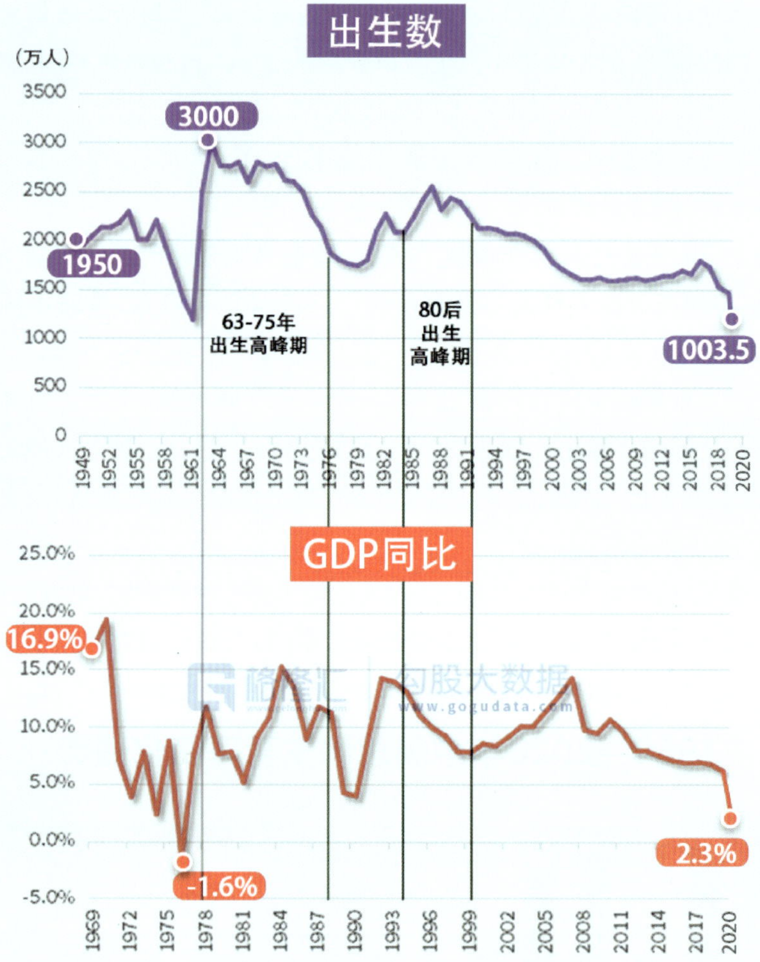

注：数据截至2020年。我们把人口出生年龄后推20年（成长为劳动力的年龄），再与同期GDP放在同一个坐标轴，我们会发现，出生人口数与GDP走势完美匹配。

数据来源：国家统计局，勾股大数据（www.gogudata.com）整理。

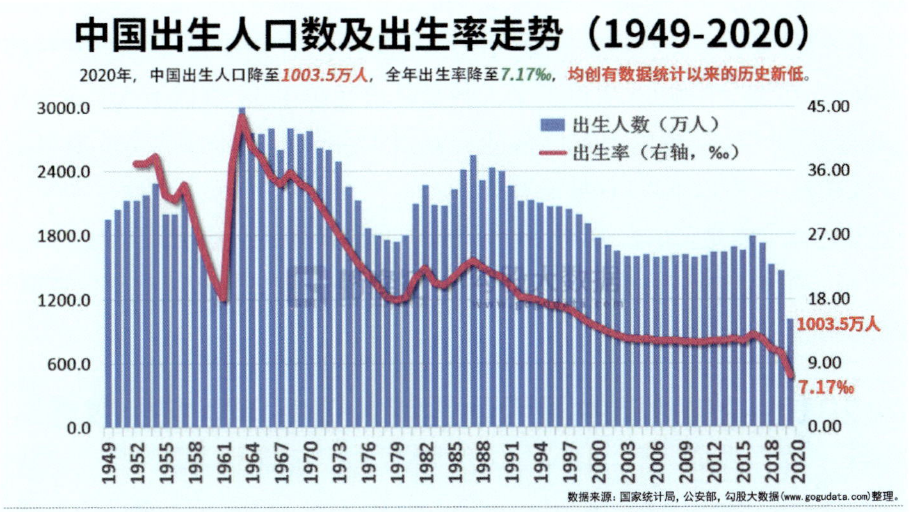

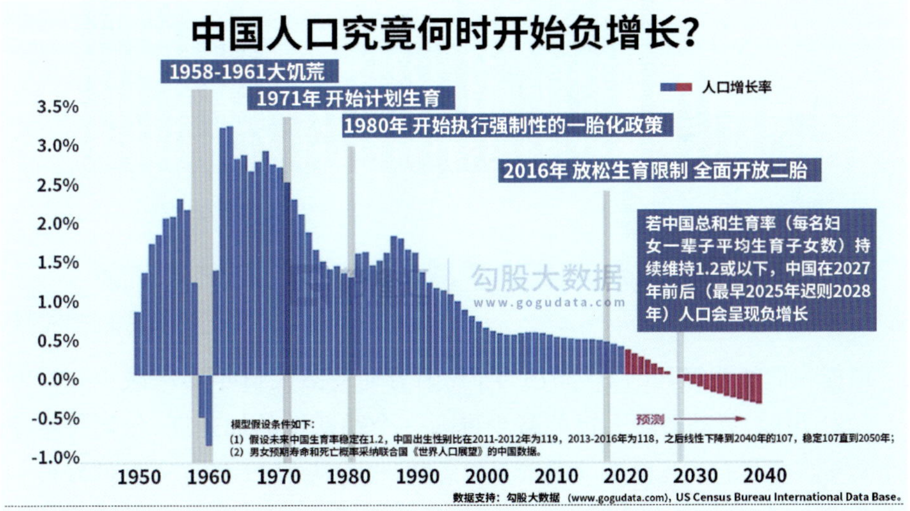

中国生育率 1991 年即已低于美国，进入新世纪后平均不到 1.2，不仅远低于维持代际人口不减的 2.2 水平，甚至比日本、德国、希腊、葡萄牙、意大利这些发达经济体还低。最新 2020 年我们的出生人口是 1 003.5 万，较过去 5 年均值 1 630 万，大幅减少了 600 多万。

这导致的直接结果是：人口一代比一代少，整个社会未富先老，迅速老龄化。

如果我没记错，截至 2020 年，中国 60 岁以上老人总数已到了 2.677 亿，占总人口比重 19.1%。已属于经济学定义的经典深度老年化社会。

最关键，这种头(老年人)重脚(年轻人)轻的倒金字塔型人口结构，在持续加速恶化：2016 年，中国 60 岁以上老人数量首次超越了 14 岁以下人口。2 年之后，也即 2018 年，60 岁以上人口超过了 15 岁以下人口。2020 年，60 岁以上人口正式超越 16 岁以下人口(见下页图)。

与之对应的是，2012 年，中国正式进入刘易斯拐点——劳动适龄(15～59 岁)人口开始绝对减少。中国 GDP 增速从这一年彻底告别 10%的双位数增长，也绝非偶然。

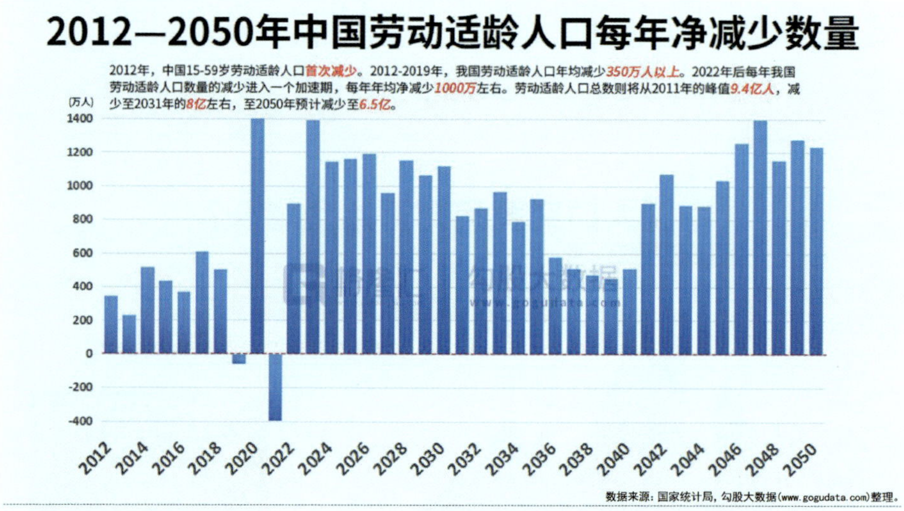

根据我们的测算，2012—2019 年，我国劳动适龄人口年均净减少 350 万以上。2021 年后，劳动适龄人口的减少进入一个跳跃性的加速期，年均每年净减少将达 1 000 万上下。而劳动适龄人口总数，也将从 2011 年 9.4 亿的峰值一直滑落到 2050 年的 6.5 亿左右。

活和 GDP，都是人干出来的。人口老化与劳动力人口减少双重挤压，会直接导致整个社会的老年抚养比迅速严峻——撇开道德层面，老年抚养从经济学上是一种纯消耗。老年化对任何国家都是一个噩梦，这个世界有很多国家都曾跨越中等收入陷阱，最后却又重新跌回中等收入陷阱，都是因为这个绞索一样的老年抚养比的持续收紧。

中国人口年龄结构三次重要节点

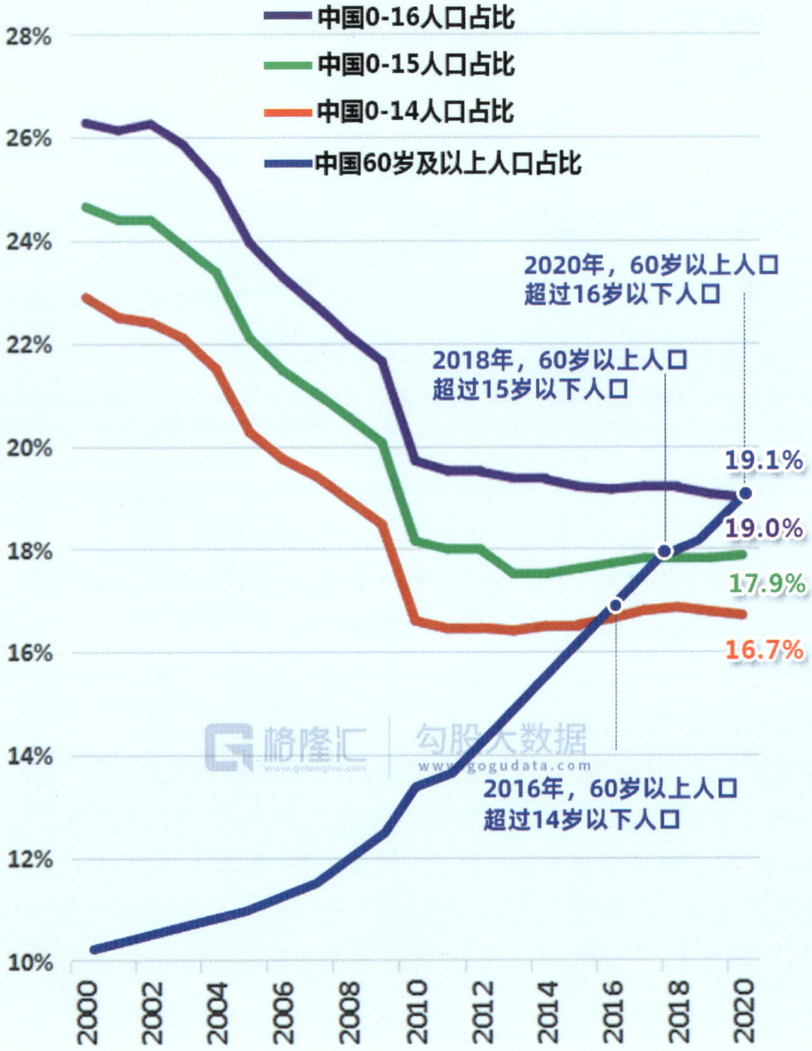

数据来源：国家统计局，世界银行，勾股大数据(www.gogudata.com)整理。

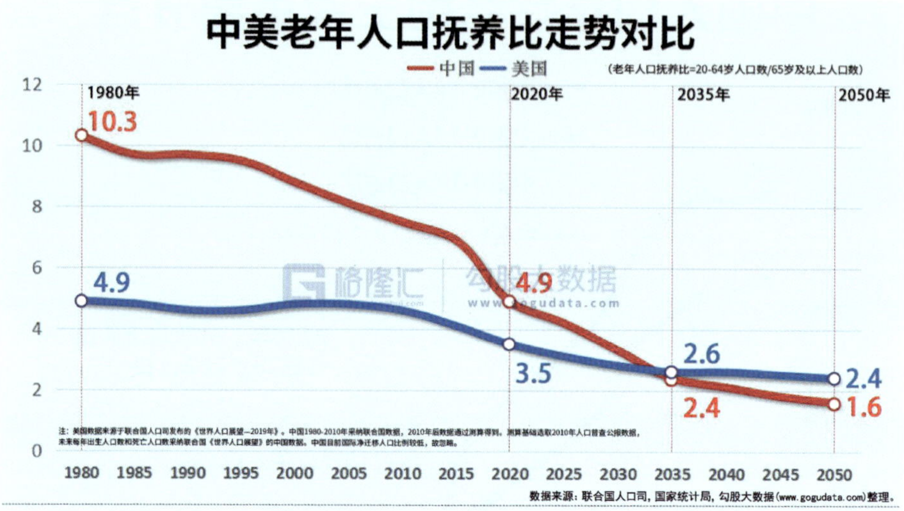

劳动适龄人口是个经济学概念，并不直观。大家可以通过另一个更接地气的数据来理解我们人口红利的耗散之快：人口年龄中位数。

1979 年改革开放时，中国人口年龄中位数只有 22 岁，一个浑身是劲的青年。而彼时美国的年龄中位数 30 岁，已人到中年。

但到了 2018 年，中国的人口年龄中位数即已超过了美国。到 2020 年，中国年龄中位数已达 42 岁，美国为 38 岁。

格隆汇勾股大数据做了一个模型推演：假设未来中国生育率稳定在 1.2，出生性别比从 2013—2016 年的 118 线性下降到 2040 年的 107，之后稳定在 107 直到 2050 年，男女预期寿命和死亡概率采信联合国《世界人口展望》的中国数据，同时忽略中国的国际净迁入人口比，则到 2035 年，中国年龄中位数将达到 49 岁，彼时美国为 42 岁。到 2050 年，双方各自中位数据分别为 56 岁与 44 岁。

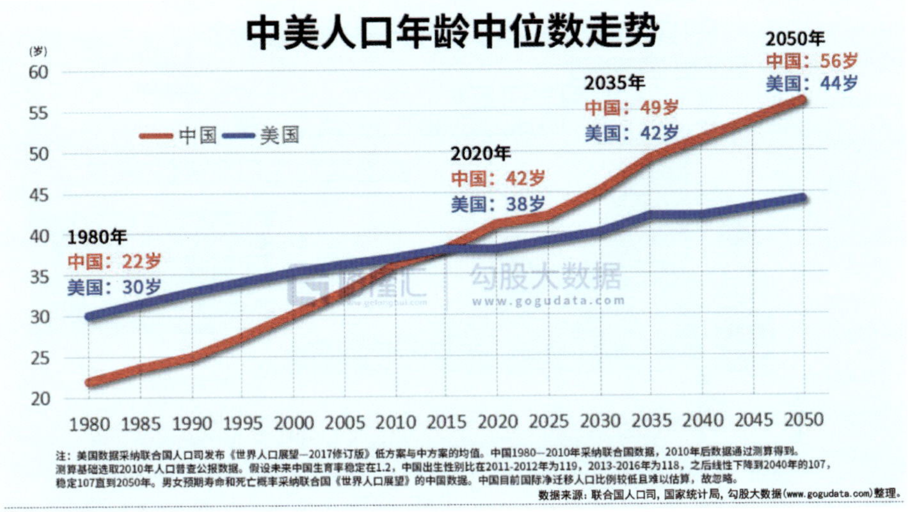

结论很清晰：我们的年龄优势在不断丧失。中国从2012年开始，劳动力人口就开始净减少，2021年之后开始加速减少。而美国到2050年，劳动力人口也不会减少。

很显然，时间其实并不站在我们这一边。

如果我们不抓紧、断然、举国、大力度在人口问题上做些什么的话。

尾声

到这里，近忧远虑，格隆的思考，基本已汇报完。

说实话，我并没有太过担心疫情上的近忧。疫情是黑天鹅，最多影响一两年的短跑。这和下围棋一样，刚开始时，你先手。但只要一着不慎，你的先手优势可能就会很快消失。以中国人的智慧，扳回这个先手，只是迟早。

真正的长跑，真正决定国运的胜负手，是人口！

过去四十年，在政府高瞻远瞩引领下，我们一直走得很好。

但这并不意味着我们能一直好下去。我很担心我们的优胜意识太浓，或致频出随手，错失好局。

非常有必要回过头再看看下面这张图。

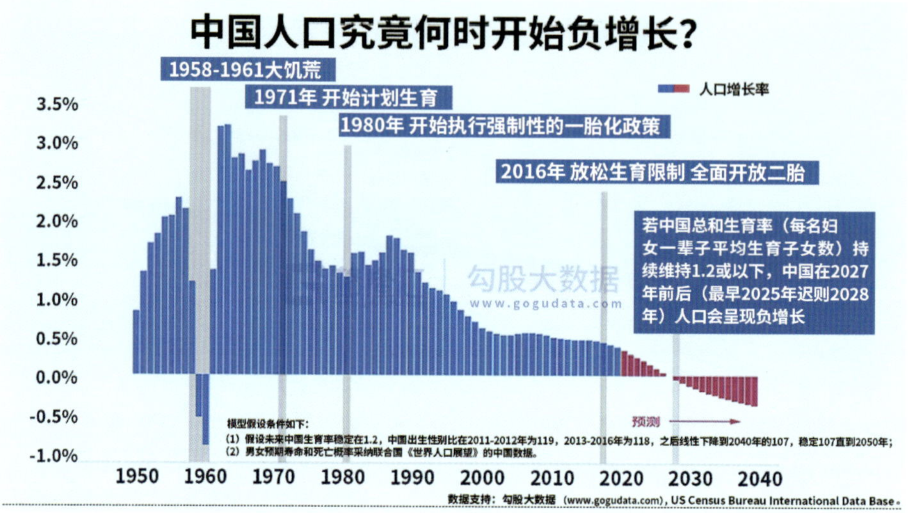

很明显，留给我们的时间并不充裕——如果没有强力动作，最多到 2035 年，我们初露端倪的人口劣势或将全面固化，甚或不可逆。

好在，还有 15 年。差不多刚好一小代人的时间。

怎么做，并不复杂：全面放开生育，全方位鼓励生育，并作为未来很长时间的最核心国策，大力度推行。

中国人历来有大智慧，只要我们不惮以正视不足，不畏以直面未来，战略明确，勠力同心，以中国体制之高效，迅速补上人口短板，当非难事。果如此，则相当于为中国彻底锁定前四十年的胜果，子孙辈当从此无忧，巍然屹立世界。

我就说这些，谢谢大家。

2021 年 4 月 12 日

企业举报企业搞垄断是个什么味道?

格隆一直相信,国家也好,企业也罢,乃至个人,都应该有其行为底线。这个行为底线大致是一样的:做自己该做的分内之事,做好自己的分内之事,少越界,少伸手。

之所以有此感慨,是因为看到阿里遭反垄断重罚,各方的众生相。尤其有企业,借这个反垄断当口,数次公开举报商业竞争对手垄断,并呼吁国家出手重罚(见下图)。

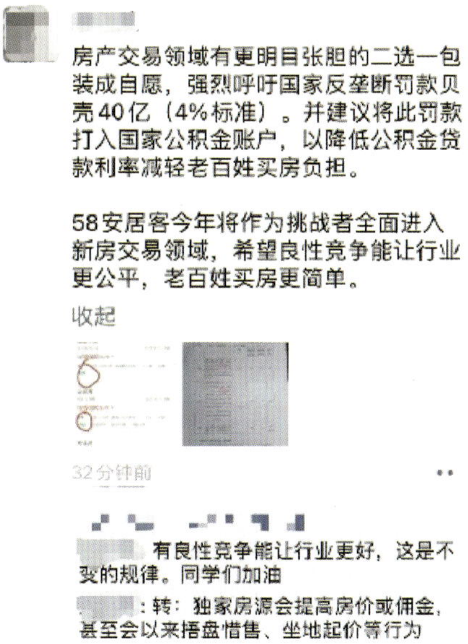

这就不是企业应该做的事了。

国家反垄断,是对的,是其分内之事。

企业搞垄断,也是对的,也是其分内之事。

把企业做到强大无比，让竞争对手生意做不下去，这是生意的基本路径，除非你没这个能力。

唯独企业举报企业搞垄断，还呼吁有司出手，这味道就超级不对了。

垄断本就是做生意要努力达到的目标。真做到了垄断，那应该是行业内共同给予掌声和学习的榜样。举报对手搞垄断，这就如同承认对手武功太高了，我技不如人，打不过你。但我不是学习你，我去找政府治你。

互联网大厂的业务上有什么垄断，或者说，其垄断有何值得指责的地方。生意不就天经地义该这么做吗？那是他们商业模式创新与市场打拼应得市场的奖赏。把这种奖励拿走，全市场的财富创造机制可能会出大问题，全社会的整体福利或反而会受损。

至于多数人担心的垄断带来集体福利的损失，这个在经济学上并不成立。

事实上，这种非行政权力的市场垄断，就算形成，也必然如履薄冰，极难长期持续。二十年前雅虎时代，哪有阿里什么事啊？就算今日阿里看起来强大无敌，拼多多也冒出来并强大到了足够与之掰手腕、争王座的程度。腾讯也一样。看起来肌肉强大，但其实一旦社交方式发生迁移，腾讯没跟上，那就是灭顶之灾。谁能否认，字节跳动、哔哩哔哩，都是在腾讯看似遮天蔽日的阴影中壮大如斯的？假如哪天字节成了王者，要不要去把字节也架在垄断的火上烤呢？

多数人其实根本没弄懂垄断为何物，只是想当然做道德绑架和娱乐。格隆写了一段如何理解垄断的文字（“没几个人搞懂了何谓反垄断”），希望对大家的理解有帮助。

世事纷杂，人在其中要保持定力，不易。但无论如何，我还是不希望整个社会的游戏规则陷入一个逆淘汰。

如果越出轨、越没有边线反而越容易胜出，结果一定是整个群体自我淘汰。

2021 年 4 月 13 日

普及几个关于 GDP 的经济学常识

格隆普及几个关于 GDP 的经济学常识，当可有效帮助大家防范自己被骗子忽悠：

（1）GDP 是个流量概念，不是存量概念。是时期概念，不是时点概念。这两个特征注定了 GDP 是一个非常粗糙甚至虚幻的数据，在几乎所有需要相对精确的领域（比如投资），基本都没有太多参考价值。

（2）中国 GDP 在世界占比最高的年份是 1820 年，清嘉庆年间，占到了全球 GDP 总额的 33%，但这丝毫没有影响清朝是一个“一推就倒的泥足巨人”（见乾隆五十八年访华的英国马尔戈尼代表团副团长斯当东总结报告）。

（3）真正有意义，真正能反映一个国家实力与民众生活水平的指标，是人均 GDP。GDP 总额，只是帝王的荣耀，与普通民众关系不大。与普通民众有关系的，是人均 GDP。从宋开始直到 19 世纪初差不多一千多年时间，中国人均 GDP 一直稳定在 1 000 美元左右，算是高的。但在 14 世纪末、15 世纪初被文艺复兴后的意大利、荷兰、英国等欧洲国家纷纷超越，到 19 世纪则被明治维新后的近邻日本一把超越，且迄今差距越拉越大。

（4）改革开放缩小了中国人均 GDP 与世界的差距，但与发达国家依然相距甚远。截至 2020 年，中国人均 GDP 为全球第 63 位，按可比价格，仅相当于英国 1850 年的水平。当下的美国是我们的六倍多，澳大利亚是我们的五倍多，加拿大、德国、英国、法国则都是超过我们四倍以上。

（5）经常看到一些新闻或者文章，弄些很自嗨的标题，诸如美国超 40%的人负债累累，加拿大有三分之一的人存款不到 400 元，诸如此类。言下之意，这些国家的很多人过得水深火热。写这类文章的人，怕是别有用心的。信他，除了满足你虚妄病态的自尊之外，没有任何其他帮助。事实上，美国人存钱养老的需求不大，他们的大部分钱都在养老金资产里。中国养老金总额大数约 10.8 万亿元人民币，美国养老金资产的大数为 37 万亿美元，人均约为我们的 100 倍。

(6)人均 GDP 如同股价，它不会反映一个国家所有基本面，但绝对反映了一个国家的绝大多数底层信息：生产力高下、科技创造力强弱、社会财富分配的公平水平、财富创造的课持续性、社会福利水准以及由此引致的民众储蓄倾向、消

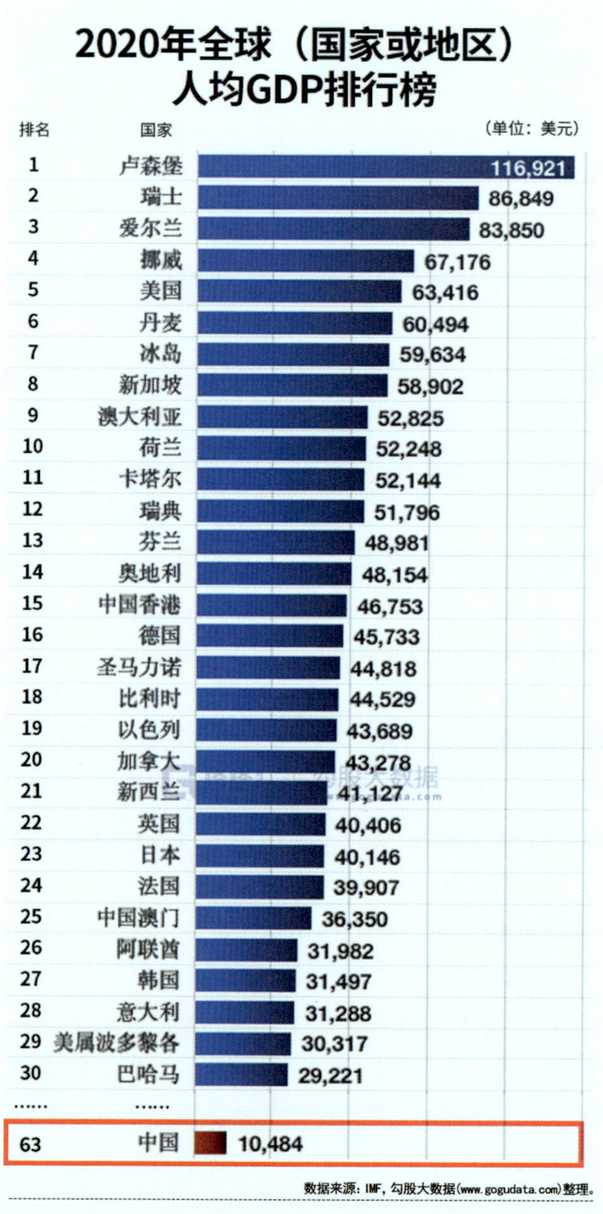

费欲望……所以，彻底撇开道德层面的东西，单单从福利经济学角度，如果可以选择，去人均 GDP 高的地方生活，是没有错的，大概率是会比人均 GDP 低的地方会更幸福的。

（7）真有志于细究经济学的，建议多读读福利经济学，而非传统的总量经济学。后者是写给总统看的。你不是。

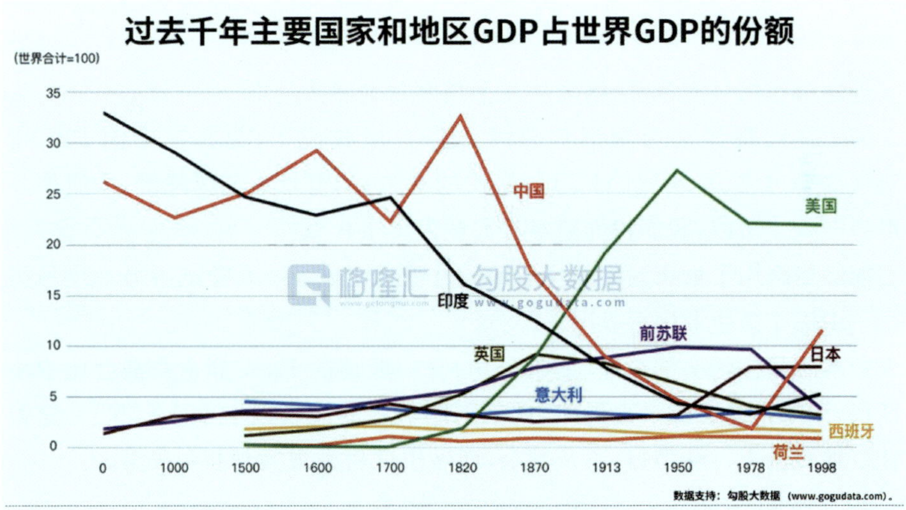

经济的真相，并不在规模以上企业里

近期市场信号有些乱，格隆从几个角度帮助厘清一下。

前面在宏观经济金融形势研读（之一）里我说了，央行在中国 PPI 高达 8.8％（这是过去 26 年我们见过的最快的通胀）的背景下逆风降准，大概率是经济形势严峻。所以，我们得弄清经济究竟发生了什么？

前面格隆用了城市写字楼空置率这个另类指标，今天尝试用另一个另类数据——中国小微企业生存状况。

资本圈只接触头部企业（上市公司）。一般情况下，头部企业都会比中小企业活得好，哪怕是在经济衰退期（比如下图显示的规模以上企业利润）。这很容易让资本圈的人一叶障目，不及其余，而做出盲目乐观的判断和决策。

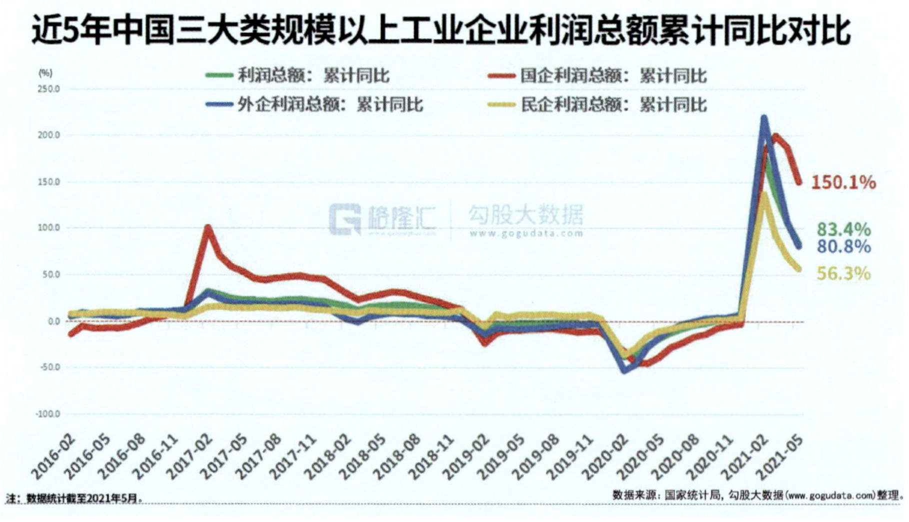

规模以上企业活得好，不外两种可能：①整个宏观形势好，阳光普照，大家都赚钱；②宏观形势不妙，行业里的中小企业冬眠求生甚至死翘翘，把市场让出来了。

第一种情况是好事，也可持续。第二种情况则意味着大问题：你会发现，市场竞争对手貌似少了，但产业链上下游的交易对手也都消失了，你迟早也是个死。

何况，中国总共 4110 万户企业里，规模以上企业只有 36.8 万家，占比仅 0.9%，超过 99%的企业是规模以下企业。截至 2020 年底，中国 7.5 亿就业人口中，规模以上企业雇用了 7 300 万，其他 90%以上的就业，都由规模以下企业解决——这也意味着，中国的内需，主要取决于这批规模以下企业经营得如何，发放了多少工资。

换句话说，真想观察经济到底如何，不该看规模以上，而应看规模以下企业。

基本没有官方对规模以下企业的统计数据，我只能用尝试另类数据逼近。

下图显示，中国小微企业的销注比（吊销注销数量/注册数量）自 2018 年后大幅攀升，从 2018 年的 3.71%飙升到 2020 年的 72.49%。

这个数字很恐怖，意味着大量的小微企业在过去三年里或关门，或倒闭。

下面两图则显示，小微企业在过去几年面临的官司诉讼以及列入失信名单的数量，也都大幅度上升。

招商银行针对本行服务的小微企业做了一个问卷。从地域上看，除了安徽、河南、四川等少数省份的小微企业预期 2021 年营收能有正增长外，其他省份企业对营收的预期都是负增长。从行业上，除了制造业对 2021 年营收有小幅正增长预期外，其他所有行业对营收的预期都是负增长。

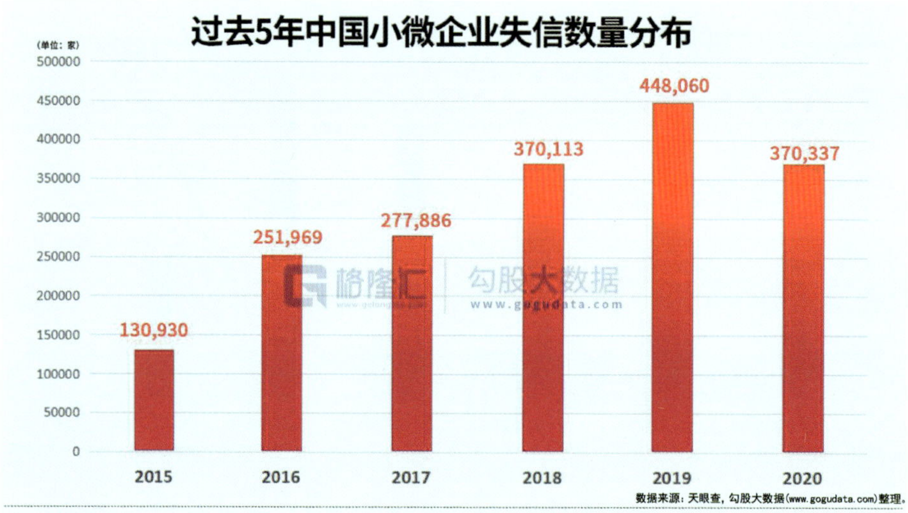

显然，小微企业过得不好。很不好。

你所看到的规模以上的数据，龙头企业，上市公司，远非经济的全部——它们只是一件皮氅外衣，或许华丽，但御寒保暖，指望不了它。

御寒靠里面的内衣、背心——那些中小微企业。

2021 年 7 月 15 日

如何理解美联储零利率

美联储周日宣布零利率,我看来还算普通的一个操作,没想到市场一片哗然。多数的看法是美联储这是饮鸩止渴,猴急猴急打完了几乎所有子弹,后面只能裸奔了。更有甚者,说中国再次国运可期,“中或最赢”。

这些分析,蕴含着三个推论:①美联储胡来;②美联储没有后手了;③环球经济,尤其美国经济,后面麻烦大了。

这种评价给人的感觉,美联储更像是一个三流拳击选手。

但事实上,美联储是人类有中央银行以来,理论最专业、操作最严谨、成效最显著、与经济共舞的摩擦系数最小的中央银行。

没有之一。

回到上面的推论。首先,美联储是不是胡来?

当然不是。看似强大的美联储也只是一个执行者。市场要求它如此。

国家政府或货币当局能左右市场利率吗?

答案是:不能的。

如果均衡利率——自然情况下借款的利率——是1%,那希望摆脱低通胀的央行必须将利率调至1%以下。这将导致超额的现金被借出和投资,这或将提振通胀和经济增长。而如果均衡利率本身低于零,那多数的货币持有者将宁可损失固定金额,而非将钱借出。这在大萧条时期非常普遍。在这种情况下,哪怕零利率也将会是收缩性的,而非刺激性的。

简而言之,利率是一种结果,而不是手段。如果PMI、非农就业率、CPI等几个核心经济指标指向一致都是降息,央行并无选择。国家政府或货币当局不能左右货币市场利率。官方的利率水平仅是一个告示板罢了。

当然,你可以和货币市场利率掰手腕。很多央行做过这种尝试。这方面最有心得的央行是津巴布韦与委内瑞拉。

当然,更重要的是,美联储敢于如此大幅动利率,是因为这次主要奔着救资产,而不是救经济。金融危机之后的十年,美国居民资产负债率下降了 13.5 个百分点,其中 12.7 个百分点来自金融市场的扩容以及价格上涨。而美股的上涨很大程度上来自联储压低利率倒逼投资者追逐风险资产的原因。

美股是跌不得的。更何况这么恐慌地跌。美股今天再次熔断。我们今晚极可能看到真正的历史:美股连续两次熔断。

美国经济没问题。非农就业、PMI 都不差。家里有粮,心中不慌。有钱任性,多打点子弹,何妨?

其次,美联储子弹打光了?

这个就更想当然了。美联储过去没实行过负利率,并不代表负利率是欧洲央行或者日本央行的特权。

负利率一直就在标准的金融学理论之中。美联储不是金融学本科生。从格林斯潘到伯南克、耶伦,再到鲍威尔,从没有任何一届美联储主席说过不会实行负利率。恰恰相反,每任主席都强调过,如果被逼无奈,经济出现较长期的衰退或者负增长,它也会像日本或者欧洲众多发达国家一样,持续实行宽松货币政策,直至利率为负。

如果格林斯潘说的“或许下次危机,美联储就不得不实行负利率”的说辞太拗口,那耶伦女士的表达或许更直白一些:负的联邦基金利率,“并不是一件我们在今天才认真考虑的事”。

如果美股这个熊孩子继续“乱来”,新冠也继续添油加醋,美国联邦基金利率为负,将是必然的事情。

最后一点,如果美联储真的实施负利率,是饮鸩止渴吗?

当然不是。前面已经说了,美国经济基本面堪称健康。零利率不是奔着救经济,而是救资产价格。但零利率或者负利率,几乎必然会拉高 CPI,从而推高 PMI,降低失业率。这对经济不是坏事。

至于有人说美或最输,我们国运可期,那只是刻舟求剑的书本理论。本科金融入门书会告诉你,“负利率”本质上就是货币危机的一种体现,但对美国不成立。恰恰相反,由于美元基本是全球唯一储备货币,美元的贬值会有一种全球征收铸币税的效果,尤其对那些大量持有美元外汇储备的实体,有点像给人白打工的感觉。

如果一定要强行往饮鸩止渴上套，有且只有一种可能：美国经济出了大问题，负利率不单救不了经济，反而还令美元大幅贬值，美元资产信誉扫地。所有人抛售美债，涌入更安全的资产（如果这个世界上存在这样的资产）。

这意味着布雷顿森林货币体系崩溃。

我们最好祈祷这个不要发生——美国人确实不是什么好人，他们从来不是雷锋。但美元之锚倒下，街上不会迎来解放的歌舞升平，而绝对是各种地痞的打砸砍杀。

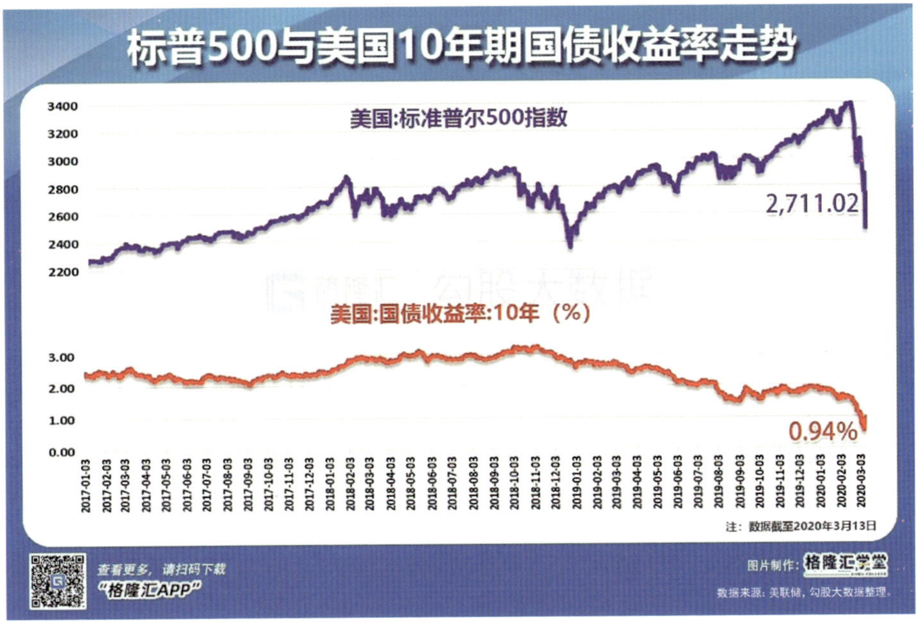

2020 年 3 月 16 日

当下与未来，两个最大的基本面

一

大家好，我是格隆。我已经很少出来讲座了。一是无需讲。在发生什么，摆在那，一点也不复杂。二是无须讲。懂的人自然知道该做什么，不懂的人讲再多也没用，徒然扰人清梦。

但岭南是我第二故乡，你们秘书长说在座有300多位企业家，几乎囊括和代表了这块土地上最核心的经济实力，所以我是抱着自家人唠嗑的心态过来的。如果唠完，都能有所收获，皆大欢喜。唠完了，一无所获，也不必怨艾，当我没来过，大家相忘江湖，快马加鞭，各奔前程好了。

今天我们脚下的这块热土，是中国GDP最高的省份，也是中国第一个GDP跨越11万亿元门槛的省份，也是中国人口最多的省份。

最新七普数据，人口仍在源源不断涌入。过去十年，广东人口净新增超过2 169万人，这个数字，是净新增排名第二、第三、第四的浙江、江苏、山东三省的总和。

此心安处是吾乡。人们自己知道该去往哪里。

但事实上，在中国有文字记载的3 600年历史上，岭南绝大多数时候都只是一个“衡阳雁去无留意”的烟瘴蛮荒之地，只是因为官员贬谪才偶尔见诸史籍。如果没有魏晋时期汉民族那段充满血泪、堪称史诗级的大逃亡大迁徙，有无今日岭南之繁盛，殊未可知。

汉民族在历史上有过多次危急时刻，但最接近亡种的时候，就是魏晋南北朝时期。魏晋南北朝上承秦汉大帝国的消亡，下启隋唐盛世的兴起，长达360余年的时间，汉人如鼠豚一样被肆意驱赶、屠戮，永嘉之乱后北方两大中心洛阳与长

过去10年中国31省人口变化对比

第七次人口普查显示，2020年人口超1亿人的省份有**2个，分别为广东1.26亿人和山东1.015亿人**。在5000万至1亿人之间的省份有**9个**，在1000万至5000万人之间的省份有**17个**，少于1000万人的省份有**3个，分别为宁夏、青海和西藏**。其中人口前五大省份合计占全国人口比重为**35.09%**。

（单位：万人）

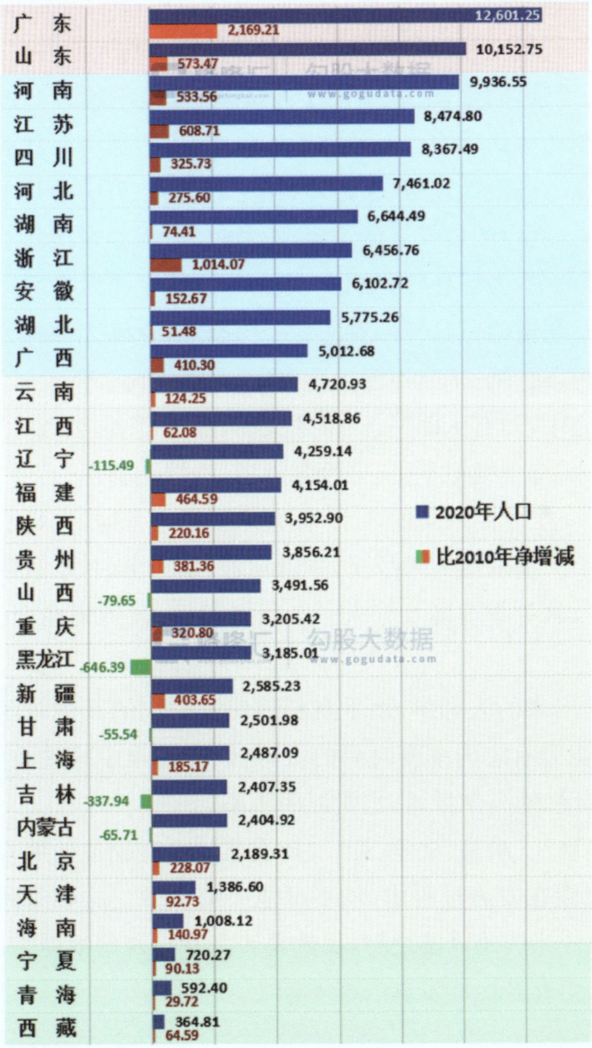

数据来源：国家统计局，勾股大数据(www.gogudata.com)整理。

安被几度屠城,几乎被夷为平地,华北地区人口在永嘉之乱后八年之内消失90%。所谓千里累白骨,万里无鸡鸣,十室九空如是。

那是一段民族大崩溃、大迁徙、大分化、大动荡、大融合的历史。贫穷,战争、屠戮、饥荒、瘟疫,几乎所有贬义词都可以用来形容它。富者良田千陌,贫者无立锥之地。一个在云端享受着神一般的生活,放荡自由,一个在地狱承受着万蛊吞噬,生不如死。一段既糟糕又华丽,冰与火共舞,黑暗与光明并存的时代。

不同于政治黑暗,时事动荡,不同于经济凋敝,民不聊生。魏晋思想、文学、诗人,都堪称中国历史最优之一。竹林七子自不必说,那个时代的女诗人也一个个才华横溢,蔡琰、苏若兰、左芬、谢道韫、鲍令辉、韩兰英……是中国历史上少有的一笔恢宏亮色。其中的佼佼者谢道韫,聪慧过人,因实在接受不了夫婿王凝之(王羲之次子,善草书,先后任江州刺史、左将军)的"平庸",在回家省亲时闷闷不乐,谢安问何故?谢道韫是这样回答的:"一门叔父,有阿大(谢尚)、中郎(谢据)。群从兄弟复有'封、胡、羯、末',不意天壤之中,乃有王郎!"

"不意天壤之中,乃有王郎"——恃才放旷,溢于言表,以致一千多年后,同病相怜的秋瑾还在赋诗为她抱不平:可怜谢道韫,不嫁鲍参军。

但就是这样一个才高八斗的才女,在晋末孙恩之乱时,夫婿王凝之为会稽内史,守备不利被杀。谢道韫听闻敌至,举措自若,拿刀出门,杀敌数人才就虏。匪首孙恩感其节义,赦免谢道韫及族人。王凝之死后,谢道韫在会稽独居,终身未改嫁。

苦难中浸淫出来的人和事,出乎意料地比同时代的其他东西优秀得多。有晋一朝,有大批能力有志向改变时局的人,他们在苦难中挣扎救世,不屑入世的人,则依旧保持自己的高傲风骨,出淤泥而不染。

魏晋不只有暴乱、动荡、战争、死亡,还有累累白骨砌成的魏晋风骨。

任何一个民族在发展过程中,均不可能一帆风顺。总会遇到各种天然的灾难和人为的灾难。当灾难降临之时,民族是否具有自我修复能力,是一个民族是否可以延续民族生存及民族发展的根本标志。

修复靠什么?

骨子里的气节与底线,是谓风骨。

二

我们回到经济。

当下做生意也好，做投资也罢，你要考虑的最大国情是什么？

我直接说答案：两个。

一个是通胀，一个是人口。前者决定了未来 3 年我们环境的氧含量，后者则决定未来 30 年，乃至几代人能拥有什么样的生活。

先说通胀。

4 月信贷和社融数据出来后，很多人问我：说好的货币政策不急转弯的呢？这不是不急转弯，是哐当一家伙直接砸地上啊。

我回答：再不收，通胀会比瘟疫还不可控。

听者不以为然，说我们哪来的通胀？CPI 温和得像只小绵羊（见下页上图）。

怎么说呢？得感谢二师兄的鼎力支持。但千万不要被他的障眼法骗了。很多人都被货币银行学的入门教材带偏了，以为天经地义且只应该用 CPI 度量通胀。

不是的。理论学者习惯于用 CPI 研究通胀，但没有一个央行行长会盯着 CPI 制定货币政策。他们盯的是 PPI。CPI 是结果。如果等 CPI 起来了才采取

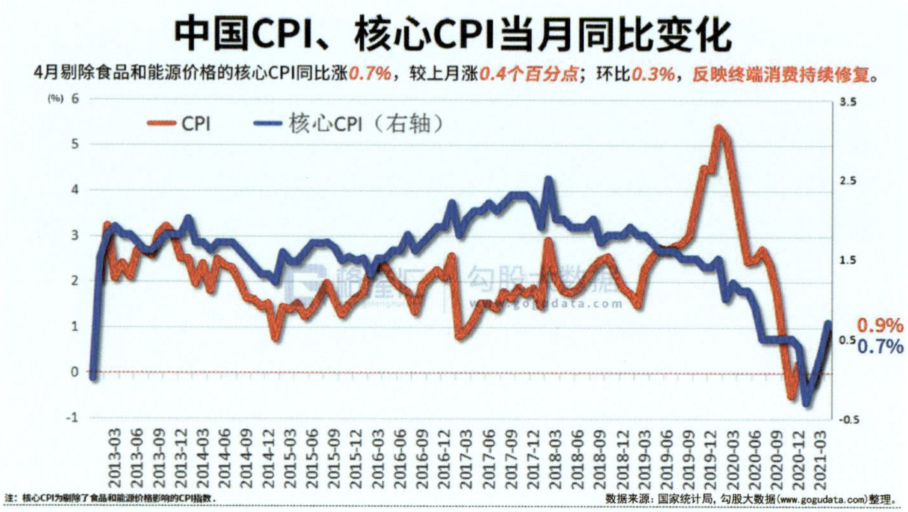

动作，黄花菜都凉了。

基本的经济学逻辑是：人类经济活动，生产在消费之前。对任何一个经济或者货币周期而言，PPI 肯定比 CPI 先行，且除非经济体有巨大脑血栓或者肠梗阻，否则，PPI 一定传导到 CPI。

那么，PPI 什么表现？

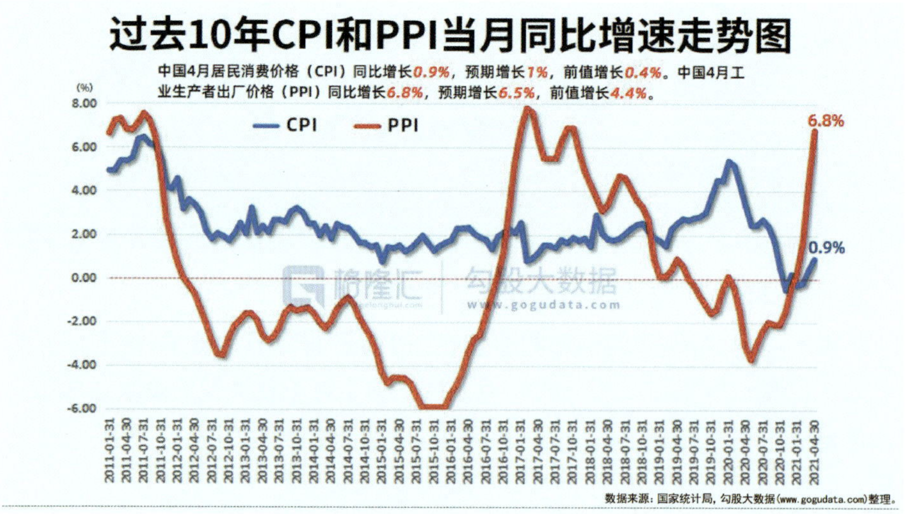

CPI 与 PPI 之间，高达 600 个点的巨大缺口。

6.8%的 PPI 意味着什么呢？

最简单的入门级处理，本月 PPI 环比 0.9%，折一下年率，大概 PPI 能到 11.4%。

有没有更精细一点的做法呢？

有的，环比毕竟波动大，如果一个月波动很大，再折年其实并不太妥，我们用相对平均(3 个月或者 6 个月)的数据去年化。结果是，过去 3 个月，PPI 累计增长了 3.3%，那么折年大概在 14%左右。过去 6 个月，PPI 累计增长了 6%，折年率在 12%左右。

更进一步，就有点工作量了，就是计算每月的新涨价，做一个定基数，把前一年的 12 月作为 100，然后累计上去。结果是什么呢？

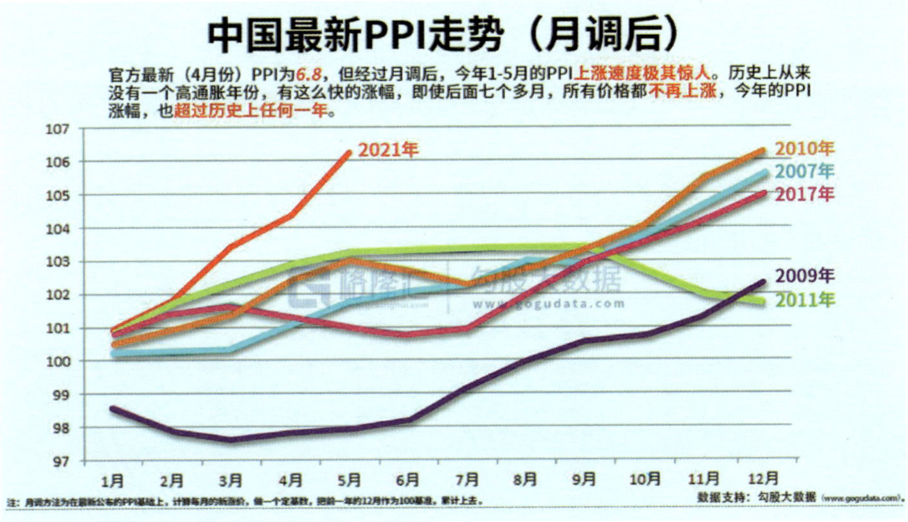

很明显，今年(2021 年)1—5 月的上涨速度极其惊人。我们的历史上还从来没有一个高通胀年份有过这么快的 PPI 上涨。上面这个图告诉我们，即使到今天为止，后面 7 个多月，所有价格都不再上涨，今年的 PPI 涨幅也超过历史上任何一年。

稍微来点计量软件，通过季节调整，再做个 3 个月折年率，那么最近 3 个月的 PPI 实际达到了 20%。

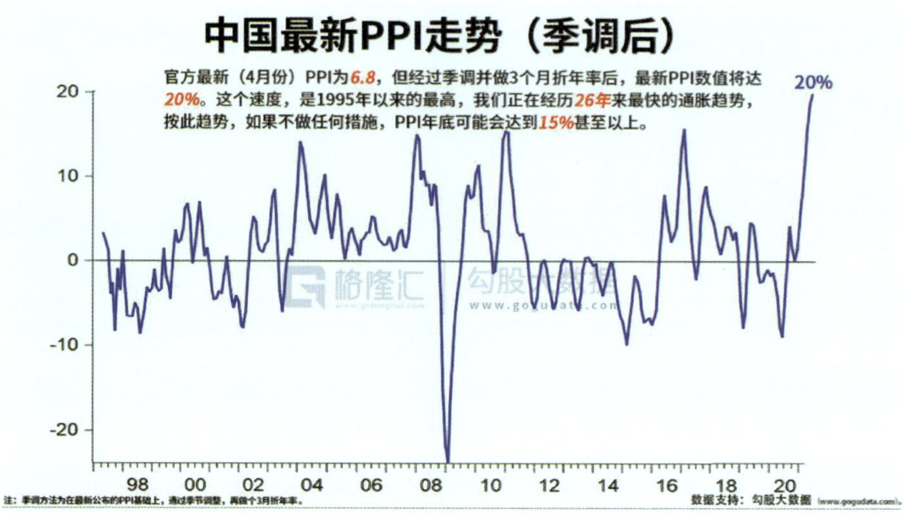

这个速度，是1995年以来的最高，我们正在经历26年以来最快的通胀。CCER助教预测5月PPI应该加快到9%附近，如果没有任何措施，年底可以到15%甚至以上。

其实根本不用这么严谨和复杂的理论研究，随便看看那些看得见的商品走势，就知道我们正在经历什么。

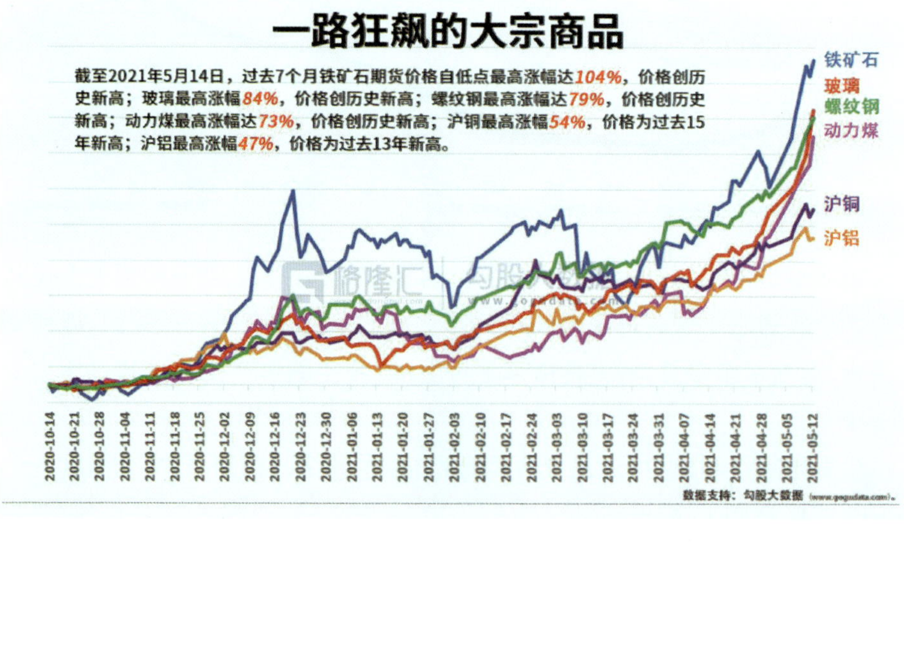

沪铝13年新高,沪铜15年新高,铁矿石历史新高。过去7个月,螺纹钢涨79%,动力煤涨73%,玻璃涨84%。

过剩得不能再过剩,夕阳得不能再夕阳的钢铁这么涨,是对产业进化发展规律的羞辱。不出意外,上游企业的狂欢,很快将转化为下游企业的停产潮,甚至破产潮。

没有几家下游企业扛得住。

接着会轮到CPI。

很快你会发现,你会吃不起一串羊肉串。

不是羊肉涨价。

羊肉可以免费奉送。是串肉的铁签子和烤炭太贵了。

再重复一遍结论:

(1)我们正在经历过去26年来最快的通胀;

(2)加息在路上,不以人的意志为转移,无论美国,还是中国;

(3)过去这些年,全球央行联合放水打造的资产泡沫浴,或要收场;

(4)保护好你的财富,向硬资产、硬通货靠。

三

再来谈谈人口。

七普数据,很多人说数据有问题,问我怎么看?

确实有些数据无法自洽。

但统计学的意义在于提供模糊的正确。如果挑统计局的刺,意味着完全放弃统计局的庞大数据,这于投资而言,肯定是极不划算的。

至于数据本身,怎么说呢,除了答记者问时口头公布的生育率、人口性别比例有所改善外,官方正式公布的七普数据,几乎无一例外都在指向一个严峻的事实:中国正在发生剧烈的人口变动,这必将影响中国未来几十年的经济、社会和地缘政治前景。

人口形势的严峻表现在:

(1)越来越少子化(0~14岁人口);

(2)劳动适龄人口(15~59岁人口)加速减少;

(3)老龄化迅速加深(60 岁以上人口);

(4)家庭规模加速萎缩。

具体数据我不列举了,有兴趣的朋友可以去找找我前期的另一篇演讲稿《中国的近忧与远虑》,那里都有。

其实多数人都已注意到了人口的前面三个问题,我重点讨论第四个。

极少有人理解家庭规模的迅速萎缩,会对中国社会与经济产生多么重大的冲击和深远的影响。

给大家看一张图:

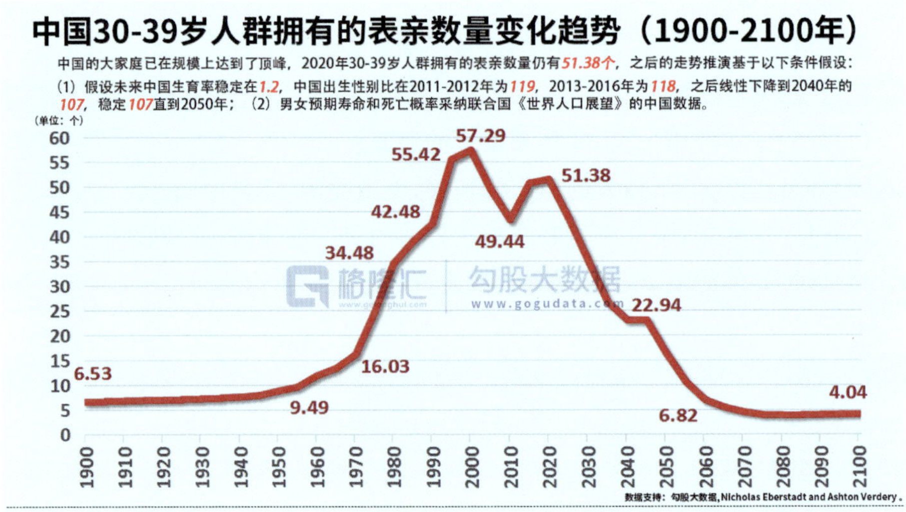

从上图可以很清晰看出,改革开放以来 40 年(1979—2019)中国的经济繁荣,与大家庭关系网壮大的趋势不谋而合。

这个并不意外。

在过去 40 年,数量庞大的处于劳动年龄的亲兄弟姐妹、表堂兄弟姐妹和叔伯姨妈,为彼此提供打工、创业的途径,同时有效庇护家族成员平稳度过发展期中的大多数惊涛骇浪,同时承担中国脆弱的社会保障体系外最关键的养老、育儿角色。

从我们有文字记载的历史算起,由各种非正式社会关系(主要就是家庭与血缘)组成的人脉网络就是我们经济最大的润滑剂与微观扩张基础。它帮助人与人之间产生必要的信任与互助,通过减小不确定性和简化交易过程来平滑和降低交易成本，帮助那些最能干和谦逊的人做成生意。

人类之所以群居，是因为群体以自身的黏性与能力加持能最大程度消除不确定性。儒家的宗法社会，礼乐，就是其规则与黏性之一。孔子说慎终怀远，民德归厚，孟子说乡人守望相助，疾病相扶持，都是在小群体为了存续而必须坚守的规范与道德。人在小群体中有相互有预期，因此才能够为小群体做出牺牲，为他人做出牺牲——自己为宗族而死，妻子孩子都不用操心，大家都会管。华夏文明未灭，跟这种宗族、宗法制度关系很大，哪怕在汉民族最悲戚的魏晋五胡乱华时代，北方豪族结堡自守，子弟兵战斗力爆表，也能护佑宗族和一方平安。

可以这么说，再怎么强调大家庭在中国过去 40 年经济奇迹中的作用，都不为过。没有了大家庭的隐性支撑与润滑，中国想象过去 40 年那样获得那么庞大和廉价数量的劳动力，几乎不可能。

但这个独立于政府体系外的家族互助网络，在被迅速打散和塌陷。

最新数据显示，中国家庭户均规模 4.8 已降到 2.62。

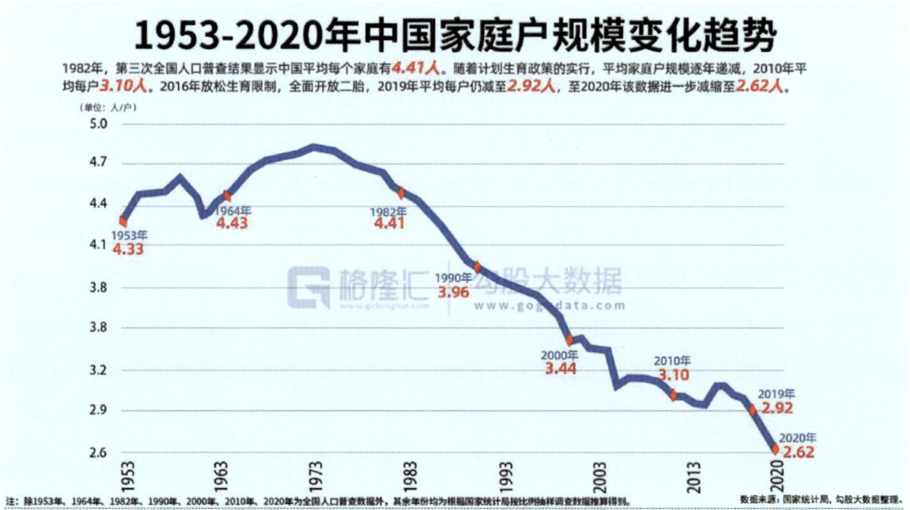

中国 30～39 岁人群拥有的堂表亲数量，则已从最高峰的 57.29 回落到 51.38。

回到前面那张表亲数量图。如果我们假设未来中国生育率稳定在 1.2（2020 年是 1.3，考虑到这几年巨大的二孩堆积效应，1.2 的假设是理性且合理的），出生性别比例从 118 一路下降到 2040 年的 107，人均寿命按 73.5 岁，则中国 30～39 岁人群拥有的堂表亲数量，30 年后会一路崩落到仅仅 7 个左右的水平。

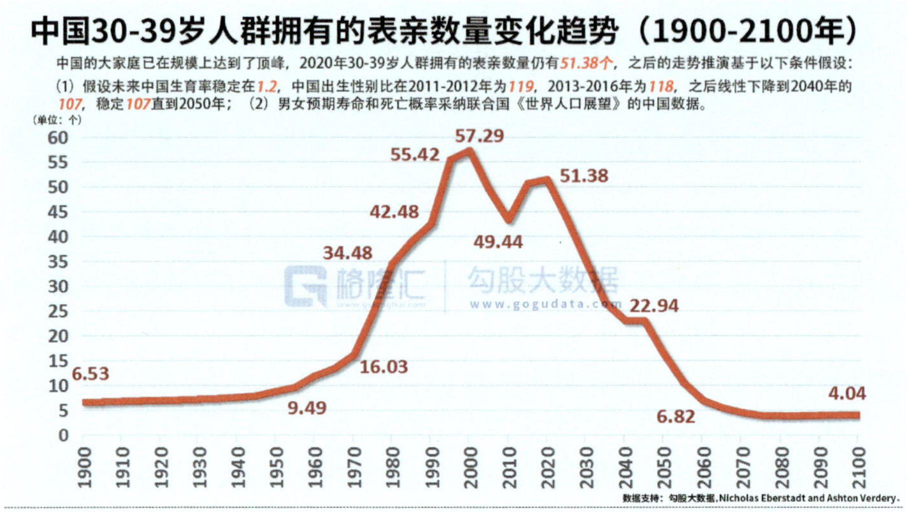

到 2050 年，中国 30 岁以下年轻人拥有的表堂兄弟姐妹数量将只有现在年轻的五分之一，几乎六分之一的儿童就根本没有表堂兄妹，且 60 岁以上的老人中大约一半的人将只有一个在世子女。在中国的下一代人中，将会有相当数量的人，在从学校到工作到退休的一生中，根本就不会经历中国传统文化中不可或缺的大家庭。他们这一代人将是实际见证 2500 年儒家大家庭传统日渐式微的一代人。

这意味着大家庭从基础开始塌陷，中国传统的家族、宗族、亲属关系的大幅萎缩——这将极大增加个人闯荡社会的风险与成本，背负沉重的经济负担，使其无力迁徙与冒险创业。

而未来血亲数量的大幅下降，极大概率会严重削弱我们的经济增长潜能。随着家庭成员的减少，人们承担风险的能力与意愿都会大幅下降。人们会逃避创业，并减少和阻滞人口流动与阶层变动——推动中国城市化与经济增长的流动人口往往要依赖可靠的人脉去寻找工作和住所，如果在城里没有堂表亲提供住所，在农村没有亲（老）人帮忙照顾小孩，过去多年驱动城市化的引擎还能不能有效，大概率存疑。

再过一代人的时间，中国大概率会比现在更加富有。但老年人的迅速增长以及家庭的加速萎缩，会迫使我们在未来几十年把自己转变成一个庞大的社会福利国家——这意味着，我们能动用发展经济的资源会变少，而我们变富的速度也会越来越慢。

全社会上下，未来核心要做的唯二的两件事：第一，鼓励生育；第二，还是鼓励生育。

少弄那些没意义的抵制、争执、争吵，有用吗？有劲吗？

在座的诸位是幸运的，你们事实上享受了中国五千年历史上前无古人，大概率也后无来者的最大一波人口红利。你们赚到了钱，也是开始该反哺社会的时候。

未来诸位的钱，要么不投，要投，就请尽量投向能帮助、促进、润滑、刺激生育和人口增长的领域，坚决回避那些会增加生育焦虑、增加生养成本的领域。

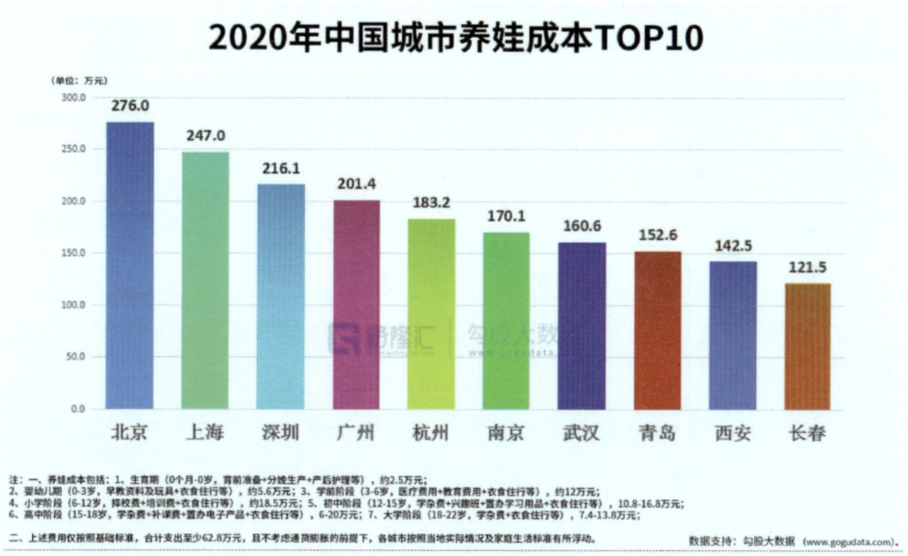

刚才课下讨论，还有人在问我能不能投K12教育？

你说能不能投？政府不找你，天下父母也联手会灭了你——躺平，根本不给你生，看你到哪找娃上补习班？

尾声

时间差不多了。我最后讲点题外话。

无论投资，还是做生意，赚快钱的时候肯定过去了。环球的含氧量都在变低。但这并不意味着我们不能做些力所能及的事，去让族群更强大，让生意更持久。

要求并不高，保持你的智慧，保持你的独立思考。

我很喜欢下面这段话，睿智而深刻，送给大家：

"当接触到挑战自己认知甚至颠覆三观的新观点和新事物时，首先不要急于否定，而是问问自己，你所知道的是不是大多数地球人都知道的？既然你和大多数人地球人获取信息的能力以及渠道没什么差别，你又是哪里来的自信去反驳平庸的你所不认可的东西呢？"

"就因为人多？在股市里，散户也人多，但他们总是输！"

从制度经济学角度，一个社会最可怕的长远危机是什么？

不是人口，不是科技。这些都只是后置结果，而非前置变量。

是人群的盲从。

所有社会个体如同工厂模块浇铸出来的机器，没有学习，没有思考，没有质疑。有的，只是服从与执行。同时这些机器会自觉集体攻击、扼杀任何独立思考与质疑。

这会把一个社会的创造力侵蚀消弭殆尽，并令整个社会丧失纠错能力，以致各种吃过的苦、受过的罪，会一茬一茬，一遍又一遍地轮回。

盲从，是一个群体最大的恶与堕落，也是他们自己能给到自己的最大的伤害。

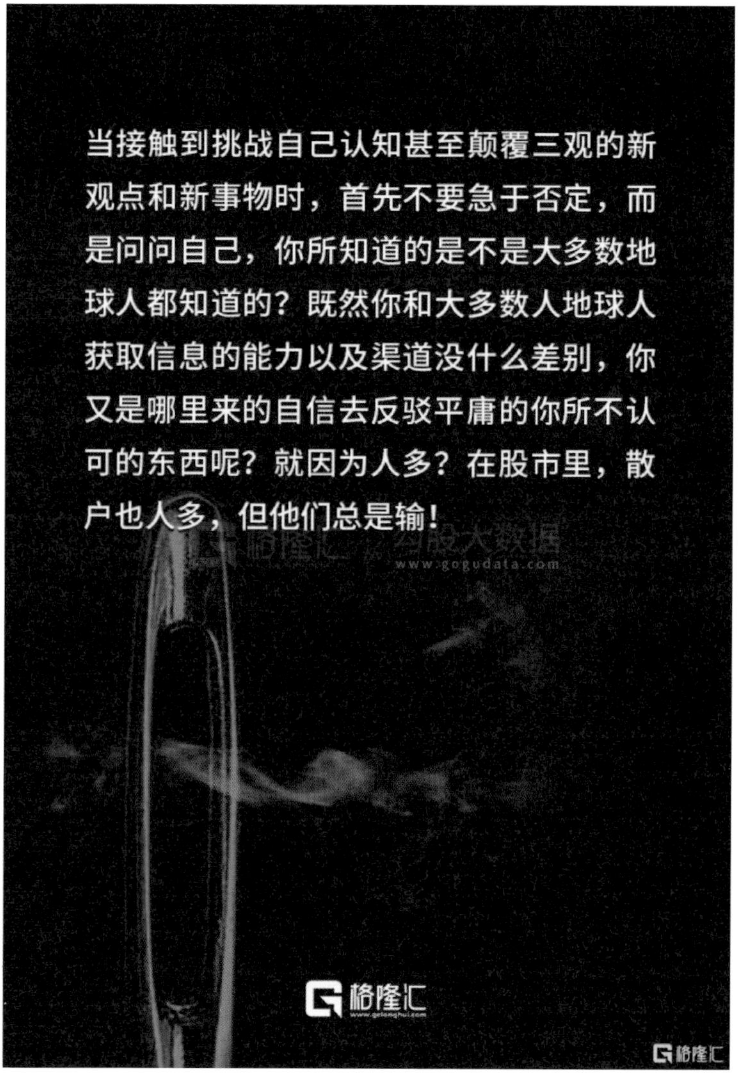
当接触到挑战自己认知甚至颠覆三观的新观点和新事物时，首先不要急于否定，而是问问自己，你所知道的是不是大多数地球人都知道的？既然你和大多数人地球人获取信息的能力以及渠道没什么差别，你又是哪里来的自信去反驳平庸的你所不认可的东西呢？就因为人多？在股市里，散户也人多，但他们总是输！
格隆汇
格隆汇

2021 年 5 月 16 日

人民币快速贬值的经济学含义

最近人民币以一种历史都极其罕见的速度加速贬值，短短 8 个交易日跌了 3.8%。

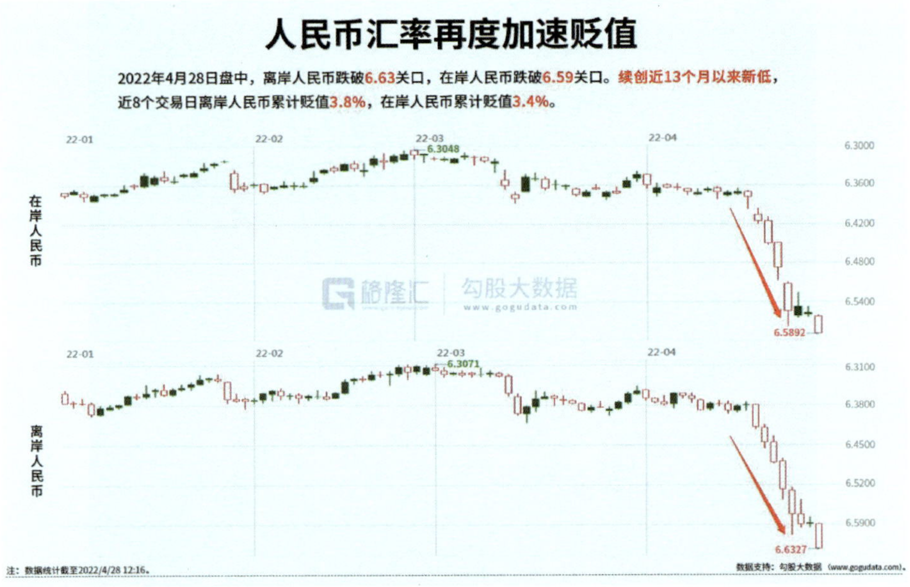

货币不是股票。于一个稳定正常的经济体而言，其主权货币汇率发生 380 个基点的巨幅变动，往往需要 8 个季度，甚至 8 年的时间才可能完成。但人民币在 8 天就完成了。

很多人问格隆怎么理解？

这在经济学上并不复杂。货币也是一种商品，只不过是主要用来做支付手段的一种特殊商品而已，它一样遵循商品的供求关系。供过于求，价格下跌。供不应求，价格上涨。货币的国内价格是利率，汇率是其国际价格。汇率贬值，即意味着金融市场在抛售人民币，兑换成其他货币。

说得再直白点，资本外流。

鉴于当下这种短期跳贬，发生在人民币并非自由兑换货币，人民币无论在岸市场还是离岸市场，交易规模并不大，央行对人民币汇率事实上拥有足够的影响力甚至定价权（这就是过去历史上那些在离岸市场上做空人民币的玩家经常被打爆的原因）的大背景下，那只能说明，外流资本的量很大，大到了央行也无法对冲、平抑。

有对付的方法吗？

有。但不容易。

因为本币大幅贬值，往往发生在经济困顿，资产贬值相继发生之后，是内部资源与代价已不足以消化相关风险以后，被迫外溢的结果。到这种时候，任何国家的央行，工具箱里能拿出来应对的东西，往往不会多了。

为托汇率，央行必须到市场收纳人民币，投放美元。这是外汇占款的逆操作，外汇储备会迅速耗减，直接减少基础货币投放，造成金融系统实质性紧缩。

经济形势摆在那里。不紧缩都已艰辛。那些高负债的地方融资平台，呼吸困难的房地产，风险敞口都会遮不住。唯有通过发粉、降准甚至降息做对冲。

而降准降息又是如假包换的宽松信号，会进一步助推资本外流，本币贬值。

这是一个非常难解的金融死循环。

所以，遇到这种情况时，绝大多数国家（比如 1998 年金融危机时的东南亚国家）的应对办法，是不在高处硬撑，而是（被迫）硬着陆，接受本币的价格，以及本币计价的所有资产价格，都下一个台阶，用价值回归的方式，令供需在一个更低更真实的价格水平，达致新的平衡。

这个过程，在社会和家庭层面，表现为财富的迅速消失，耗散——用一个更通俗易懂的话，你在变穷。

而那些持有（泡沫）资产的，以及有外币负债的，变穷的速度会比一般人更快一些。

这很无奈，但没有办法。

好在，经济也好，人生也罢，都是一个循环。我们需要做的是在下一个循环（周期）里做得更好，少犯一些无知的错误，少付一些无谓的代价，就是成长了。

近两年中国主要
科技、互联网公司市值变化
两年前（2020/4/27）
单位：亿美元
12273.5亿美元
5562.7 + 5090.7 + 751.7 + 613.1 + 312.9
-57.6亿美元
两年后（2022/4/26）
单位：亿美元
25588.9亿美元
4113.1 + 2346.2 + 1144.6 + 840.0 + 626.5 +
440.5 + 418.0 + 405.2 + 345.7 + 315.6 + 292.8 +
234.7 + 225.2 + 195.3 + 190.9 + 153.1 + 151.5 + 133.9 +
118.7 + 90.0 + 88.7 + 84.8 + 83.0 + 81.5 + 77.9 + 76.0 +
71.4 + 71.0 + 68.7 + 61.0 + 59.2 + 55.1 + 51.1 + 51.0 +
46.7 + 46.2 + 45.9 + 42.6 + 40.9 + 38.9 + 37.0 + 37.0 +
32.8
+11459.2亿美元
数据支持：勾股大数据（www.gogudata.com）
了解更多图文干货，扫码下载
“格隆汇App”
格隆汇
www.gelonghui.com

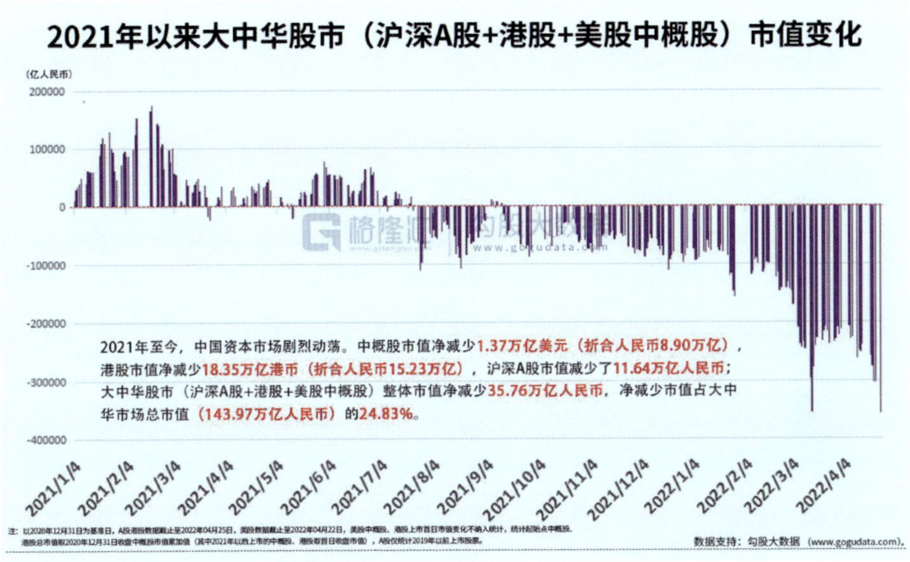
2021年以来大中华股市（沪深A股+港股+美股中概股）市值变化
(亿人民币)
200000
100000
0
-100000
-200000
-300000
-400000
2021年至今，中国资本市场剧烈动荡。中概股市值净减少1.37万亿美元（折合人民币8.90万亿），港股市值净减少18.35万亿港币（折合人民币15.23万亿），沪深A股市值减少了11.64万亿人民币；大中华股市（沪深A股+港股+美股中概股）整体市值净减少35.76万亿人民币，净减少市值占大中华市场总市值（143.97万亿人民币）的24.83%。
2021/1/4
2021/2/4
2021/3/4
2021/4/4
2021/5/4
2021/6/4
2021/7/4
2021/8/4
2021/9/4
2021/10/4
2021/11/4
2021/12/4
2022/1/4
2022/2/4
2022/3/4
2022/4/4
注：以2020年12月31日为基准日，A股港股数据截止至2022年04月25日，美股数据截止至2022年04月22日，美股中概股、港股上市首日市值变化不纳入统计，统计起始点中概股、港股总市值取2020年12月31日收盘中概股市值累加值（其中2021年以后上市的中概股、港股取首日收盘市值），A股仅统计2019年以前上市股票。
数据支持：勾股大数据（www.gogudata.com）。

2022 年 4 月 28 日

第十部分

关于社会与族群

为什么我们这个社会，被收割的永远是同一群人

这次疫情貌似在逐渐消停，但有一个非常滑稽的黑色幽默片段经久难忘：2020年1月31日中科院上海药物所和武汉病毒所联合宣布，发现中成药双黄连口服液可体外抑制新型冠状病毒。

官媒发布，且中字头的两大所提醒，焉会不信？于是神州大地所有双黄连，当夜售罄。

一个经典的评论是这么说的：那些买双黄连的，我已经预知你30年后的状态了：你老了要被骗买保健品的！

在我们这块大地上，有一种商业模式经久不衰：收割“智商税”。

被收割的，其实永远都是同一批人：他们没有善恶之分，没有是非之分，没有常识，没有逻辑。他们敏感且狭隘，玻璃心加巨婴症。他们如同木偶，召之即来，挥之即去，唯上，唯权，所有的行动指南，仅仅是18岁之前课堂上读的书本上怎么说。他们会去攻击那些其实是在为他们发声、为他们抱薪的人。他们会坚持买彩票，坚持买那些扇贝游走又游回的公司股票……

他们挨了一辈子打，却不知道打他的人是谁。而如果你在朋友圈普及常识或者警示真相，他不仅不会清醒和改进，还会因为你捅破了他们可怜的精神信仰屏障而恼羞成怒。

印度第一位诺贝尔经济学奖获得者阿马蒂亚·森在其名著《集体选择和社会福利》里，如是评述：“无数的可怜人，长期活在单一的信息里，而且是一种完全被扭曲，颠倒的信息，这是导致他们愚昧且自信的最大原因。原谅他们吧，因为他们的确不知道真相。”

结果当然是显而易见的：就算他们侥幸逃过了P2P的收割，也一定会有老千股、保健品守在路上等着他们。总有一款“镰刀”会适合他们。

格隆在朋友圈写一段话：

你永远赚不到超出你认知范围外的钱，除非你靠运气。

但是靠运气赚到的钱，最后往往又会靠实力亏掉。

这是一种必然。

你所赚的每一分钱，都是你对这个世界认知的变现。你所亏的每一分钱，都是因为对这个世界认知有缺陷。

这个世界最大的公平在于：当一个人的财富大于自己认知的时候，这个社会有 100 种方法收割你，直到你的认知和财富相匹配为止。

2 500 年前，孔子其实就已做过提醒：德不配位，必有灾殃；德薄而位尊，智小而谋大，力小而任重，鲜不及矣。

人人都得为自己的愚蠢买单，这并不过分。

2020 年 2 月 1 日

灾难里那些卑微的生命，总让我泪水满眶

今晨开车去上班，路过一个没有多少人，也没有红绿灯的斑马线。路边一个人在等着过马路。我习惯性减速。那个人明显犹疑不决要不要过，脚伸出来，又收回去。在离斑马线大概还有一米的地方，我把车停了下来，才看清想过马路的是一个乞丐。应该不超过二十岁，分不清颜色的破烂衣衫，漏出瘦弱的小腿与纤细的胳膊，左手提着一个塑料袋，右手很吃力拽着搭在肩上的一个蛇皮袋。

最令我五味杂陈的，是他戴着一个脏脏的，不知道用了多久，很明显已没有任何防护作用的一次性口罩。

整个疫情防控期间，看了，听了那么多凄婉的生离死别，我都没有落过泪，但中国最现代城市深圳街头的这个脏不拉几的口罩，像一根针扎一样，让我一瞬间泪眼模糊。

为社会和人群的残酷分野，为生命的渺小卑微。

他戴这个没有任何防护作用的脏口罩，明显不是因为多么高看或者珍视自己的生命。大概率是因为如果不戴这个口罩，他将寸步难行，甚至因为不戴口罩行乞而饱受过白眼、驱逐、凌辱和殴打。他戴口罩，只是为了争取和保留最卑微的行乞权，只是为了最卑贱地活着。

我挥手示意他过马路。但他依旧很踌躇和犹豫。在我微笑着再三示意后，他才小跑着穿过，并回过头看了我一眼，眼神分明带着那种谦恭和惊恐。

今天武汉解禁日，家乡朋友给我发来了武汉长江两岸的灯光秀。我表达了祝福，但没有表示太多的兴奋。我一向不太喜欢这种宏大叙事的集体荣耀，我担心这种璀璨的灯光会遮盖很多卑微到尘埃的个体生命的无助、无奈与悲伤。这些东西，会让生命失去尊严。

而如果每个生命，不能有尊严地活着，不能有尊严地死去，我们所有的努力与奋斗，意义何在？

罗素说过一句话：我渴望任何一个国家、种族或主义，都屈服于每一个生命个体的自由、价值与尊严之下。

诚哉斯言。

2020 年 4 月 8 日

中国又诞生了新首富

9 月 8 日，钟睒睒成为中国新首富。

在中国，做什么都不易，做首富，尤其不易，哪怕只做一小时。

至今曾问鼎中国首富的人如同城头大王旗，陈天桥，黄光裕，丁磊，李河君，宗庆后，王健林，马化腾，马云……一个个到来，或许又一个个离去。

一如唐相张说《邺都引》所述：君不见魏武草创争天禄，群雄睚眦相驰逐。昼携壮士破坚阵，夜接词人赋华屋。

但转瞬，“城郭为墟人代改，但见西园明月在”。

这源于中国两千多年来一直都很特异的政商关系。

在过往的封建中国，权力对商人具有一以贯之的历史成见。

作为一个2000年中央大一统的帝国，中国一直都是一个重农抑商的国家，历代执政者为维持统治，对具备经济实力的商人阶层始终抱有天然的敌意，并进行精心刻意的丑化与打压。一个长安娼妓容颜衰老后，“老大嫁作商人妇”，还会认为自己亏得慌。

在士农工商的严格界限划分中，帝国在千年历史里非常严厉地限制甚至禁止政商的交叉、流动，寻求把商人始终置于一种被支配的边缘地位，力图避免非制度化力量在体制外的集结。官家对权力的绝对垄断和商人在政治上的边缘地位，导致前者可以对后者进行机会主义性质的掠夺。

在政府愿意的时候，行政权可以转化为事实上的产权，这是两千年来中国封建产权制度的一项基本特征。

对工商业的压抑及异化，贯穿于整个两千年的帝国时期，已俨然成为一种类似胎记般的传统，官商之间那种没有契约精神的随时予取予夺的不对等关系，从来没有被尖锐地打破过。为免权威受到挑战，中央集权制度将拥有恒产作为社会的现实与心理红线，并定期性地将成规模的民间财富暴力打散，以维持在均贫的平衡点上。中国封建时期的企业史，被生生演绎成一场政商零和博弈史：财富积累——财富剥夺——财富毁灭——再积累——再剥夺——再毁灭的暴力轮回中。

史学大师钱穆在《中国历代政治得失》中如是总结：“中国传统政治上节制资本的政策，从汉到清，都沿袭着。”即使游历欧美的孙中山，也将“平均地权，节制资本”纳入三民主义中的民生。

为了保全财富及获取更大的利益，势如累卵的商人集团“本能”地做出两个举措：

第一，产业资本从生产型向消费型转移，社会经济成长从而失去创新动力；

第二，力图跻身垄断集团，积极向政权寻租。

也正是这种畸形的官商文化，将多数工商人士拖入一种更为无序、凶险的政商关系的实践中。小心翼翼行走在政商边缘，他们的任何成就和他们的软肋同样真实得让人震惊：他们热爱市场，但又容易被市场之中无厘头的冷箭所伤；他们脱胎于制度，却要像神话中的珀尔修斯一样试图摆脱宙斯的阴影。他们能在夹缝中成长出一个巨大的商业故事，但因为非市场化的政治风险，商业帝国的垮塌与失败，往往比成功来得更迅猛和无情。

这种畸形政商关系，直到新中国成立之后，才得到了改善，并催生了新中国的经济奇迹。

2020 年 9 月 8 日

6 万研究生在送外卖

有人问格隆，除了政府发布的调查失业率数据，有没有更接地气的数据了解社会就业状况？

我回答有的。去看美团的《骑手就业报告》，或是了解当下中国普通底层民众就业和收入状况最接地气的视角：

(1)截至 2020 年 6 月 30 日，美团拥有外卖骑手 295 万。

(2)超过 20.8%的骑手，每天风雨里奔波超过 50 公里。平均每个骑手每天需奔波 31 公里。

(3)80%的骑手，月收入在 8 000 元以下。三分之一以上的骑手，月收入在 2 000～4 000 元。

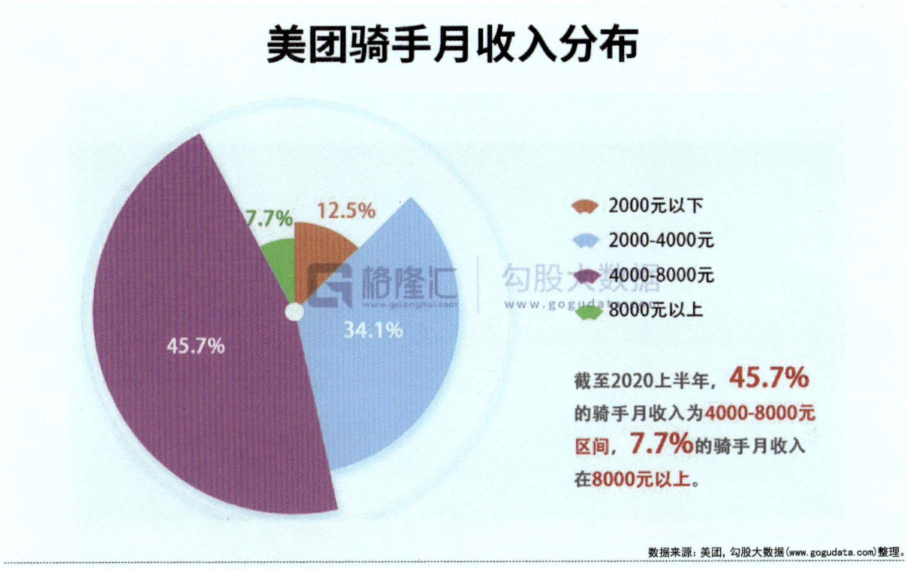

（4）四分之一的骑手，学历在大专以上。其中，本科生17万，研究生5.85万。

本科生占骑手总量的比例为5.76%，显著超出了中国整体人口中的本科生比例（4.6%）。

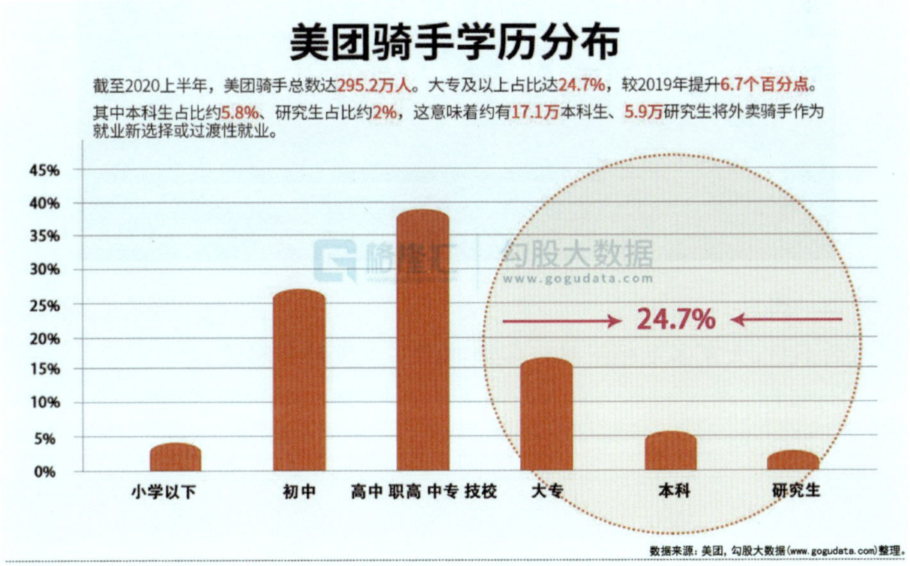

一个沉重的诘问是：

这么多的本科生与研究生送外卖，是他们辜负了文凭，还是文凭辜负了他们？

管窥一斑。

生活不易，大家多互相帮衬！多给他们一点笑脸和温暖。

其实我们同为底层。

苟沦落，勿相煎。

2020 年 9 月 12 日

你知道在网上隔空怼你的，都是些什么人吗？

格隆汇勾股大数据做了几张中国网民的画像数据，颠覆了我的很多认知。

直观的粗糙结论是：我们的互联网，其实是“底层”人民（无贬义，特指那些学历、收入双低，背景一般，从而在社会资源的分配与掌握上天然弱势的群体）跳广场舞、用以缓解身心疲惫的聚集地。

从学历结构看，中国网民初中以下学历占了60%，其中差不多20%（19.2%）是小学及以下学历。

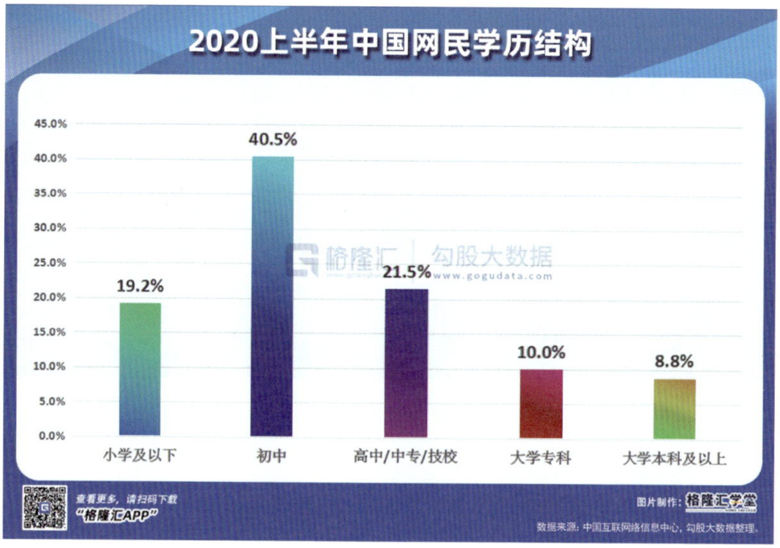

这意味着，你每天在网上与之沟通，甚至争得面红耳赤的，极可能是一个连重力加速度为何物都不知道的人。

从收入结构看，高达75.9%的网民的月收入在5 000元以下。一半以上的网民（55.9%）月收入在3 000元以下。

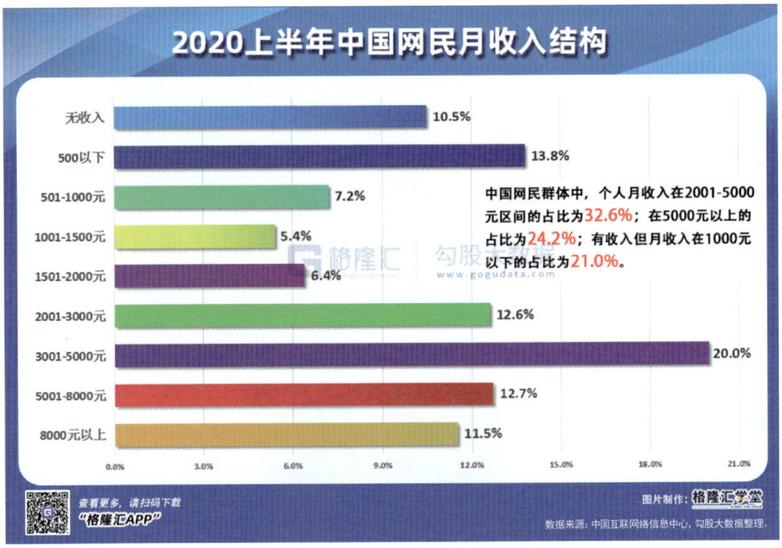

近三分之一的网民(31.5%)月收入在 1 000 元以下——这个数字，比 2019 年全国农村居民人均可支配收入(1 335 元/月)还低——合理的解释只能是，高达三分之一的网民，其实都处在半失业的游离状态。

还有高达 10.5%的网民无收入——什么样的人会无收入呢？学生？还是完全失业？他们靠什么谋生？上网灌水能挣钱吗？

另一个有意思的数据是网民年龄结构。

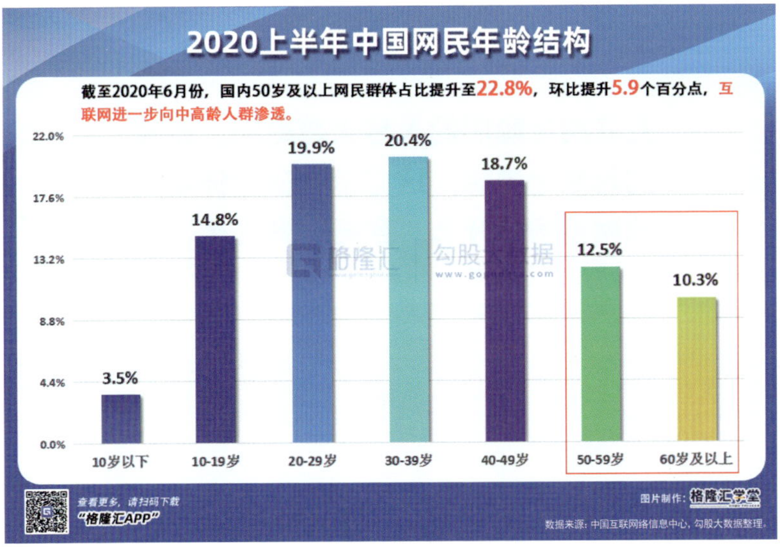

2020 年，50 岁以上的网民年龄占比迅速推升到了 22.8%，环比提升了 5.9 个百分点。这从一个侧面证明中国人口确实在加速老去，同时也意味着中国互联网里会涌进越来越多 20 世纪 60—70 年代那个荒诞时期那一批人特有的价值取向与言行作风。

理解了我们的互联网，或许你会对社会、对网上诸多现象，愚蠢也罢，盲从也罢，真情也罢，眼泪也罢，抱有更多的宽容与淡然，从而不受所谓的“民意”影响，保持好你的内心。

互联网让聪明的人越来越聪明，愚昧的越来越愚昧，这完全取决于你从互联网看的是什么，和能看到什么。

2020 年 10 月 9 日

诺贝尔奖名单后面的信息

2020 年全部诺贝尔奖项揭晓。

除了颁给联合国世界粮食计划署的和平奖，另外五大奖项，都有美国人入选。一共 11 人获奖，美国占了 7 个，63.6%的占比。

不要说这个奖没意思——这句话除了满满的无知的自信，没有其他。

美国没有衰落。在科技与研究实力的差距上，美国依然强大得令我们难望其项背。这些年来，我们或只是借助后发优势，在拿来主义而已。如果我们不再能分享这种全人类科技最前沿的进步与进化红利，我们在可预见的将来再次变穷，只是时间问题。

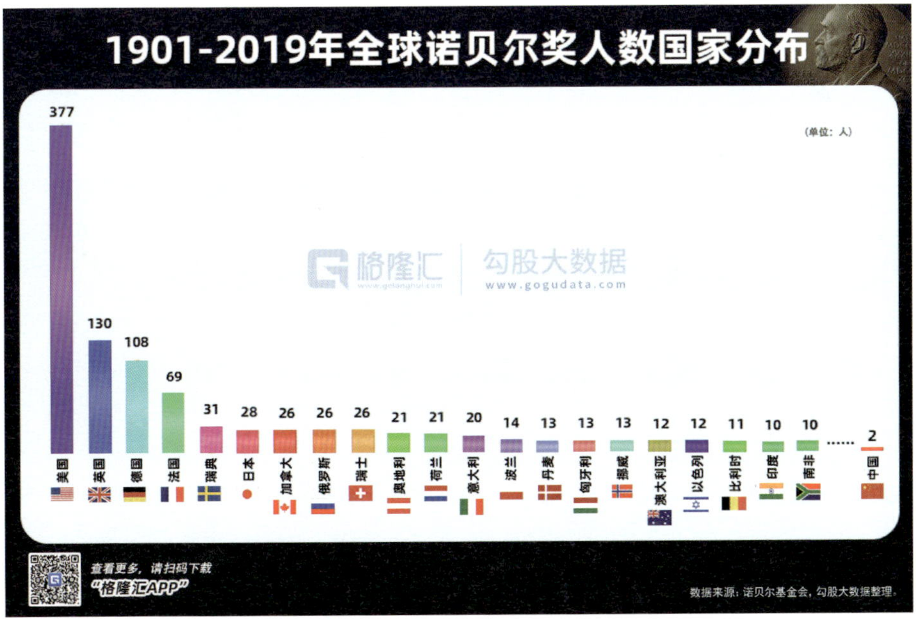

我们可以继续自说自话，说一个 70 年未培养出一个诺贝尔奖获得者的学校

已建成“世界超一流大学”。但，靠自欺欺人，蒙得了一时，撑不了一世。

一个社会，最大的慈悲与功德，就是开启民智，发挥所有个体的创造性与主观能动性。人类的幸福、经济繁荣，源于自由市场中像植物一样自由生长的个体，而不是像工匠铸造模块一样的集体。

而我们的基础教育，如果只是教给了我们怎么去服从，怎么大公无私，怎么去为集体牺牲与付出，却没教我们怎么独立思考，怎么去质疑公理与权威，怎么去为自身谋幸福，那么就是不完整的。而荒诞的是，为数不少的国人愣是在这种培养圣贤天使的教育环境里，修炼成了只顾自己、自私谄媚、严重缺乏公德与社会责任心的朵朵奇葩。

是时候检讨我们的基础教育机制与社会奖惩机制了。

还是那句话：

肉身堵枪不是勇。

知耻为勇！

十年教训为勇！

十年生聚为勇！

2020 年 10 月 11 日

我们的爱情，也在凄惶老去

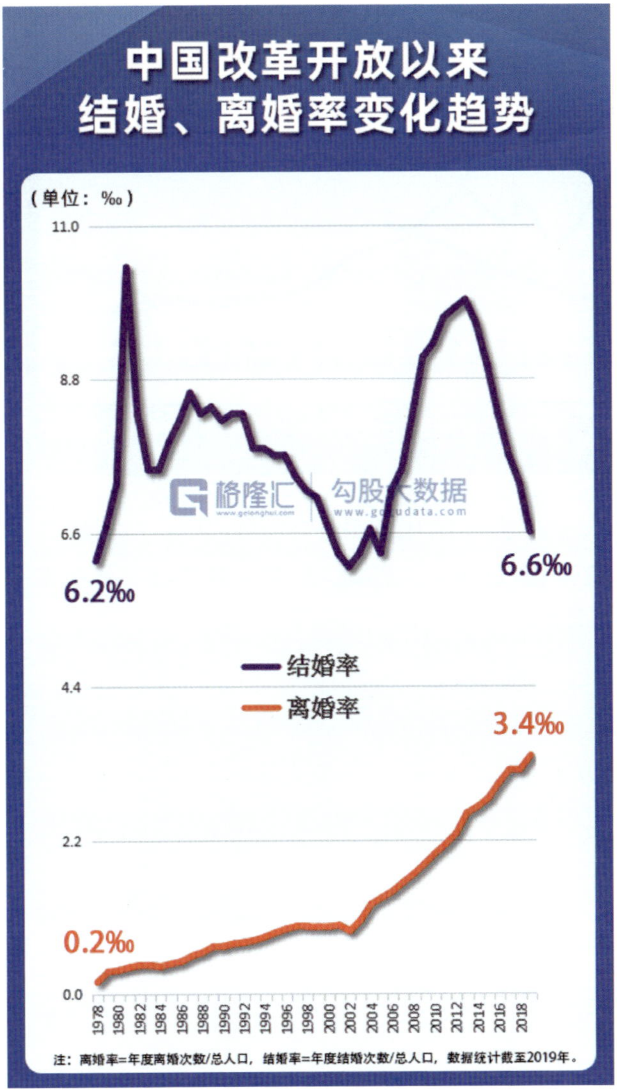

浮生三事：晒着太阳，赏着月亮，有你在身旁，执手，相望！

格隆汇勾股大数据团队的数据表明，执子之手，与子偕老这种岁月静好的浪漫，或在彻底离我们远去。我们这个社会的爱情与婚姻，都在近乎不可逆地溃败衰朽，无处安放。

左图显示，改革开放以来，结婚率虽有波动，但中轴基本保持了稳定。婚姻的溃败，是从离婚率的持续攀升开始的。改开那一年，全社会离婚率只有 0.2％，到 2019 年已是 3.4％，40 年遽升了 17 倍。新世纪以来，我们的离婚率已经连续 17 年上升。

最恐怖的是，不像结婚率，离婚率走势与出生率完全无关，甚至负相关（见下图）。

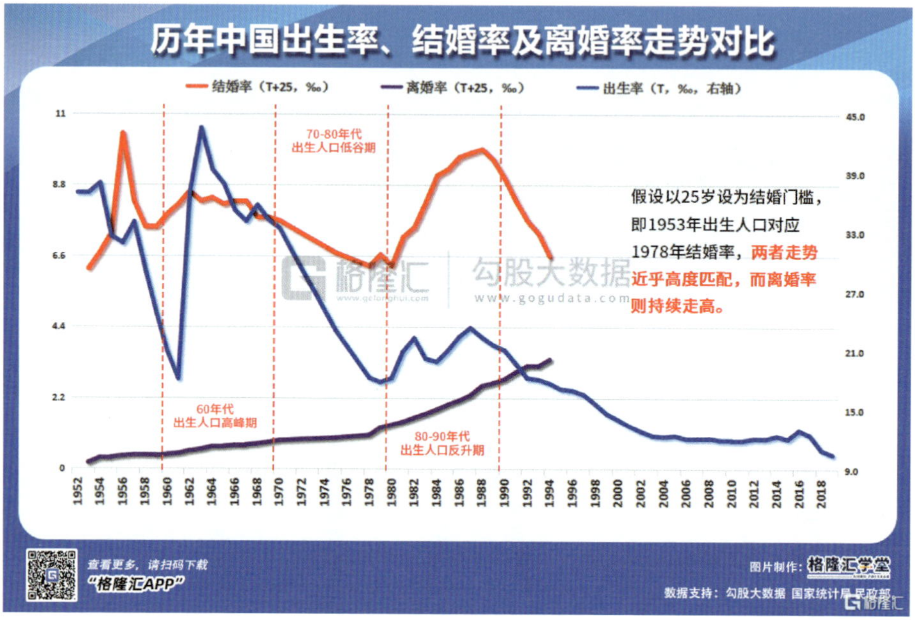

下图显示，改革开放以来，全社会离结比飙升了 10 倍，从 4.77%飙升至 2019 年的 50.7%——这基本意味着，每两对人结婚，就有一对离婚。其中多少是无奈？多少是选择？

唯一的好消息是，大家都开始好聚好散。86%的人选择了民政离婚，只有13%闹上了法院(见下图)。

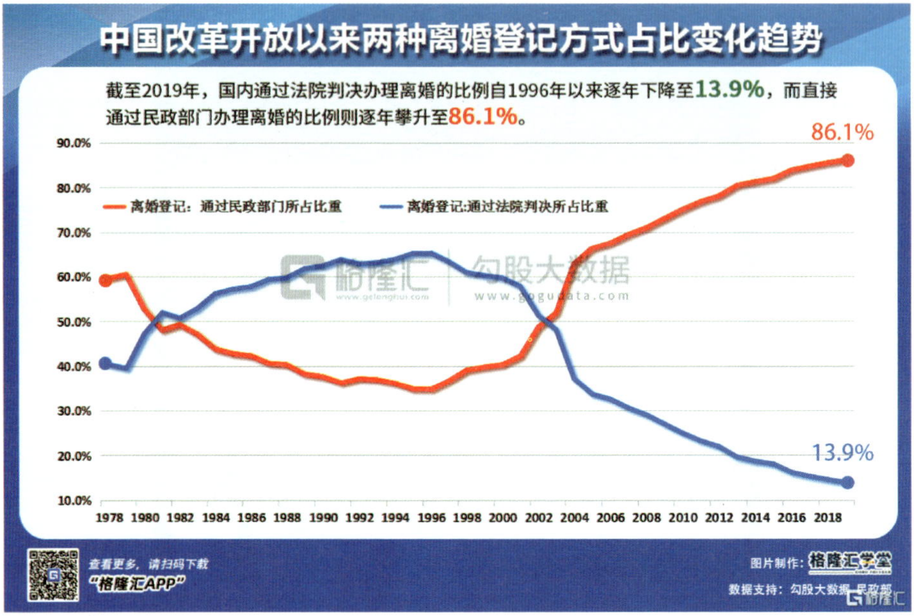

分省市样本来看，离婚率与当地GDP总量高度正相关，越穷困的地方，婚姻反而越稳定（见下图）。

下图很明显与爱情相关：

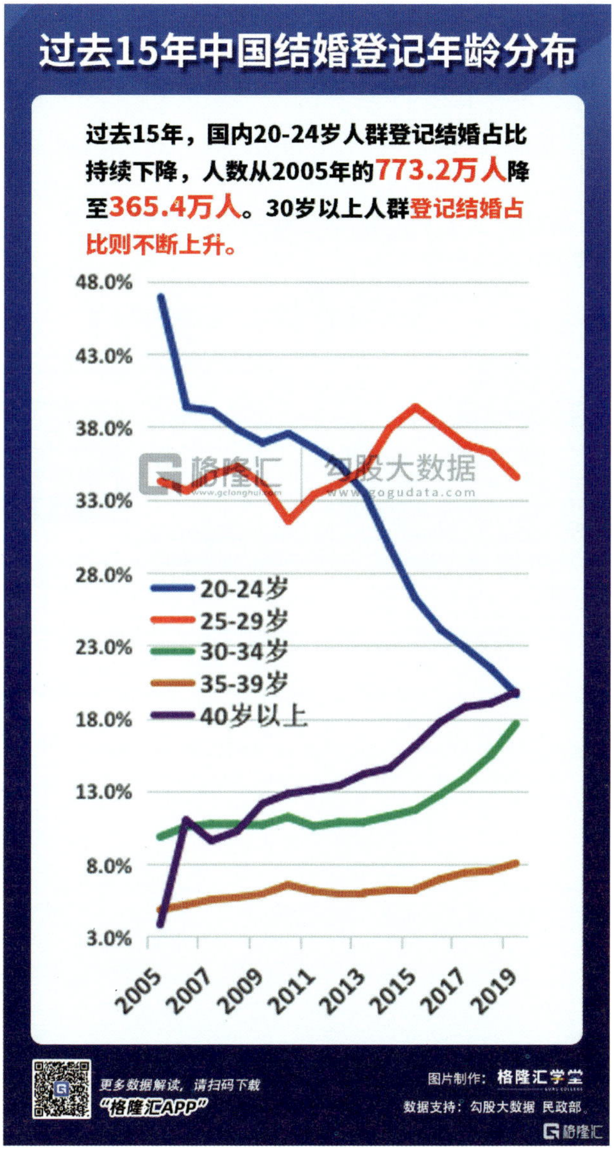

过去 15 年，20～24 岁年龄段登记结婚的比例，从 48%一路暴跌到近 18%的零头，30 岁以上才结婚的比例则持续攀升。尤其 40 岁以上登记结婚人群占比，从 15 年前的 3%，大幅攀升至近 20%，2019 年已超过 20～24 岁黄金结婚年

龄的人数占比。

迟婚，乃至不婚，是因为没有勇气和信心去养活越来越昂贵的爱情？

爱情与婚姻的溃败，带来的直接后果是，我们的实际生育率已跌到可怕的1.1%水平——以25年一代人，平均寿命75岁计算，1.1%的生育率在理论上意味着，三代人之后，我们会只剩下一半不到的人口，且绝大多数是老弱病残：

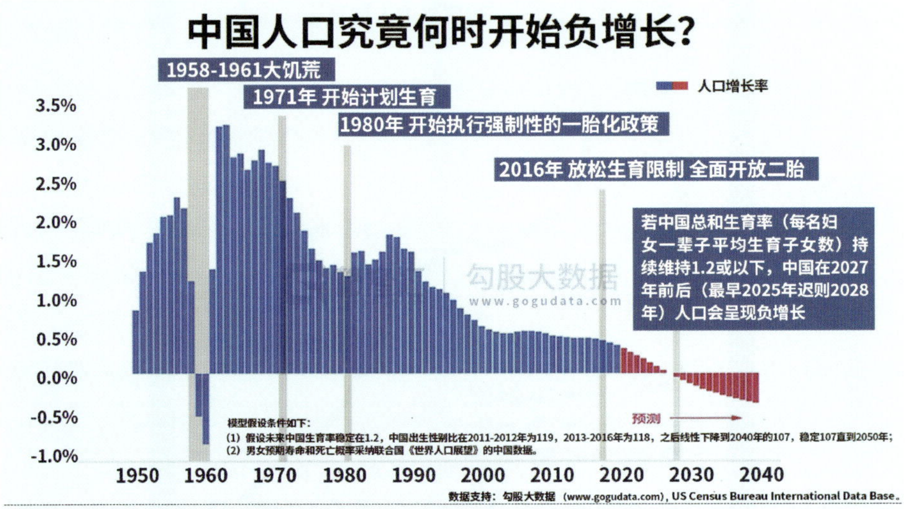

究竟是爱情辜负了这个时代，还是这个时代辜负了爱情？

2020年10月13日

有没有一个最简单的办法，却又能最深刻看到中国社会的变迁？

一个老外朋友问我，有没有最简单的办法，却又能最深刻看到中国社会的变迁？

我说有的。你去看看胡润编的中国教育行业企业家身家排行榜变化就够了。

不是玩笑。教育行业首富的变化，再完美不过地诠释了这些年中国的教育需求及背后社会深层的变迁。

十几年前，中国教育界最富的人是俞敏洪，他的新东方给人培训英语。彼时对外开放、全球化方兴未艾，英语能力是人才竞争的核心能力（之一）。

五年前，张邦鑫取而代之，成为教育行业首富。他的学而思帮助中国人的孩子取得一个好的应试成绩，最终上个好的学校。这基本一把退到了科举需求。

两年前，张邦鑫被中公教育的李永新大幅超越。内卷下，纯应试考试、上个好大学，或都已不根本解决问题。公务员培训成为终极解决职业的炙手可热路径。

教育需求，反映的是一个族群的终极诉求与去向。不会有比这更能深刻揭示一个社会变迁的了。

中国教育企业家身家TOP12
（单位：亿元）
李永新（中公教育） 943
张邦鑫（好未来） 636
王振东（中公教育） 247
俞敏洪（新东方） 199
陈向东（跟谁学） 173
吴俊保（新华教育） 122
刘亚超（好未来） 103
李光宇（宇华教育） 99
于果（中教控股） 96
谢可滔（中教控股） 96
吴伟（东方教育） 69
肖国庆（东方教育） 66
注：数据统计截至2021/4/15
了解更多图文干货，扫码关注公众号
“格隆汇图解天下”
图片制作：格隆汇图解天下
数据支持：勾股大数据

2021 年 4 月 16 日

为何隐瞒真相往往是犯错后的最优选择?

那些出错的机构或组织,为何他们会把隐瞒真相作为最优选择?

这其实是一个粉丝朋友向格隆提出的问题。

任何理性组织,其行为都不会随意行事,一定是其深思熟虑的结果。而解释行为逻辑的最好理论当然是博弈论。所以格隆尝试用博弈论做个解答。

博弈论是一门现代数学、运筹学与经济学等多学科混搭的集成学科,也是格隆读大学时最着迷的课程之一。博弈论绝大多数模型反映的都是实力相当的对手之间的策略互动。而我们从几乎所有模型中学到的结论(均衡)基本都是:无论有多少个纳什均衡点,博弈成功的关键都在于选择合作。这样双方都可以获取利益较大化。

但事实上,诸多的博弈,是在两个实力完全不对等的对手之间进行的。这种时候,对实力远强过对手的一方,利益最大化的博弈方式,还是合作吗?

格隆举两个博弈论的经典例子。

一个是著名的"胆小鬼博弈"(Chicken Game)。

想象你和一个人面对面同时正向高速飙车。如果你转向躲开,可以不被撞死,但会被嘲笑为胆小鬼,失去面子;如果你不躲开,对方躲开,你胜利,然后嘲笑对方;如果双方都不转向,你们俩都被撞死。

你选择做胆小鬼,还是刚上去?

在这个博弈模型中,两不相让会两败俱伤。一方退让,一方会取得胜利,但总体算得上损失少(损失面子比撞死好。赚得少总比没得赚好)。

很明显,如果这个博弈是无限重复的,则双方相互轮流示弱(合作)才能获得最优结果。

但谁都想做胜利者。

怎么办?

回到飙车现场。如果一个人敢于把自己的方向盘直接丢了,以此告诉对方我绝不可能转向,那么另一方别无选择,肯定选择躲开。

因此,谁最先敢于丢掉方向盘,谁就赢了(利益最大化)。

这很有趣:减少自己选择权的一方,获胜概率反而增大了。

这个丢掉方向盘的行为,实际是在改变博弈模型的假设条件:改变双方的实力对比。丢掉方向盘的那一方,成为实力更强大的一方,而他最终的选择(丢掉方向盘),本质上其实是不合作。

这个案例用来解释实力不对等博弈,或不够直观。因为实力对比的改变并未前置,而是与不合作选择同时发生。格隆再举另一个更直观的经典案例——“智猪博弈”。

“智猪博弈”由约翰·纳什于1950年提出。

假设猪圈里有一头大猪、一头小猪。猪圈的一头有猪食槽,另一头安装着控制猪食供应的按钮,按一下按钮会有10个单位的猪食进槽,但是谁按按钮就会首先付出2个单位的成本。按钮和猪食槽在相反位置,按按钮的猪要付出2个单位的成本,并且丧失了先到槽边进食的机会。若小猪先到槽边进食,因为缺乏竞争,进食的速度一般,最终大小猪吃到食物的比率是6∶4;若同时到槽边进食,大猪进食速度加快,最终大小猪收益比是7∶3;若大猪先到槽边进食,大猪会霸占剩余所有猪食,最终大小猪收益比9∶1。

那么,在两头猪都有智慧的前提下,博弈给如何进行?

在大猪选择行动(按控制按钮)的前提下,小猪选择等待的话,小猪可得到4个单位的纯收益,大猪得到的6个单位,付出2个单位的成本,实得4个单位;而小猪和大猪同时行动的话,则它们同时到达食槽,分别得到1个单位和5个单位的纯收益(付出4个单位的成本);在大猪选择等待的前提下,小猪如果行动的话,小猪只能吃到1个单位,则小猪的收入将不抵成本,纯收益为−1单位;如果小猪也选择等待的话,那么小猪的收益为零,成本也为零。

从下图一的报酬矩阵可以很明显看出,无论大猪是选择行动还是等待,小猪的最优策略都是等待。

"智猪博弈"报酬矩阵

		小猪	
		行动（按控制按钮）	等待（先进食）
大猪	行动（按控制按钮）	5,1	4,4
	等待（先进食）	9,-1	0,0

大猪则有所不同。在小猪行动时，大猪最优策略是等待。在小猪等待时，大猪最优策略时行动。

那大猪有没有更优的选择呢？

有的：直接把小猪拱出猪笼。让小猪没有任何选择权。

本质上，就是不合作（不沟通、不协调、不妥协）。

因为任何合作，都意味着己方可能的让步和利益让渡。

所以，你也看明白了？如果博弈双方是实力完全不对等的，对于实力强大的那一方，最优选择是什么？

是不合作。

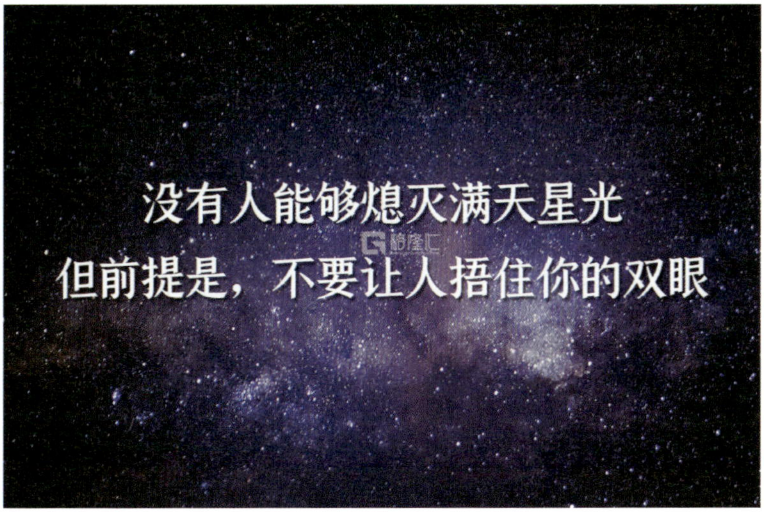

2021 年 5 月 13 日

为何越靠近民粹，生意越好做？

有没有发现，这些年，越往（极端）民族主义、民粹主义靠，生意，尤其互联网生意，似乎就越好做？譬如黄生之辈。

这世界，没有无缘无故的爱，也没有无缘无故的恨，背后都是人作祟。

看看下面三张图——很多你不理解的真相，就在其中。

见下图，中国网民突破 10 亿，过去四年增加近 3 亿（2.6 亿）网民。这个新增数量，如果当一个单独的国家，算是世界第四大人口国，仅次于中国、印度，接近美国，是一个足够你做出哪怕是全球最大生意的用户数量级。

这是重点，也不是重点。重点是，增加的都是些什么人？

见下图，网民学历结构，答案基本清晰。

很明显，过去13年，高中及以上学历，占比一直在下降。但初中及以下(含小学)网民，大幅增长。增加最多的，是小学及以下学历。人数从13年前的6.7%大幅增加到今天的19.3%，暴增三倍多。增长得次多的，是初中学历(不含小学及以下)，人数占比从21%增长到40%，差不多翻倍。

初中＋小学及以下两个群体，占到了整个网民群体的60%(59.6%)！而13年前，这个占比只有27.7%。

换句话说，旧时王谢堂前燕，飞入寻常百姓家，曾经高端精英人群才懂玩、才会玩的互联网，玩家组成已经天翻地覆。

但这也不是大问题。虽然因为他们的加入，你根本就不知道隔着网络和你对话或者对吵的人到底是个博士，还是一个大字不识一箩筐的小学生，但也就最多只是文化上的差距，平添了一些鸡同鸭讲，一些摩擦甚至对骂而已，不影响生活和生意。

但如果差距不单是文化上的，更是价值观和文明上的呢？如果你不顺从和讨好他们，极可能意味着你的生意根本做不下去呢？

所以，进一步的追问必然是：这部分增加的初中、小学及以下学历的网民，都是谁？

见下图，网民年龄结构，回答了以上问题。

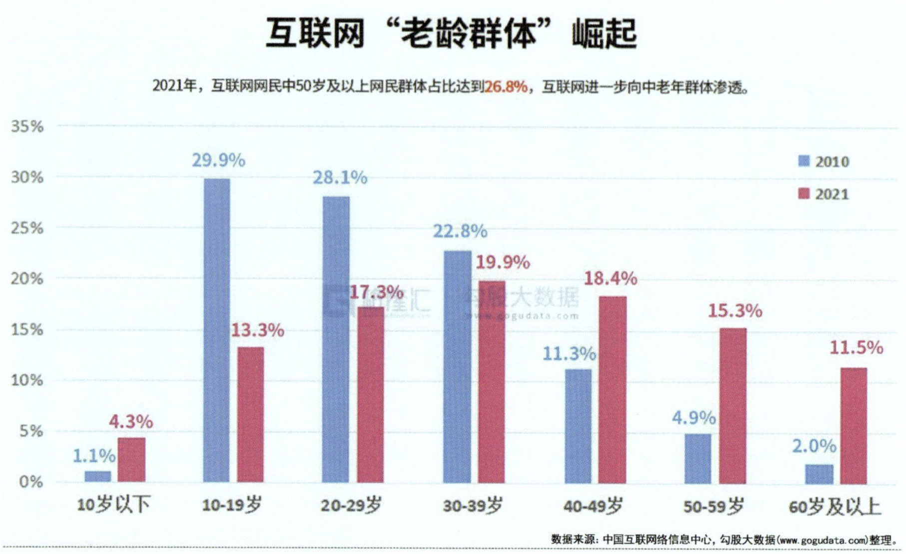

过去 10 年，10～40 岁网民的占比，大幅下降，而 40 岁以上网民，则大幅增加。

尤其 60 岁以上网民，过去十年，大幅增长了近 6 倍。

60 岁以上，意味着他们都经历过那段最特殊的十年时期。他们的价值观、思维方式、行为模式，会不可避免带有深深的那个年代教育的烙印。他们在那个年代受的恐惧、创伤和屈辱阴影，对其影响深远。他们无疑是那个年代的受害者，但他们中的绝大多数人对侵害的心理及行为防御方式，是从加害中找到意义和目的，并认同、跟随乃至效仿。

这看起来很矛盾，也很悲哀，但完全符合精神心理学。

如何适应这个群体再度崛起的大环境，是所有线下乃至互联网创业必须认真考虑的课题。

世界是我们的，也是他们的，但归根结底是他们的。没办法，他们人多。

2022 年 3 月 20 日

从“斯德哥尔摩综合征”谈起

一

在世界电影界，捷克大导演米洛斯·福尔曼是个奇迹。作为捷克籍犹太人的他，经历纳粹大屠杀而侥幸存活，又经历赶走德国人后苏俄式的专制压迫，最终被迫出走美国。才华横溢的他执导过《飞越疯人院》《莫扎特》等著名大片。2006年，福尔曼拍摄了他职业生涯最后一部独立执导的电影《戈雅之灵》(Goya's Ghosts)。

在我看过的所有电影中，那种恐怖和令人难以言说的悲伤，无出其右者。

《戈雅之灵》的背景是18世纪末法国启蒙运动与大革命如火如荼，这自然在专制黑暗的西班牙激起了民众的觉醒与反抗。掌握最高权力的天主教决定重新启用令人畏惧的宗教裁判所压制民众。电影讲述的是一个美丽如天使般的少女因为在聚餐会上不吃猪肉而被人告发为异教徒，被抓入宗教裁判所，经历了十多年折磨，变为一个丑陋恐怖的疯女人。

在监狱里，她被主教强奸，并生下一个女儿。女儿被送出监狱，沦为妓女。对她施暴的主教，人格极其卑劣下贱，无数次致她于绝境，但即便如此，女人却不可理喻地对他产生依恋感。这就是典型的“斯德哥尔摩综合征”。

电影的结尾处，当主教被执行了绞刑，疯女人抱着捡来的误以为是她女儿的婴孩，跟在运尸车旁，牵着尸体的手，一副令人惊心的快乐和安详表情，仿佛回家一般，远远地消失在古老的石头街道上。身后，一群孩子唱着欢快的童谣。

很多人看到这个镜头时，整部电影里积累下的愤懑与压抑，变成眼泪夺眶而出。

那个可怜的女人，牵着害她一生的罪魁祸首的尸体蹒跚远去的镜头，是一个痛心而可怕的意象——世界上再难找出另外一个镜头，能这么痛彻心骨地表现出宗教专制压迫下普通群众的愚蠢、懦弱、可怜、可憎。

无知和恐惧，是锻造愚蠢的两个最核心要件，缺一不可。

推广无知并不难。

印度第一位诺贝尔经济学奖获得者阿马蒂亚·森解剖过纳粹后，在其名著《集体选择和社会福利》里，如是评述："专制国家有无数的可怜人，长期活在单一的信息里，而且是一种完全被扭曲，颠倒的信息，这是导致他们愚昧且自信的最大原因。原谅他们吧，因为他们的确不知道真相。"

历史上对群众洗脑最成功的国家就是纳粹德国。戈培尔所领导的纳粹德国宣传部，可以说是世界上最成功的宣传机构，他创造的宣传理论至今仍被诸多效仿。比如他说："谎言重复一千遍就是真理"、"离开了祖国，你什么也不是"等，后来均成为了专制国家奉行的宣传宝典。戈培尔早就看透了人性，因此他对下属们说："人民群众大多数比我们想象的要蒙昧得多，所以宣传的本质就是简单和重复。"在戈培尔简单有力，不断重复的单向灌输宣传下，整个纳粹德国的人民群众开始变得对世界张牙舞爪，最后捣毁了世界，也彻底埋葬了他们自己。

公元前356年战国中期，开启了中国历史上影响最深远的一次变法：商鞅变法。"民愚则易治也"是商鞅变法里贯穿始终的核心思想之一。《商君书·农战篇》要求人们除了积极从事农耕与参军作战之外，必须舍弃杜绝其他一切社会生计与文化生活，与燔诗书、禁游学等野蛮措施配合，把民智、民力限制在一个极其单调、简陋的狭小世界里，以便民众在极其蒙昧的状态下，成为听任帝皇摆布的"耕战机器"。

千古一帝公孙鞅的变法，成就了嬴政的霸业，但却给整个中华民族带来了噩梦与劫难：秦以后，"百代皆行秦政制"，至朱元璋时已"片板不许入海"，大名鼎鼎的康乾盛世时最流行的政府活动则是全国大范围"删削书籍，以正视听"，文字狱登峰造极，中国人最终变成了肢体羸弱，只知道盲从和谄媚的另类民族和大国愚民。等到近代中国人真正放眼看世界的时候，一切已经恍如隔世。

在捷克大导演福尔曼眼里，《戈雅之灵》里的那个女人，只是一个符号，他们与那些可怜且愚昧的苏俄东宫起义水手、纳粹党卫军没有任何区别。

终其一生，福尔曼都在试图用电影启蒙和拯救这种民众的愚蠢。1975年，逃离祖国捷克，流落美国的他拍出了电影史上最卡夫卡的经典影片《飞越疯人院》，并一举囊括了奥斯卡 5 项大奖。

当时电影评论家最经典的评论是："美国人说，为福尔曼感谢上帝吧，他终于从一个'疯人院'里逃了出来；而捷克人却说，你看，福尔曼后悔了吧，他去的其实是一个'疯人院'。"

二

9 月时，风骨犹在的《南方周末》披露了一个令人愤怒的新闻，湖北恩施一个刑满释放的杀人犯，在 9 月 2 日开学第二天，闯进当地小学，举刀无差别地砍向毫无防卫能力的小学生，且已致 8 名学生死亡。

这 8 名孩子，永远也不会想到，本应走向未来的开学日，会成为他们生命的终点。

很多人问，为何现在社会有如此多的丑陋、猥琐、懦弱、丧失人性的底层相残？

无他，民众两千年来被不懈弱民的遗毒——被拆散、原子化的个体羸弱不堪，完全丧失自保的权利与能力，自由、财产乃至生命随时可能、可以被剥夺——这种内心的恐惧感，是制造愚民的另一个必要条件。

人类是群居生物。在群体中，有群体的规矩。儒家的宗法社会，礼乐，就是规矩之一。孔子说慎终怀远，民德归厚；孟子说乡人守望相助，疾病相扶持，都是在小群体为了存续而必须坚守的规范与道德。人在小群体中有相互有预期，因此才能够为小群体做出牺牲，为他人做出牺牲——自己为宗族而死，妻子孩子都不用操心，大家都会管。华夏文明未灭，跟这种宗族、宗法制度关系很大，哪怕在汉民族最悲戚的五胡乱华时代，北方豪族结堡自守，子弟兵战斗力爆表，也能护佑宗族和一方平安。

但这不是秦始皇要的。秦皇要的是编户齐民，让人成为无知的、羸弱的原子化生存的单个生物。在这种原子化散沙化下，每个人跟每个人都是敌人，告密、揭发、底层相残会成为常态。

当然，在帝国里，每个人也是平等的，绝对平等，奴隶的平等。

两千年前的商鞅变法是中国历史上第一个把"告密"行为制度化、法律化的，这种制度建立户籍制，把百姓置于国家的严密监视之下，并使他们互相监视、监督。“不告奸者腰斩,告奸者与斩敌首同赏,匿奸者与降敌同罚”。在同一个社会组织里,人人都是密探,处处都有监视,以致人人自危。而且公孙鞅给秦孝公的明确要求和建议是“以奸驭良”:“国以善民治奸民者,必乱,至削”,“国以奸民治善民者,必治,至强”。

在无知且恐惧的编户齐民下,帝国才能完全彻底控制每一个人,汲取所有的力量。商鞅的变法,就是要把秦国宗族全部打散,把小群体拆解成原子,然后他们才能成为秦国军国主义的一部分。这种体制在初期力量极强,因为官僚体系尚未形成,还算高效清廉。但,堕落起来也极快,巨大的效率和力量,一旦失去目标,马上就腐朽崩塌。

所以我们看到,秦始皇统一 14 年后,天下无敌的秦军就成了“一团烂肉”,居然被一群削木揭竿的戍卒“打成狗”。

一个失去自我组织和自我管理的群体,他们之间已完全失去了自己解决问题的能力,有点事就要去找第三方仲裁,结果他们是两只争肉而打得翅羽纷飞的乌鸦,去找第三方狐狸评理。

一切都将归属狐狸。

事实上,强迫一个奴隶继续当奴隶,并不是一件困难的事情。强迫一个自由人当奴隶那就会非常困难。而强迫一个奴隶去当自由人,才是难上加难,而这,也是一种另类的“斯德哥尔摩综合征”。

三

我在大学学了十年经济学,最着迷的分支是制度经济学。制度经济学里有一个著名的“制度悖论”课题:“如果我们承认每一个人都是理性的经济人(即个人理性),那么究竟为什么人们要去设计并创造出与自身利益不甚吻合或干脆是背道而驰的制度?

在假定了‘制度→人类选择→经济结果’之间的唇齿关系之后,这个问题的提法就变成了如下形式:为什么部分民族或地区的人们要去选择或干脆说是默认了使自己所属的民族或地区长期停滞或趋向衰败的制度?”

多数学者的理解是:部分人,并无制度选择权,而是被动接受。

但奥尔森(公共选择理论的奠基人)明显不这么看。

在其名著《集体行动的逻辑》中，奥尔森指出：少数人也许比多数人更有力量。因为人越少，结成联盟的成本越低，……但是这少数人的成功和多数人的“合乎理性的容忍”有关。因为多数派中的每个人的成本－收益分析表明，采取集体行动对抗少数派是得不偿失的。因此不能说，少数人把有利于自己的制度安排强加给多数人了。这种制度安排起码是多数人不反对的。那么，结论只有一个，就是，对大多数人不利的制度安排是他们自己选择的，“所有的制度安排都是公共选择的结果”。

奥尔森的逻辑是：你要真认为制度坏，你早就起来反抗了；你没反抗，说明你认为容忍是理性的。

总之，制度经济学一贯的主张是：历史悲剧和社会灾难，不可能是个人或少数人造成的，它们往往是某种制度安排的结果。而所有制度安排都是大多数人选择的。而这，似乎又是一种更为泛化的“斯德哥尔摩综合征”……

2021年8月31日

惊蛰絮语：愿所有尚未远去的伤痛，都只是一种蛰伏

今日惊蛰。仲春之始，春雷乍动，蛰虫惊而出走，故曰惊蛰。

惊蛰时，数九将尽，雷声隐隐，燕支重色。鹁鸠鸣脆，绿杨风急。花梢缺处，画楼人立。

一雷惊蛰始，微雨众卉新。风有信，花不误。红杏深花，菖蒲浅芽，春畴渐暖年华。春光明媚中，总是令人心情大好，神清气爽。此时看万物，都充满着生机与活力。历经蛰伏的生命，总能迎来新的世界。

疫情终将过去。

愿尚未远去的伤痛，愿依然承受的苦楚，都只是一种蛰伏的代价，都是值得的，且都会被一直铭记。

格隆之所以有此祈愿，是有一些隐隐担心。

担心集体性健忘，担心伤痛并非蛰伏，担心本不应承受的苦楚，一遍遍重来。

这几年，基本每年都会去清华做一次演讲，每次也都会在刻有“清华园”三字的校门石牌坊前驻足致意。直到这次，院领导非常遗憾地说起，这座起于清末的牌坊在“文革”初期被砸毁了，是红卫兵喝令当时被批倒的学者教授们自己动手砸毁的，然后在那里竖立了一座领袖雕像。直到“文革”结束，才在校友资助下，仿照老清华的模样重建。现在那里天天有游人争先恐后拍照留念，其实那座“清华园”牌坊是假的，年龄只有三十几岁。

老实说，如果不是院领导提醒，我都不复此记忆。我一直以为它就是它原来的模样。

怕就怕，很多事，清华牌坊、疫情……过去不久以后，在轻飘飘的记忆里，化作历史书里最轻描淡写，而又触目惊心的一句话：我们走过一些弯路……

所以，如果我们真要春雷乍起，惊蛰而动，恢复记忆、常识，保持记忆与常识，

殊为重要。

惊蛰至，花信到。惊蛰三候，一候桃花，二候棠梨，三候蔷薇。

不向东山久，蔷薇几度花。

白云还自散，明月落谁家。

花开会有花落，但，芸芸众生的生命，并无太多冬春去挥霍。

愿春雷响日，所有卑微如尘埃的芸芸众生，湖北人，武汉人，你，我……都能抖擞精神，重整旗鼓，抓住任何稍纵即逝的机会，放手一搏，不负平生。

2020年3月5日

第十一部分

关于家國

如果中国是一个大家庭，那么它吃饭的锅是什么？

先看看最新疫情数据(见下面 3 个图)。

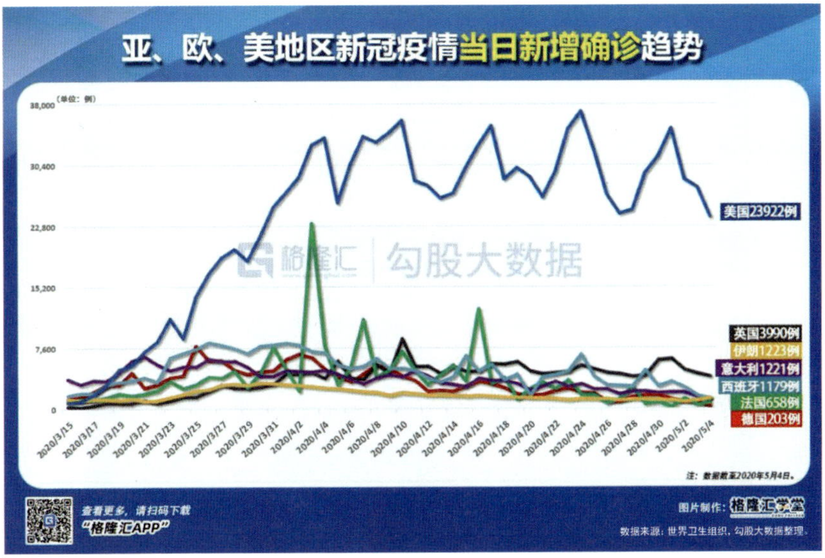

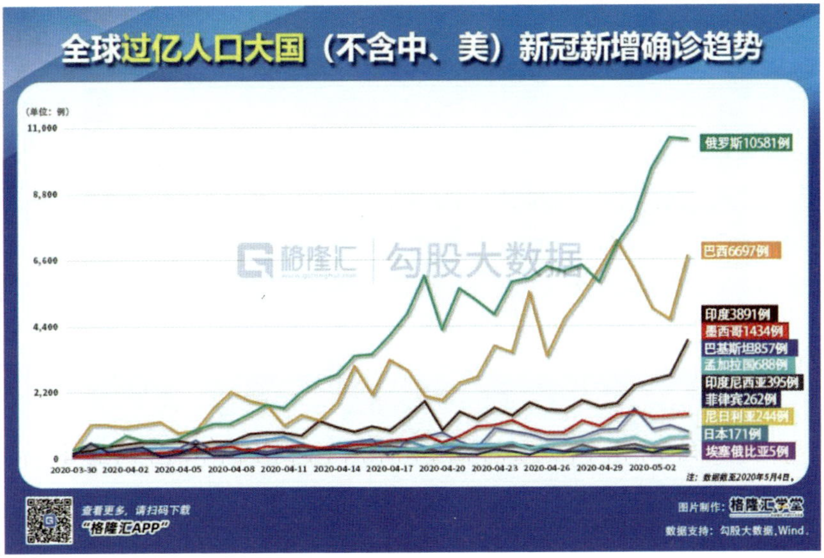

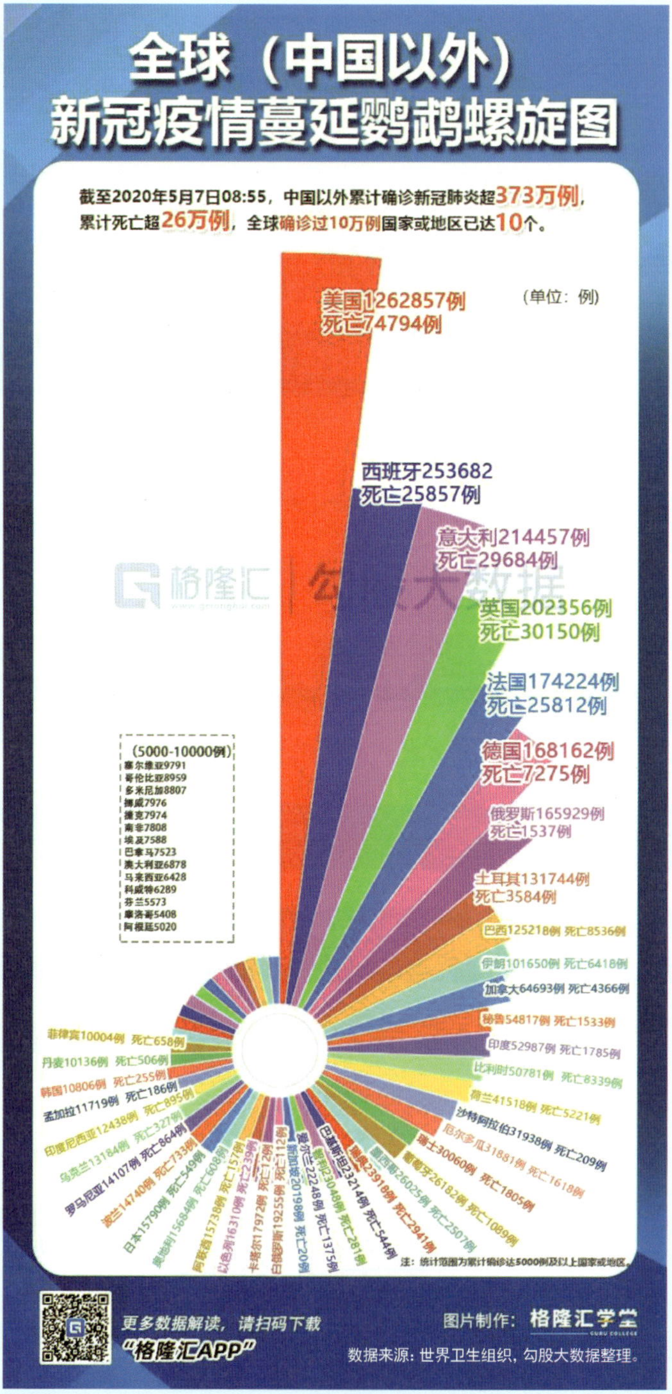
全球（中国以外）
新冠疫情蔓延鹦鹉螺旋图
截至2020年5月7日08:55，中国以外累计确诊新冠肺炎超373万例，
累计死亡超26万例，全球确诊过10万例国家或地区已达10个。
（单位：例）
美国1262857例
死亡74794例
西班牙253682
死亡25857例
意大利214457例
死亡29684例
英国202356例
死亡30150例
法国174224例
死亡25812例
德国168162例
死亡7275例
俄罗斯165929例
死亡1537例
土耳其131744例
死亡3584例
巴西125218例 死亡8536例
伊朗101650例 死亡6418例
加拿大64693例 死亡4366例
秘鲁54817例 死亡1533例
印度52987例 死亡1785例
比利时50781例 死亡8339例
荷兰41518例 死亡5221例
沙特阿拉伯31938例 死亡209例
厄尔多瓜31881例 死亡1618例
瑞士30060例 死亡1805例
葡萄牙26182例 死亡1089例
墨西哥26025例 死亡2507例
瑞典23918例 死亡2941例
巴基斯坦23214例 死亡544例
智利23048例 死亡281例
爱尔兰22248例 死亡1375例
新加坡20198例 死亡20例
白俄罗斯19255例 死亡112例
卡塔尔17972例 死亡12例
以色列16310例 死亡239例
阿联酋15738例 死亡157例
奥地利15684例 死亡608例
日本15790例 死亡549例
波兰14740例 死亡733例
罗马尼亚14107例 死亡864例
乌克兰13184例 死亡327例
印度尼西亚12438例 死亡895例
孟加拉11719例 死亡186例
韩国10806例 死亡255例
丹麦10136例 死亡506例
菲律宾10004例 死亡658例
（5000-10000例）
塞尔维亚9791
哥伦比亚8959
多米尼加8807
挪威7976
捷克7974
南非7808
埃及7588
巴拿马7523
澳大利亚6878
马来西亚6428
科威特6289
芬兰5573
摩洛哥5408
阿根廷5020
注：统计范围为累计确诊达5000例及以上国家或地区。
更多数据解读，请扫码下载
“格隆汇APP”
图片制作：格隆汇学堂
数据来源：世界卫生组织，勾股大数据整理。

格隆直接说重点：

(1)欧美发达国家，尤其欧洲，最糟糕和窘迫的时候都已过去了。剩下的，只是疗伤、恢复与甩锅的问题。

(2)如果中国算地球疫情第一波，欧美算疫情第二波，俄罗斯、巴西、印度三个金砖国家则是疫情的第三波。尤其俄罗斯，感染数据迭创新高，疫情叠加油价暴跌，这对一个 GDP 只有 1.6 万亿美元体量(仅相当于广东省)，经济增速只有 1.3%，军费开支占 GDP 高达 4+%的"大国"而言，是不可承受之重。第一是扛不下去，第二是就算扛住了，疫情后也急需大补重补。补从何来？我们要做好准备，疫情后的环球博弈格局、地缘政治局势，由于只重实利，骨子里贪得无厌的俄罗斯而发生剧烈的、实质性的变化。

(3)疫情是个熔炉，环球都要淬一遍火，没有例外。先淬火者，不会比后淬火者更具优势。一样得陪绑陪跑。只要还有一个大国还在疫情中，环球就会事实上彼此隔绝封锁。所以，是否先控制了疫情，有意义，也无意义。

(4)世界性民粹主义的抬头，令人恐惧。有关大国之间近乎诅咒、辱骂式的外交语境，各国民间的排外、内部族群撕裂、互相诋毁攻击、各种举报，令人不寒而栗。某种程度上，这是整个人类进化的倒退。底层民粹并不可怕，可怕的是精英阶层不去引导民众，而是主动屈服于，甚至利用和诉诸民粹。环球都这么做的后果是什么，不言而喻。

(5)疫情伤不了我们。真正需要操心的，还是"去全球化"，会在多大程度上发生？如何避免与阻止？尤其是，如何阻止定向对我们"去全球化"？

我现在看疫情数据，更像看一个倒计时钟表。环球越进入后疫情期，反倒越令人忧虑。因为我们不知道疫情后的去全球化，会以一种怎样的方式，以及多大烈度展开。疫情只是一次性冲击，对谁都不可能伤根本。伤根本的，是环球政经博弈关系与游戏规则可能发生的趋势性、逆转性嬗变。而这些都是投资人完全无法预估和掌控的。

换句话说，疫情防控期间的数据、争论与口水，一点也不重要，甚至没有太多参考价值。很多投资人盯着这几个月的数据做投资，甚至对我们提前走出疫情沾沾自喜。太短太浅太薄了。疫情后，世界在哪，我们在哪，才是真正的大考。

格隆很担心，疫情后，我们会生活在不同的世界里。

疫情是熔炉。火候掌握得好，是淬火。火候掌握不好，是熔断。

我们这些年所有的成就，基本都拜开放所赐。这种开放，于我们既不易，更非必然。1979 年后的改革开放（尤其 2001 年加入 WTO）之所以顺利，一是我们自己"穷怕了"，主动在"推"自己，另一方面，西方出于彼时特殊地缘竞争的考量，也乐见其成，在"拉"。

现在不是了。现在的一种猜测与忧虑是，我们在主动"退"，西方主动在"挤"。

如果没有西方的"拉"，中国最终大概率也会崛起，但无疑会困难很多。作为全球最大贸易国，也是事实上过去多年全球化的最大受益国，我们需要非常在意和操心，如何不让疫情熔断了我们与世界来之不易的关联。

现在很流行一句话：吃着……的饭，还砸……的锅。

如果中国是一个大家庭，什么是它吃饭的锅？

改革开放和全球化。

这口锅砸了，大家大概率都会变穷，都会饿肚子。

2020 年 5 月 5 日

委内瑞拉：所有命运的馈赠，早已在暗中标好了价格

猜一猜，血雨腥风的2020年前7个月，哪个股市涨得最好？

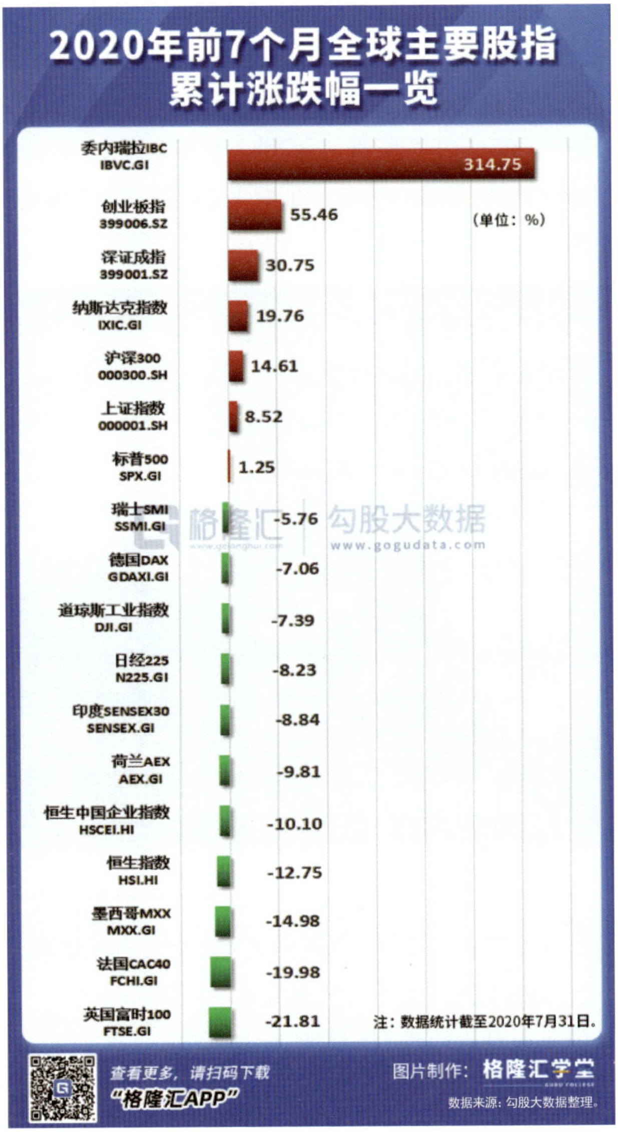

不是中国的创业板，也不是科技王冠的纳斯达克。

委内瑞拉股市，314%的逆天涨幅！

但如果你就此认为，委内瑞拉人民都过着幸福快乐的日子，你就大错特错了！

与 314%股市涨幅对应的是，其货币前 7 个月贬值幅度达 454%，远超股市涨幅！

也就是说，它的股市，纯粹是因为政府滥发货币被动跟随而起的，民众并未从中得到任何好处。

很长时间来，这个南美国家的一切都几乎处在静止状态，唯有印钞机在夜以继日地飞速运转。去年这个国家的通货膨胀率达到了令人惊悚的 1 000 000%，300 万玻利瓦尔，连一瓶可口可乐都买不到。整个国家堪称人间炼狱，暴乱频发，饿殍载道，过去三年超过 300 万人、近 10%的居民背井离乡，逃离了这块生养自己的富饶土地。

这确实是一块一度被上帝慷慨馈赠了无数珍宝礼物的富饶土地。温润的气候，漫长的海岸线，星罗棋布的岛屿，丰富的矿藏，庞大的可耕种面积，以及，全世界第一，储量超过 3 000 亿桶，几乎是中国储量 12 倍的石油！

这是一手搁谁手里都可以摊开来打的王炸好牌。

委内瑞拉确实也什么也不用做，只是靠出口石油，就在20世纪后半段成了拉美地区最富裕的国家，民主且充满活力。委内瑞拉人毫无负担地全球买买买，他们消费了全球最多的威士忌，以及最密集的凯迪拉克豪车。

这一切的转折点发生在1999年……

正如茨威格所言：所有命运的馈赠，早已在暗中标好了价格！

2020年8月6日

拜登，其实远比特朗普难对付

一季度结束。

一个文艺范的朋友是这么总结一季度的：够刺激，一个季度，就是一年。上涨下跌，全在一个季度内完成了。余下的日子，忧又何妨，喜又何妨，平淡度日而已。

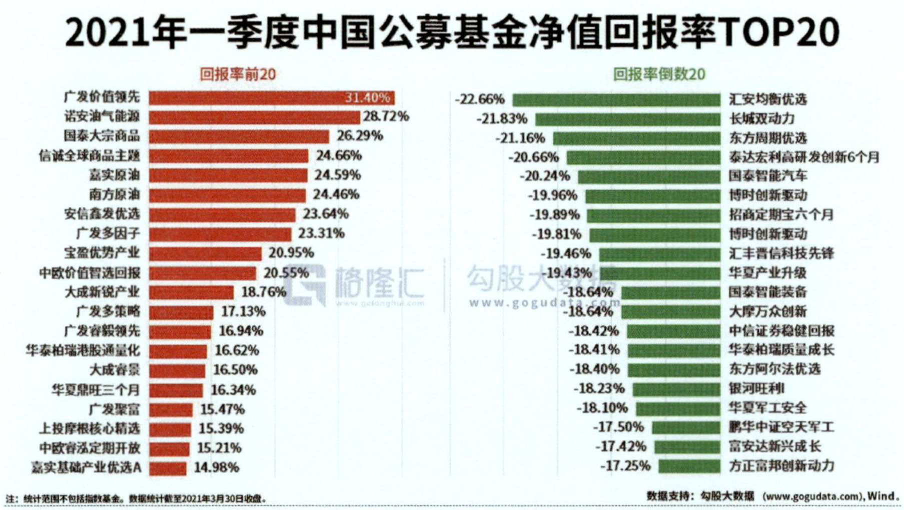

一季度最刺激人神经的，无疑是最后一天，拜登在昔日钢都匹茨堡一个废弃的工厂里宣布了高达2.3万亿美元，天文数字一般的八年刺激计划——这个计划，已经超越了他的四年总统任期。其中绝大部分将投向美国脆弱的基建。

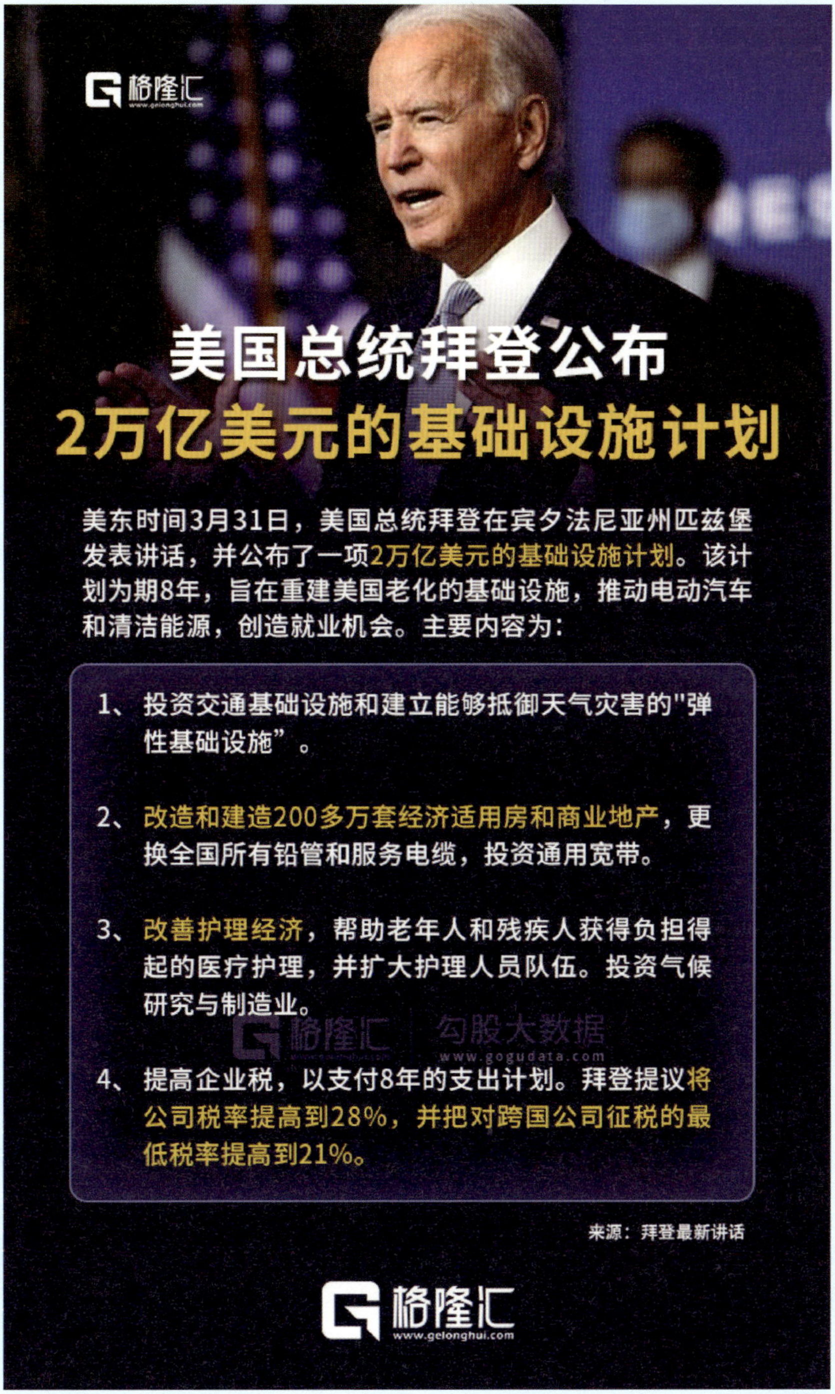
格隆汇
www.gelonghui.com
美国总统拜登公布
2万亿美元的基础设施计划
美东时间3月31日，美国总统拜登在宾夕法尼亚州匹兹堡发表讲话，并公布了一项2万亿美元的基础设施计划。该计划为期8年，旨在重建美国老化的基础设施，推动电动汽车和清洁能源，创造就业机会。主要内容为：
1、投资交通基础设施和建立能够抵御天气灾害的"弹性基础设施”。
2、改造和建造200多万套经济适用房和商业地产，更换全国所有铅管和服务电缆，投资通用宽带。
3、改善护理经济，帮助老年人和残疾人获得负担得起的医疗护理，并扩大护理人员队伍。投资气候研究与制造业。
格隆汇 | 勾股大数据
www.gogudata.com
4、提高企业税，以支付8年的支出计划。拜登提议将公司税率提高到28%，并把对跨国公司征税的最低税率提高到21%。
来源：拜登最新讲话
格隆汇
www.gelonghui.com

很多人没弄懂这意味着什么。甚至不少人嘲笑拜登不学无术，抄作业，抄我们的计划经济模式，抄我们的五年规划，抄我们的政府投基建、投铁公基路数，说明了“美帝”资本主义之路黔驴技穷，日薄西山……

这是一种典型夜郎自大式的自我沉醉。

我越来越感受到拜登的难对付。

特朗普的路数，更像个江湖流氓。一言不合，就撸袖子自个儿上，露文身，说狠话，秀肌肉，抖狠，当街开骂……

闹心是闹心，但一切都摆在台面上，摆在明面上，面子工程，匹夫之勇而已，你见招拆招就好了。对方闹得再凶，也顶多多捞个仨瓜俩枣，根本不会颠倒形势，动你根基。

拜登不然。

不嚷不叫，不骂不闹，甚至刻意示弱，但背地里悄悄使劲，招招打在你痛点上，同时拉帮结伙，助推和放大你的嚣张，彻底孤立你，对你的国本——未来经济交往与潜力釜底抽薪，同时根本不在意面子，果断借鉴和学习你的长处，政府投资基建，补上市场经济最大短板。

格隆一直说，中国政府是这个星球上最长期主义的组织——他们七十年如一日，不间断地五年计划，不间断地做基础设施建设与投资。迄今，中国建立起了全世界任何国家都无法匹敌的铁路网、高铁网、公路网，高速公路网、内河与沿海港口网，中国的高铁里程，比 99%的国家的高速公路路程还要长。

这在市场经济国家极难实现。因为基建投资始终是一种类公共产品，投入大，回报周期长。但一旦你坚持这么做了，路网建成了，你全国所有原本独立节点上的所有资源，人、物、资金，都将在这个网络上流动起来，融汇交合，从而产生巨大的外部效应。

一旦流动起来了，奇迹就会产生——地球上的生命，就是在洋流的流动下融汇、交合、反应而诞生的。

在西方反对党监督和约束体制下，有任期限制的执政党根本不可能去做这种短期根本看不到效益的长期投入。所以他们只能在人才、科技、创新、分配等软件机制上实现长期化，硬件设施，会数百年如一日，形成短板。

这就是我为什么对拜登这个根本不在乎面子的 2.3 万亿的“抄作业“，如芒刺在背的原因——一旦他们突破了政党政治约束，开始长期主义，基建短板一旦补齐，我们将不再有特别拿得出手的竞争优势——他们可以补上我们特有的基建硬件短板，我们却大概率很难短期内补上他们的教育、人才、科技创新短板。

会咬人的狗，根本不叫。

动不动骂街、抖狠的流氓，一点都不可怕。可怕的是流氓有文化。

所以，不要再自得意满。当这个世界上最强大的国家都已放下架子和面子，开始学习我们，我们还有什么理由不放下一切身段，去学夷长技，师夷长技，我们还有什么资格窝里横，窝里斗，动不动抵制这个，抵制那个的？

今天香港正式进入"复活节＋清明节"复合假期，长达五天。格隆也难得偷得浮生几日闲，收拾行装，出发大理。

经常有内地朋友和我开玩笑，说香港真有意思，佛祖诞辰也放假（佛诞），耶稣诞辰（圣诞）也放假，汉民族的清明放假，西方的耶稣复活也放假（复活节）……

我一般都这么回答：恰恰是这种多元、包容，兼收并蓄，海纳百川，既不盲目尊大，又不妄自菲薄的文化，才造就了往昔东方之珠的奇迹。

这种包容，这种开放，才是骨子里的自信，是我们立于世界民族之林的关键，务必敝帚自珍，万不可得意忘形而舍弃之，糟践之！

格隆于大理机场
2021 年 4 月 2 日

胡适："苦撑待变"

不断有朋友在探询，格隆今年还做不做跨年演讲？

对不起，不做了。虽然我很想做。

2020 年的 12 月 31 日，我从晚上 8 点，一口气不停歇，讲到了第二年 1 月 1 日的零点 30 分。整整四个半小时，上百万的听众。

到今天依然记得，我用很蹩脚的粤语，高声唱了一小段黄家驹的歌，结束演讲：

仍然自由自我

永远高唱我歌

走遍千里

原谅我这一生不羁放纵爱自由

并大声承诺：明年跨年夜，我们再见！

一年疏忽过去。很遗憾，不得不爽约。令诸君失望了。

但我承诺，可以讲的时候，我会接着跨年讲。讲真话，讲那些我认真思考的东西，讲那些我迷惑不解的东西，讲那些我认为足以匹配得上大家的时间、我认为值得去讲应该去讲的东西——只要你还愿意听。

一直都喜欢戴望舒的那首

《偶成》，喜欢充溢其中的乐观、坚韧、不屈不挠：

好东西都绝不会消失

因为一切好东西都永远存在

它们只是像冰一样凝结

而有一天会像花一样重开

在环境逼仄的时候，你要做的，就是活着。请相信人类骨子里向上的动力，相信人类进化的力量——借用胡适的那句名言："苦撑待变"。

圣诞新年快要到来之际，提前祝福所有格隆的朋友，愿岁月再匆驶荒芜，也至少有一小段时光，曾温柔待你；愿世界再冰冷坚硬，也总有一丝美好和光亮，能令你流连和坚强！

2021年12月23日

一项策略真正的考验不是如何开场，而是如何收场

看到网上一堆普粉兴高采烈，甚至脑补欧美被俄乌拖住，我们的国运又到了。

认知偏差或许问题不大，但认知南辕北辙会毁了你的财富——如果你有金融资产配置的话。

说说格隆的几点看法：

(1)一项策略真正的考验不是如何开场，而是如何收场(The test of policy is how it ends, not how it begins)——俄国很快会发现这一点。欧美确实说了不会直接派军队与俄交战，但这绝不意味着欧美不下场。欧洲各国武器都在源源不断输送，美国紧急拨款超过60亿美元，不是给乌政府的，而是用来提供武器和雇佣军的。这些措施，比直接派兵更有效。欧美大概率会把乌克兰变成死死拖住俄罗斯的泥沼，拖到俄罗斯流完最后一滴血为止。

(2)俄罗斯征服乌克兰唯一的路径就是武力，舍此别无他途。两个族群绝无和解可能，根本就是不死不休。但很遗憾，看似悬殊的军事实力，并未带来想象的结果。作为一个几乎没有正规军的国家，截至目前，乌克兰的抵抗意志和能力都令人刮目相看。也正是这种意志的展现，令欧洲放弃了摇摆与犹疑，获取了当下几乎全欧洲的武器、人员支援。天助自助者，如果没有开战前期的这种坚决抵抗意志与能力的展示，如果类似阿富汗软骨政府军，欧美是完全可能放弃乌克兰的。

(3)俄罗斯赢得这场战争的概率甚小，小到可以忽略。想不脱几层皮，全身而退都难。因为俄罗斯的对手不是乌克兰，而是北约。战争打的是经济实力。西方国家占了全球一半以上的GDP，俄罗斯GDP只有区区1.7万亿元，不到全球占比的两个点，还不如中国的一个江苏或者广东，且还高度依赖资源价格和资源国际出口。战争是吞金兽，以目前欧美全面冻结所有俄海外资产计，只要乌克

兰能扛住不溃，俄罗斯就会四处漏风，离破产不远。俄罗斯大概率会把苏联留下的最后一点积累与荣光，在这场战争里折腾个精光。

（4）两百年来，欧洲各国对贪婪野蛮的俄罗斯有发自内心的厌恶，也同时有发自内心的恐惧，基本都是能不招惹就不招惹。但这次准备了好几个月却打成这个烂样的俄乌之战，可能会彻底令欧洲认清俄罗斯的真实实力与色厉内荏，打消对俄的动不动军事讹诈的恐惧，从而彻底改变未来与俄的交往方式以及国际政治博弈格局——这也是为何德国一改过去的敷衍与摇摆，开始迅速提供高质量武器，并宣称德国最重要的历史关口到了的原因。

这非常类似中国唐王朝当年与一个小族进行的“天宝战争”。

多数人都以为强大的唐王朝的衰败，始于天宝十四年的安史之乱。其实真正的帝国斜阳，在四年前洱海边的那场多数史书上几乎不（羞）予提及的“天宝战争”，就已拉开序幕。起因只是因为唐西南地方官淫辱南诏王妻女，南诏王愤而发兵击杀太守。

之后杨国忠于天宝十年，以心腹、唐剑南节度使鲜于仲通领军八万征南诏。结果西洱河一战，唐全军覆没。

大国骄矜，岂容得下一个附属地方政权的挑衅？杨国忠谎报战绩，于天宝十三年遣另一心腹李宓率十余万大军二征南诏。结果南诏坚壁清野，“宓复败于大和城北，死者十八九”，主帅李宓投江。

两场战争，军事上损失大唐近二十万精锐，威风扫地，财政上糜耗府库。

最关键的是，所有人都在观察这场战事。看似强大无匹、威震四夷的大唐竟惨败于一个边疆附属小政权，令所有人都看出了王朝的色厉内荏与虚弱。

正是在这种背景下，第二次“天宝战争”仅一年后（755年），范阳、河东、平卢三镇起兵反唐，史称安史之乱。曾经强盛无比的唐王朝，自此风雨飘零，一路不回头地在衰败末路上狂奔。

（5）说说我们的得失。不少人在说我们能渔翁得利。不是的。我知道不少人是把俄罗斯当队友的。就算是，无疑也是个猪队友。一是这队友会把自己坑进去，断手断脚，未来大概率指不上他什么了。二是我们在他身上的巨大投入，也存在打水漂的可能。根据威廉玛丽学院 Aiddata 数据，作为对外援助最大国，过去四年，我们最大的援助对象，不是非洲，而是俄罗斯——对俄援助总额，是对整个非洲援助总额的 6 倍。当然，这最多算投资失误。投资有风险，认了。

近30年来六次战争对石油价格走势的影响

叙利亚内战（代理人战争）：阿拉伯之春开启前，石油上涨

关键节点 ICE布油

利比亚战争（代理人战争）：阿拉伯之春开启前，石油上涨

关键节点 ICE布油

伊拉克战争（不对称战争）：战争酝酿期间，美伊关系紧张，国际油价上涨，显著影响油价

关键节点 ICE布油

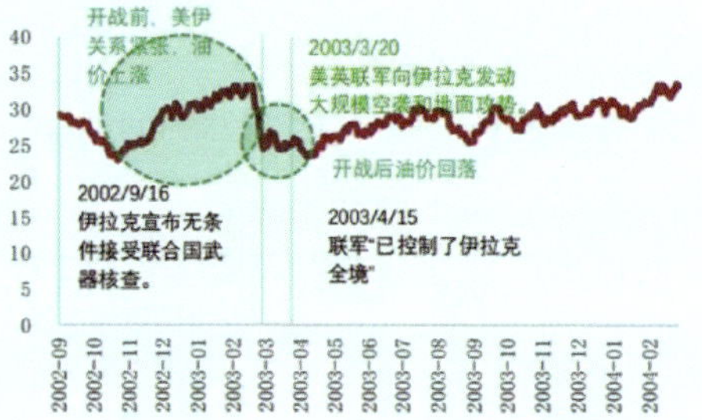

阿富汗战争（不对称战争）：世界局势动荡，油价下跌

关键节点 ICE布油

科索沃战争（代理人战争）：原油价格稳定上涨

关键节点 ICE布油

海湾战争（不对称战争）：显著影响油价

关键节点 ICE布油

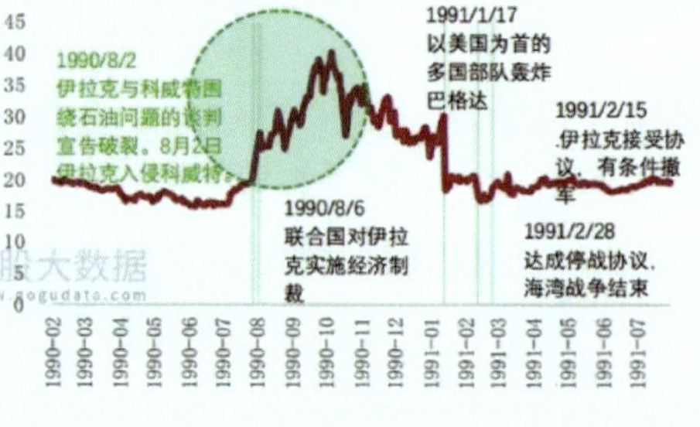

注：代理人战争指主要军事力量没有亲自派出地面部队，仅提供军事支持；不对称战争指交战双方军事力量对比悬殊。

数据支持：勾股大数据，(www.gogudata.com)，西部策略。

于我们，最不可接受的，是这场战争，让其实已经各有心思、各有想法、各说各话、已经很松散的西方国家，迅速而坚实地重新集结成了一个强大联盟，本已快走向终结的“美国支持下的和平”(pax America)体系大概率重新登场——这绝对会令我们在未来面临更严峻，而不是更宽松的国际环境。

这场战争的一个必然的附带结果是，全球各国都需开始重新“站队”。

(6)于投资而言，只要俄罗斯不发疯到进攻波兰等北约国家，那俄乌就只会是一场意义重大但仍属局部的地缘冲突，推高环球石油、天然气等资源价格，给欧美通胀火上浇油是必然，但基本不会对投资产生长远影响，甚至有可能给你提供挖坑后的介入机会。

2022 年 2 月 27 日

战争的代价

对俄乌战争的选边、正义、价值观、人性这些，网上充满了争论甚至对峙。这些不妨都先撇在一边。我们简单聊聊战争的代价。

就如同乌克兰那位总统的演说：

“战争是巨大的苦难，它有着巨大的代价，一切意义上的代价。人们失去钱财，名声，生活质量，自由。最重要的是，失去他们所爱之人，失去他们自己。战争中许多东西都将匮乏。但绝不会匮乏的是痛苦、泥浆、血液和死亡。成千上万的死亡。”

俄罗斯在欧美挂牌的主要上市公司，包括多数欧美基金都有配置的俄罗斯联邦储蓄银行，股价基本都已归零。

我们大多数人都对“不惜一切代价去获取胜利”这句鸡血很熟悉。但绝大多数人并没有弄清楚，谁，是那个代价？

任何一场战争，都是需要有人买单的。战争狂人胸口的勋章，是无数母亲墙上孩子的遗像。

很多人以为我们能置身事外，隔岸观火。其实不是。

我们已连续十二年为俄罗斯第一大贸易伙伴国。说过去五年，俄罗斯的贸易就靠我们给它撑着，或言过其实，但也基本八九不离十。

那么，俄罗斯用什么货币支付呢？尤其在欧美已把它踢出 SWIFT 系统，并断掉了它继续获取美元、欧元等硬通货的途径之后。

我们会获得卢布。这种货币在俄乌开战一周后，已经跌去了 31%。

很多人会说，战争受损的都是达官和富豪。我不用参战，我也不和俄罗斯做生意，我也没有金融资产，我一光脚的，能付出什么代价？

当然不是这样的。任何战争、危机或者灾难，受伤更多的，一定是普通人。哪怕在“二战”最严酷的时候，也从没有影响斯大林桌上的鱼子酱和伏特加。

最后一张图清楚显示，在疫情里，跌进地狱的，是最普通的那批低收入者。中高收入者很快就能恢复过来。

原因很简单，拥有更多财富与资源者，天然拥有更多应对危难的工具与能力。他们最多少吃点牛排而已。但普通人，却会在危难中，把吃饭的锅都失去。

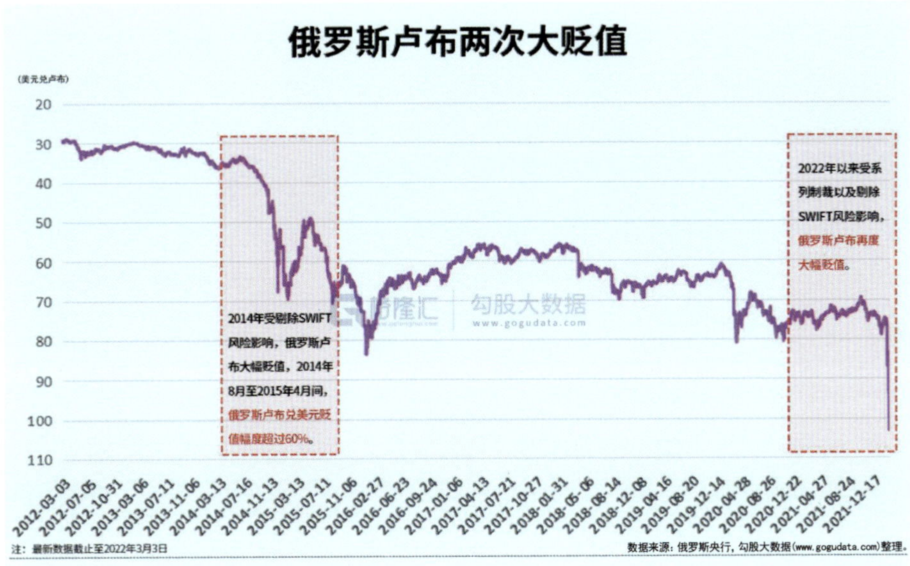

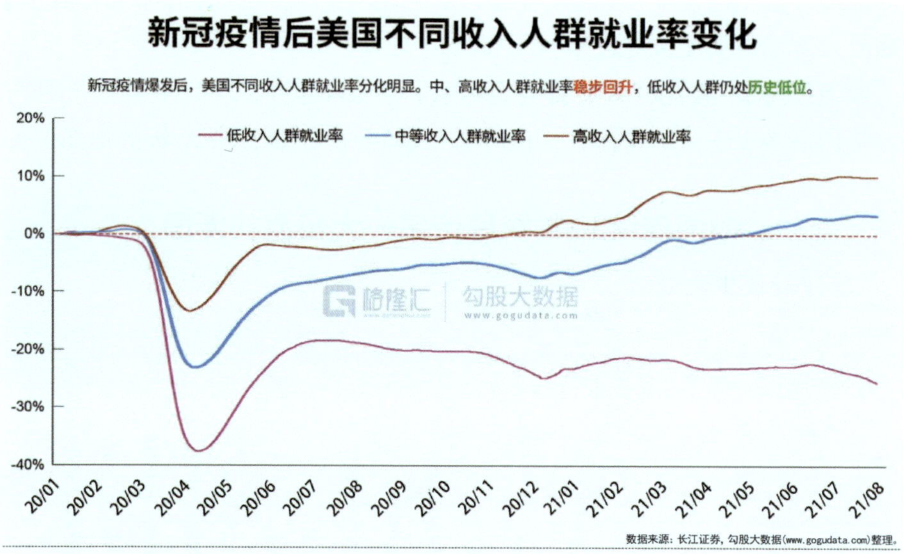

谁是我们的朋友，谁是我们的敌人，这其实从来都不是问题。

问题在于，绝大多数人根本弄不清楚：谁是“我们”？

2022 年 3 月 4 日

明末，满朝文武，为何坐等出事？

格隆酷爱读史。最后一个汉民族建立的明王朝，则是格隆研读最多的王朝之一。

乱世之末，一般两个特征：

(1)互不信任；

(2)坐等出事。

最近的是明史。

很多人对明史的疑惑是，国家将覆，国库殆尽，满朝大臣竟冷眼旁观，无人作为。

崇祯为筹措军费，泪洒朝堂，让大臣们捐钱粮共度时艰。为表诚意，崇祯自己率先拿出了100多万两银子作为垂范。但即使皇帝如此，大臣们依然吞吞吐吐。作为内阁首辅的魏藻德只捐了500两，其他大臣一看内阁首辅只捐这么点，便也纷纷装样子，有典当家里财物捐款的，有摆摊变卖捐款的，单纯为了给崇祯看。断断续续，满朝总共只凑了一万多两银子。

但李自成进京，逮住官宦一通严刑拷打，轻松收缴了7 000万两白银："大顺军进拷索银七千万两，侯家什三，阉人什四，官什二，估商什一，余宫中内帑金银用具以及鼎耳门环钿丝装嵌，剔剥殆遍，不及十万。(《国榷》)"

很多人觉得大明是帝王天下，士绅当然不会有家国忠诚度，故以不变应万变，坐看朝代更替，有钱藏起来等新皇上登基即可，跟谁做生意不是做，公司倒闭员工做猢狲散是天理，朝廷明显没救了，谁捐谁傻。这种分析，表面看起来精明无比，头头是道，其实只是市民级别的小利己格局。如果中国的士绅阶层是这个格局，中国历史也未免会太过平庸乏味，何谈浓墨重彩，波诡云谲？大船再烂，也是既得群体的根本利益之锚，维护现有格局的均衡，确定性远大过打烂重来。这个道理，士绅"门清"。更何况李自成的残暴有目共睹，连活人都可以烹煮分食，杀几个大臣算什么？

洪秀全的形势比李自成好得多，但清朝在太平天国时并未玩完，咸丰也没有步崇祯后尘上煤山上吊，后来还搞了一出同治中兴，苟延残喘多年。再往前，永嘉之乱后东晋衣冠南渡，汉朝两次倾覆都得以重新崛立，唐在安史之乱后也可以重建中央，以及长达 152 年的南宋偏安。所有这些，士绅阶层皆拼尽全力，组织民间力量给旧王朝续命的例子，不胜枚举。

所以，明亡，绝非士绅官宦不想为。

是不能为，不敢为。

明末积重难返的体制弊端，才是满朝文武坐等出事的根源。彼时帝国与大臣们陷入了难解的囚徒困境：一方面崇祯想让大臣们出钱以让自己王朝存续，另一方面，大臣们人人自危，对崇祯畏之如虎，连一丁点的信任都没有，害怕如果自己真的慷慨相助就会被皇帝记录在案，即使现时不抓，也会秋后算账，死于非命。

据万历年《大明会典》，明朝正一品官员的年收入为米 12 石，银 215 两，钞 7128 贯。换句话说，就算是正一品官员，十年不吃不喝也就能攒 2 000 多两银子。此时捐得越多，只能说明贪得越多。

如果朝野彼此存在信任，这就是个小结，并不难解。但遗憾的是，崇祯的刚愎自用与刻薄寡恩，是历朝少有的。

权力过于集中后，都会把人的不堪处释放并无限放大。崇祯也不例外。志大才疏，刚愎自用，优柔寡断，喜怒无常，无端猜忌，刻薄寡恩，这些缺点，在历朝皇帝身上或多或少，都有，但却几乎全部集中杂糅在了崇祯一个人身上。在崇祯当政的 18 年里，大明朝换掉了 80 位首辅！这些被换掉的首辅，很大一部分都被斩首、抄家，包括名臣卢象升、孙传庭等。而凌迟处死一度封为朝廷肱股，为王朝浴血拼杀的袁崇焕，则让帝国所有朝臣都生活在了崇祯一手营造的恐惧惊悚氛围里。

这种氛围，于崇祯稳固个人皇权，不是坏事。但对于大明王朝的国祚，绝不是好事。

因为帝国从此没有任何一个人是绝对安全的。信任荡然无存。

所以朝臣选择了装穷，任由国家灭亡。也许李自成确如传言般残暴，大明灭亡后自己难逃一死。但是如果现在捐钱，那很可能今天都活不过去。

所有人坐等出事。

2021 年 8 月 10 日

山河风景元无异，城郭人民半已非

趁国庆，格隆花三天时间，重读了顾诚先生的《南明史》。

虽是重读，读完依然满腹唏嘘，掩卷长叹，最后只剩深深的憎恶与悲哀：南明王朝，短短 20 年不到，朝廷昏聩荒诞之极，庙堂寡廉鲜耻之尤，亡则亡矣，没有任何值得怜惜的地方。

但于彼时的普通人，却是一生。

一生的命如草芥，豕突狼奔，一生的颠流徙亡，满身凄惶，一生的生无依，死无状。整个民族的悲苦，放眼中国历史，也仅五胡乱华、永嘉南渡前后的凄苦时段可比。

彼亦华夏。如以身入，恐悔之莫及。

同为汉王朝与南宋相比，南明被提及的频率远没那么高，却是中国最让人扼腕叹息的一段历史。

彼朝彼人，最令人瞧不上的是，哪怕清已入关，但凡它的人，尤其统治阶层，思想和行为只要稍微正常一点，不要魔障，不要自己各种作死，它都有一万次机会去翻盘。

放眼中国历史，百年以上王朝，就算倾覆，凭借积累和余威，偏安一隅或是借尸还魂的情形，比比皆是。何至于作为汉民族正朔的明朝，挟近三百年国祚，哪怕是外藩朝鲜都偷筑大报坛祭祀二百年的人心向背，反倒日削月割，短短十八年，乃至于亡国？

事实上，南明弘光朝廷刚建立时，仍坐拥大半壁富庶江山，以及左良玉和江北四镇几十万精兵。与此相对，清军入关初期总兵力只有十万，其中还包括了汉人降军和蒙古军！兵力差距堪称悬殊！入关初期的清军并没有多么强大，对于占领整个大明江山，他们也没有心存幻想，只想着劫掠一把就走。

败亡根本原因，是权势集团集体朽腐，节操全无，权斗不休引致的全社会溃败。

几乎整个南明权势集团，鲜有南宋那样慷慨死节者，虽打着家国天下的大旗，实则昏聩荒诞，利欲熏心，寡廉鲜耻。所奔忙者，几皆为权斗，为自身小团体利益或一己之私，争权夺利，党同伐异，尔虞我诈，相互倾轧，肆无忌惮羞辱和破坏社会正义，肆无忌惮侵蚀最基本的社会公平，潜规则彻底代替明规则，诤言义士打压圈禁，魑魅小人弹冠相庆，社会道德操守尽丧，利益集团哄斗、朝堂宫闱伐争，几乎无日无时无地无之，哪怕在历代亡国史上，也算得上一朵超级大奇葩。

顾诚先生在书中多次提到，“清军几乎没遇到任何抵抗”！

有了这群庙堂“贤内助”，实际上，清军是躺赢的。

以往读史，每次遇到汉民族正朔王朝被异族灭亡，都会叹惋和唏嘘不已。后来也逐渐扭转了这种狭隘的大民族沙文主义情结——哪怕是血脉关系更近的“自己人”，类似于南明这种奇葩王朝，它消亡，或许恰是对人类文明“贡献”。

山河风景元无异，城郭人民半已非——这是文天祥被俘押解北上，路过金陵，看到江山满目萧索后的凄怆叹惋。

兴，百姓苦。亡，百姓苦。岁月流转、王侯为冢、宫阙做土，皆不可惜，唯愿天下苍生得庇，不被惊扰，饱暖一生。

2022 年 10 月 5 日

一朝英雄拔剑起，又是苍生十年劫

给长江商学院讲课。课毕，恰中秋在即，学员请格隆说两句祝福。

学员都是誉享一方的企业家。我思索良久，说，我祝你们每个人的生活平淡如水，没有风云叱咤，没有干戈征伐。不做盖世英雄，但求好好活着，能一杯清闲，抵十年尘梦。

非标新立异。

善战者无赫赫之功，善医者无煌煌之名。

家如此，国亦如此。

如果一个地方的报纸上成天都在赞美英勇军人，那该地大概率战火纷飞，死伤枕藉；如果一个地方的报纸上成天都在歌颂医护奉献，那该地大概率瘟病肆虐，民不聊生；如果一个地方的报纸上成天都是英明领袖，那该地大概率万马齐喑，道路以目。

盛世无饥馁，何须耕织忙！

封侯将军事，战士半生死。头颅轻一掷，空有国殇名。

盖世英雄宁畏死。君不见白骨蔽野纷如雪，一朝英雄拔剑起，又是苍生十年劫。

需要英雄的族群是不幸的。需要英雄的时代是不幸的。乱世方出英雄。如果社会是公平的，社会现状是人们所一直向往的，那么也不会需要英雄去拯救家人，拯救人民。

真正的幸运，是在一个没有英雄的时代，一个和谐安宁的时代，一个不需要自己去做英雄的时代，一个不需要英雄和伟人来拯救的时代，做一个最普通的人，或狗。

非独家国。

管理大师德鲁克说过一句话：好的管理，有预见，静悄悄，平淡淡，不出英雄。

2020 年 9 月 25 日

贺兰山下古冢稠　皆是昔年王与侯

贺兰山下古冢稠，高下有如浮水沤。道逢古老向我告，云是昔年王与侯。

到银川给中欧商学院的企业家班讲课，课后，学员带着格隆来到了苍凉的贺兰山脚下。

1226年，六伐西夏的成吉思汗再次率军征讨西夏，在交战中身患不治之症，临终前立下遗嘱：死后秘不发丧，待夏主献城投降，将西夏国所有人诛杀，无论老幼，一个活口不留。而后西夏国破，蒙古士兵屠城，焚西夏陵，掘墓曝尸。

一个强盛时国土面积83万平方公里，人口250万，在宋金辽元诸多势力觊觎挤压下，依然纵横捭阖立国达189年的强大王朝，一夜之间灰飞烟灭，连带党项这个民族也消逝无踪，徒留下贺兰山东麓罗列着的九座坟茔，伫立在历史的风霜与尘埃中，默默诉说着曾经的风流与辉煌。

斧钺干戈早已寥落无踪，曾经的一代雄主李元昊，唯余墓后苍凉千年的贺兰山缺，以及墓前的触目惊心的巨大盗洞。一朝英雄拔剑起，或是苍生十年劫。当年李元昊志得意满征伐四方时，会否想过有一天，他的整个族人都会被屠戮殆尽？

愿世无兵戈，愿世无英雄。

2021年10月17日

一群明白人，为何会集体走向疯狂？

推荐大家读一本书。堀田江理著，《日本大败局》，2014 年新华出版社中文版。

作者集中关注珍珠港事件爆发前 8 个月的历史细节，发掘大量罕见史料，通过对“偷袭珍珠港”决策过程的勾勒，描述那些将国家引向灾难的存疑者、谋划者和所谓的爱国者的动机及作为，提出了多年来一直被众多历史学家刻意忽略的重要问诘：

为什么军人、文官、外交官，以及天皇，在多数人其实一开始就心知肚明发动这场战争将带来毁灭与自我毁灭的后果，甚至在发动袭击前的几个月里，整个集体原本也可以刹车，避免这一自杀式对决的前提下，为何还是一条道走到黑，将自己的国家和人民带入了万劫不复的灾难？

更简而言之，作者试图回答这样一个问题：

一群明白人，为何会集体走向疯狂？

1941 年 12 月 7 日，日军偷袭珍珠港。

战术上，日本取得了巨大成功。但战略上，却是自杀无疑。

在深陷中国战区同时，又树敌于美，决策如此无理性，堪称丧心病狂。

难道当时的日本政客真是一群疯子？

堀田江理的回答是：(军国)体制绑架而已。

其实每个人都是明白人，内心门清，可谁也不敢说不，都指望别人出头，自己附和，或者干脆坐等出事，最终酿成集体灾难。

日本的毁灭之轮在 1941 年 10 月 16 日开始加速。

当日自由派首相近卫文麿宣布辞职，天皇任命陆相东条英机为首相。近卫是由日本自由派大佬、差点在少壮军人政变中被杀的西园寺公望一手提拔起来的，但西园寺本人差点被激进少壮军官暗杀。东条能撵下近卫，是因为近卫基于实力分析，认为开战必败，坚决反战，而东条则用绝招：高频打出“反美”牌——在日本近乎狂热的军国主义氛围下，“反美”就等于“爱国”，天然政治正确，无人敢挑战。

东条英机曾是近卫内阁的陆相，一直是个令人头痛的奇葩人物。他口无遮拦，力主对美强硬。在决策圈中，人人都知道东条在瞎扯。就算和美国打，靠的也是海军，与陆军无关。最关键，日本不可能打赢——当时美国石油产量是日本的500多倍，生铁20倍，铜9倍，铝7倍，美国平均工业产量是日本的74倍以上。如开战，日本年均损失战舰140万吨，远超补充能力，到第三年，所有民用船只都将消失。

但“反美”的东条获得了中层军官的支持。彼时日本经济高速增长，社会各阶层变动极快，中层军官整体所知有限，狭隘激进，极易被煽动，且多数出身寒微，靠个人奋斗爬上来，可上层却相对封闭。有怨气，又缺乏政治上升空间，加之教育、媒体推波助澜，“爱国主义”遂成绝好武器，仇外成了最佳泄愤渠道。陆军军人暗杀、政变前赴后继，决策圈人人自危，无人敢言反战。

裕仁天皇本人是反战派，并因此遭遇暗杀，也正是暗杀让他最终选择了退让。

东条英机“反美”只是为了拉票，未必发自内心。可大权独揽的快感与维持权力的焦虑，当看似完美而大胆的“偷袭珍珠港计划”放在桌面上，他敢否定吗？他利用军国与民粹绑架日本，军国与民粹也反过来绑架了他。

海军基本都是具有全球视野的精英，山本五十六是坚决的反战派。可作为一个高级技术官僚，他也没勇气反对上级，反对体制，甚至“两害相权取其轻”，主动提出“要打赢就先动手”！

日本外交官，无论来栖、野村，他们了解世界，在国际社会都拥有极佳口碑，是坚决的反战派。但在“爱国”大帽高压与民粹威胁下，他们宁愿大船倾覆，只要不先淹死自己。

“二战”中的日本，本有足够多机会刹车，修复错误。日本陆军以为几个月就能取胜的对华战争，没想深陷其中，造成物质、人力极度匮乏，连皇宫的铁栏都被拆掉，送进炼钢炉。既然受侵华战争拖累，退兵就是，虽然没得到全部想要的，但所得已不少，且不用再付代价了。

但左支右绌下，他们选择了更激进的冒险：进攻东南亚。东南亚有橡胶和锡，可威胁荷属东印度提供石油，同时切断中国物资供给线，逼蒋投降。可那里是列强的势力范围，美国不可能坐视。果然，日军刚迈开脚步，美国便下令石油禁运。日本陷入恐慌，储备用油只够一年，要么尽快向美屈服，要么做更孤注一掷的豪赌。

毫不意外，他们再次选择了后者。

直到珍珠港外的日本军机起飞瞬间，美日仍有达成和平的可能。美国也一直有意与日媾和，彼时罗斯福已决心对德开战，他不想同时和日本打仗，他愿意让出实利。罗斯福甚至对负责最后斡旋的来栖说“朋友之间总有商谈的余地”。可军国体制与东条英机更需要战争，以迎合民粹，保证他“反美”表演不穿帮，保证权力合法性。在条约中，他故意设置了太多复杂措辞，对皮毛问题寸步不让。

这就是 1941 年日本的现实：军国体制绑架了一切。大家都是明白人，绝大多数人心里都清楚，但没有人敢站出来说真话，敢于说真话的则全部被消灭或消失。全社会只能用一个比一个更大的冒险与错误，来掩盖上一个错误，群体携手，走进灾难。

事实上，当时的日本内部也是有能力换掉东条英机的。但随着战争事态一步步不可收拾，最终总要有人为此负责。所以，日本内部各方均很默契地选择了沉默，坐等出事和打烂，让东条英机一直干下去。战后，东条英机等人负责上国际法庭，其他各方负责重建日本。

至于珍珠港之后发生了什么，在一部经典“二战”电影《日本最长的一天》里，有生动描述。

和友人闲聊这本书时，他提出一个问题：日本偷袭珍珠港，美国太平洋舰队仅有的三艘航母恰巧不在港内。如果大日本帝国的那场豪赌干掉了这三艘航母，其国运是否会得以改写？

我的答案是：无此可能。

日本与美国的比拼，是军国专制与自由民主的比拼，是国家资源与科技实力的比拼，日本绝无胜算。事实上，珍珠港遇袭仅仅一年后（1942 年），美国就已经拥有了超过 50 艘航母。到第二次世界大战末期，美国已经拥有了近 200 艘航母。

令人唏嘘的是，日本虽然输掉了第二次世界大战，却鬼使神差摆脱了军国体制，建立了日后的三权分立政体。而苏联以惨烈的胜利，换取的却是第二次世界大战后五十多年的僵化体制,以及唯唯诺诺、缺乏创新意识的顺民。到底谁赢得了那场战争,殊未可知。

历史经常有很多黑色幽默的吊诡,但依然遵循大的人类进化规律。

题跋：是孤独，也是勇气和力量

于80亿人类生活的这个星球而言，过去三年，是相当艰难的三年。

于我尤甚。格隆一直都是个思想者。但在你无力改变任何东西的时候，思考只会让你痛苦和疏离。

这三年，除了失望、失落、迷惘，间杂一些愤怒外，更多的是一种孤独：那种身处闹市，周遭人来人往，却都来去匆匆，无语无息、静寂无声的诡异孤独。

大家都在缄默。我则是不知道该说什么，也不知道该和谁说，更怕说出来后，他人会以怎样异样的眼光看待。所有人都行色匆匆，擦肩而过，面带疲惫、狐疑，甚或敌意。

于环球，千疮百孔的三年。

这三年，人心千疮百孔。于人而言，只要对未来还抱有希望，再困苦再妥协再压抑再憋屈，或是劫数，都算不了什么，最多伤身，伤不了心。但这三年不一样。对一些东西抱有的最后一丝侥幸和期冀，都彻底化为乌有。哀莫大于心死。现实如同你在看一场早知道结果的戏，而戏的剧本几乎是你看过的所有剧本中最粗鄙最拙劣的，套路一目了然毫无新意，而你既不能快进，又不能离场，只能任由各种荒诞的台词、虚假的表演在你耳边狰狞展现。

这三年，社会千疮百孔。过去一年整个社会最大的堕落，是人性的滑坠。欧美也好，亚太也罢，举报视为高尚，坑轧成为时尚，说真话成为一种危险行为。社会充斥着荒诞、反智、愚妄、疯狂。魑魅乱舞，魑魅横行，人性中最黑暗和不堪的那些东西，被最大限度地挖掘、纵容、蔓延和释放。

这三年，财富千疮百孔。仅2022年一年，全球股市就蒸发了25万亿美元的市值，相当于全球GDP的四分之一。2021年，整个大中华区股市（A股＋港股＋中概股）市值净减少了7万亿元人民币，相当于全国一整年GDP的增加额，2022年年末总市值较2020年末则净减少了22.5万亿元人民币的市值。这并不是最令人心痛的。过去三年整个社会最大的受伤,是财富创造机制的破坏。三年发生了很多事,其底层实质多是重新分配财富。人类有诸多重新分配财富的方法,但分田地的存量财富分配是最糟糕的一种。道理很简单,你只能没收并且充公那些当下存在的财产,而无法没收那些日后可能会被创造出来的财产。当人们知道他们的财富一旦被创造出来就可能遭到没收的话,他们创造财富的动力与意愿便会不可避免地下降乃至消失。全人类经济史都反复证明了,始于均富者,会终于均贫。

这三年,环境千疮百孔。地缘紧张,民粹泛滥,我们和这个星球上几乎所有发达国家都发生了龃龉和争执。过去 70 年,我们有两次下注国运的机会,一次是 1979 年中美建交,中国开始拥抱以美国为代表的发达国家及其市场。一次是 2001 年加入 WTO,中国拥抱并融入全球市场。两次国运的跃迁,都基于对外开放,拥抱全球。如果我们退回来,重新回到自给自足的状态,我们重新变穷,可能连 20 年都不要。

当然,面对这种几百年一遇的灾难,有损毁,有不堪,都正常。

我真正失望和担心的,是人性中泛滥出来的那些沉渣。我不知道这些沉渣,只是特别的环境使然,还是骨子里的一种惯性和根深蒂固?

进化虽然缓慢,却是这个星球上最强大最确定的力量。但我不得不承认,人性的进化,或是所有进化中最缓慢、最反复的那一个。

最明显的案例是:在社会困顿、变革的关键关口,往往只有少数人,极少数人,能感觉到或者认识到发生了什么。他们中的部分人,或会向困境或苦难中的大众发出警示。但最后给予这类人最深伤害的,往往恰恰是那些他们试图去示警、帮助的人。他们做的不是自救互救,而是打压和封杀那些试图说出真相的人。大众会把这些示警人置于孤立无援的境地,把他们变成众人耻笑的对象。大众会找到诽谤和围剿他们的办法,给他们打上社会渣滓的烙印,令其社死,乃至消失。

一个令人倍感沮丧的真相是:当一个人相信谎言太长时间,你告诉他真相,并不会让他醒悟或解脱。相反,你自己反而极大可能处在危险中,他会把你和真相一起摧毁。

我曾以为,受过磨难的人和读过书的人一样应该受到尊重。因为苦难会让他有厚度,甚至超过读书。但事实是,太多的人对不起他读过的书;太多的人,对不起他受过的磨难。

有时候，你不得不承认，有些人，甚或有些族群，苦难是他们的宿命，他们根本不配得到救赎。

这些人性的不堪中，我尤其反感和鄙视那些看起来明显读过书却屈膝弃节的丑陋腌臜面孔。

对普通民众的无知，乃至愚昧、反智，我都能接受和容忍。他们一辈子只接受一种教育，只看一种文字信息，他们是真的不知道真相。

但知识分子不一样。你是读过书的，你该有读书人的视野、气节与风骨。你可以不说话，但如果说话，你起码要对得住你的学识与良知。但很遗憾，仗义每多屠狗辈，从来负心读书人。读书本是为明辨是非，可是太多读书人，为一己之区区宦位或利益，置大众利益于不顾，一本正经胡说八道，满口谎言，混淆是非，扭曲真相，甚至为虎作伥，奴相“跪舔”。他们无耻起来，比穷凶极恶的盗匪还不要脸。他们以为没人站出来公开鄙视他，就万事大吉。其实，大家心里都记着呢，问候过他们家几辈人无数次了，不说而已。

当然，灾难中的主流面孔，是那些坚韧不拔的自救者和互救者。他们都是最普通的人，却一遍遍阐释了人性之美与生命的顽强。

所以，无论再艰再难，只要人性一息尚存，我就还是会坚信人类骨子里向上的追求，相信全人类的进化力量。

一如格隆非常喜欢的戴望舒的那首《偶成》：

如果生命的春天重到，古旧的凝冰都哗哗地解冻，那时我会再看见灿烂的微笑，再听见明朗的呼唤——这些迢遥的梦。

这些好东西都决不会消失，因为一切好东西都永远存在，它们只是像冰一样凝结，而有一天会像花一样重开。

灾难过后，我们都将开始重新生活。我们都是孤独的行者，无论风大雨大，我们都唯有一往无前。

无论你在何处，我的朋友，格隆都祝福你，愿上苍能赐予你力量，去改变你能改变的；赐予你勇气，去接受你不能改变的；并赐予你智慧，去分辨两者的不同。

最后，格隆以海子的那几句诗，作结这本《通往自由之路》，送自己，也送诸君！

陌生人，我也为你祝福：

愿你有一个灿烂的前程
愿你有情人终成眷属
愿你在尘世获得幸福
我只愿面朝大海，春暖花开

格隆于深圳湾
2022年12月30日